PLUTARQUE

ŒUVRES MORALES

PROPOS DE TABLE

LIVRES I - III

COLLECTION DES UNIVERSITÉS DE FRANCE
publiée sous le patronage de l'ASSOCIATION GUILLAUME BUDÉ

PLUTARQUE

ŒUVRES MORALES

TOME IX

1re partie

PROPOS DE TABLE

LIVRES I - III

TEXTE ÉTABLI ET TRADUIT
PAR
FRANÇOIS FUHRMANN
Professeur à l'Université de Clermont-Ferrand

Deuxième tirage

PARIS
LES BELLES LETTRES
2003

Conformément aux statuts de l'Association Guillaume Budé, ce volume a été soumis à l'approbation de la commission technique, qui a chargé M. Jean Defradas d'en faire la révision et d'en surveiller la correction en collaboration avec M. François Fuhrmann.

95 boulevard Raspail, 75006 Paris
www.lesbelleslettres.com

Première édition 1972

ISBN : 2-251-00269-3
ISSN : 0184-7155

INTRODUCTION

Pour la critique, les *Συμποσιακά* de Plutarque constituent un objet de controverse : s'agit-il vraiment, comme l'auteur l'affirme dans le prologue initial, qui annonce à Sosius Sénécion l'envoi des trois premiers *Livres*, d'un recueil de souvenirs? Ainsi le veulent pourtant les apparences. C'est pour se conformer à un vœu de son ami que Plutarque aurait transcrit certaines conversations tenues en différentes circonstances, lors de banquets, à Rome ou en Grèce, attendu qu'il est utile pour l'amitié de rappeler ces bons souvenirs et que, d'ailleurs, c'est imiter l'exemple des plus illustres philosophes.

Pourquoi, dit-on, douter de la parole de Plutarque? La franchise à cet égard était de mise chez les Anciens, estime R. Hirzel[1] d'après un passage d'une lettre de Cicéron (*Ad fam.* IX, 8)[2]. Mais C. Hubert a fait remarquer[3] que le passage en question fait partie d'une lettre privée et non d'une dédicace littéraire, et qu'il prouverait au contraire plutôt ce qu'était à l'époque l'usage dans les Dialogues[4]. Au reste, nous entendons une déclaration

1. *Der Dialog*, Leipzig, 1895, II, p. 224, n. 3.

2. Au sujet d'un de ses Dialogues, dans lequel il discute avec Varron : « puto fore ut, cum legeris, mirere nos id locutos esse inter nos, quod nunquam locuti sumus. Sed nosti morem dialogorum ».

3. *Zur Entstehung der Tischgespräche Plutarchs*, Berlin, 1911, p. 177.

4. Cf. encore Z. Abramowiczówna, *Komentarz krytyczny i egzegetyczny do Plutarcha Quaestiones convivales*, KS I i II (avec un résumé latin), Toruń, 1960, p. 16.

tout à fait semblable de la bouche d'un personnage du *Banquet des Sept Sages*, comme l'a signalé Wilamowitz[1]. Et ne se trouve-t-elle pas aussi en tête de l'apocryphe *De musica?* — Le lieu, d'autre part, l'époque et l'occasion des conversations sont en général parfaitement indiqués, et la personnalité des interlocuteurs précisée[2]. Mais s'il s'agit d'une fiction, ne le fallait-il pas pour la rendre vraisemblable ? Et n'est-il pas significatif que l'auteur lui-même participe, comme une sorte de garant, à la grande majorité des conversations ? Au demeurant, il s'en faut de beaucoup qu'il en aille toujours ainsi. Parfois nous ne lisons que des notations extrêmement vagues, comme en 619 B : Ἐκ τούτου περὶ τῶν τόπων ἐνέπεσε ζήτησις, ou en 620 A : Παροινίας ἀρχὴν λαβούσης, εἶτα παυσαμένης, λόγον ἐποιήσαντο... ; certaines *Questions* ne sont que très lâchement charpentées, à l'aide de mots tels que ἔνιοι, τίς, τινές, ἐδόκει, ἐλέχθη, ποτέ, etc., au point de n'avoir l'air, telles I, 5 ; 6 ; 7 ; 8, que de courts traités ; d'autres sont des monologues au plan rigoureux, telle II, 1, ou s'interrompent brutalement. Pour cette singularité, les tenants de l'historicité des *Propos de Table* ont imaginé l'explication suivante : Plutarque aurait envoyé à Sosius Sénécion le développement de notices qu'il aurait écrites après des conversations, parfois fort anciennes, auxquelles il avait pris part, afin d'en conserver le souvenir ; de là viendraient les différences dans la forme des *Questions*, certaines de ces notices n'étant, de gré ou de force, qu'un simple rappel du sujet traité, d'autres rapportant un dialogue parfaitement circonstancié ; on le voit en effet agir de cette façon pour son traité *De la tranquillité de l'âme*, adressé à Paccius, traité pour lequel il s'excuse, dans l'exorde (464 F), d'envoyer à son correspondant une simple ébauche, étant empêché de développer comme il le voudrait les annotations qu'il a prises sur le sujet en

1. *Commentariolum grammaticum*, Göttingen, 1889, III, p. 24.
2. E. Graf, *Plutarchisches* (Commentationes O. Ribbeck oblatae), Leipzig, 1888, p. 59-61, 64.

question[1]. Mais il s'agit là d'une œuvre d'un tout autre genre, traitant un sujet purement philosophique, pour lequel il est tout à fait naturel que Plutarque ait pris des notes lors de ses lectures ; imagine-t-on un homme cultivé faire de même pour de simples conversations de table, quels que soient le crédit accordé par l'époque à la rhétorique et même au pédantisme, et sa propre conviction au sujet de l'intérêt moral et intellectuel de ces conversations[2]? De plus, comment Plutarque pouvait-il adresser à un homme aussi célèbre que Sosius Sénécion, c'est-à-dire, en fait, publier, des notes toutes nues, ou presque[3]? Je ne crois pas, cependant, avec H. Bolkestein[4], que de telles carences puissent êtres dues à un souci de variété ; c'eût été au prix d'une contradiction avec le but annoncé. Songeons plutôt à la rapidité avec laquelle on sait que Plutarque écrivait, et qui ne laissait pas toujours à son imagination le loisir de s'exercer[5]. D'ailleurs, ne nous arrive-t-il pas de placer en esprit, comme il pouvait arriver à Plutarque lui-même, telles *Questions* qui sont dépourvues de décor dans celui que nous nous représentons pour les *Questions* voisines? De plus, si nous admettons que les *Συμποσιακά* sont en réalité une œuvre littéraire, la nature de celle-ci n'exigeait pas qu'il s'y appliquât autant qu'à son *Banquet des Sept Sages*, par exemple[6].

1. Cf. R. Volkmann, *Leben, Schriften und Philosophie des Plutarch von Chaeronea*, Berlin, 1869, I, p. 55, 177 ; E. Graf, *op. c.*, p. 59, 64 ; R. Hirzel, *op. c.*, p. 224 ; W. Kiaulehn, *De scaenico dialogorum apparatu capita tria*, Diss. Phil. Hal., XXIII, 2, 1913, p. 195-6 ; J. J. Hartman, *De Plutarcho scriptore et philosopho*, Leyde, 1916, p. 388 ; Z. Abramowiczówna, *Kom.*, p. 71-2, 94, 229 ; Plut. Tischgespräche (*Das Altertum* VIII, 1962, p. 80-8).

2. Encore faut-il dire que l'expression de cette conviction n'est qu'un lieu commun chez Plutarque.

3. Cf. H. Bolkestein, *Adversaria critica et exegetica ad Plutarchi Quaestionum convivalium librum primum et secundum*, Amsterdam, 1946, p. 23-4, 44.

4. *Op. c.*, p. 45-6.

5. Je reconnais que la phrase du Prologue (612 E) : πέμψω δὲ καὶ τὰ λοιπὰ ταχέως ne prouve pas en elle-même que les Συμποσιακά aient été écrits spécialement vite (*id.*, p. 44).

6. Cf. Z. Abramowiczówna, *Kom.*, p. 229.

— C'est à cette relative rapidité de travail que nous pourrions aussi attribuer les répétitions, les inconséquences, les contradictions, voire les négligences — si toutefois le mot n'est pas trop fort — dans lesquelles on a voulu voir le signe de la réalité des conversations rapportées[1] et celui d'une absence de prétentions artistiques, comme il serait naturel pour un écrit de cette sorte. Il est vrai, en effet, que de nombreux détails sont répétés, et même ressassés, que des développements entiers se retrouvent plusieurs fois identiques ou similaires, que les idées, d'autre part, ne se suivent pas toujours logiquement. Tel banquet s'étend sur deux ou trois *Questions* successives (voir VI, 1, 2, 3), tandis que telle *Question* traite deux thèmes différents (VIII, 1, par exemple). En 621 B, il est professé que le banquet ne doit pas devenir assemblée populaire, mais selon la dixième *Question* du septième *Livre* les délibérations peuvent être admises à table. En 618 DE est réclamée, pour que l'harmonie règne dans un banquet, l'opposition complémentaire des tempéraments et des personnalités, mais en 709 A, c'est leur similitude qui est souhaitée. 612 E, 673 C s'adressent directement à Sosius Sénécion (μέμνησαι, σοῦ παρόντος), tandis que 622 C, 635 E, 636 E, 666 D le concernent indirectement (ἐζητεῖτο παρὰ Σοσσίῳ, etc.)[2]. On pourrait multiplier les exemples. Mais ces « faiblesses », Plutarque les a-t-il jamais complètement évitées? Pouvait-il les éviter dans une telle œuvre? — D'autres détails ont permis à Z. Abramowiczówna de conclure à l'authenticité des conversations : en 620 B, à propos des qualités du président du banquet, les interlocuteurs de Plutarque omettent de se référer à Platon, *Lois* 640 CD, qui traite précisément ce problème, et de même en 623 C,

1. *Id.*, p. 229, *passim* ; Plut. Tischgespr., p. 84-8.

2. Cf. Z. Abramowiczówna, *Kom.*, p. 64-5, 70, 72 ; Plut. Tischgespr., p. 83-8 ; E. Graf, *op. c.*, p. 62. C. Hubert a fait remarquer que l'adresse à la seconde personne est employée au début et à la fin des *Livres*, lorsque la pensée de l'auteur se tourne plus volontiers vers le dédicataire (*op. c.*, p. 176).

à propos de l'enthousiasme, Sénécion omet de se référer au *De Pythiae oraculis* ; en 622 C, ne se trouve qu'une allusion à l'exécution de chansons de Sappho, sans aucune autre précision ; en 626 C, à propos du phénomène de la vision, Plutarque ne se souvient que de la théorie exposée dans le *Timée* de Platon et non de celle dont parle la *République*[1]. Mais voici qui tendrait à prouver le contraire : en 612 E, Plutarque annonce à Sosius Sénécion qu'il réunira les conversations « convenables », c'est-à-dire, je pense, se prêtant à de courtes narrations (συναγαγεῖν τὰ ἐπιτήδεια) ; en 622 E, le récit de la conversation (Ἐλέχθη δὲ καί...) s'interrompt subitement par καὶ τὸν Αἰσχύλον φασί ; à la déclaration du deuxième Prologue, selon laquelle les conversations sont racontées sans ordre — σποράδην —, s'oppose la phrase initiale de la première *Question* du premier *Livre* : Πρῶτον δὲ πάντων τέτακται τὸ περὶ τοῦ φιλοσοφεῖν παρὰ πότον, ou de la première *Question* du quatrième *Livre* : Τῆς οὖν τετάρτης... δεκάδος ἡμῖν πρῶτον ἔσται τὸ περὶ τῆς ποικίλης τροφῆς ζητηθέν[2]. Le terme même de *πρόϐλημα*, dont Plutarque désigne ses dialogues (612 E, 629 E), ne paraît-il pas révélateur ?

De toutes ces considérations contradictoires il résulte que la critique interne serait impuissante à fournir la solution du problème, si elle ne mettait en évidence un autre élément, décisif à mes yeux : l'aspect livresque de ces prétendues conversations. Indépendamment des citations proprement dites, de nombreux et parfois très longs passages, en effet, ne sont que des emprunts faits à des auteurs antérieurs, soit que nous connaissions ces derniers directement, soit que nous y soyons menés

1. *Kom.*, p. 58, 70, 76 ; Plut. Tischgespr., *passim*. Sur le dernier point, voir *infra*, p. 11 et la note 3 pour la p. 45.

2. D'ailleurs est-ce un hasard si dans le premier *Livre* sont représentés précisément Sosius Sénécion et la famille de Plutarque ? Celui-ci prétend, de la même façon, *De mul. virt.* 253 E, vouloir rapporter sans ordre les actions méritoires des femmes, et pourtant nous le voyons suivre rigoureusement sa source : cf. H. Bolkestein, *op. c.*, p. 36-7.

par d'autres témoignages[1] ou par des déductions certaines, soit que Plutarque lui-même nous en instruise, quelquefois par inadvertance : 625 A et 626 B, par exemple, reproduisent Aristote, 627 A-D, en partie, Aristote également, et Théophraste ; 615 EF se confond avec *Paul-Émile* 28, 618 BC et 658 B-D avec *De facie* 927 F et 939 F - 940 A, 622 CD avec *Amat.* 760 DE et 762 BC, 670 C avec *De Is. et Osir.* 381 D, 673 EF avec *De aud. poet.* 18 A-C, 705 A avec *De soll. an.* 961 E, 660 E, 667 B - 668 A, 668 CD, 677 C-E, 686 AB, 711 EF, 728 E avec Athénée 44 C, 276 EF, 340 F, 423 E, 419 CD, 20 DE, 308 BC ; d'autres passages se retrouvent chez Clément d'Alexandrie, Élien, Porphyre, Eustathe[2] ; la sixième *Question* du premier *Livre* procède de quelque catalogue de buveurs célèbres[3] ; un fait raconté par Philinos en 623 EF provient — nous l'apprenons en *Alex.* 4,2 — des *Ὑπομνήματα* d'Aristoxène de Tarente (les deux textes, d'ailleurs, comportent le même développement explicatif, y compris une référence à Théophraste)... On trouvera quantité d'autres exemples dans les notes de la présente édition. Vu que ces concordances sont profondes, parfois même textuelles, comment admettre que des interlocuteurs possèdent une mémoire prodigieuse au point de tenir prêtes pour la discussion des tranches entières de leurs lectures ? Ces emprunts, d'autre part, représentent une proportion beaucoup trop importante de l'ensemble — au moins dans sa partie « scientifique » — pour que l'on puisse accepter l'opinion de K. Ziegler[4], selon laquelle il s'agirait simplement de réminiscences littéraires que Plutarque, peu scrupuleux en matière d'authenticité

1. Lorsqu'il s'agit de témoignages plutarquéens, le bon sens comme la chronologie, interdisent de supposer à chaque fois une réutilisation des Συμποσιακά.

2. Cf. C. Hubert, *op. c.*, p. 170 sqq. ; Zur indirekten Überlieferung der Tischgespräche Plutarchs (*Hermes* LXXIII, 1938), p. 325. H. Bolkestein cite, d'autre part, une vingtaine de concordances de ce genre pour le seul premier *Livre* (*op. c.*, p. 32-3).

3. H. Bolkenstein, *op. c.*, p. 89-90.

4. *Plutarchos von Chaironeia*, Stuttgart, 1949, col. 250.

documentaire et d'exactitude historique, aurait délibérément mêlées à des récits par ailleurs véridiques.

Je croirai donc pour ma part que les *Propos de Table* sont, en grande partie, des développements — originaux dans une mesure importante, nous le verrons — de notes prises par Plutarque sur ses lectures, notes tout à fait semblables à ses *Questions Grecques*, *Romaines*, *Physiques* et aux *Problèmes* attribués à Aristote. Comme dans ces recueils, plusieurs réponses étaient données à chaque question, avec quelquefois une explication propre à l'auteur lui-même. H. Bolkestein a étudié l'exemple frappant des 75e et 64e *Questions Romaines*, authentiques ὑπομνήματα pour le passage 702 D sqq. Ces recueils de notes étaient destinés à l'usage privé, peut-être à des exercices d'école, mais non promis à l'édition publique[1].

Dans ce genre particulier, Plutarque avait eu des prédécesseurs dont nous ne possédons malheureusement que quelques fragments, avec de rares allusions extérieures. Écartons celle de Macrobe, *Sat.*, VII, 3, 23 sqq.[2], qui vise probablement les *Problèmes* apocryphes d'Aristote plutôt que son *Συμπόσιον*[3] ; il est impossible en tout cas de dire si elle a quelque lien avec le titre *Συσσιτικὰ προβλήματα* d'un index anonyme des écrits d'Aristote ou avec la remarque *Συμμίκτων ζητημάτων* οβ, ὥς φησιν Εὔκαιρος, ὁ ἀκουστὴς αὐτοῦ du même anonyme[4]. Trois noms peuvent être avancés avec certitude : Aristoxène de Tarente, pour ses *Σύμμικτα*

1. Cf. H. Bolkestein, *op. c.*, p. 27-35 ; H. J. Rose, *The Roman Questions of Plutarch*, Oxford, 1924, p. 49 ;W. R. Halliday, *The Greek Questions of Plutarch*, Oxford, 1928, p. 13.

2. « Suadeo in conviviis, in quibus laetitiae insidiatur ira,... quaestiones convivales vel proponas, vel ipse dissolvas. Quod genus veteres ita ludicrum non putarunt, ut et Aristoteles de ipsis aliqua conscripserit et Plutarchus. »

3. Lequel n'est autre, sans doute, que l'ouvrage parfois intitulé Περὶ μέθης : cf. V. Rose, *Aristoteles Pseudepigraphus*, Leipzig, 1863, p. 119 ; P. Moraux, *Les listes anciennes des ouvrages d'Aristote*, Louvain, 1951, p. 33.

4. J. Martin, *Symposion, Die Geschichte einer literarischen Form* (Stud. zur Gesch. u. Kult. des Altert. XVII), Paderborn, 1931, p. 167-70 ; H. Bolkestein, *op. c.*, p. 3-4.

συμποτικά, sans doute identiques aux *Ὑπομνήματα* cités par Plutarque en connaissance de cause[1], et dont Athénée nous a conservé un fragment (632 AB)[2] ; Persée le Stoïcien, pour ses *Ὑπομνήματα συμποτικά*, cités par Athénée 607 A et Diogène Laërce VII, 1 et VII, 36, et appelés, d'une façon plus précise, *Συμποτικοὶ διάλογοι*, par Athénée 162 BC[3] ; Didyme Chalcentère, pour ses *Σύμμικτα* ou *Συμποσιακά (Σύμμικτα συμποσιακά ?)* cités par Diogène Laërce V, 76, Clément d'Alexandrie, *Strom.* IV, 19, 124, Stéphane de Byzance, 305, 1 ; 314, 6 ; 452, 8, et *Etym. Magn.* 718, 35[4]. J. Martin[5], poussé par son préjugé de distinguer absolument le genre des Συμποσιακά de celui des Banquets — distinction qu'il établit à partir de Plutarque en se fondant sur les *Questions* dans lesquelles toute allusion à un banquet ou à un dialogue fait pratiquement défaut — a prétendu que ces recueils d'Aristoxène, de Persée et de Didyme n'étaient probablement pas des dialogues, et qu'en tout cas ils n'avaient pas été composés dans la forme des Banquets. Comme exemple de ses arguments, je citerai celui qui concerne Aristoxène de Tarente : puisque le *Περὶ μουσικῆς* attribué à Plutarque, dont toute la matière provient d'Aristoxène, est composé dans cette forme, le livre d'Aristoxène ne pouvait pas l'être déjà ! Aussi J. Martin se figure-t-il l'œuvre d'un Persée comme de simples récits, dans le style des ἀπομνημονεύματα, ce que devraient être également les *Propos de Table* de Plutarque. Et de se livrer alors à une argumentation des plus spécieuse, pour démontrer un étroit parallélisme entre le livre de Plutarque d'une part et les *Mémorables* de Xénophon, avec leur suite, le *Banquet*, d'autre part. Nous serions en présence d'un diptyque : d'un côté, quatre *Livres* de *Mémorables*

1. *Alex.* 4, 2.
2. Voir F. Wehrli, *Die Schule des Aristoteles* II, Bâle, 1945, frg. 122-7.
3. Voir H. v. Arnim, *St. V. Fr.* I, 451-3.
4. Voir les pages 368-84 de l'édition Schmidt.
5. *Op. c.*, p. 170-7.

suivis d'un *Banquet*, de l'autre, deux fois quatre *Livres* de *Propos de Table* suivis d'un *Banquet*, à savoir le neuvième *Livre*. Ce parallélisme ne pourrait qu'être le résultat d'une imitation consciente par Plutarque de Xénophon, et, partant, rattacherait les deux œuvres au même genre littéraire. La forme du dialogue se serait imposée à Plutarque par l'exemple de son illustre modèle, le cadre du banquet, par la nature de la plupart des questions traitées.

Pour faire justice de ces subtilités, je me contenterai de renvoyer à l'étude de H. Bolkestein[1], et, avec celui-ci, je m'en tiendrai principalement, pour caractériser la nature de ces œuvres, à l'argument le plus simple : leurs titres communs. Tous font penser à des conversations de table, et, sauf pour Persée, sur des sujets variés. Il importe ici de signaler la distinction que l'on faisait, au dire de Plutarque lui-même (629 D), entre les συμποτικά (proprement : Questions de Table) et les συμποσιακά (Questions traitées à table). H. Bolkestein semble avoir raison d'écrire à ce propos[2] : « Fieri potest ut ex stoicorum doctrina orta sit (scil. ea distinctio), quippe qui grammaticae artis verborumque significationes internoscendi studiosissimi fuerint », et Persée fut probablement le premier à appliquer cette distinction dans ses *Συμποτικοὶ διάλογοι*. Car, quel moyen peut-on trouver de restreindre ainsi le sens des *Σύμμικτα συμποτικά*, déjà, d'Aristoxène de Tarente, comme l'a voulu J. Martin? Aristoxène était un musicologue, un moraliste aussi ; d'ailleurs le titre comporte l'adjectif σύμμικτα ; enfin, le fragment conservé n'a rien d'une « Question de Table ». En conséquence, le mot συμποτικά ne peut se rapporter qu'à la forme de l'œuvre d'Aristoxène : c'étaient, proches des *Συμποσιακά* de Plutarque, lequel ne s'est d'ailleurs guère montré fidèle à sa propre définition[3], de courts banquets où s'entrete-

1. *Op. c.*, p. 15-7.
2. *Id.*, p. 7.
3. Voir, par exemple, 645 C : τρίτην δεκάδα ταύτην σοι πεποιήμεθα συμποτικῶν ζητημάτων, et 660 D : τῆς οὖν τετάρτης τῶν συμποτικῶν ζητημάτων δεκάδος...

naient divers personnages sur des sujets variés, musicaux sans doute en grande partie[1]. Il en va de même pour les *Σύμμικτα συμποσιακά* (?) de Didyme, ce que confirment par ailleurs les rapprochements que l'on peut en faire avec les *Συμποσιακά* de Plutarque : sur neuf fragments, trois traitent des questions qui reviennent chez Plutarque. Quant aux *Συμποτικοὶ διάλογοι* de Persée, ils se devaient naturellement d'être tenus par des personnes en train de banqueter[2]. Pour alimenter leur imagination, ces écrivains s'étaient sans doute déjà servis des recueils de ζητήματα, constitués peut-être artificiellement sous l'influence des philosophes qui, comme Antisthène, avaient introduit dans la littérature les questions scientifiques, comme Aristote, plus tard, les questions techniques, voire grammaticales, ou comme les Stoïciens, les questions de vie pratique[3].

Nous sommes donc en présence d'un genre traditionnel, cultivé dès le IVe siècle, dont la floraison a été favorisée par celle des *Banquets* véritables et par sa relative conformité aux mœurs de l'époque[4]. Il se caractérise, du point de vue de la composition, par l'emploi de procédés et de lieux communs empruntés précisément aux Banquets, soutenus par l'influence de la rhétorique[5], et que l'on retrouve d'ailleurs, pour ce qui est de Plutarque, avec des variantes, dans ses autres Dialogues, unanimement reconnus comme fictifs. Contentons-nous d'observer ici comment Plutarque s'efforce en général de lier le sujet traité aux circons-

1. H. Bolkestein, *op. c.*, p. 5-7.
2. *Id.*, p. 8 ; cf. encore Fr. Ulrich, *Entstehung und Entwickelung der Literaturgattung des Symposions*, Würzburg, 1908/9, II, p. 10-2.
3. Cf. Fr. Ulrich, *op. c.*, p. 39.
4. Il était notamment d'usage que les convives se posassent, après le dîner, des énigmes, des devinettes et des charades (Plutarque, Συμπ. 673 A B, 717 A). La fête athénienne des Muses, d'autre part, donnait lieu à une sorte de concours de questions savantes (φιλόλογα ζητήματα) (*id.* 737 D).
5. Cf. K. Mengis, *Die Schriftstellerische Technik im Sophistenmal des Athenaios* (Stud. zur Gesch. u. Kult. d. Alt. X, 5), Paderborn, 1920, *passim*.

tances, au caractère des personnages et à l'occasion du banquet[1], comment il distribue les rôles et agence les jeux de scène. Dans le seul premier *Livre*, nous rencontrons, à côté de l'hôte, bien entendu, le médecin, le convive amusant, le retardataire, le mécontent[2] ; nous voyons l'un des participants interrompre brutalement la conversation (613 A), se moquer de ce qui vient d'être dit (617 F, 619 A), reprendre vertement son interlocuteur (627 D), faire rire la compagnie (615 E)[3], citer de mémoire le texte qui fera l'objet de la discussion (628 B), ou prétendre avoir lu récemment le livre dont il va parler (623 A)[4] ; ici un arbitre tranche un différend (*Q.* 2), là un πατὴρ τοῦ λόγου mène le débat (*Q.* 1)[5].

En donnant à ses *Συμποσιακά*, au moyen de ces artifices, un air de vérité, Plutarque employait une technique qui, je le répète, lui était familière. Mais il ne s'en est pas tenu là : Plutarque s'est acquis le mérite particulier de transcender la tradition, en la fondant dans un cadre qui l'intègre décidément à la vie réelle. Au lieu de se contenter de la fiction conventionnelle, il a groupé comme acteurs, autour de lui-même et autour du dédicataire, ses parents et ses familiers, la plupart bien connus de Sénécion, rappelant ainsi à ce dernier des heures passées en commun et immortalisant en même temps ces hommes qu'il aimait. Ce faisant, Plutarque appliquait à un genre apparenté le procédé qui anime plusieurs de ses grands Dialogues, notamment les Dialogues pythiques, et qui caractérise l'essence

1. Voir 615 C-E, 620 A, 628 B - 629 A, 638 B, 641 B, 657 F, 664 B, 667 DE, 683 BC, 692 BC, 693 E - 694 A, 696 E, 704 DE, 717 B, 736 E. Cf. C. Hubert, *Zur Entstehung...*, p. 185-6.

2. Cf. J. Martin, *op. c.*, p. 36-64, 79-97, 101-6. Cette dernière figure se retrouve très exactement dans le *Banquet des Sept Sages*, 148 EF.

3. Cf. Hubert, *De Plutarchi Amatorio*, Berlin, 1903, p. 58 sqq.

4. Cf. H. Bolkestein, *op. c.*, p. 36.

5. Cf. C. Kahle, *De Plutarchi ratione dialogorum componendorum*, Göttingen, 1912, p. 30, 41, *passim*.

même des Dialogues platoniciens[1]. Aussi, l'on comprend que ce soit dans la lignée des « plus illustres philosophes » qu'il se range[2] et non dans celle des Aristoxène, des Persée ou des Didyme. De ces hommes il a nécessairement fait un portrait fidèle, les représentant, sinon toujours conformément à la chronologie, du moins avec leur caractère et leurs centres d'intérêt, voire leur niveau de culture authentiques, d'autant plus qu'ils étaient en vie, pour la plupart, au moment de la publication de l'œuvre[3]. Sans aucun doute, une partie des banquets évoqués eurent-ils réellement lieu et peut-être certaines conversations y portèrent-elles sur des problèmes repris dans les *Συμποσιακά* ; nous pouvons au moins accepter comme historiques ceux auxquels se rapporte la relation la plus circonstanciée[4].

C'est dans cette originalité des *Συμποσιακά* que réside aussi leur principal charme. Nous voyons évoluer, autour du philosophe de Chéronée, une manière de petite Université où tous se sentent à l'aise : pas de discussions dramatiques, d'oppositions violentes ; une atmosphère calme, égayée parfois de quelque aimable plaisanterie, et, à l'occasion, la douce direction d'un maître ayant à cœur de faire appliquer le grand principe Μηδὲν ἄγαν gravé dans le vestibule de son temple de Delphes. De cette toile de fond se détachent en outre quantité de

1. Plutarque était parfaitement conscient du mérite de ces derniers à cet égard : voir *De frat. am.* 484 EF. Cf. encore C. Hubert, *Zur Entstehung...*, p. 180 sqq.

2. Voir également le prologue du sixième *Livre*, 686 D.

3. Cf. K. Ziegler, *op. c.*, col. 250. Comparer aussi cette phrase du *De Pyth. orac.* 379 B : « Sarapion a montré sa tournure d'esprit habituelle. »

4. Tel est, par exemple, le banquet de I, 10, donné pour fêter la victoire aux Dionysies du poète Sarapion en présence de Philopappos (voir *infra*, p. 9-10). P. A. Clement, *Plut. Mor.* (Loeb Class. Libr.), VIII, 1969, p. 103, n'en considère pas moins la discussion sur les mérites de la tribu Aïantis, qui constitue la *Question*, comme un « jeu de littérature », peut-être fondé sur le fait que, dans la liste officielle des tribus athéniennes, cette tribu se trouvait toujours placée vers la fin, mais jamais en toute dernière position.

scènes particulièrement vivantes. En même temps, à travers ces hommes de situation et d'origine différentes, réunis ainsi en des endroits éloignés les uns des autres, c'est tout un tableau de la vie sociale sous l'Empire romain qui s'offre à nous[1]. Certes, l'œuvre est inégale sous ce rapport, et l'on citera, nous l'avons vu, plus d'une *Question* dépourvue de mouvement. Mais ce serait une injustice de ne pas la considérer comme un tout[2].

Si donc le recueil des *Συμποσιακά* de Plutarque se rattache à un genre littéraire donné, il en constitue cependant un renouvellement important, qui d'ailleurs ne trouva point d'imitateur ; Athénée clora l'exploitation du genre, au IIIe siècle, avec son interminable *Banquet des Sophistes*, qui ne sera plus, malgré la prétention du titre, qu'une insipide compilation. Plutarque, du reste, avait conscience de cet aspect de son œuvre, si l'on en juge par la réflexion dont il fait suivre l'annonce à Sénécion de l'envoi prochain des derniers *Livres* : ἂν ταῦτα (scil. τὰ πρῶτα βιβλία) δόξῃ μὴ παντελῶς ἄμουσα μηδ' ἀπροσδιόνυσ' εἶναι (612 E)[3]. On admettra maintenant, bien que la substance des propos que Plutarque prête à ses personnages soit, pour l'ensemble, de son cru, qu'il ne s'écartait pas tellement de la vérité, et qu'il ne pensait sans doute pas s'en écarter, lorsqu'il promettait à Sénécion de lui rapporter des souvenirs. Autre chose est de savoir si ce dernier lui avait réellement demandé un travail de cette sorte ; il était en tout cas facile à Plutarque de s'assurer, pour l'œuvre à laquelle il désirait appliquer

1. Cf. R. H. Barrow, *Plutarch and his times*, Londres, 1967, p. 22-3.

2. Il faut signaler ici, en outre, l'extraordinaire foisonnement des citations, des récits, fables, apophtegmes, proverbes et images, qui fournissaient à eux seuls à Plutarque un moyen facile de dépasser à coup sûr la forme rudimentaire des *Questions Naturelles*, *Romaines*, *Grecques*, et la froideur stéréotypée des recueils de cette espèce.

3. Formule, peut-être aussi, de modestie, conforme au caractère de Plutarque, mais certainement pas de dédain, comme l'a prétendu E. Graf, *op. c.*, p. 62.

sa méthode, la connivence de son ami[1] et celle des autres principaux intéressés.

Un grand nombre de problèmes traités devaient l'être déjà dans les recueils dont nous avons dit qu'ils étaient les ancêtres des *Συμποσιακά*. Plutarque ne s'est pas fait faute, évidemment, de les reprendre à son compte. Au moins ceux qui concernent la table. La plupart de ces derniers correspondent aux préoccupations stoïciennes sur la συμποτικὴ ἀρετή[2] et ressortissent en tout cas au rôle joué par le vin dans la vie et la civilisation des Grecs et à l'intérêt suscité chez eux par le phénomène de l'ivresse[3]. Néanmoins, c'est pour ce genre de problèmes que l'apport personnel de Plutarque a quelque chance d'être le plus important.

D'un point de vue général, c'est naturellement l'influence de Platon, proclamé en 700 B φιλόσοφος δόξῃ τε καὶ δυνάμει πρῶτος, qui est la plus manifeste. Pour se référer à lui, Plutarque n'avait guère besoin de recourir à ses notes, les réminiscences affluant spontanément à son esprit ; si plusieurs *Questions* sont spécialement consacrées à Platon (VII, 1 ; 2 ; VIII, 2 ; IX, 5), de nombreux passages reproduisent la pensée ou simplement des expressions du maître[4] et

1. Et donc de lui attribuer l'initiative du recueil, d'avoir l'air de lui rappeler certains souvenirs (μέμνησαι, 612 E, etc.), ou de s'excuser de lui rapporter des propos qu'il avait lui-même tenus (629 DE).

2. Deux fragments de Stobée, II, 7 (p. 65, 15-66, 13 ; p. 43, 16 sqq., Wachsmuth), sont instructifs à cet égard ; il y est dit notamment que Zénon et les Stoïciens définissaient cette qualité : τὴν περὶ τὸ ἐν συμποσίῳ καθῆκον ἀναστρεφομένην ἐπιστήμην οὖσαν τοῦ πῶς δεῖ ἐξάγεσθαι τὰ συμπόσια καὶ τοῦ πῶς δεῖ συμπίνειν. A remarquer aussi le rejet des ἀκροάματα, parmi les règles du banquet d'inspiration stoïcienne formulées par Masurios dans le cinquième *Livre* d'Athénée. Il est vrai que Platon avait déjà soutenu que les gens cultivés n'avaient besoin à table d'aucun autre divertissement que leur conversation (voir *infra*, la note 3 pour la p. 17, et J. Martin, *op. c.*, p. 26-7).

3. Voir à cet égard l'article de P. Boyancé, Platon et le Vin (*Bull. Budé, Lettres d'Hum.*, X, 1951), p. 3-19.

4. Cf. R. M. Jones, *The Platonism of Plutarch*, Chicago, 1916, p. 107-53, *passim*.

les doctrines de l'Académie. Parmi les autres philosophes, ce sont les noms d'Empédocle et d'Épicure qui reviennent le plus souvent, et cela d'une manière rien moins que fortuite, en général. Dans le domaine de l'histoire, Plutarque utilise surtout Hérodote et Xénophon, mais il lui arrive, à l'occasion, de chercher son bien du côté des Atthidographes. Dans celui de la physiologie, de la biologie et des sciences naturelles, Plutarque est probablement tributaire de l'école hippocratique[1]. Sans doute connaissait-il aussi, pour avoir fait des études de médecine à Alexandrie, les immenses progrès réalisés à l'époque hellénistique par un Hérophile ou un Érasistrate. Cependant, c'est à des ouvrages postérieurs reproduisant l'enseignement de ces maîtres, ou celui de l'école péripatéticienne, qu'il dut avoir principalement recours. Au reste, Plutarque s'inspire surtout, dans ce domaine, du Corpus aristotélicien, particulièrement des **Problèmes*, qu'il croyait authentiques et qui représentaient un manuel de prédilection pour les gens cultivés[2], ainsi que des écrits des disciples du Stagirite, avant tout de Théophraste. Il est peu probable qu'il n'ait connu ce spécialiste réputé qu'indirectement[3], c'est-à-dire surtout par l'intermédiaire des

1. Les parentés les plus évidentes concernent la pharmacopée, ou s'expriment dans la notion des humeurs corporelles ainsi que dans une certaine conception mécanique des affections internes et des faits biologiques en général.

2. Cf. 734 CD. On sait d'ailleurs que les **Problèmes* sont hétérogènes, et qu'ils mêlent à un fonds proprement péripatéticien des éléments beaucoup plus récents. W. Capelle a cru pouvoir montrer (Auf Spuren alter ΦΥΣΙΚΟΙ, *Hermes*, XLV, 1910, p. 321-36) quel remarquable ouvrage médical se trouvait à la base de VI, 6 (sur la préservation de la neige) et VI, 8 (sur les causes de la boulimie), par-delà la source directe indiquée par Plutarque en 694 DE ; et il suppose que d'autres passages des *Propos de Table* ont la même origine, notamment, en tout ou en partie, I, 6 (624 C-F) ; 7 ; 8 ; II, 2 ; 6 ; III, 1 (646 F - 648 A) ; 3 ; 4 ; 5 ; IV, 1 ; 4 ; VI, 1 ; 2 ; 3 ; 10 ; VIII, 10.

3. Comme l'affirme W. Capelle, Zur Geschichte der griechischen Botanik (*Philologus* LXIX, 1910), p. 268. Remarquons que d'autres œuvres de Théophraste, étrangères à l'histoire naturelle, sont mises à contribution dans les *Propos de Table*, tel,

**Problèmes* d'inspiration théophrastique. Il ne semble pas, en revanche, que Plutarque se soit servi de l'œuvre même du botaniste Dioscoride, avec laquelle on peut faire également de fréquents rapprochements (sans parler de Pline l'Ancien que Plutarque ne peut guère avoir connu) ; le texte des *Συμποσιακά* donnant nettement l'impression d'être plus complet, nous devons penser plutôt à des sources communes. Plutarque, enfin, a largement utilisé les compilations de toutes sortes accumulées depuis le début de l'époque hellénistique. Les phénomènes étranges, les affirmations bizarres qu'il mentionne ou discute, proviennent de ces recueils de *Curiosités* et de *Paradoxes* qui, depuis Callimaque et Bolos de Mendès, s'étaient multipliés pour l'agrément des lecteurs, tout en constituant un champ d'exploitation pour la rhétorique et d'investigation pour la philosophie. Les antipathies naturelles, avec leur contraire, les sympathies naturelles, dont les *Propos de Table* citent de nombreux exemples, en représentaient une branche particulière ; c'est, d'après Th. Weidlich[1], au même Bolos, auteur sous le nom de Démocrite, à l'époque alexandrine, d'un traité *Περὶ συμπαθειῶν καὶ ἀντιπαθειῶν*[2], que remonterait toute la littérature spécialisée en cette matière ; l'évocation de ces phénomènes correspond en tout cas à l'enseignement des Stoïciens sur la συμπάθεια τῶν ὅλων et à leur conception de l'unité du monde[3]. L'essentiel des *Questions* — près d'une dizaine — se rapportant à Homère ou à des problèmes posés par tel ou tel passage homérique pourrait avoir été fourni par le recueil *Περὶ τῶν παρ' Ὁμήρῳ νόμων* d'un autre Dioscoride, disciple

en 623 A, le traité, aujourd'hui perdu, sur la musique. Sur l'utilisation par Plutarque d'Aristote et de Théophraste on pourra consulter J. Croissant, *Aristote et les Mystères*, Liège-Paris, 1932, *passim*.

1. *Die Sympathie in der antiken Literatur*, Stuttgart, 1894.

2. Cf. Diels-Kranz, *Vorsokr.* II, p. 210-13. Mendès, la patrie de Bolos, est une ville de basse Égypte.

3. Voir également G. Soury, Les Quest. de T. de Plut. (*REG* LXII, 1949, p. 322-6).

d'Isocrate[1]. Quant à l'illustration anecdotique, si abondante dans les *Propos de Table*, Plutarque en trouvait la matière dans les recueils de faits et dits célèbres, dont il est significatif que deux exemplaires, les *Apophtegmes des rois et chefs de guerre* et les *Apophtegmes des Lacédémoniens* — outre les *Opinions des philosophes* — aient été publiés sous son nom.

Telles sont, en gros, les sources des *Propos de Table* ; quelques précisions supplémentaires seront apportées dans les *Notices* consacrées à chacun des *Livres*. Plutarque avait-il pris ses notes ou consigné ses remarques, volontairement variées, mais concernant des sujets appropriés, en vue de leur emploi futur pour les *Συμποσιακά*, ou avait-il transcrit, sans but défini, une quantité de problèmes qui lui paraissaient intéressants, mais parmi lesquels il dut faire un choix convenable? Je penche plutôt pour la seconde hypothèse[2].

Mais que n'a-t-il fait preuve, pour la mise en œuvre de ces matériaux, de plus d'exigence intellectuelle et d'un plus grand esprit de synthèse ! Ne lui faisons pas trop grief de la minceur de certains des sujets traités ; cette « triviality » était, hélas, le lot du genre. Ce qui, en revanche, est plus fâcheux, c'est la manière dont sont menées les discussions. J'accorde volontiers qu'il ne faut pas demander trop de rigueur à qui traite des conversations de table, des places des convives, du nombre des invités, de l'ordre d'énumération des épreu-

1. Cf. R. Weber, De Dioscur. Περὶ τῶν... libello (*Leipz. Stud.* XI, 1888, p. 168-73) ; H. Bolkestein, *op. c.*, p. 35. H. Schrader avait cru prouver (*Porphyrii Quaest. Hom. Rel.*, Leipzig, 1880-2, p. 371-6 et 421-6) que Plutarque a utilisé un Corpus péripatéticien de solutions de problèmes homériques, dont se serait aussi servi Dioscoride.

2. Disons également un mot du procédé de démonstration par l'étymologie, dont les *Propos de Table* offrent un certain nombre d'exemples. A travers les écrivains les plus divers, il remonte jusqu'aux présocratiques : voir Diels-Kranz, *Vorsokr.* I, p. 386, 10 ; 393-4, 7 ; 413, 14 ; II, p. 23, 73 ; 57, 24 ; 90, 33, l. 23-4 (Hippon, Oinopidès, Philolaos, Anaxagore, Diogène d'Apollonie, Démocrite). Cf. H. Diels, Die Anfänge der Philologie bei den Griechen (*N. Jbb.* XXV, 1910), p. 3 sqq.

ves athlétiques chez Homère, du rang de la lettre A... Mais quand il s'agit d'élucider un problème concernant la poésie ou un fait d'histoire, il n'en va plus de même. Pour les questions d'ordre scientifique, il est particulièrement grave de ne pas discuter les problèmes dans leur fond. Or c'est ce qui se passe ici. Au lieu de chercher les causes véritables des phénomènes, Plutarque se contente en général de la vraisemblance, en citant plusieurs théories qui s'y rapportent, ou en rappelant ce que divers auteurs en ont dit. Les différentes opinions se succèdent ainsi sans aucune analyse et le plus souvent sans solution, comme si ceux qui sont chargés de les défendre s'amusaient avec elles. Citons deux exemples du premier *Livre* : il était facile de rejeter l'application à la presbytie de la théorie géométrique des cônes visuels, en montrant que la fusion des cônes en une lumière plus vive ne devrait pas favoriser la vue des vieillards seuls et qu'elle devrait rendre double la vue des plus jeunes, qui lisent de près (*Q.* 8) ; le seul argument valable, pour la comparaison de l'eau douce et de l'eau de mer (la croûte de sel) reste inexploité au point de passer totalement inaperçu (*Q.* 9). Quand par hasard Plutarque veut faire preuve d'esprit critique, il n'y réussit guère ; ainsi en I, 8, à propos du surnom Dionysos que portait Mithridate, l'explication qu'il propose est tout aussi fantaisiste que celle qu'il rejette comme telle (624 AB). Ainsi présentées, ces recherches rappellent la déclamation rhétorique qui ne constitue, elle aussi, qu'une imitation d'impressions et de sentiments véritables[1]. Parfaitement illustrées par l'histoire de Démocrite et de la citrouille (628 B-D), ce ne sont que des « exercices » de l'esprit (ἐγγυμνάσασθαι ὁ λόγος παρέξει, *ibid.*). Aussi bien ne saurait-il être question d'objectivité, quoique Plutarque ait conscience de l'importance du fait par rapport à sa cause (cf. 689 C, 700 C), de la réalité face à l'invraisemblance (cf. 664 C, 680 C), et qu'il place, en théorie, comme les Stoïciens,

1. Cf. Z. Abramowiczówna, Plut. Tischspr., p. 80-2.

l'ἔργον avant le λόγος (cf. *De Alex. Mag. fort.* 328 A, *Dio* 11 et aussi 725 BC). Car ce fait, il l'accepte sur de simples affirmations, sans mettre en doute l'autorité de la tradition, qui tient lieu à ses yeux d'expérience[1]. Même les phénomènes le plus facilement vérifiables n'échappent pas à cette règle et quelquefois l'inexactitude nous rappelle que nous sommes en pleine littérature[2]. Le scepticisme n'est jamais présenté que comme une diversion[3]. Toutefois, il est juste, là encore, de ne pas nous montrer exagérément sévères à l'égard de Plutarque ; car ce défaut ne lui est pas propre, il appartient à son époque, marquée par l'affaiblissement général de l'esprit scientifique[4]. La valeur documentaire des *Propos de Table* reste naturellement intacte ; on se sera rendu compte, déjà, que par l'intermédiaire, notamment, de certains textes philosophiques ou renseignements scientifiques, ils contribuent pour une part non négligeable à mieux nous faire connaître la pensée et la culture grecques.

Plusieurs parmi les discussions rapportées supposent que Plutarque était, à l'époque, fort avancé en âge. L'une d'elles montre ses fils adultes (725 F), une autre

1. Voir comment s'achève, en 641 C, une énumération de phénomènes étranges : τούτων γὰρ ἐμφανῆ τὴν πεῖραν ἐχόντων.

2. Comment Plutarque pourrait-il autrement, par exemple, affirmer avoir vu chez Soclaros des greffes qui n'existent pas (640 B) ?

3. Voir, par exemple, 641 B, sur le rémora.

4. En admettant que cet esprit, qu'il ne faut pas confondre avec le rationalisme, fût-il le plus exigeant, ait jamais véritablement existé auparavant ; le livre de R. Joly, *Le niveau de la science hippocratique*, Paris, 1966, détruit à cet égard quelques illusions. Au reste, la conclusion fort raisonnable de la même *Question* sur le rémora (641 C-E), ainsi que l'argumentation de la *Question* suivante (642 AB), entre autres, montrent que l'ouvrage de Plutarque n'est pas uniforme, non plus, dans ce mauvais sens. Il a même été soutenu, sur un autre plan (G. Soury, *op. c.*, p. 326), qu'il reflétait, par l'infinie diversité des *Questions*, destinée à montrer l'analogie des êtres et des choses, une vision cosmique de l'univers, et trouverait là son unité profonde : c'est faire à Plutarque un honneur auquel celui-ci n'a certainement pas prétendu.

se tient à l'occasion du mariage de l'un d'entre eux, Autoboulos (666 D) ; ici nous apprenons — du moins semble-t-il — que le grand-père Lamprias est mort (622 E, 669 CD), là, que Plutarque est membre du συνέδριον pythique (674 E), prêtre à Delphes (700 E), et qu'il a été archonte éponyme à Chéronée (642 F, 693 F). Pour plus de précision, nous aimerions connaître la date de quelques-uns des événements évoqués, telles l'agonothésie et la chorégie de Philopappos à Athènes (I, 10)[1]. Seul, le voyage aux Thermopyles, relaté en VIII, 10, se laisserait à peu près situer, grâce à la présence de Favorinus, le célèbre Péripatéticien d'Arles : celui-ci y apparaît comme un homme mûr, vu ses connaissances en physique ; or Favorinus est né vers les années 80. Il est possible, d'autre part, que Plutarque ait utilisé, pour composer les *Propos de Table*, si l'on accepte l'hypothèse émise par H. Schrader[2] à propos de 741 D, les œuvres rhétoriques du grammairien Télèphe de Pergame, né vers la même époque que Favorinus. Toutes ces indications nous permettent d'établir que les *Propos de Table* ont été écrits probablement au cours de la 2e décennie du IIe siècle, et qu'ils représentent une des dernières œuvres de Plutarque.

1. Voir *infra*, p. 9-10.
2. Telephos der Pergamener (*Hermes*, XXXVII, 1902), p. 565.

Histoire du texte et de son interprétation.

Les *Συμποσιακά*[1] ne sont pas cités dans le catalogue des œuvres de Plutarque connu sous le nom de *Catalogue de Lamprias*, à moins qu'il ne faille les identifier avec les *Ἀπομνημονεύματα* qui y portent le n° 125. Ils nous sont conservés par treize manuscrits, dont l'un est le prototype auquel remontent les douze autres, ces derniers présentant, sans exception, dans le neuvième *Livre*, une importante lacune dont sont responsables les manipulateurs de celui-là. C. Hubert a montré en effet[2] comment ce manuscrit a perdu, à l'occasion d'une remise en ordre des cahiers numérotés 34 et 36, précédemment intervertis, le cahier intermédiaire, puis les trois premiers feuillets du cahier numéroté 36 ; la lacune s'étend de la sixième à la douzième *Question*, sauf pour ce qui est du début et de la fin respectifs de celles-ci. Il s'agit du parchemin *Vindobonensis phil. gr.* 148, du xe ou du début du xie siècle, acheté vers 1562 par Augier de Busbeck à Constantinople, et désigné par la lettre T. Il contient les seuls *Propos de Table*, et était constitué primitivement par 38 cahiers. Mais, outre la perte dont je viens de parler, avait aussi disparu avant que les copies dont nous disposons n'eussent été faites, toute la fin du quatrième *Livre*, à partir de la sixième *Question*, οὕτω κολα... (672 C) ; le copiste du manuscrit espérait d'ailleurs sans doute retrouver un jour le passage disparu, puisqu'il laissa en blanc les dix-huit dernières lignes du seizième cahier, en signalant la lacune. Aussi quelque bibliothécaire s'avisa-t-il de décaler d'une unité la suite des

1. La tradition manuscrite des *Moralia* en général a été exposée, après les travaux de Treu et de Wegehaupt, dans la préface de la seconde édition Teubner, par M. Pohlenz (t. I, p. vi sqq.). On pourra consulter également l'introduction de R. Flacelière à son édition du Dialogue *Sur les Oracles de la Pythie* (p. 81-4).

2. *Plut. Mor.*, Teubner 1938, IV, p. xii. Cf. également Bernardakis, *Plut. Mor.*, Teubner 1888, I, p. xlii.

cahiers, en remplaçant le n° 17 par le n° 18 et ainsi jusqu'au dernier. Plus tard — mais après les transcriptions, cette fois — disparurent encore le cahier numéroté 19 (676 C στέμμα — 680 D ἱστορεῖται δὲ), le cahier numéroté 26 (704 F τῶν ἀλόγων — 709 A σκιῶν), et le cahier numéroté 38, dont deux feuillets, semble-t-il, contenaient la fin de l'ouvrage (à partir de 747 E Ἥρην τε). L'écriture est soignée et élégante ; 25 à 30 lettres remplissent chaque ligne, à raison de 22 lignes par page. Les abréviations sont rares et d'ailleurs courantes ; signes de ponctuation, accents, esprits, apostrophes sont notés, à la manière byzantine, mais avec pas mal de fantaisie. La même fantaisie règne dans la notation de l'iota souscrit ou adscrit, du ν éphelcystique, et dans l'élision ; certaines de ces conventions ou habitudes de copistes appellent naturellement une normalisation, dont il sera inutile de faire état dans l'apparat critique. Les lacunes de son modèle semblent avoir été presque toujours fidèlement reproduites par le copiste[1], qui a corrigé lui-même ses propres erreurs, soit par une rature, soit par l'adjonction d'une lettre, parfois en marge, avec un signe. A côté de quelques brèves annotations du copiste, tel le sigle σῆ pour souligner l'importance d'un passage, ou, en 658 B, sans motif spécial, le nom d'un auteur cité, se lisent dans la marge des remarques de différents lecteurs, gloses, brèves appréciations ou véritables commentaires, arguments de chapitres. Les rares corrections ou conjectures dues à diverses mains peuvent être utilisées selon l'intérêt qu'elles présentent. Une partie d'entre elles a passé dans les manuscrits dérivés.

Ces derniers, non limités pour la plupart aux *Συμποσιακά*, se divisent en deux familles, si nous exceptons l'*Athous* du monastère de Lavra, du XVIIe siècle[2], qui n'offre aucune originalité. Les uns sont dus, directe-

1. Mais il n'est guère possible de se fonder sur leur importance pour déterminer le nombre de lettres manquantes ; de nombreux exemples le prouvent.
2. Cf. C. Hubert, *Plut. Mor.*, p. XVII.

ment ou indirectement, à Planude, l'érudit moine byzantin de la seconde moitié du XIIIe siècle, ou à ses successeurs (Π). Ils présentent tous la même perturbation dans les *Livres* III et IV, le passage πολλάκις τὸ ὅμοιον (651 C) — τῶν πράξεων (655 C) se trouvant transposé entre φίλον τινὰ ποιήσασθαι et τῶν πολιτῶν (659 F). Cette transposition, et par conséquent la famille elle-même, ne peut remonter qu'à un intermédiaire disparu, dont se servit Planude, et dans lequel les passages qu'elle concerne devaient se trouver à la fin de cahiers ou de feuillets, car tel n'est le cas ni en T, ni dans aucun des manuscrits en question.

Ce sont :

a) le *Vaticanus gr.* 139, écrit peu après 1296 (γ),

b) le *Laurentianus* 80, 5, du XIVe siècle, qui ne comprend que les quatre premiers *Livres*,

le *Parisinus gr.* 1680, du XIVe siècle,

le *Marcianus gr.* 248, écrit par Jean Rhosos en 1455,

le *Cantabrigiensis* 2601, du XVe siècle, qui ne comprend que les *Συμποσιακά*, et s'achève en IX, 5 συνάπτων (740 D),

le *Toletanus* 51, 5, des XVe-XVIe siècles.

Ces cinq manuscrits sont transcrits de γ.

c) l'*Urbinas gr.* 99, du XVe siècle (u), issu du *Laur.* 80, 5, et ne comprenant donc que les quatre premiers *Livres*.

d) le *Parisinus gr.* 1672 (E), écrit peu après 1302, qui comprend non seulement toutes les *Œuvres Morales*, mais aussi les *Vies*, et qui offre, d'une part, une plus grande concordance avec T, d'autre part un certain nombre de variantes propres ; plutôt que de γ, il doit dériver, pour ce qui est des *Συμποσιακά* (ils s'y trouvent sous le n° 78), d'un exemplaire commun plus ancien.

e) le *Vaticanus gr.* 1676, du XVe siècle (n), qui pourrait également dériver de γ.

Les autres, au nombre de deux seulement, le *Palatinus gr.* 170 (g) du XVe siècle, et le *Parisinus gr.* 2074 (P) du XIVe siècle (ce dernier ne contenant que les *Συμποσιακά*), pourraient avoir été directement transcrits de T, après l'ancêtre de la famille planudéenne. Car si les manuscrits de cette famille s'achèvent correctement, g et P présentent la mutilation finale que j'ai signalée pour T, — P, toutefois, reproduisant encore l'avant-dernier feuillet (jusqu'à μίγνυμεν 748 C), ce qui indique que celui-ci s'était conservé plus longtemps[1]. Ils offrent tous deux quelques corrections et conjectures, avec un relatif progrès de la part de g, ce qui confirme leur indépendance réciproque[2]. P est amputé, d'autre part, du début du texte jusqu'à δι' ὀρχήσεως (614 D).

Le prototype T est donc le seul fondement véritablement nécessaire à l'établissement du texte des *Συμποσιακά* ; méritent d'être collationnés avec lui P et g, γ et E (et dans une faible mesure n), lesquels suppléent évidemment, par ailleurs, à sa défaillance pour les passages qui en ont postérieurement disparu.

Devant ce monolithisme de la tradition directe, la tradition indirecte prend une importance d'autant plus grande. Celle-ci a été étudiée par C. Hubert[3] ; je me contenterai de rappeler l'essentiel de ses conclusions.

Les *Συμποσιακά* de Plutarque trouvèrent un « imitateur » dans le latin Macrobe : le 7e *Livre* des *Saturnales* reproduit en effet, sans d'ailleurs nommer son modèle, de nombreuses *Questions* plutarquéennes. Si Macrobe se révèle assez fréquemment plus explicite que

1. La perte n'a pu affecter P lui-même, vu que la dernière ligne du texte est incomplète. Une main plus récente, semble-t-il, a d'ailleurs ajouté : λείπει τὸ τέλος τοῦ ιε'ου κεφαλαίου τοῦ θ'ου τῶν Πλουτάρχου συμποσιακῶν.

2. C. Hubert, *Plut. Mor.*, p. XVI, relève même plusieurs exemples tendant à montrer que le propriétaire de g dut consulter T et corriger ce dernier.

3. *Zur indirekten Überlieferung der Tischgespr. Plut.*, p. 308-28.

Plutarque, ou si du moins son texte renferme un certain nombre d'éléments nouveaux, ce n'est pas qu'il ait disposé, comme certains ont prétendu le démontrer[1], d'un exemplaire plus complet des *Συμποσιακά*, dont l'état que nous connaissons ne représenterait qu'un condensé ; il est certain que Macrobe lisait le même texte que nous, mais qu'il en a fait, non sans talent, un usage relativement libre. Ce qu'il y a de très vraisemblable, par contre, c'est qu'il eut en mains un manuscrit apparenté à T, un ancêtre entaché déjà de certaines des erreurs de ce dernier, mais dans l'ensemble, cependant, moins altéré que lui ; d'où l'intérêt accru de cette confrontation.

C'est d'un manuscrit analogue que se servit encore, peu après la confection de notre *Vindobonensis*, Michel Psellus, lorsqu'il reprit, de la même manière, certaines *Questions* dans son *Omnifaria Doctrina.*

Et c'est également d'un manuscrit plus correct que les nôtres que paraît avoir disposé Eustathe, qui se réfère fréquemment, parfois en détail, aux *Propos de Table* ; quant aux nombreuses concordances que nous découvrons, dans le fond et la forme, entre son commentaire et l'ouvrage de Plutarque, elles sont, généralement avec certitude, à mettre au compte d'une source commune.

Nous pouvons en dire autant sur les rapports entre les *Propos de Table* et l'*Histoire Variée* d'Élien (il s'agit d'une demi-douzaine de passages), les *Stromates* et surtout le *Pédagogue* de Clément d'Alexandrie[2], le *Banquet des Sophistes* d'Athénée (une douzaine de passages)[3], le traité *Sur l'abstinence* de Porphyre.

1. R. Volkmann, *Observationes miscellae*, Jauer, 1872, p. 2-5 ; H. Linke, *Quaest. de Macr. Saturn. fontibus*, Breslau, 1880 ; G. Wissowa, *De Macrob. Saturn. font. capita* III, *id.*

2. Certains passages de ce dernier paraissent cependant supposer une utilisation directe de l'ouvrage de Plutarque.

3. Ici je dois apporter un correctif à l'analyse de C. Hubert ; celui-ci croit à une utilisation directe pour les passages 44 C (= Plut. 660 E) et 423 E (= Plut. 677 C-E). I. Düring, Athen.

Les autres auteurs qui ont nommément cité Plutarque (Aulu-Gelle, *Geoponica*, Michel Glycas), ou qui l'ont mis à contribution (Diogène Laërce, J. Laurentius le Lydien) ne sont d'aucune utilité ni pour l'histoire de la transmission du texte, ni pour son établissement.

La première édition des *Moralia* fut l'œuvre, à Venise en 1509, d'Alde Manuce et de Démétrius Doucas : c'est l'Aldine des éditeurs modernes. Plusieurs érudits de la Renaissance en ont enrichi des exemplaires de leurs remarques et corrections : Niccolo Leonico Tomeo, Giannotti, Turnèbe, d'autres encore. En se servant notamment des corrections de Leonico Tomeo, Froben fit paraître une seconde édition à Bâle en 1542. Et c'est un exemplaire bâlois, conservé à la Bibliothèque Nationale, qu'annota, avec un soin et une compétence admirables, Amyot[1], avant septembre 1570[2], pour en faire la base de la traduction qu'il publia en 1572 et qui subit dans la suite plusieurs révisions. La même année, en 1572, parut l'édition gréco-latine d'Henri Estienne ; bénéficiant, elle aussi, de variantes d'origines diverses, de l'apport de Turnèbe et de Muret, et de l'érudition personnelle de son auteur, elle connut plusieurs réimpressions, à partir de 1599, et sert de fondement à toutes les éditions modernes. Entre temps

och Plut. (*Eranos* XXXIV, 1936), p. 1 sqq., et L. Nyikos, *Athen. quo consilio quibusque usus subsidiis dipnosoph. libros composuerit*, Bâle, 1941, p. 29 sqq. ont montré que là encore, comme ailleurs, Plutarque et Athénée sont redevables à une source identique, le Περὶ μέθης de Théophraste dans le second cas (cf. encore H. Bolkestein, *op. c.*, p. 26, note 1).

1. R. Aulotte, *Amyot et Plutarque : la tradition des Moralia au XVIe siècle*, Genève, 1965, distingue cinq sources pour ce travail philologique d'Amyot : d'autres éditions (il n'en existait cependant pas de particulière pour les Συμποσιακά), des manuscrits divers, des recueils de variantes contemporains (entre autres Mercurialis, Guillaume Canter, ainsi que les exemplaires de Giannotti et de Turnèbe), des versions latines et, enfin, sa critique personnelle.

2. La dernière page porte la date exacte : « 8 idus sept. 1570 ». — La bibliothèque universitaire d'Amsterdam conserve un autre exemplaire bâlois, annoté par Iunius.

avait paru, en 1570, la traduction latine de Xylander, qu'Amyot utilisa vraisemblablement, même pour les annotations de son exemplaire bâlois[1]. Le même Xylander publia une édition quatre ans plus tard, tandis que sa traduction fut jointe au texte d'H. Estienne, en 1599, pour former la grande édition de Francfort dont un appendice reproduit les notes de Turnèbe et d'un autre érudit, Vulcob[2].

Cet aperçu[3] suffit à montrer combien ces travaux se mêlent et s'influencèrent les uns les autres, de sorte que tout apparat critique des *Συμποσιακά*, comme de n'importe quel opuscule, traité ou Dialogue des *Moralia*, gardera, dans sa partie relevant de cette période, une bonne dose d'incertitude, tant qu'un vaste travail d'ensemble n'aura pas précisé les relations entre les humanistes. Le fait que la grande majorité des leçons attribuées dans la seconde édition Teubner par C. Hubert à Xylander, ou, sur la foi de l'édition de Francfort, à H. Estienne, à Turnèbe, à Vulcob, ou encore à Giannotti, se retrouvent dans l'exemplaire d'Amyot incite à la prudence[4]. Pour ma part, je me suis résolu, dans ces cas-là, à juxtaposer le plus souvent le nom d'Amyot à celui des autres érudits, à l'exception, toutefois, de ceux qui, comme Leonico Tomeo et Turnèbe, paraissent décidément plus anciens.

Rualde fit paraître une édition des *Moralia* en 1624. Au XVIIIe siècle, Reiske fit de nombreuses corrections

1. Le privilège d'imprimer fut accordé à Xylander le 8 août 1570.

2. Il convient encore de citer l'édition de Wittenberg, sans date, attribuée par Hütten (préf., p. XVI) à Mélanchton, et la traduction de Cruserius, achevée en 1570 et publiée en 1573.

3. On pourra consulter, outre le livre de R. Aulotte déjà mentionné, l'article de J. Defradas, Une trad. de Plut. par Amyot, Le Banquet des Sept Sages (*Rev. Sc. Hum.*, 1959), p. 141-51.

4. M. Cuvigny, qui pour son édition de *Trois Traités politiques de Plutarque* (Thèse de 3e cycle, dactylographiée, soutenue à Lille en 1968) a étudié, outre l'exemplaire d'Amyot, ceux de Turnèbe et de Giannotti (p. x sqq.), aboutit aux mêmes conclusions : sur les 47 corrections marginales de l'exemplaire de Giannotti, 42 se retrouvent dans celui d'Amyot.

utilisées dans l'édition qui parut après sa mort, en 1774. Puis vinrent la première édition critique, due à Wyttenbach (Oxford, 1795-1830 ; Leipzig, 1796-1834), celles de Hütten (1798), Duebner (Didot, 1839-46), Bernardakis (Teubner I, 1888-96) et, pour ne parler que des *Συμποσιακά*, celle de C. Hubert (Teubner II, tome IV, 1938), avec de nombreuses et précieuses références, et celle, toute récente, de E. L. Minar, F. H. Sandbach, P. A. Clement, H. P. Hoffleit (Loeb Class. Libr., tomes VIII et IX, 1961-1969).

Disons, pour finir, que j'ai conservé dans mon édition les titres qui dans les manuscrits précèdent les *Questions* et constituent les *indices* de chaque *Livre*, bien qu'ils ne soient manifestement pas de Plutarque, ainsi que la division traditionnelle en chapitres.

SIGLA

T : *Vindobonensis phil. gr.* 148, saec. X ; ad hunc codicem lectiones quibus nihil additur pertinent. Cuius apographa (apogr.) sunt, plerumque vero obliqua ratione,

γ : *Vaticanus gr.* 139, brevi post a. 1296.

E : *Parisinus gr.* 1672, paulo post a. 1302.

P : *Parisinus gr.* 2074, saec. XIV.

g : *Palatinus gr.* 170, saec. XV.

n : *Vaticanus gr.* 1676, saec. XV.

u : *Urbinas gr.* 99, saec. XV.

edd. : editiones omnes, praeter hanc.

Abram. : Z. Abramowiczówna.

Ald. : editio Aldina.

Basil. : editio Basileensis.

Bern. : Bernardakis.

Bolk. : Bolkestein.

Doe. : Doehner.

Emp. : Emperius.

Hartm. : Hartman.

Hub. : Hubert.

Leon. : Leonico Tomeo.

Méz. : Bachet de Méziriac (notae quas in margine Stephanensis exempli sui scripsit).

Rei. : Reiske.

Steph. : H. Estienne.

Turn. : Turnèbe.

Vulc. : Vulcob.

Wil. : Wilamowitz.

Wytt. : Wyttenbach.

Xyl. : Xylander.

TESTIMONIA

quae quidem in Huberti editione non inveniuntur.

Castiglioni : *Gnomon* XVII, 1941, p. 251-7.
Faehse : *Animadversiones in Plutarchi opera*, Leipzig, 1825, p. 40 sqq.
Helmbold : *Class. Philol.* XXXIII, 1941, p. 85-8.
Kronenberg : *Mnemosyne*, N. S. X, 1941, p. 33 sqq.

LIVRE PREMIER

NOTICE

Le dédicataire du recueil[1] — il en recevra l'hommage dans le prologue de chacun des neuf *Livres* — était le plus haut dignitaire de l'Empire auquel Plutarque ait été lié d'amitié. Peut-être s'étaient-ils déjà vus à Rome, lors du premier séjour que Plutarque fit dans la capitale ; sinon, leurs relations ont été nouées en Grèce, où Sénécion fut magistrat, vraisemblablement proconsul, avant de gravir les habituels degrés militaires de la carrière sénatoriale et d'occuper pour la première fois le consulat en 99[2]. La part prépondérante qu'il prit comme commandant des deux armées romaines à la victoire sur les Daces en 106 lui valut les honneurs du triomphe, l'érection d'une statue et un deuxième consulat éponyme en 107. Il fut l'ami et le conseiller de Trajan, et notre dédicace, précisément, montre, semble-t-il, qu'il ne perdit rien de sa considération sous Hadrien[3]. Sosius Sénécion participe, comme il est naturel, à la première conversation, placée à Athènes, et offre le banquet de la cinquième *Question*. Nous le verrons dans les *Livres* suivants, offrir un autre banquet à Patras (II, 1), un autre encore que nous pouvons imaginer à Chéronée (II, 3), puis assister aux noces d'Autoboulos, le fils de Plutarque (IV, 3), et, sans

1. Cf. E. Groag, *RE*, s.v. Sosius (Q.S. Senecio).
2. Il était donc, semble-t-il, un peu plus jeune que Plutarque.
3. Sa famille resta en vue pendant longtemps encore, puisque son arrière-petite-fille Sosia Flaconilla est mentionnée par deux inscriptions, l'une de l'agora d'Athènes (*Hesperia* X, 1941, p. 255-8, n° 61), l'autre de Cirta en Numidie (*C.I.L.*, VIII, 7066).

intervenir cette fois, au banquet offert à Athènes par l'Épicurien Boèthos (V, 1). Comme le mariage d'Autoboulos ne peut guère avoir eu lieu avant 99, date à laquelle Sénécion quitta son service en Grèce, nous sommes fondés à penser qu'attiré par ses souvenirs et cédant à l'insistance de ses amis il y fit, plus tard, un ou plusieurs autres séjours à titre privé. Du moins paraît-il ressortir du prologue du cinquième *Livre* (672 D) que le philosophe, lorsqu'il écrivait ces lignes, n'avait pas revu son ami depuis un bon moment. Plutarque, au demeurant, lui dédia d'autres ouvrages : le court traité *Sur les progrès dans la vertu*, et surtout, selon toute apparence, la série complète des *Vies parallèles*. Sosius Sénécion était beaucoup plus qu'un dilettante en philosophie, un adepte de ce platonisme « modernisé » hostile à tout dogmatisme, hostile en tout cas au stoïcisme, puisqu'il cautionne les attaques que Plutarque lance contre le Portique dans le *De profectibus in virtute*. Par son influence sur Trajan, cet homme éminent a pu faire rayonner jusqu'à la cour impériale l'éthique du philosophe de Chéronée, et en retour, peut-être, valoir à celui-ci les distinctions dont l'empereur semble l'avoir honoré. — Les deux autres interlocuteurs de la première *Question* — ne parlons, ni maintenant, ni dans la suite, de Plutarque lui-même — se nomment Ariston et Craton. Le premier, qui n'apparaît que très brièvement, est peut-être le même que celui que le père de Plutarque appelle son ἀνεψιός, *De soll. an.* 965 C. Le second est appelé par Plutarque ὁ γαμβρὸς ἡμῶν dans la quatrième *Question*, à laquelle il participe également. Or, la première fille du philosophe, et sans doute l'aîné de ses six enfants[1], était morte avant, probablement même bien avant la petite Timoxéna, son dernier enfant. Il est à peu près impossible qu'elle ait déjà pu être mariée, même si l'on admet une grande différence

1. Telle est l'opinion de R. Flacelière (Introd. à l'éd. des *Vies*, Coll. des Univ. de France, p. XIV-XV).

d'âge entre les deux enfants[1]. Craton n'était donc pas un gendre de Plutarque, mais un autre parent par alliance, vraisemblablement, comme le suppose Wilamowitz[2], le mari d'une de ses nièces, celle peut-être qui habitait Tanagra, d'après le début de la *Consolation à sa femme.* Il reparaîtra en II, 6, dans les jardins de Soclaros, et, sans se mêler à la conversation, en IV, 4 (669 C), à Aidepsos en Eubée, ce dernier passage paraissant le désigner comme un médecin[3].

Les 2e et 3e *Questions* nous introduisent dans la famille de Plutarque : parmi les invités de Timon, son frère, se trouvent Lamprias, le frère aîné[4], ainsi que le père de famille. Timon est, par ailleurs, un des interlocuteurs de l'important Dialogue *Sur les délais de la justice divine.* Il tenait aussi le rôle principal dans le Dialogue, aujourd'hui perdu, *Sur l'âme*[5], et a été l'objet de paroles particulièrement affectueuses de la part de Plutarque dans le Dialogue *Sur L'amour fraternel* (487 D). Dans les *Propos de table*, il n'apparaîtra cependant qu'une autre fois, au banquet offert par Plutarque en l'honneur de Sosiclès de Coronée, le vainqueur du concours de poésie aux jeux pythiques (II, 5). Sa culture devait se comparer à celle de Plutarque, si l'on en juge par les remarques élogieuses dans lesquelles leur père les associe tous deux (616 A)[6]. — Lamprias, quant à lui, participe aussi à la huitième *Question* de ce *Livre.* Nous le retrouverons en II, 2 (à Élcusis, après la célébration des Mystères), II, 10

1. Plutarque a pu se marier nettement plus jeune qu'on ne l'a parfois prétendu : vers trente-cinq ans peut-être (cf. R. Flacelière, éd. du *Dialogue sur l'amour*, p. 12, éd. des *Vies*, p. xiv).

2. *Comment. gramm.* IV, p. 23.

3. Z. Abramowiczówna conteste cette interprétation, en prétendant trouver au passage une valeur métaphorique (*Kom.*, p. 20).

4. Voir R. Flacelière, éd. des *Vies*, I, p. x.

5. Voir les fragments 177 et 178, Sandbach.

6. K. Ziegler a soutenu avec quelque vraisemblance (Plutarchs Ahnen, *Hermes* LXXXII, 1954, p. 499-501) que Timon n'était que le demi-frère de Plutarque, issu d'un remariage de son père.

(à Chéronée, chez Plutarque), IV, 4-5 (à Aidepsos en en Eubée), VII, 5 (à Delphes), VII, 10 (à Athènes), VIII, 6, IX, 5 et 15 (à la fête athénienne des Muses). Le Dialogue *Sur l'E de Delphes* le représente jeune encore, et disciple, comme son frère Plutarque, du philosophe platonicien Ammonios[1]. Enfin, il tient l'un des principaux rôles des Dialogues *Sur la disparition des oracles* et *Sur le visage dans la lune*. De tous les personnages « plutarquéens », c'est lui qui nous est le plus familier. Moqueur (I, 2 ; II, 10 ; VII, 10 ; VIII, 6 ; IX, 5), gros mangeur (II, 2 ; 10)[2], remarquable danseur de pyrrhique (IX, 15), Lamprias allie à la curiosité et au savoir l'entrain et la gaieté : ὑβριστὴς καὶ φιλόγελως φύσει, ainsi le définit Plutarque (726 D). Il fut prêtre à Lébadée, comme Plutarque le fut à Delphes (*De def. orac.* 431 D) ; et s'il remplit même la charge d'archonte dans la cité d'Apollon[3], c'est à sa vigoureuse personnalité qu'il le dut, autant qu'à l'affectueux soutien de son frère. — Le père de Plutarque, probablement nommé Autoboulos[4], se montrera en II, 8 grand amateur d'art équestre ; peut-être même possédait-il un élevage. Il célébrera chez lui la fête du vin nouveau (III, 7-9) et y fera preuve d'une bienveillante discrétion, tout comme il feint ici de se présenter comme peu éclairé en matière de philosophie (615 F). D'un passage des *Préceptes de gouvernement* (816 D), il ressort pourtant que c'était un homme plein d'expérience, qui avait prodigué à ses fils des conseils avisés.

Le successeur de Craton dans l'exposé à deux volets de la quatrième *Question* s'appelle Théon. Ce nom revient fréquemment chez Plutarque, également en dehors des *Propos de table* : dans les Dialogues *Sur les oracles de*

1. En 635 BC (II, 2), il sera pourtant traité de Péripatéticien.
2. Lamprias réprouve cependant le luxe de la table en II, 10 et VII, 5, et les excès de la boisson en VII, 10.
3. En 115 : cf. E. Bourguet, *De rebus delph.*, Paris, 1905, p. 32, 57.
4. Cf. R. Flacelière, éd. des *Vies*, I, p. x.

la Pythie, *Sur l'E de Delphes*, *Sur le visage dans la lune*, *Qu'il est impossible de vivre heureux en suivant Épicure.* Or, il ne s'agit pas d'un seul et même personnage. R. Flacelière a montré que le Théon du *De Pythiae oraculis* n'était pas un personnage réel, mais un pseudonyme de l'auteur[1] ; il pense aussi, après Smertosch[2] et Hirzel[3], que le Phocidien Théon du *Non posse suaviter vivi s. E.* doit être mis à part. On serait tenté de distinguer encore le Théon que Plutarque appelle ici son « compagnon » (ὁ ἑταῖρος), et qui apparaît dans le *De E apud Delphos* tour à tour modeste, puis fougueux, jeune encore, tout comme Lamprias et Plutarque lui-même, avec des idées plutôt stoïciennes, de celui que Plutarque qualifie de grammairien (ὁ γραμματικός) dans la neuvième *Question* de ce *Livre*, située chez Mestrius Florus, et où, tentant de mettre un Stoïcien dans l'embarras, il est obligé, sur la contre-attaque de celui-ci, d'élucider une apparente anomalie d'un vers de l'Odyssée ; ce grammairien qui, lors du banquet offert à Rome en l'honneur de Plutarque par Sextius Sylla (VIII, 8), témoignera d'une connaissance précise de l'Égypte, s'identifiant de ce fait, semble-t-il, au Théon l'Égyptien du *De facie in orbe lunae.* En fait, VIII, 6 nous paraît devoir fournir la preuve qu'il s'agit, cette fois, du même personnage : ce Théon dont les fils raillent les plus jeunes fils de Plutarque, parce que ceux-ci se sont attardés au théâtre, et que l'auteur nomme simplement ὁ Θέων, peut-il être autre chose que l'ἑταῖρος ? Ce Théon, qui se montre si grand connaisseur de l'Antiquité et si savant en étymologie, peut-il être autre chose que le γραμματικός ? Que l'homme montre vis-à-vis du Portique des dispositions différentes dans le *De E apud Delphos* et dans notre neuvième *Question* n'a rien de surprenant, si l'on admet qu'un assez grand nombre d'années a pu séparer les époques

1. *Plutarque, Sur les Oracles de la Pythie,* Paris, 1936, p. 20-2.
2. *De Plutarchi sententiarum... origine,* Leipzig, 1889, p. 25, en note.
3. *Der Dialog* II, p. 207, note 1 ; p. 186.

auxquelles sont censées se passer ces deux conversations. C'est bien aussi un Théon d'âge respectable qui assistera, en IV, 3, au mariage du fils de Plutarque[1].

Philinos, qui dans la sixième *Question* s'en prend d'une façon si acerbe à l'intempérance d'Alexandre le Grand, était un ami d'enfance de Plutarque, dont il resta toujours l'admirateur. Il l'avait accompagné à Rome lors du deuxième voyage, et y avait assisté, avec Théon précisément, au repas offert par Sylla (VIII, 7). Peut-être avait-il également séjourné en Égypte en compagnie de Plutarque (*De soll. anim.* 976 B). Les *Questions* VIII, 7 et IV, 1 (cette dernière, chez le médecin Philon à Hyampolis en Phocide, où il s'était rendu avec sa famille à l'occasion des Élaphèbolies) montrent que c'était un pythagoricien convaincu, pratiquant rigoureusement l'abstinence de la viande et de toute nourriture recherchée. Sa contribution au *De Pyth. orac.* et le rôle de narrateur qu'il y joue laissent supposer qu'il était fort préoccupé de théologie. Peut-être garda-t-il toujours, d'une façon un peu comique, cet exclusivisme dans les principes dont la sagesse de son ami s'était tôt débarrassée[2]. Nous le trouverons encore en II, 4 (au repas de victoire offert par Plutarque à Sosiclès de Coronée) et V, 10 (chez Mestrius Florus).

Le Stoïcien Thémistocle, invité par Mestrius Florus (*Q.* 9), était un descendant du grand Athénien, bénéficiaire en tant que tel de certains privilèges. Camarade et ami du jeune Plutarque aux cours du philosophe Ammonios[3], il a dû se convertir sur le tard au Stoïcisme. Il appartenait, comme Plutarque lui-même quand il eut reçu le titre de citoyen athénien, à la tribu Léontis, qui était celle de son ancêtre[4].

1. Voir cependant l'analyse de D. Babut, *Plut. et le stoïcisme*, Paris, 1969, p. 244-5.

2. Cf. J. Muhl, *Plutarch. Stud.*, Augsbourg, 1885, p. 52 ; K. Ziegler, *Plut. v. Chair.*, col. 45.

3. *Thém.* 32, 6 : ἡμέτερος συνήθης καὶ φίλος παρ' Ἀμμωνίῳ τῷ φιλοσόφῳ γενόμενος.

4. Cf. R. Flacelière, Le poète Sarapion d'Athènes (*REG* LXIV, 1951), p. 325.

La dernière *Question* nous transporte au repas qu'offrit à Athènes le poète Sarapion pour fêter sa victoire en tant qu'instructeur de chœur[1]. Deux des assistants restent pour nous dans l'ombre : le grammairien Marcos, qui reparaîtra brièvement à la fête athénienne des Muses, IX, 5, et un certain Milon — ὁ ἑταῖρος. — Le rhéteur Glaucias a plus de relief ; il manifeste son érudition, comme il le fera chez Nicostratos, en VII, 9, et à la fête des Muses, en IX, 12-13. En II, 2, il sera l'hôte du festin, à Éleusis. Ce n'est peut-être pas un hasard s'il n'est présent qu'aux entretiens situés à Athènes ou dans ses environs[2]. — Avec Philopappos, nous revenons à l'Histoire. Il s'agit du prince syrien, fils d'Épiphane, et petit-fils du dernier roi de Commagène, Antiochus IV, détrôné en 72. La dédicace gravée sur son célèbre monument du Mouseion ne comporte que son nom, son patronymique et son démotique, si grande était sa célébrité en Grèce et surtout à Athènes. Privé de son royaume en même temps que son père, il se fixa en effet dans cette ville, après avoir séjourné quelque temps à Sparte, puis à Rome[3]. Et c'est à Athènes qu'il revêtit différentes charges publiques : l'agonothésie, au moins deux fois (celle qui est mentionnée ici par Plutarque et celle qui est rappelée par *IG* III, 1, 78 (= *IG* II², 3112)), la chorégie pour toutes les tribus (mentionnée par Plutarque) et l'archontat (rappelé par la même inscription). Il n'est guère possible, bien que P. Graindor s'y soit efforcé[4], de rapporter aux mêmes circonstances le texte de Plutarque et l'inscription, puisque celle-ci

1. Voir *infra*, la note 4 pour la p. 49.
2. La remarque a été faite par K. Ziegler, *Plut. v. Chair.*, col. 32.
3. Sur ce prince — Caïus Iulius Antiochos Épiphanès Philopappos — voir M. Santangelo, Il monumento di C. J. A. Philop. in Atene (*Anuario della scuola Archeol. di Atene e delle missioni ital. in Oriente*, vol. III-V, p. 194-9) et P. Graindor, *Athènes de Tibère à Trajan*, Le Caire, 1931, p. 51 sqq. — Les Romains permettaient aux rois détrônés de porter leur titre et de le transmettre à leurs descendants.
4. *Op. c.*, p. 52.

commémore un archontat de Philopappos, en plus de son agonothésie, et — si nous nous en tenons à l'interprétation la plus simple — une victoire aux Dionysies de la tribu Oïnéis, avec un autre chorège. Ce qui est probable, c'est que les années où le prince revêtit ces charges furent, sinon consécutives, du moins rapprochées. Mais nous n'en serons pas plus avancés, car il est impossible de dater les événements qui motivèrent l'inscription. Dittenberger *(ad l.)* les avait, par comparaison avec le catalogue des prytanes *IG* III, 1020, placés entre 90 et 100 : P. Graindor a montré la vanité de ses déductions. Disons donc que dans l'état actuel de nos connaissances, la date de l'archontat, de la chorégie et des agonothésies de Philopappos à Athènes reste inconnue, et, par suite, celle de la victoire de Sarapion et du banquet auquel elle donna lieu[1]. Le souvenir de l'honneur que Philopappos fit au poète fournit à Plutarque l'occasion de vanter sa courtoisie et la curiosité de son esprit. A ce fastueux oriental est aussi dédié le traité *Sur le flatteur et l'ami*.

Les sujets se rapportant à la table et aux banquets — les συμποτικά — occupent à peu près la moitié du *Livre*. Parmi eux se distingue celui de la sixième *Question:* les buveurs célèbres. Plutarque nous y renvoie, à propos d'Alexandre, aux *Éphémérides royales*, qu'il pratiqua en d'autres circonstances[2] ; nous connaissons par ailleurs l'origine de certains des renseignements qu'il donne[3]. Mais il est peu probable qu'il ait jugé utile de remonter à ces textes originaux ; sans doute se fia-t-il à la documentation du catalogue qu'il reproduisait. Quant aux explications de l'origine du nom du scolie, qui terminent la première *Question*, elles reposent principalement sur

1. P. A. Clement, éd., p. 95, reprenant la thèse de P. Graindor, attribue, sans explication, l'inscription à la période 75/6-87/8, tandis que A. Pickard-Cambridge, *The Dramatic Festivals of Athens*, 2e éd., Oxford, 1968, p. 74, situe, de même, le concours mentionné par Plutarque en 97.

2. Ce sont elles (voir *infra*, la note 3 pour la p. 39) qu'il suit dans son récit de la mort du conquérant, *Alex.* 76.

3. Voir *infra*, les notes 1 et 2 pour la p. 40.

l'enseignement des Péripatéticiens Dicéarque et Aristoxène, mais sans doute par l'intermédiaire d'une compilation de Didyme (*Etym. Magn.* 718, 35), le Didyme des *Σύμμικτα Συμποσιακά* que nous avons déjà rencontré parmi les prédécesseurs de Plutarque[1].

Trois emprunts faits à Platon, dont l'un dans les *Questions* « diverses », se signalent par leur relative importance ; ils concernent la cosmologie (615 F-616 A)[2], l'action des amandes amères sur l'organisme (624 D)[3], et la presbytie (626 CD)[4]. Les trois emprunts se rapportant au *Timée*, et les deux derniers comprenant des déformations, assez importantes dans l'un, de la doctrine et de l'expression platoniciennes[5], je pense que nous sommes en présence de réminiscences dues à une lecture récente du *Timée*, celle, peut-être, qui se confondit avec la composition du traité *Sur la création de l'âme dans le Timée*[6]. D'où le fait que Plutarque préfère s'en remettre à Platon pour expliquer la presbytie, alors qu'il ne peut tenir l'explication par la synaugie, en même temps que les autres, que d'un auteur plus récent[7].

Ces deux autres explications proposées — exceptons celle, trop peu développée, qui repose sur la masse intermédiaire des rayons lumineux et qui doit provenir d'Aristote — partent de la théorie géométrique des

1. Voir *supra*, p. xiv et xvi. Cf. R. Reitzenstein, *Epigramm u. Scolion*, Giessen, 1893, p. 9 ; F. Wehrli, *Die Schule des Aristoteles* I, 1944, frg. 88 et 89 et p. 69-70 et voir *infra*, la note 6 pour la p. 20.

2. Voir *infra*, la note 3 pour la p. 22.

3. Voir *infra*, la note 2 pour la p. 42.

4. Voir *infra*, la note 3 pour la p. 45.

5. Voir *infra*, les notes 2 pour la p. 42 et 1 pour la p. 46.

6. Nous aurions donc là une indication pour la date de composition de ce traité.

7. Une bonne preuve paraît être la remarque εἴτε ῥεῦμα χρὴ προσαγορεύειν τὸ διὰ τῆς κόρης φερόμενον, εἴτε πνεῦμα φωτοειδές, εἴτ' αὐγήν. Il est vrai que les termes ῥεῦμα et πνεῦμα sont fréquemment équivalents chez Plutarque (cf. *De def. orac.* 432 D). Cf. encore Aristote, **Probl. ined.* III, 52, repris en 681 A. Sur la synaugie platonicienne, voir Ch. Mugler, *Dict. histor. de la terminologie optique des Grecs*, Paris, 1964, p. 379.

cônes de rayons visuels d'une part, de celle des images objectives d'autre part. On sait que la première, après avoir été formulée déjà par Pythagore, fut défendue par Euclide dans son traité sur l'optique et, par suite, attribuée spécifiquement aux géomètres[1]. Elle fut reprise par de nombreux savants de l'Antiquité, notamment par Héron, Cléomède, Cl. Ptolémée, et, plus tard, Damien. La seconde fut enseignée d'abord par Leucippe et Démocrite, puis popularisée par Épicure, sans cependant que ces philosophes eussent jamais parlé, semble-t-il, de la densité des simulacres, lesquels, au fur et à mesure qu'ils se détachent des objets visibles, se dépouilleraient de leurs parties grossières[2].

La confrontation d'un passage de la dixième *Question* (628 E), consacrée à la prépondérance à Athènes de la tribu Aiantis, avec un passage de la *Vie d'Aristide* (19, 4) permet de voir dans la *Πρωτογονία* de Cleidèmos — tributaire, notamment, d'Hérodote[3] — la source directe du corps tout entier de la *Question*. Est-ce à propos du récit de la bataille de Platées que Cleidèmos s'est livré à cette digression sur tous les autres mérites de la tribu Aiantis, ou ceux-ci ne constituaient-ils qu'un chapitre parmi ses « Antiquités Attiques »? Ce qui paraît certain, c'est que Plutarque a connu le texte propre de l'atthidographe ; les longs développements qu'il en cite en *Thés.* 19 et 27, et la critique qu'il en fait (ἰδίως καὶ περιττῶς ἐξακριβοῦν τὰ καθ' ἕκαστα βουλόμενος) le prouvent suffisamment. Mais on ne peut savoir si Néanthès de Cyzique a exploité la même mine ou si Plutarque a relié de son propre chef la curieuse assertion de cet historien (628 B), assertion qui forme

1. Cf. Némésios d'Émèse (H. Diels, *Doxogr. Gr.*, p. 49, n. 3) ; Alexandre d'Aphrodise, *De sensu*, p. 28, Wendland.

2. Voir A. E. Haas, Antike Lichttheorien (*Archiv f. Gesch. der Philos.*, Berlin, XX, 1907, p. 345-86) ; H. Lackenbacher, Beiträge zur ant. Optik (*Wien. Stud.* XXXV, 1913, p. 34-64) ; J. A. Vollgraff, *De optica in de oudheid*, Leyden, 1910.

3. Voir *infra*, les notes 1 et 3 pour la p. 51.

le point de départ de la *Question*, aux renseignements qui lui venaient de Cleidèmos.

Disons pour finir que Plutarque a peut-être eu personnellement l'idée de discuter le dicton « C'est Éros qui fait le poète » (5), un tel sujet pouvant aisément servir son goût de l'investigation psychologique.

PROPOS DE TABLE

LIVRE I

Le mot « je déteste le convive qui a bonne mémoire »[1], mon cher Sosius Sénécion, se rapporte, d'après certains, aux aubergistes, qui se montrent en général d'une insupportable indélicatesse quand ils boivent avec d'autres[2] ; car les Doriens de Sicile appelaient, paraît-il, l'aubergiste « celui qui a bonne mémoire »[3]. Mais d'autres pensent que ce dicton invite à chasser le souvenir de ce qui se dit et se fait entre buveurs[4] ; c'est pourquoi nos traditions ancestrales consacrent au Dieu en même temps l'oubli et la férule, signifiant ou bien qu'il ne faut se souvenir d'aucune des fautes commises dans le vin, ou bien que ces fautes, tout comme celles des enfants, ne veulent que des châtiments légers[5]. Quant à toi, tu considères, de même, que l'oubli des inconvenances est sagesse en vérité, selon le mot d'Euripide[6], mais aussi que de perdre complètement le souvenir de ce qui s'est passé à table est contraire à l'opinion commune selon laquelle la table fait les amis[7], et, de plus, s'oppose au témoignage des plus illustres philosophes : Platon, Xénophon, Aristote, Speusippe, Épicure, Prytanis, Hiéronymos et Dion l'Académicien[8], qui ont regardé comme une œuvre digne de quelque intérêt de consigner par écrit des propos tenus dans des banquets ; et puisque tu as souhaité que, de toutes les discussions qui ont pu avoir lieu

1. « Ποιητικὸς λόγος », selon Lucien, *Conv.* III, 1, 2 : Diehl, *Anthol. Lyr. Gr.*, p. 160 = Page, *Poet. Mel. Gr.*, p. 530.

ΣΥΜΠΟΣΙΑΚΩΝ

ΒΙΒΛΙΟΝ ΠΡΩΤΟΝ 612 C

Τὸ « μισέω μνάμονα συμπόταν », ὦ Σόσσιε Σενεκίων,
ἔνιοι πρὸς τοὺς ἐπιστάθμους εἰρῆσθαι λέγουσιν, φορτικοὺς
ἐπιεικῶς καὶ ἀναγώγους ἐν τῷ πίνειν ὄντας · οἱ γὰρ ἐν
Σικελίᾳ Δωριεῖς ὡς ἔοικε τὸν ἐπίσταθμον « μνάμονα »
προσηγόρευον. Ἔνιοι δὲ τὴν παροιμίαν οἴονται τοῖς
παρὰ πότον λεγομένοις καὶ πραττομένοις ἀμνηστίαν D
ἐπάγειν · διὸ τήν τε λήθην οἱ πάτριοι λόγοι καὶ τὸν
νάρθηκα τῷ θεῷ συγκαθιεροῦσιν, ὡς ἢ μηδενὸς δέον
μνημονεύειν τῶν ἐν οἴνῳ πλημμεληθέντων ἢ παντελῶς
ἐλαφρᾶς καὶ παιδικῆς νουθεσίας δεομένων. Ἐπεὶ δὲ καὶ
σοὶ δοκεῖ τῶν μὲν ἀτόπων ἡ λήθη τῷ ὄντι σοφὴ
κατ' Εὐριπίδην εἶναι, τὸ δ' ὅλως ἀμνημονεῖν τῶν ἐν
οἴνῳ μὴ μόνον τῷ φιλοποιῷ λεγομένῳ μάχεσθαι τῆς
τραπέζης, ἀλλὰ καὶ τῶν φιλοσόφων τοὺς ἐλλογιμωτάτους
ἀντιμαρτυροῦντας ἔχειν, Πλάτωνα καὶ Ξενοφῶντα καὶ
Ἀριστοτέλη καὶ Σπεύσιππον Ἐπίκουρόν τε καὶ Πρύτανιν
καὶ Ἱερώνυμον καὶ Δίωνα τὸν ἐξ Ἀκαδημίας, ὡς ἄξιόν
τινος σπουδῆς πεποιημένους ἔργον ἀναγράψασθαι λόγους E
παρὰ πότον γενομένους, ᾠήθης τε δεῖν ἡμᾶς τῶν σποράδην
πολλάκις ἔν τε Ῥώμῃ μεθ' ὑμῶν καὶ παρ' ἡμῖν ἐν τῇ

612 D 11 Ἀριστοτέλη T : -λην cett. ‖ E 2 ᾠήθης : -θησαν T (αν man. post. eras.) ‖ 3 ἔν τε Ῥώμῃ Amyot : ἐν ἑτέρῳ μῃ.

tant chez vous autres à Rome[1] que chez nous en Grèce, quand les tables étaient dressées et quand les coupes circulaient[2], je réunisse celles qui s'y prêtaient[3], je me suis mis à ce travail, et je t'en envoie déjà trois Livres, comprenant chacun dix Questions ; les autres, je te les enverrai sous peu, si ceux-ci ne te paraissent pas tout à fait indignes des Muses et de Dionysos.

Question I

S'il faut parler philosophie entre buveurs[4].

1 De toutes les questions, la première qui se pose concerne les entretiens philosophiques entre buveurs. Tu te souviens, en effet, qu'après un dîner, à Athènes, on se demanda s'il fallait s'adonner en buvant à des conversations philosophiques, et, si oui, dans quelle mesure. Ariston, qui était présent, s'écria : « Au nom des dieux, dites-moi, y a-t-il donc des gens qui refusent aux philosophes une place pour boire ? »[5] Je répondis : « Mais oui, mon cher, il y en a, et c'est avec le plus grand sérieux qu'ils ont l'air d'affirmer que la philosophie, comme une maîtresse de maison, ne doit pas se faire entendre quand on boit ; et ils disent que les Perses ont raison de ne point s'enivrer et de ne point danser avec leurs épouses, mais avec leurs concubines[6] ; ils veulent que nous agissions de même, en invitant à nos banquets la musique et la comédie, mais en laissant la philosophie tranquille, parce qu'il ne convient pas à celle-ci de partager nos divertissements, et que nous-mêmes, dans de telles occasions, sommes étrangers aux préoccupations sérieuses ; et ils citent le sophiste Isocrate, qui n'accepta pas de parler à table comme on le lui demandait, mais qui dit simplement : « Pour ce que je sais dire, ce n'est pas le moment ; ce que veut le moment, je ne sais pas le dire »[7].

1. On sait que Plutarque a fait au moins deux, et sans doute plusieurs autres voyages à Rome. Le banquet, notamment, où sont débattues VIII, 7 et 8 s'y passe.

Ἑλλάδι παρούσης ἅμα τραπέζης καὶ κύλικος φιλολογηθέντων συναγαγεῖν τὰ ἐπιτήδεια, πρὸς τοῦτο γενόμενος τρία μὲν ἤδη σοι πέπομφα τῶν βιβλίων, ἑκάστου δέκα προβλήματα περιέχοντος, πέμψω δὲ καὶ τὰ λοιπὰ ταχέως, ἂν ταῦτα δόξῃ μὴ παντελῶς ἄμουσα μηδ' ἀπροσδιόνυσ' εἶναι.

ΠΡΟΒΛΗΜΑ Α

Εἰ δεῖ φιλοσοφεῖν παρὰ πότον.

1 Πρῶτον δὲ πάντων τέτακται τὸ περὶ τοῦ φιλοσοφεῖν παρὰ πότον. Μέμνησαι γὰρ ὅτι, ζητήσεως Ἀθήνησι μετὰ δεῖπνον γενομένης εἰ χρηστέον ἐν οἴνῳ φιλοσόφοις λόγοις καὶ τί μέτρον ἔστι χρωμένοις, Ἀρίστων παρὼν F «Εἰσὶν γάρ» ἔφησε «πρὸς τῶν θεῶν οἱ φιλοσόφοις χώραν ἐπ' οἴνῳ μὴ διδόντες ;» Ἐγὼ δ' εἶπον · «Ἀλλὰ γὰρ εἰσίν, ὦ ἑταῖρε, καὶ πάνυ γε σεμνῶς κατειρωνευόμενοι λέγουσι μὴ δεῖν ὥσπερ οἰκοδέσποιναν ἐν οἴνῳ φθέγγεσθαι φιλοσοφίαν · | καὶ τοὺς Πέρσας ὀρθῶς φασι μὴ ταῖς γαμεταῖς, 613 A ἀλλὰ ταῖς παλλακίσι συμμεθύσκεσθαι καὶ συνορχεῖσθαι · ταὐτὸ δὴ καὶ ἡμᾶς ἀξιοῦσι ποιεῖν εἰς τὰ συμπόσια, τὴν μουσικὴν καὶ τὴν ὑποκριτικὴν ἐπεισάγοντας, φιλοσοφίαν δὲ μὴ κινοῦντας, ὡς οὔτε συμπαίζειν ἐκείνην ἐπιτήδειον οὖσαν οὔθ' ἡμᾶς τηνικαῦτα σπουδαστικῶς ἔχοντας · οὐδὲ γὰρ Ἰσοκράτη τὸν σοφιστὴν ὑπομεῖναι δεομένων εἰπεῖν τι παρ' οἶνον ἀλλ' ἢ τοσοῦτον · «Ἐν οἷς μὲν ἐγὼ δεινός, οὐχ ὁ νῦν καιρός · ἐν οἷς δ' ὁ νῦν καιρός, οὐκ ἐγὼ δεινός.»

612 E 6 ἤδη corr. man. post. in T : εἴδη ‖ F 2 χώραν Amyot, Steph. : χῶρον ‖ 3 Ἀλλὰ Xyl. : ἀλλ' οὐ.

2 Alors Craton s'exclama : « Évidemment, par Dionysos, il a bien fait de se refuser à parler, si c'était pour arrondir de ces périodes faites pour jeter le trouble jusque dans un banquet des Grâces ; mais il est différent, je pense, de bannir d'un banquet la parole d'un rhéteur et celle d'un philosophe ; la philosophie est autre chose ; étant l'art de vivre[1], elle ne doit être tenue à l'écart d'aucun divertissement, ni d'aucun joyeux passe-temps, mais elle doit toujours y être présente, leur apportant ordre et mesure ; ou alors admettons qu'il ne faut pas non plus accueillir aux banquets la tempérance ni la justice, en les accusant plaisamment d'être trop sérieuses ! Si donc nous devions, comme l'ont fait ceux qui accueillirent Oreste dans le Thesmothéteion[2], manger et boire en silence, nous aurions là un excellent moyen de nous consoler de notre ignorance[3] ; mais s'il est vrai que Dionysos est Celui qui de toute chose délie et libère[4], s'il ôte, en particulier, les brides de la langue et donne à la parole une très grande liberté, il est stupide, ce me semble, et déraisonnable de se priver des meilleurs sujets de conversation dans une occasion où l'on parle tant, et, tandis que l'on disserte dans les réunions sur les devoirs de table, pour définir les qualités du convive et la manière de s'adonner au vin, d'exclure en fait la philosophie des banquets, comme incapable de confirmer en réalité ce qu'elle enseigne en paroles. »

3 Tu dis alors qu'il ne valait pas la peine de réfuter Craton sur ce point, mais de rechercher dans quelle limite on pouvait traiter des sujets philosophiques dans un banquet, et de quel genre, afin d'échapper à la raillerie que l'on adresse fort plaisamment aux disputailleurs et aux ergoteurs :

« Allez, à table maintenant, pour que nous puissions engager la bataille »[5],

et tu nous invitas à parler. Je dis qu'avant tout il me

5. Que ce vers de l'*Iliade* (II, 381) ait donné matière à cette plaisanterie est confirmé par Eustathe 242, 26-29. Athénée la met dans la bouche d'un hôte dont le repas est par trop bruyant (420 F).

2 Καὶ ὁ Κράτων ἀνακραγών « Εὖ γ' » εἶπεν « νὴ τὸν
Διόνυσον ἐξώμνυτο τὸν λόγον, εἰ τοιαύτας ἔμελλε περαί- B
νειν περιόδους αἷς ἔμελλεν Χαρίτων ἀνάστατον γενέσθαι
συμπόσιον. Οὐχ ὅμοιον δ' οἶμαι ῥητορικὸν ἐξαιρεῖν
συμποσίου λόγον καὶ φιλόσοφον, ἀλλ' ἕτερόν ἐστι τὸ
φιλοσοφίας, ἣν τέχνην περὶ βίον οὖσαν οὔτε τινὸς παιδιᾶς
οὔτε τινὸς ἡδονῆς διαγωγὴν ἐχούσης ἀποστατεῖν εἰκός,
ἀλλὰ πᾶσι παρεῖναι τὸ μέτρον καὶ τὸν καιρὸν ἐπιφέρου-
σαν · ἢ μηδὲ σωφροσύνην μηδὲ δικαιοσύνην οἰώμεθα δεῖν
εἰς τοὺς πότους δέχεσθαι, κατειρωνευόμενοι τὸ σεμνὸν
αὐτῶν. Εἰ μὲν οὖν, ὥσπερ οἱ τὸν Ὀρέστην ἑστιῶντες ἐν
Θεσμοθετείῳ, σιωπῇ τρώγειν καὶ πίνειν ἐμέλλομεν, ἦν τι
τοῦτο τῆς ἀμαθίας οὐκ ἀτυχὲς παραμύθιον · εἰ δὲ πάντων
μὲν ὁ Διόνυσος Λύσιός ἐστι καὶ Λυαῖος, μάλιστα δὲ τῆς C
γλώττης ἀφαιρεῖται τὰ χαλινὰ καὶ πλείστην ἐλευθερίαν
τῇ φωνῇ δίδωσιν, ἀβέλτερον οἶμαι καὶ ἀνόητον ἐν λόγοις
πλεονάζοντα καιρὸν ἀποστερεῖν τῶν ἀρίστων λόγων, καὶ
ζητεῖν μὲν ἐν ταῖς διατριβαῖς περὶ συμποτικῶν καθη-
κόντων καὶ τίς ἀρετὴ συμπότου καὶ πῶς οἴνῳ χρηστέον,
ἐξ αὐτῶν δὲ τῶν συμποσίων ἀναιρεῖν φιλοσοφίαν ὡς ἔργῳ
βεβαιοῦν ἃ διδάσκει λόγῳ μὴ δυναμένην. »

3 Σοῦ δ' εἰπόντος οὐκ ἄξιον εἶναι Κράτωνι περὶ
τούτων ἀντιλέγειν, ὅρον δέ τινα καὶ χαρακτῆρα τῶν παρὰ
πότον φιλοσοφουμένων ζητεῖν ἐκφεύγοντα τοῦτο δὴ τὸ
παιζόμενον οὐκ ἀηδῶς πρὸς τοὺς ἐρίζοντας καὶ σοφισ-
τιῶντας

« Νῦν δ' ἔρχεσθ' ἐπὶ δεῖπνον ἵνα ξυνάγωμεν Ἄρηα », D

καὶ παρακαλοῦντος ἡμᾶς ἐπὶ τὸν λόγον, ἔφην ἐγὼ πρῶτον

613 B 8 οἰώμεθα Amyot, Steph. : οἰόμεθα ‖ 11 Θεσμοθετείῳ Turn. : -τίῳ ‖ 12 ἀτυχὲς Xyl. : εὐτ. ‖ C 1 Λυαῖος Pierson (*Verisimilia*, p. 230) : λύδιος ‖ 4 πλεονάζοντα καιρὸν Amyot, Steph. : πλεονάζον τὸ ἄκαιρον.

semblait nécessaire de considérer la qualité des assistants[1]. «Car si le banquet réunit en majorité des amateurs de discours, comme celui d'Agathon, les Socrate, les Phèdre, les Pausanias, les Éryximaque, et celui de Callias, les Charmide, les Antisthène, les Hermogène et d'autres hommes de cette trempe[2], nous les laisserons se livrer à leurs recherches, et mêler Dionysos avec les Muses tout autant qu'avec les Nymphes[3] ; car si ces dernières le font pénétrer, doux et bienfaisant, dans les corps, les premières l'introduisent dans les âmes comme un dispensateur véritable de sérénité et de joie[4]. Quelques profanes présents au milieu d'un grand nombre d'hommes cultivés formeront avec eux, comme les consonnes prises entre les voyelles[5], un langage parfaitement articulé et intelligible. Mais s'il y a un grand nombre de ces hommes qui préfèrent la voix de n'importe quel oiseau ou celle de n'importe quel morceau de bois muni d'une corde[6] à celle du philosophe, il sera bon de suivre l'exemple de Pisistrate : celui-ci, s'étant brouillé avec ses fils, s'aperçut que ses ennemis s'en réjouissaient ; il convoqua alors une assemblée et annonça que, malgré son désir de convaincre ses enfants, ce serait lui qui, vu leur obstination, se rangerait à leur volonté[7]. Ainsi le vrai philosophe, parmi des buveurs que ses discours n'intéressent pas, changera de ton pour suivre les autres et prendra plaisir à leurs divertissements, pour autant que ceux-ci restent dans la décence[8], sachant bien que les hommes ne sont orateurs qu'en parlant, mais qu'ils sont philosophes même par le silence et la plaisanterie, voire, au nom de Zeus, par les moqueries qu'ils subissent ou qu'ils lancent[9]. Car s'« il est de la dernière injustice de paraître juste sans l'être », comme dit Platon[10], c'est aussi le suprême degré de l'intelligence de ne point paraître philosophe tout en se conduisant en philosophe et d'accomplir en plaisantant ce que d'autres font avec gravité[11]. En effet, de même que, chez Euripide,

ὅτι μοι δοκεῖ σκεπτέον εἶναι τὸ τῶν παρόντων. « Ἂν
μὲν γὰρ πλείονας ἔχῃ φιλολόγους τὸ συμπόσιον, ὡς τὸ
Ἀγάθωνος Σωκράτας, Φαίδρους, Παυσανίας, Ἐρυξιμάχους
καὶ τὸ Καλλίου Χαρμίδας, Ἀντισθένας, Ἑρμογένας,
ἑτέρους τούτοις παραπλησίους, ἀφήσομεν αὐτοὺς [μύθῳ]
φιλοσοφεῖν, οὐχ ἧττον ταῖς Μούσαις τὸν Διόνυσον ἢ ταῖς
Νύμφαις κεραννύντας· ἐκεῖναι μὲν γὰρ αὐτὸν τοῖς σώμασιν
ἵλεω καὶ πρᾶον, αὗται δὲ ταῖς ψυχαῖς μειλίχιον ὄντως καὶ
χαριδότην ἐπεισάγουσι. Καὶ γὰρ ἂν ὀλίγοι τινὲς ἰδιῶται E
παρῶσιν, ὥσπερ ἄφωνα γράμματα φωνηέντων ἐν μέσῳ
πολλῶν τῶν πεπαιδευμένων ἐμπεριλαμβανόμενοι, φθογγῆς
τινος οὐ παντελῶς ἀνάρθρου καὶ συνέσεως κοινωνήσουσιν.
Ἂν δὲ πλῆθος ᾖ τοιούτων ἀνθρώπων οἳ παντὸς μὲν
ὀρνέου, παντὸς δὲ νεύρου καὶ ξύλου μᾶλλον ἢ φιλοσόφου
φωνὴν ὑπομένουσιν, τὸ τοῦ Πεισιστράτου χρήσιμον·
ἐκεῖνος γὰρ ἐν διαφορᾷ τινι πρὸς τοὺς υἱοὺς γενόμενος,
ὡς ᾔσθετο τοὺς ἐχθροὺς χαίροντας, ἐκκλησίαν συναγαγὼν
ἔφη βούλεσθαι μὲν αὐτὸς πεῖσαι τοὺς παῖδας, ἐπεὶ δὲ
δυσκόλως ἔχουσιν, αὐτὸς ἐκείνοις πείσεσθαι καὶ ἀκο-
λουθήσειν. Οὕτω δὴ καὶ φιλόσοφος ἀνὴρ ἐν συμπόταις μὴ F
δεχομένοις τοὺς λόγους αὐτοῦ μεταθέμενος ἕψεται καὶ
ἀγαπήσει τὴν ἐκείνων διατριβήν, ἐφ' ὅσον μὴ ἐκβαίνει
τὸ εὔσχημον, εἰδὼς ὅτι ῥητορεύουσι μὲν ἄνθρωποι διὰ
λόγου, φιλοσοφοῦσι δὲ καὶ σιωπῶντες καὶ παίζοντες
καὶ νὴ Δία σκωπτόμενοι καὶ σκώπτοντες. Οὐ γὰρ μόνον
« ἀδικίας ἐσχάτης ἐστίν », ὥς φησι Πλάτων, | « μὴ ὄντα 614 A
δίκαιον εἶναι δοκεῖν », ἀλλὰ καὶ συνέσεως ἄκρας φιλοσο-
φοῦντα μὴ δοκεῖν φιλοσοφεῖν καὶ παίζοντα διαπράτ-
τεσθαι τὰ τῶν σπουδαζόντων. Ὡς γὰρ αἱ παρ' Εὐριπίδῃ

613 D 5 Σωκράτας : -τεις corr., ut vid., T ‖ 6 Ἀντισθένας, Ἑρμογένας : -νεις, -νεις corr., ut vid., T ‖ 7 μύθῳ del. Hartm. : <ἐπὶ> κυάθῳ ci. Hub. ‖ 9 κεραννύντας Turn. : -ες ‖ E 10 αὐτὸς Amyot, Steph. : αὐτὸν ‖ 11 αὐτὸς Amyot : αὐτόν.

les Ménades, sans arme et sans épée, blessent leurs adversaires des seuls coups de leur thyrse[1], de même les railleries et les rires des vrais philosophes ne laissent pas d'émouvoir et d'ébranler ceux qui ne sont pas totalement invulnérables.

4 D'ailleurs je crois qu'il existe une sorte de récits propre à la table[2], dont les uns sont fournis par l'histoire, et dont les autres peuvent se tirer de la vie courante, des récits qui offrent de nombreux exemples, conduisant soit à la philosophie soit à la piété, d'actions courageuses et magnanimes, et dont certains suscitent l'émulation pour les actions bonnes et humaines. Celui qui, sans en avoir l'air, sait instruire les buveurs par de tels récits supprimera les plus graves des maux de l'ivresse[3]. Ceux-là donc qui mélangent la buglosse au vin et qui aspergent le sol avec des infusions de verveine et d'adiante, sous prétexte que ces plantes communiquent aux convives bonne humeur et gaîté[4], imitant l'Hélène d'Homère qui jeta une drogue dans le vin pur, ne comprennent pas que cette fable fit, elle aussi, en partant d'Égypte, de longs détours pour se terminer en propos convenables et bien de circonstance[5]; car Hélène raconte, pendant que l'on boit, l'exploit d'Ulysse,

«le haut fait que cet homme énergique risqua et réussit, s'étant tout meurtri de coups défigurants[6]»; la voilà, selon toute apparence, cette drogue «calmant la douleur» et la peine, un récit plein d'opportunité, adapté à la situation et aux sentiments présents. Quant aux hommes d'esprit, même lorsqu'ils font directement de la philosophie, ils conduisent leurs propos par les voies de la persuasion, plutôt que par celles des démonstrations péremptoires. Platon lui-même, tu le sais, dans son dialogue du *Banquet* portant sur la fin dernière et le souverain bien, et traitant de la divinité en général, ne bande pas sa démonstration

1. *Bacch.* 731-64 : l'image est forcée et partiellement inadéquate.

μαινάδες ἄνοπλοι καὶ ἀσίδηροι τοῖς θυρσαρίοις παίουσαι
τοὺς ἐπιτιθεμένους τραυματίζουσιν, οὕτω τῶν ἀληθινῶν
φιλοσόφων καὶ τὰ σκώμματα καὶ οἱ γέλωτες τοὺς μὴ
παντελῶς ἀτρώτους κινοῦσιν ἁμωσγέπως καὶ συνεπι-
στρέφουσιν.

4 Οἶμαι δὲ ⟨καὶ⟩ διηγήσεων εἶναί τι συμποτικὸν
γένος, ὧν τὰς μὲν ἱστορία δίδωσι, τὰς δ' ἐκ τῶν ἀνὰ χεῖρα
πραγμάτων λαβεῖν ἔστι, πολλὰ μὲν εἰς φιλοσοφίαν B
παραδείγματα, πολλὰ δ' εἰς εὐσέβειαν ἐχούσας ἀνδρικῶν
τε πράξεων καὶ μεγαλοθύμων, ἐνίας δὲ χρηστῶν καὶ
φιλανθρώπων ζῆλον ἐπαγούσας· αἷς ἤν τις ἀνυπόπτως
χρώμενος διαπαιδαγωγῇ τοὺς πίνοντας, οὐ τὰ ἐλάχιστα
τῶν κακῶν ἀφαιρήσει τῆς μέθης. Οἱ μὲν οὖν τὰ βούγλωσσα
καταμιγνύντες εἰς τὸν οἶνον καὶ τοῖς ἀποβρέγμασι τῶν
ἀριστερεώνων καὶ ἀδιάντων τὰ ἐδάφη ῥαίνοντες, ὡς
τούτων τινὰ τοῖς ἑστιωμένοις εὐθυμίαν καὶ φιλοφροσύνην
ἐνδιδόντων, ἀπομιμούμενοι τὴν Ὁμηρικὴν Ἑλένην ὑποφαρ-
μάττουσαν τὸν ἄκρατον, οὐ συνορῶσιν ὅτι κἀκεῖνος ὁ
μῦθος ἐκπεριελθὼν ἀπ' Αἰγύπτου μακρὰν ὁδὸν εἰς λόγους C
ἐπιεικεῖς καὶ πρέποντας ἐτελεύτησεν· ἡ γὰρ Ἑλένη
πίνουσιν αὐτοῖς διηγεῖται περὶ τοῦ Ὀδυσσέως « οἷον
ἔρεξε καὶ ἔτλη καρτερὸς ἀνήρ,

αὐτόν μιν πληγῇσιν ἀεικελίῃσι δαμάσσας »·

τοῦτο γὰρ ἦν, ὡς ἔοικε, τὸ « νηπενθὲς » φάρμακον καὶ
ἀνώδυνον, λόγος ἔχων καιρὸν ἁρμόζοντα τοῖς ὑποκειμένοις
πάθεσι καὶ πράγμασιν. Οἱ δὲ χαρίεντες, κἂν ἀπ' εὐθείας
φιλοσοφῶσιν, τηνικαῦτα διὰ τοῦ πιθανοῦ μᾶλλον ἢ βιαστι-
κοῦ τῶν ἀποδείξεων ἄγουσι τὸν λόγον. Ὁρᾷς γὰρ ὅτι καὶ
Πλάτων ἐν τῷ Συμποσίῳ περὶ τέλους διαλεγόμενος καὶ τοῦ D
πρώτου ἀγαθοῦ καὶ ὅλως θεολογῶν οὐκ ἐντείνει τὴν ἀπόδει-

614 A 10 καὶ add. Rei. || B 7 ἀποβρέγμασι corr. man. post. in T : ἀποερέγμασι || 8 ἀριστερεώνων correxi : ἀριστερέων.

ni ne se couvre de poussière pour faire, selon son habitude, une prise solide et irrésistible[1], mais il presse ses interlocuteurs par des arguments plus souples, des exemples et des récits mythiques.

5 De plus, les recherches elles-mêmes doivent être souples, familiers les problèmes, et les questions raisonnables et sans subtilité, pour ne pas suffoquer ni rebuter les esprits peu pénétrants. Il est d'usage, en effet, de procurer au corps des buveurs quelque mouvement, la danse et les chœurs[2] ; mais si nous les forçons à se lever pour s'escrimer les armes à la main ou pour lancer le disque, non seulement le banquet ne leur donnera aucun plaisir, mais encore il leur sera nuisible. De même, les recherches faciles remuent l'esprit avec mesure et profit[3], tandis qu'il faut exclure les propos des « chamailleurs » et des « bagarreurs », comme les appelle Démocrite[4], qui excitent leurs auteurs dans d'obscures subtilités et importunent les assistants ; car, comme le vin, la conversation doit être commune : tous ont droit d'y prendre part[5]. Ceux qui proposent de telles questions, on peut les considérer comme aussi peu faits pour la vie de société que la grue et le renard d'Ésope : ce dernier versa sur une pierre plate une sorte de brouet clair... la grue fut ridiculisée[6], car le brouet liquide échappait à son bec pointu. A son tour, la grue invita le renard à dîner et le servit dans un carafon à col mince et long ; elle pouvait y introduire facilement son bec et savourer le mets, tandis que le renard, incapable de manger, dut payer son juste écot[7]. Eh bien, pareillement, lorsque les philosophes, se plongeant dans la dialectique de leurs questions subtiles, fatiguent les autres buveurs, incapables de les suivre,

1. Image du lutteur qui saupoudre ses membres de poussière, afin d'obtenir une prise plus solide sur le corps, frotté d'huile, de son adversaire. — Cf. Macrobe I, 1, 2.

3. La même idée, avec la même comparaison corps-esprit, est exprimée en *De tu. san.* 133 DE.

ξιν οὐδ' ὑποκονίεται, τὴν λαβὴν ὥσπερ εἴωθεν εὔτονον ποιῶν καὶ ἄφυκτον, ἀλλ' ὑγροτέροις λήμμασι καὶ παραδείγμασι καὶ μυθολογίαις προσάγεται τοὺς ἄνδρας.

5 Εἶναι δὲ δεῖ καὶ αὐτὰς τὰς ζητήσεις ὑγροτέρας καὶ γνώριμα τὰ προβλήματα καὶ τὰς πεύσεις ἐπιεικεῖς καὶ μὴ γλίσχρας, ἵνα μὴ πνίγωσι τοὺς ἀνοητοτέρους μηδ' ἀποτρέπωσιν. Ὥσπερ γὰρ τὰ σώματα πινόντων δι' ὀρχήσεως καὶ χορείας νενόμισται σαλεύειν, ἂν δ' ὁπλομαχεῖν ἀναστάντας ἢ δισκεύειν ἀναγκάζωμεν αὐτούς, οὐ μόνον ἀτερπές, ἀλλὰ καὶ βλαβερὸν ἔσται τὸ συμπόσιον, οὕτω τὰς ψυχὰς αἱ μὲν ἐλαφραὶ ζητήσεις E
ἐμμελῶς καὶ ὠφελίμως κινοῦσιν, « ἐριδαντέων » δὲ κατὰ Δημόκριτον καὶ « ἱμαντελικτέων » λόγους ἀφετέον, οἳ αὐτούς τε κατατείνουσιν ἐν πράγμασι γλίσχροις καὶ δυσθεωρήτοις τούς τε παρατυγχάνοντας ἀνιῶσιν· δεῖ γὰρ ὡς τὸν οἶνον κοινὸν εἶναι καὶ τὸν λόγον, οὗ πάντες μεθέξουσιν. Οἱ δὲ τοιαῦτα προβλήματα καθιέντες οὐδὲν ἂν τῆς Αἰσωπείου γεράνου καὶ ἀλώπεκος ἐπιεικέστεροι πρὸς κοινωνίαν φανεῖεν· ὧν ἡ μὲν ἔτνος τι λιπαρὸν κατὰ λίθου πλατείας καταχεαμένη ... ἀλλὰ γέλωτα πάσχουσαν, ἐξέφευγε γὰρ ὑγρότητι τὸ ἔτνος τὴν λεπτότητα τοῦ στόματος αὐτῆς. Ἐν μέρει τοίνυν ἡ γέρανος αὐτῇ καταγγείλασα δεῖπνον ἐν λαγυνίδι προύθηκε λεπτὸν ἐχούσῃ καὶ F
μακρὸν τράχηλον, ὥστ' αὐτὴν μὲν καθιέναι τὸ στόμα ῥᾳδίως καὶ ἀπολαύειν, τὴν δ' ἀλώπεκα μὴ δυναμένην κομίζεσθαι συμβολὰς πρεπούσας. Οὕτω τοίνυν, ὅταν οἱ φιλόσοφοι παρὰ πότον εἰς λεπτὰ καὶ διαλεκτικὰ προβλήματα καταδύντες ἐνοχλῶσι τοῖς πολλοῖς ἕπεσθαι μὴ δυναμένοις, | ἐκεῖνοι δὲ πάλιν ἐπ' ᾠδάς τινας καὶ διηγή- 615 A

614 D 9 σώματα Méz. : συμπόσια || 11 ἀναγκάζωμεν Xyl. : -ομεν || E 2-3 ἐριδαντέων... ἱμαντελικτέων Steph. : -ταίων... -ταίων || 10 καταχεαμένη man. post. in T : -νην || lac. indic. Vulc. || ἀλλὰ γέλωτα : ἠνία γελοῖα Amyot || 615 A 1 ἐπ' ᾠδάς Turn. : ἐπωδάς.

que ceux-ci de leur côté se lancent dans des chansons, des récits frivoles, des propos d'échoppe et de carrefour, c'en est fait du but de la réunion à boire, et Dionysos est bafoué. Lorsque l'on vit Phrynichos et Eschyle développer dans la tragédie les mythes et le pathétique, on prononça le fameux « En quoi cela concerne-t-il Dionysos ? »[1] ; de la même façon, j'ai été souvent tenté de dire à ceux qui traînent aux banquets le Dominateur[2] : « Mon ami, en quoi cela concerne-t-il Dionysos ? ». Chanter ce que l'on nomme les scolies, lorsque le cratère est sur la table et que les couronnes se distribuent, que le dieu pose sur nos fronts en signe de libération[3], pouvait se concevoir ; mais se livrer en buvant à des discussions pédantes, ce n'est ni convenable ni digne d'un banquet.

Car on dit bien que les scolies n'étaient pas un genre de chansons de facture obscure[4]. Voici, au contraire, l'explication : d'abord tous ensemble, d'une même voix, chantaient le chant du dieu, le péan, après quoi c'était au tour de chacun en particulier : on transmettait à la suite un rameau de myrte appelé « aisakos » — à mon avis parce que c'était à celui qui le recevait de chanter *(aidein)* —, puis l'on proposait à la ronde une lyre, et celui qui savait en jouer la prenait et chantait en s'accompagnant, les non-musiciens laissant au contraire passer devant eux l'instrument sans y toucher ; et c'est parce que tous n'y participaient pas et qu'il n'était pas facile que ce chant fut appelé ainsi[5]. D'autres prétendent que le rameau de myrte ne passait pas à la suite, mais qu'il était porté de lit en lit selon un ordre particulier : une fois que le premier avait chanté, il le transmettait au premier du second lit, celui-ci, au premier du troisième, ensuite le second de même au second : c'est d'après cet itinéraire changeant et sinueux que le chant aurait été appelé tortueux *(scolion)*[6]. »

ματα φλυαρώδη καὶ λόγους βαναύσους καὶ ἀγοραίους ἐμβάλωσιν ἑαυτούς, οἴχεται τῆς συμποτικῆς κοινωνίας τὸ τέλος καὶ καθύβρισται ὁ Διόνυσος. Ὥσπερ οὖν, Φρυνίχου καὶ Αἰσχύλου τὴν τραγῳδίαν εἰς μύθους καὶ πάθη προαγόντων, ἐλέχθη τὸ « Τί ταῦτα πρὸς τὸν Διόνυσον ; », οὕτως ἔμοιγε πολλάκις εἰπεῖν παρέστη πρὸς τοὺς ἕλκοντας εἰς τὰ συμπόσια τὸν Κυριεύοντα · « Ὦ ἄνθρωπε, τί ταῦτα πρὸς τὸν Διόνυσον ; ». Ἄιδειν μὲν γὰρ ἴσως τὰ καλούμενα σκόλια, κρατῆρος ἐν μέσῳ προκειμένου καὶ στεφάνων διανεμομένων, οὓς ὁ θεὸς ὡς ἐλευθερῶν ἡμᾶς ἐπιτίθησιν, B 〈εὔλογον ἦν · λόγοις δὲ γλίσχροις παρὰ πότον κεχρῆσθαι〉 οὐ καλὸν [δ'] οὐδὲ συμποτικόν.

Ἐπεί τοι καὶ τὰ σκόλιά φασιν οὐ γένος ᾀσμάτων εἶναι πεποιημένων ἀσαφῶς, ἀλλ' ὅτι πρῶτον μὲν ᾖδον ᾠδὴν τοῦ θεοῦ κοινῶς ἅπαντες μιᾷ φωνῇ παιανίζοντες, δεύτερον δ' ἐφεξῆς ἕκαστος μυρσίνης παραδιδομένης, ἣν αἴσακον οἶμαι διὰ τὸ ᾄδειν τὸν δεξάμενον ἐκάλουν, ἐπὶ δὲ τούτῳ λύρας περιφερομένης ὁ μὲν πεπαιδευμένος ἐλάμβανε καὶ ᾖδεν ἁρμοζόμενος, τῶν δ' ἀμούσων οὐ προσιεμένων, σκολιὸν ὠνομάσθη τὸ μὴ κοινὸν αὐτοῦ μηδὲ ῥᾴδιον. Ἄλλοι δέ φασι τὴν μυρσίνην οὐ καθεξῆς βαδίζειν, ἀλλὰ καθ' ἕκαστον ἀπὸ κλίνης ἐπὶ κλίνην διαφέρεσθαι · τὸν γὰρ πρῶτον ᾄσαντα τῷ πρώτῳ τῆς δευτέρας κλίνης C ἀποστέλλειν, ἐκεῖνον δὲ τῷ πρώτῳ τῆς τρίτης, εἶτα τὸν δεύτερον ὁμοίως τῷ δευτέρῳ, καὶ τὸ ποικίλον καὶ πολυκαμπὲς ὡς ἔοικε τῆς περιόδου σκολιὸν ὠνομάσθη. »

615 A 3 ἑαυτούς Turn. : ἑαυτοῖς ‖ 5 τὴν ante τραγῳδίαν transtul. Amyot, Steph. : ante Φρυνίχου (4) praebet T ‖ B 2-3 εὔλογον — κεχρῆσθαι addidi, secundum man. post. in T, quae lac. indic. et in margine inser. εὔλογον · λόγοις δὲ γλίσχροις παρὰ πότον κεχρῆσθαι ‖ 3 δ' del. man. post. in T ‖ 6 δεύτερον Turn : δευτέραν ‖ 7 ἕκαστος Rei. : ἑκάστῳ ‖ 8 τούτῳ Steph. : τοῦτο ‖ C 3 : διὰ ante τὸ ποικ. add. voluit Edmonds (*Lyra Graeca* III, 552).

QUESTION II

Si celui qui reçoit doit lui-même placer les convives, ou s'il doit les laisser choisir.

1 Mon frère Timon, recevant à dîner un nombre assez considérable de personnes, demandait à chacun des arrivants de s'installer à la place qui lui plaisait, vu que les invités étaient des étrangers, des concitoyens, des amis, des familiers, bref, des gens de toute sorte. Beaucoup déjà étaient arrivés, quand un étranger — on eût dit un de ces dignitaires de comédie dont la mise recherchée et le cortège d'esclaves dénotaient assez de mauvais goût — s'avança jusqu'à la porte de la salle du festin ; il promena ses regards en cercle sur ceux qui étaient attablés ; refusant d'entrer, il tourna les talons et s'en alla. Plusieurs coururent après lui, mais il déclara ne point voir de place libre qui fût digne de lui[1].

« Qu'on l'accompagne donc gaiement dehors en lui
souhaitant bien des prospérités »[2]

demandèrent en éclatant de rire ceux qui étaient restés attablés ; il faut dire que beaucoup étaient légèrement gris.

2 Comme le repas touchait à sa fin, mon père s'adressa à moi, qui me trouvais à quelque distance : « Timon, dit-il, et moi-même avons un différend et nous t'en faisons juge ; voilà longtemps que je le morigène à cause de l'étranger ; car s'il avait ordonné ses places dès le début, comme je le lui recommandais, nous n'aurions pas à rendre des comptes pour notre violation de l'ordre à un homme habile à

« ranger les chars et les hommes d'armes »[3].

Ne rapporte-t-on pas, en effet, que Paul-Émile, le général, quand il organisait des banquets après sa victoire sur Persée en Macédoine, voulait que tout fût admirable-

ΠΡΟΒΛΗΜΑ Β

Πότερον αὐτὸν δεῖ κατακλίνειν τοὺς ἑστιωμένους τὸν ὑποδεχόμενον ἢ ἐπ' αὐτοῖς ἐκείνοις ποιεῖσθαι.

1 Τίμων ὁ ἀδελφὸς ἑστιῶν πλείονας ἕκαστον ἐκέλευε τῶν εἰσιόντων ὅποι βούλεται παρεμβάλλειν καὶ κατακλίνεσθαι, διὰ τὸ καὶ ξένους καὶ πολίτας καὶ συνήθεις D καὶ οἰκείους καὶ ὅλως παντοδαποὺς τοὺς κεκλημένους εἶναι. Πολλῶν οὖν ἤδη παρόντων, ξένος τις ὥσπερ εὐπάρυφος ἐκ κωμῳδίας, ἐσθῆτί τε περιττῇ καὶ ἀκολουθίᾳ παίδων ὑποσολοικότερος, ἧκεν ἄχρι τῶν θυρῶν τοῦ ἀνδρῶνος καὶ κύκλῳ ταῖς ὄψεσιν ἐπελθὼν τοὺς κατακειμένους οὐκ ἠθέλησεν εἰσελθεῖν, ἀλλ' ᾤχετ' ἀπιών· καὶ πολλῶν μεταθεόντων οὐκ ἔφη τὸν ἄξιον ἑαυτοῦ τόπον ὁρᾶν λειπόμενον. Ἐκεῖνον μὲν οὖν πολλῷ γέλωτι

« χαίροντας εὐφημοῦντας ἐκπέμπειν δόμων »

ἐκέλευον οἱ κατακείμενοι· καὶ γὰρ ἦσαν πολλοὶ μετρίως E ὑποπεπωκότες.

2 Ἐπεὶ δὲ τὰ περὶ τὸ δεῖπνον τέλος εἶχεν, ὁ πατὴρ ἐμὲ πορρωτέρω κατακείμενον προσειπών « Τίμων » ἔφη « κἀγὼ κριτήν σε πεποιήμεθα διαφερόμενοι· πάλαι γὰρ ἀκούει κακῶς ὑπ' ἐμοῦ διὰ τὸν ξένον· εἰ γὰρ διετάττετ' ἀπ' ἀρχῆς, ὥσπερ ἐκέλευον ἐγώ, τὰς κλίσεις, οὐκ ἂν εὐθύνας ὑπείχομεν ἀταξίας ἀνδρὶ δεινῷ

« κοσμῆσαι ἵππους τε καὶ ἀνέρας ἀσπιδιώτας ».

Καὶ γὰρ δὴ Παῦλον Αἰμίλιον στρατηγὸν λέγουσιν, ὅτε Περσέα καταπολεμήσας ἐν Μακεδονίᾳ πότους συνεκρότει, κόσμῳ τε θαυμαστῷ περὶ πάντα καὶ περιττῇ τάξει χρώμενον

615 E 12 περιττῇ Hub. : τῇ λοιπῇ.

ment ordonné et soigneusement réglé, disant que le même homme devait aussi bien savoir donner au front de bataille sa forme la plus redoutable et au banquet sa forme la plus agréable ; car l'un et l'autre reposent sur le principe d'un arrangement judicieux[1]. Le poète a coutume d'appeler « bons rangeurs de guerriers »[2] les hommes les plus remarquables, les plus aptes à régner. Et vous, vous dites bien que c'est par un arrangement général que le grand dieu substitua l'ordre au désordre, sans rien enlever de ce qui existait et sans rien ajouter, et que c'est en plaçant chaque chose à l'endroit convenable qu'il tira d'une extrême confusion la forme la plus belle pour la nature[3]. Ces considérations nobles et élevées, c'est auprès de vous que nous nous en instruisons ; mais nous voyons de nos propres yeux que tout le luxe des festins perd son attrait et sa beauté si le bon ordre n'y préside point. Si donc les cuisiniers et les maîtres d'hôtel prennent grand soin de savoir quel plat ils serviront en premier lieu, lequel en second lieu, au milieu du repas et à la fin, si, par Zeus, un moment particulier est réservé pour les parfums, les couronnes et la joueuse de harpe[4] — quand il y en a une —, n'est-il pas ridicule d'installer au hasard et n'importe où, en vue de les rassasier[5], ceux qui sont invités pour ces plaisirs, au lieu de leur accorder, suivant l'âge, la charge ou quelque autre prérogative semblable, la place qui leur est due, où l'homme de premier plan se sent honoré, à laquelle l'homme de second plan s'habitue, et où celui qui en décide s'exerce à montrer du discernement et à observer les convenances ? Si, assis ou debout, le supérieur a une place d'honneur[6], il ne peut pas ne pas l'avoir, couché ; et si l'hôte boit à la santé de l'un avant de boire à celle de l'autre, il est impossible qu'il néglige ces distinctions pour l'attribution des places ; car ce serait dès le début du repas « mettre, comme à Myconos, tout dans le même sac », selon le dicton[7]. » Tel fut le plaidoyer de mon père.

εἰπεῖν ὅτι τοῦ αὐτοῦ ἀνδρός ἐστι καὶ φάλαγγα συστῆσαι F
φοβερωτάτην καὶ συμπόσιον ἥδιστον, ἀμφότερα γὰρ
εὐταξίας εἶναι. Καὶ τοὺς ἀρίστους καὶ βασιλικωτάτους ὁ
ποιητὴς εἴωθε « κοσμήτορας λαῶν » προσαγορεύειν.
Καὶ τὸν μέγαν θεὸν ὑμεῖς πού φατε τὴν ἀκοσμίαν εὐταξίᾳ
μεταβαλεῖν εἰς κόσμον | οὔτ' ἀφελόντα τῶν ὄντων οὐδὲν 616 A
οὔτε προσθέντα, τῷ δ' ἕκαστον ἐπὶ τὴν προσήκουσαν
χώραν καταστῆσαι τὸ κάλλιστον ἐξ ἀμορφοτάτου σχῆμα
περὶ τὴν φύσιν ἀπεργασάμενον. Ἀλλὰ ταῦτα μὲν τὰ
σεμνότερα καὶ μείζονα παρ' ὑμῶν μανθάνομεν · αὐτοὶ
δὲ καὶ τὴν περὶ τὰ δεῖπνα δαπάνην ὁρῶμεν οὐδὲν ἔχουσαν
ἐπιτερπὲς οὐδ' ἐλευθέριον, εἰ μὴ τάξεως μετάσχοι. Διὸ
καὶ γελοῖόν ἐστι τοῖς μὲν ὀψοποιοῖς καὶ τραπεζοκόμοις
σφόδρα μέλειν τί πρῶτον ἢ τί δεύτερον ἢ μέσον ἢ τελευταῖον
ἐπάξουσιν, καὶ νὴ Δία μύρου τινὰ καὶ στεφάνων καὶ
ψαλτρίας, ἂν τύχῃ παροῦσα, χώραν καὶ τάξιν εἶναι,
τοὺς δ' ἐπὶ ταῦτα καλουμένους εἰκῇ καὶ ὡς ἔτυχεν B
κατακλίναντα χορτάζειν, μήθ' ἡλικίᾳ μήτ' ἀρχῇ μήτ' ἄλλῳ
τινὶ τῶν ὁμοίων τὴν ἁρμόττουσαν ἀποδιδόντα τάξιν,
ἐν ᾗ τιμᾶται μὲν ὁ προέχων, ἐθίζεται δ' ὁ δευτερεύων,
γυμνάζεται δ' ὁ τάττων πρὸς διάκρισιν καὶ στοχασμὸν
τοῦ πρέποντος. Οὐ γὰρ ἕδρα μὲν ἔστι καὶ στάσις τοῦ
κρείττονος, κατάκλισις δ' οὐκ ἔστιν · οὐδὲ προπίεται
⟨μὲν⟩ ἑτέρῳ πρὸ ἑτέρου μᾶλλον ὁ ἑστιῶν, περὶ δὲ τὰς
κατακλίσεις παρόψεται τὰς διαφοράς, εὐθὺς ἐν ἀρχῇ τὴν
λεγομένην « μίαν Μύκονον » ἀποφήνας τὸ συμπόσιον. »
Ἡ μὲν οὖν τοῦ πατρὸς δικαιολογία τοιαύτη τις ἦν.

616 A 1 μεταϐαλεῖν g γ Ald. : μεταβαλλεῖν (sic) ‖ 2 τῷ corr. in ras. man. post. in T : fuit τὸν aut τῶν ‖ 9 μέλειν Amyot, Xyl. : μέλλειν ‖ B 8 μὲν add. Benseler.

3 Mon frère répondit qu'il n'était pas plus sage que Bias, lequel refusa d'arbitrer un différend entre deux de ses amis[1], pour se constituer, lui, juge de tant de personnes, à la fois parents et connaissances, et décider, non sur des questions d'argent, mais de préséance ; ce serait comme s'il avait invité son monde non pour lui témoigner de l'amitié, mais pour le vexer. « Ménélas, dit-il, s'est rendu coupable d'une inconvenance devenue proverbiale en se présentant au conseil sans y avoir été invité[2] ; l'hôte se rend coupable d'une plus grande inconvenance encore, qui se mêle d'apprécier et de juger ceux qui ne l'en requièrent pas ni ne se présentent à son jugement, et de décider lequel est supérieur à l'autre et lequel est inférieur ; car ils n'entrent pas en lice pour un concours, mais ils sont venus à un repas. D'ailleurs la discrimination n'est même pas aisée à établir, les uns se distinguant par l'âge, les autres par le prestige, d'autres par les liens de l'amitié, d'autres encore par le degré de parenté. Il faudrait, comme si l'on s'attachait à une étude comparative, avoir sous la main les *Topiques* d'Aristote[3] ou les *Prédominants* de Thrasymaque[4], sans pour cela rien réaliser d'utile : on ne fait que transporter les rivalités de la vaine gloire de la place publique et des théâtres aux banquets, et, tandis que l'on essaie de chasser les autres passions par les plaisirs que donne la compagnie, l'on rappelle au contraire la vanité, dont il convient pourtant de nettoyer, je crois, notre âme bien plus que nous nettoyons nos pieds de la boue, si nous voulons passer ensemble à table, en toute simplicité, d'agréables moments. En fait, nous cherchons à faire cesser l'inimitié que quelque ressentiment ou bien certaines affaires ont suscitée parmi nos invités, et voilà qu'en humiliant les uns et en exaltant les autres nous ranimons cette inimitié et l'enflammons à nouveau par la jalousie. Eh quoi ! Si nous devons ajouter encore d'autres distinctions à celle de la place, boire aux uns plus souvent qu'aux

3 Ὁ δ' ἀδελφὸς εἶπεν ὅτι τοῦ Βίαντος οὐκ εἴη C
σοφώτερος, ὥστ', ἐκείνου δυεῖν φίλων ἀπειπαμένου δίαιταν,
αὐτὸς ὁμοῦ τοσούτων μὲν οἰκείων, τοσούτων δ' ἑταίρων
γίνεσθαι κριτής, οὐ περὶ χρημάτων, ἀλλὰ περὶ πρωτείων
ἀποφαινόμενος, ὥσπερ οὐ φιλοφρονήσασθαι παρακεκλη-
κώς, ἀλλ' ἀνιᾶσαι τοὺς ἐπιτηδείους. « Ἄτοπος μὲν οὖν »,
ἔφη, « καὶ παροιμιώδης Μενέλαος, εἴ γε σύμβουλος
ἐγένετο μὴ παρακεκλημένος· ἀτοπώτερος δ' ὁ ποιῶν
ἑαυτὸν ἀνθ' ἑστιάτορος δικαστὴν καὶ κριτὴν τῶν οὐκ
ἐπιτρεπόντων οὐδὲ κρινομένων, τίς ἐστι βελτίων τίνος ἢ
χείρων· οὐ γὰρ εἰς ἀγῶνα καθείκασιν, ἀλλ' ἐπὶ δεῖπνον
ἥκουσιν. Ἀλλ' οὐδ' εὐχερὴς ἡ διάκρισίς ἐστι, τῶν D
μὲν ἡλικίᾳ, τῶν δὲ δυνάμει, τῶν δὲ χρείᾳ, τῶν δ' οἰκειότητι
διαφερόντων. Ἀλλὰ δεῖ καθάπερ ὑπόθεσιν μελετῶντα
συγκριτικὴν τοὺς Ἀριστοτέλους Τόπους ἢ τοὺς Θρασυ-
μάχου Ὑπερβάλλοντας ἔχειν προχείρους οὐδὲν τῶν
χρησίμων διαπραττόμενον, ἀλλὰ τὴν κενὴν δόξαν ἐκ
τῆς ἀγορᾶς καὶ τῶν θεάτρων εἰς τὰ συμπόσια μετάγοντα,
καὶ τὰ μὲν ἄλλα πάθη πειρώμενον ἀπαλλάττειν συνουσίᾳ,
τὸν δὲ τῦφον ἐπισκευάζοντ' α⟨ὐτόν⟩, ὃν πολὺ μᾶλλον οἶμαι
προσήκει τῆς ψυχῆς ⟨ἢ⟩ τὸν πηλὸν ἀπονιψαμένους τῶν
ποδῶν ἐλαφρῶς καὶ ἀφελῶς παρὰ πότον ἀλλήλοις
συμφέρεσθαι. Νῦν δὲ τὴν μὲν ἐξ ὀργῆς τινος ἢ πραγμάτων E
ἔχθραν πειρώμεθα τῶν κεκλημένων ἀφαιρεῖν, τῇ δὲ φιλο-
τιμίᾳ πάλιν ὑπεκκάομεν καὶ ἀναζωπυροῦμεν, τοὺς μὲν
ταπεινοῦντες, τοὺς δ' ὀγκοῦντες. Καίτοι γ' εἰ μὲν ἀκολου-
θήσουσι τῇ κατακλίσει προπόσεις τε συνεχέστεραι καὶ

616 C 11 καθείκασιν Ald. : καθήκασιν ‖ D 8 ἀπαλλάττειν dub. Hub. : ἅ et ras. 5 litt., in qua φαιρεῖν τῆς (deinde ς add. ad συνουσία) corr. man. post. in T : fuit ἅμα μὲν (ita P g γ alii) ἀνιέναι Amyot ἀναιρεῖν Pohlenz ‖ 9 τῦφον suprascr. man. post. in T : τύχῃ ‖ ἐπισκευάζοντ' α]ὐτόν corr. et suppl. Pohlenz : ἐπισκευάζοντα et lac. 3-4 litt. ‖ ὃν corr. man. post. in T : ον ‖ 10 ἢ add. man. post. in T.

autres, les servir plus souvent, ou converser avec eux et les interpeller plus souvent, nous n'aurons plus un banquet d'amis, mais un vrai banquet de satrapes[1] ! Mais si nous sommes décidés à maintenir pour le reste l'égalité des convives[2], pourquoi ne commençons-nous pas par là, et ne les habituons-nous d'abord à s'étendre côte à côte, sans vanité et sans manières, en leur faisant voir dès la porte que le banquet est une réunion démocratique[3] et qu'il n'y existe nulle place privilégiée, où le riche puisse s'installer comme sur une acropole pour insulter aux plus modestes ? »

4 Après cette réplique, ceux qui étaient là voulurent connaître ma décision ; moi, je déclarai qu'ayant été choisi comme arbitre et non comme juge[4], je prendrais un moyen terme. « Quand ce sont des jeunes gens, dis-je, que l'on reçoit, de simples citoyens et des familiers, il faut les habituer, comme le dit Timon, à occuper d'eux-mêmes sans manières et sans vanité la première place venue, et à considérer la bonne humeur comme un excellent facteur d'amitié ; mais si nous faisons les philosophes avec des étrangers, ou des magistrats, ou des hommes âgés, nous aurons l'air, je le crains, de fermer à la vanité l'entrée principale pour l'introduire par la petite porte[5]. Dans ces cas-là, il faut faire une concession à l'habitude et à la coutume ; ou alors mettons fin aussi à l'usage des toasts et des salutations particulières, égards que précisément nous ne témoignons pas à tout un chacun, ni sans discernement, mais en utilisant au mieux

« les sièges, et les viandes et les coupes pleines »,

selon les mots du roi des Grecs, qui tient ainsi la place pour la première marque d'honneur[6]. Nous louons aussi Alcinoos d'avoir, pour faire asseoir son hôte à ses côtés,

1. C'est-à-dire : où règnent l'envie et la haine.

2. Ce qui est naturellement de règle dans tous les banquets (644 D).

3. Cf. *Cim. et Luc.* 1, 4, dans un contexte semblable : οὐδέ γε τῇ Κίμωνος τραπέζῃ τὴν Λευκόλλου παραβαλεῖν (ἄξιον), τῇ δημοκρατικῇ καὶ φιλανθρώπῳ τὴν πολυτελῆ καὶ σατραπικήν.

παραθέσεις, ἔτι δ' ὁμιλίαι καὶ προσαγορεύσεις, παντάπασι
γενήσεται σατραπικὸν ἡμῖν ἀντὶ φιλικοῦ τὸ συμπόσιον · εἰ
δὲ περὶ τἄλλα τὴν ἰσότητα τοῖς ἀνδράσι φυλάξομεν,
τί οὐκ ἐντεῦθεν ἀρξάμενοι πρῶτον ἐθίζομεν ἀτύφως καὶ
ἀφελῶς κατακλίνεσθαι μετ' ἀλλήλων, εὐθὺς ἀπὸ τῶν
θυρῶν ὁρῶντας ὅτι δημοκρατικόν ἐστι τὸ δεῖπνον καὶ οὐκ F
⟨ἔχει τόπον⟩ ἐξαίρετον ὥσ⟨περ ἀκρό⟩πολιν, ἐφ' οὗ
κατακλιθεὶς ὁ πλούσιος ἐντρυφήσει τοῖς εὐτελεστέροις ; »

4 Ἐπεὶ δὲ καὶ ταῦτ' ἐρρήθη καὶ τὴν κρίσιν ἀπῄτουν
οἱ παρόντες, ἔφην ἐγὼ διαιτητὴς ᾑρημένος, οὐ κριτής,
βαδιεῖσθαι διὰ μέσου. « Νέους μὲν γάρ », εἶπον, « ἑστιῶντας
καὶ πολίτας καὶ συνήθεις ἐθιστέον, | ὥς φησι Τίμων, 617 A
ἀφελῶς καὶ ἀτύφως κατανέμειν αὐτοὺς εἰς ἣν ἂν τύχωσι
χώραν, καλὸν εἰς φιλίαν ἐφόδιον τὴν εὐκολίαν λαμβάνοντας · ἐν δὲ ξένοις ἢ ἄρχουσιν ἢ πρεσβυτέροις φιλοσοφοῦντες
δέδια μὴ δοκῶμεν τῇ αὐλείῳ τὸν τῦφον ἀποκλείοντες
εἰσάγειν τῇ παραθύρῳ [μετὰ πολλῆς ἀδιαφορίας]. Ἐν
ᾧ καὶ συνηθείᾳ τι καὶ νόμῳ δοτέον · ἢ καὶ προπόσεις
καὶ προσαγορεύσεις ἀνέλωμεν, αἷσπερ οὐ τοὺς ἐπιτυγχάνοντας τιμῶμεν οὐδ' ἀκρίτως, ἀλλ' ὡς ἐνδέχεται μάλιστα
χρώμενοι

« ἕδρῃ τε κρέασίν τ' ἠδὲ πλείοις δεπάεσσιν »,

ὥς φησιν ὁ τῶν Ἑλλήνων βασιλεύς, τὴν τάξιν ἐν πρώτῃ
τιμῇ τιθέμενος. Ἐπαινοῦμεν δὲ καὶ τὸν Ἀλκίνουν, ὅτι τὸν B
ξένον ἱδρύει παρ' αὐτόν

616 F 1 δημοκρατικόν ἐστι Pohlenz : δημόκριτος ἐπὶ T δημοτικόν ἐστι Kronenberg ‖ 2 ἔχει τόπον suppl. Kronenberg : lac. 2-4 litt. ‖ ὥσ]περ ἀκρό[πολιν suppl. man. post. in T : lac. 4-6 litt. ‖ 3 ἐντρυφήσει Hub. : ἐν τῇ κατακλίσει T ἐγκαταχλιδήσει Tucker (*C.Q.* III, p. 102) ‖ εὐτελεστέροις Tucker : -τάτοις ‖ 4 ἐρρήθη Ald. : ἐρήθη ‖ 617 A 2 αὑτοὺς Amyot, Xyl. : αὐτοὺς ‖ 4 φιλοσοφοῦντες Basil. : -τας ‖ 6 μετὰ — ἀδιαφορίας delevi ‖ 7 τι Amyot, Steph. : τινὶ ‖ 8 αἷσπερ οὐ Bases : αἷς πρὸς ‖ 9 τιμῶμεν ante οὐδ' ἀκρίτως transtul. Bolk. : post χρώμενοι praebet T ‖ 11 κρέασίν Hub. : κρέασι ‖ B 2 αὑτόν Amyot : αὐτὸν.

« fait lever son fils, Laomédon au grand cœur, qui était assis près de lui et qu'il aimait entre tous »[1].

Car faire asseoir le suppliant à la place de celui qu'on aime est un geste de courtoisie élégante et d'amabilité. Même parmi les dieux se fait une distinction pour ces sortes de préséances ; ainsi Poséidon, quoique arrivé le dernier à l'assemblée, « s'assied au milieu d'eux »[2], parce que cette place lui revient. Quant à Athéna, elle a le privilège, comme il apparaît, de se mettre toujours à côté de Zeus : c'est ce qui ressort de cette déclaration du poète à propos de Thétis :

« elle s'assied près de Zeus Père ; Athènè lui cède sa place »[3],

et Pindare dit expressément :

« elle, assise tout près de la foudre qui souffle le feu »[4].

Timon n'en prétendra pas moins qu'il ne faut pas ôter aux autres les honneurs qui leur sont dus, pour les réserver à un seul. En fait, c'est plutôt justement ce qu'il semble faire lui-même : car c'est ôter la propriété que de la mettre en commun (or ce qui est conforme au mérite de chacun lui appartient en propre), et c'est livrer aux plus prompts à la course la première place, qui n'est due qu'à la vertu, à la parenté, à l'autorité et aux prééminences de ce genre. Il croit éviter d'offenser ses invités, et ne s'en attire que davantage leur animosité ; car il offense tous ceux qu'il prive de leurs honneurs habituels. Quant à établir les distinctions, cela ne me paraît pas, à moi, trop difficile. D'abord, il est rare que beaucoup de personnes se trouvent avoir, de par leur dignité, les mêmes droits au même rang ; ensuite, comme il y a plus d'une place honorifique, il existe une abondante variété de possibilités, pour peu que l'on soit capable de perspicacité : à chacun de ceux qui passent pour avoir droit au respect l'on distribuera celle-ci parce qu'elle est la première, celle-là parce qu'elle est centrale, cette autre parce qu'elle est près de soi ou aux côtés d'un ami, d'un familier, d'un précepteur ;

« υἱὸν ἀναστήσας, ἀγαπήνορα Λαομέδοντα,
ὅς οἱ πλησίον ἷζε, μάλιστα δέ μιν φιλέεσκεν. »

Τὸ γὰρ εἰς τὴν τοῦ φιλουμένου χώραν καθίσαι τὸν ἱκέτην ἐπιδέξιον ἐμμελῶς καὶ φιλάνθρωπον. Ἔστι δὲ καὶ παρὰ τοῖς θεοῖς διάκρισις τῶν τοιούτων · ὁ μὲν γὰρ Ποσειδῶν καίπερ ὕστατος εἰς τὴν ἐκκλησίαν παραγενόμενος « ἷζεν ἄρ' ἐν μέσσοισιν », ὡς ταύτης αὐτῷ τῆς χώρας προσηκούσης. Ἡ δ' Ἀθηνᾶ φαίνεται τὸν πλησίον ἀεὶ τοῦ Διὸς τόπον ἐξαίρετον ἔχουσα · καὶ τοῦτο παρεμφαίνει μὲν ὁ ποιητὴς δι' ὧν ἐπὶ τῆς Θέτιδός φησιν ·

« ἡ δ' ἄρα πὰρ Διὶ πατρὶ καθέζετο, εἶξε δ' Ἀθήνη », C

διαρρήδην δ' ὁ Πίνδαρος λέγει ·

« πῦρ πνέοντος ἅ τε κεραυνοῦ
ἄγχιστα ἡμένη ».

Καίτοι φήσει Τίμων οὐ δεῖν ἀφαιρεῖσθαι τῶν ἄλλων ἑνὶ προσνέμοντα τὴν τιμήν. Ὅπερ αὐτὸς ἔοικε ποιεῖν μᾶλλον · ἀφαιρεῖται γὰρ ὁ κοινὸν ποιῶν τὸ ἴδιον (ἴδιον δὲ τὸ κατ' ἀξίαν ἑκάστου) καὶ ποιεῖ δρόμου καὶ σπουδῆς τὸ πρωτεῖον ἀρετῇ καὶ συγγενείᾳ καὶ ἀρχῇ καὶ τοῖς τοιούτοις ὀφειλόμενον. Καὶ τὸ λυπηρὸς εἶναι τοῖς κεκλημένοις φεύγειν δοκῶν μᾶλλον ἐφέλκεται καθ' αὑτοῦ · λυπεῖ γὰρ ἀποστερῶν τῆς συνήθους τιμῆς ἕκαστον. Ἐμοὶ δ' οὐ λίαν χαλεπὸν εἶναι δοκεῖ τὸ περὶ τὴν διάκρισιν · πρῶτον μὲν γὰρ ἐφάμιλλοι τοῖς ἀξιώμασι πολλοὶ πρὸς μίαν D
κλίσιν οὐ ῥᾳδίως ἀπαντῶσιν · ἔπειτα πλειόνων τόπων ἐν δόξῃ γεγονότων ἀφθονία τῆς διανομῆς ἔστιν, ἄν τις εὐστοχεῖν δύνηται, τὸν μὲν ὅτι πρῶτος, τὸν δ' ὅτι μέσος, τὸν δ' ὅτι παρ' αὑτὸν ἢ μετὰ φίλου τινὸς ἢ συνήθους ἢ καθηγητοῦ διδοὺς ἑκάστῳ τῶν ἀξιωματικῶν λεγομένων ·

617 B 9 μέσσοισιν Amyot, Xyl. : μέσοισιν ‖ C 5 φήσει Wytt. : φησὶ ‖ 10 λυπηρὸς Rei. : λυπηρὸν ‖ D 5 αὑτὸν Wytt. : αὐτὸν.

pour les autres, on peut réserver des cadeaux, avoir des attentions délicates...[1] Les mérites sont-ils difficiles à départager et les convives ombrageux, voici le moyen que je propose[2] : j'installe à la place la plus considérée le père de l'hôte, s'il est présent, en ne distinguant que lui seul[3] ; sinon, ce sera son grand-père, ou son beau-père ou un oncle, ou quelqu'un de ceux qui ont un droit reconnu et particulier à être, plus que d'autres, honorés par le maître de maison ; et c'est à l'enseignement d'Homère que j'emprunte cette règle. Là aussi, Achille, voyant Ménélas et Antiloque se disputer le second prix de la course de chars et craignant que leur rivalité et leur colère n'aillent trop loin, prétend décerner le prix à un troisième[4] sous prétexte d'honorer Eumèlos par pitié, mais en réalité, sans doute, pour supprimer la cause de cette dispute. »

5 Pendant que je parlais ainsi, Lamprias, assis sur un tabouret, intervint bruyamment, selon son habitude, en demandant aux assistants s'ils lui donnaient la permission de remettre à sa place un juge radoteur ; tous l'invitèrent à parler franchement, sans ménagement. « Qui donc, dit-il, ménagerait un philosophe qui, faisant du banquet un théâtre, y veut assigner les places[5] d'après les parentés, les richesses, les magistratures, ou qui y confère les proédries des décrets amphictyoniques[6], pour nous empêcher, même à table, d'échapper à la vanité ? Ce n'est pas selon la considération, mais selon leur agrément, qu'il faut placer les convives, ni penser à la dignité d'un chacun, mais aux affinités et aux harmonies réciproques, comme l'on fait ailleurs pour ce que l'on veut intimement réunir.

1. Le texte de cette phrase est si gravement altéré qu'il paraît vain de tenter une restitution.

2. Cf. Platon, *Crat.* 409 D : σκέψαι οὖν ἣν εἰσάγω μηχανὴν ἐπὶ πάντα.

6. Un exemple de décret des Amphictyons conférant la proédrie : *Syllogè*[3], 444.

τοῖς δ' ἄλλοις δωρεὰς καὶ φιλοφροσύνην † ἔλιπον ἀνά-
παυλαν μᾶλλον τῆς τιμῆς †. Ἂν δὲ ⟨δυσδιάκρι⟩τοι μὲν
αἱ ἀξίαι, δύσκολοι δ' οἱ ἄνδρες ὦσιν, ὅρα τίνα μηχανὴν
ἐπάγω· κατακλίνω γὰρ εἰς τὸν ἔνδοξον μάλιστα τόπον,
ἂν μὲν παρῇ, πατέρα, τοῦτον ἄρας μόνον, εἰ δὲ μή, πάππον
ἢ πενθερὸν ἢ πατρὸς ἀδελφὸν ἤ τινα τῶν ὁμολογουμένην E
καὶ ἰδίαν ἐχόντων παρὰ τῷ δεχομένῳ τιμῆς ὑπεροχήν,
ἐκ τῶν Ὁμήρου τὸ θεώρημα τοῦτο λαμβάνων καθηκόντων.
Καὶ γὰρ ἐκεῖ δήπουθεν ὁ Ἀχιλλεύς, τὸν Μενέλεων καὶ τὸν
Ἀντίλοχον περὶ τῶν δευτερείων τῆς ἱπποδρομίας ὁρῶν
διαφερομένους καὶ δεδοικὼς μὴ πορρωτέρω προέλθωσιν
ὀργῆς καὶ φιλονεικίας, ἑτέρῳ βούλεται τὸ ἔπαθλον ἀποδι-
δόναι, λόγῳ μὲν Εὔμηλον οἰκτείρων καὶ τιμῶν, ἔργῳ δὲ
τῆς ἐκείνων διαφορᾶς τὴν αἰτίαν ἀφαιρῶν. »

5 Ἐμοῦ δὲ τοιαῦτα λέγοντος ὁ Λαμπρίας ἐκ παρα-
βύστου καθήμενος καθάπερ εἰώθει μέγα φθεγξάμε-
νος ἠρώτα τοὺς παρόντας εἰ διδόασιν αὐτῷ νουθε- F
τῆσαι ληροῦντα δικαστήν· κελευόντων δὲ πάντων χρῆσθαι
παρρησίᾳ καὶ μὴ φείδεσθαι, « Τίς δ' ἂν », ἔφη,
« φείσαιτο φιλοσόφου γένεσι καὶ πλούτοις καὶ ἀρχαῖς
ὥσπερ θέαν ¦ ἐν συμποσίῳ κατανέμοντος ἢ προεδρίας 618 A
ψηφισμάτων ἀμφικτυονικῶν διδόντος, ὅπως μηδ' ἐν
οἴνῳ τὸν τῦφον ἀποφύγωμεν ; Οὔτε γὰρ πρὸς τὸ ἔνδοξον,
ἀλλὰ πρὸς τὸ ἡδὺ δεῖ ποιεῖσθαι τὰς κατακλίσεις,
οὔτε τὴν ἑνὸς ἑκάστου σκοπεῖν ἀξίαν, ἀλλὰ τὴν ἑτέρου
πρὸς ἕτερον σχέσιν καὶ ἁρμονίαν, ὥσπερ ⟨καὶ⟩ ἄλλων
τινῶν εἰς μίαν κοινωνίαν παραλαμβανομένων. Οὐδὲ γὰρ

617 D 7 text. corrupt. indic. Hub. ‖ 8 δυσδιάκρι[τοι suppl. Amyot, Steph. : lac. 2-4 litt. ‖ 10 ἔνδοξον Amyot, Steph. : εὔδοξον ‖ 11 παρῇ πατέρα, ... ἄρας μόνον scripsi (coll. 616 AB) : ἢ πατήρ, ... ἀράμενος (ἀράμενοις corr. man. post. in T, ut vid.) ‖ E 1 ὁμολογουμένην Wytt. : -νων ‖ 2 παρὰ τῷ δεχομένῳ Xyl. : παραδεχομένῳ ‖ 6 προέλθωσιν Steph. : προσέλθ. ‖ 11 φθεγξάμ. P g γ alii : θεγξάμ. ‖ 618 A 6 καὶ add. dub. Hub. ‖ 7 παραλαμβανομένων Amyot, Xyl. : -νόμενον.

Ainsi l'architecte ne préfère pas le marbre attique, ou le laconien[1], pour leur noble origine, au marbre étranger, le peintre ne réserve pas pour la place principale de son tableau la couleur qui coûte le plus cher, et le constructeur de navires n'utilise pas de préférence le pin de l'Isthme ou le cyprès de Crète[2] : ils répartissent tous leurs matériaux de manière que l'ajustement et l'union de ces derniers donnent à l'ensemble de l'ouvrage de la solidité, de la beauté et de l'utilité. Et le dieu que notre Pindare appela « l'artiste par excellence »[3] ne place pas, tu vois bien, une fois pour toutes en haut le feu et la terre en bas, mais dans l'ordre où l'exigent les besoins du corps ;

> « c'est le cas chez les coquillages marins, au dos lourdement cuirassé, surtout des conques et des tortues aux pierreuses carapaces »,

dit Empédocle,

> « là tu verras la terre logée au-dessus de la chair »[4] ;

elle y occupe non le lieu que lui assigne la nature, mais celui que réclame son rôle dans la constitution de l'ouvrage commun[5]. Partout le désordre nuit, mais quand il se produit parmi des personnes, et des personnes occupées à boire, c'est alors surtout qu'il révèle ses conséquences fâcheuses, par des insolences et d'autres excès inqualifiables, qu'un homme ayant le sens de l'ordre et de l'harmonie doit prévenir et éviter. »

6 Nous lui donnâmes raison, en ajoutant : « Mais pourquoi ne nous fais-tu point connaître les principes de l'ordre et de l'harmonie ? » — « Parfaitement, dit-il, je vous les fais connaître, s'il vous plaît de me laisser changer la disposition et l'ordonnance du banquet, comme Épaminondas changea ceux de la phalange. »[6] Nous lui donnâmes tous cette permission. Il ordonna alors aux serviteurs de se retirer, et, considérant chacun de nous : « Écoutez, dit-il, comment je vais vous placer

1. En Attique se trouvaient surtout les beaux marbres de l'Hymette et du Pentélique. Ceux de Laconie étaient généralement noirs ; les plus renommés d'entre eux venaient des carrières du Ténare.

ὁ οἰκοδόμος τὸν Ἀττικὸν λίθον ἢ τὸν Λακωνικὸν πρὸ τοῦ βαρβαρικοῦ ⟨διὰ⟩ τὴν εὐγένειαν τίθησιν, οὐδ' ὁ ζωγράφος τῷ πολυτελεστάτῳ χρώματι τὴν ἡγουμένην ἀποδίδωσι χώραν, οὐδ' ὁ ναυπηγὸς προτάττει τὴν Ἰσθμικὴν πίτυν ἢ τὴν Κρητικὴν κυπάριττον, ἀλλ' ὡς B ἂν ἀλλήλοις ἕκαστα συντεθέντα καὶ συναρμοσθέντα μέλλῃ τὸ κοινὸν ἔργον ἰσχυρὸν καὶ καλὸν καὶ χρήσιμον παρέχειν, οὕτω κατανέμουσιν. Καὶ τὸν θεὸν ὁρᾷς, ὃν « ἀριστοτέχναν » ἡμῶν ὁ Πίνδαρος προσεῖπεν, οὐ πανταχοῦ τὸ πῦρ ἄνω τάττοντα καὶ κάτω τὴν γῆν, ἀλλ' ὡς ἂν αἱ χρεῖαι τῶν σωμάτων ἀπαιτῶσιν ·

« τοῦτο μὲν ἐν κόγχαισι θαλασσονόμοις βαρυνώτοις,
ναὶ μὴν κηρύκων τε λιθορρίνων χελύων τε »

φησὶν Ἐμπεδοκλῆς,

« ἔνθ' ὄψει χθόνα χρωτὸς ὑπέρτατα ναιετάουσαν »,

οὐχ ἣν ἡ φύσις δίδωσι χώραν, ἀλλ' ἣν ἡ πρὸς τὸ κοινὸν ἔργον ποθεῖ σύνταξις, ταύτην ἔχουσαν. Πανταχοῦ μὲν C οὖν ἀταξία πονηρόν, ἐν δ' ἀνθρώποις, καὶ ταῦτα πίνουσιν, ἐγγινομένη μάλιστα τὴν αὑτῆς ἀναδείκνυσι μοχθηρίαν ὕβρει καὶ κακοῖς ἄλλοις ἀμυθήτοις, ἃ προιδέσθαι καὶ φυλάξασθαι τακτικοῦ καὶ ἁρμονικοῦ ἀνδρός ἐστιν. »

6 Ὀρθῶς οὖν ἔφαμεν λέγειν αὐτὸν ἡμεῖς, καί « Τί δὴ φθονεῖς τῶν τακτικῶν ἡμῖν καὶ ἁρμονικῶν ; » [ὧν ἐλέγομεν] « Οὐδείς », ἔφη, « φθόνος, ἂν μέλλητε πείθεσθαι μετακινοῦντί μοι καὶ μετακοσμοῦντι τὸ συμπόσιον, ὥσπερ τῷ Ἐπαμεινώνδᾳ τὴν φάλαγγα. » Συνεχωροῦμεν οὖν οὕτω ποιεῖν ἅπαντες. Ὁ δὲ τοὺς παῖδας ἐκ μέσου κελεύσας D γενέσθαι, καταβλέψας ἕκαστον, « Ἀκούσατ' » εἶπεν « ὡς

618 A 9 διὰ add. Vulc. ‖ B 12 κοινὸν Amyot, Steph. : καινὸν ‖ C 3 αὑτῆς Amyot : αὐτῆς ‖ 7 ὧν ἐλέγομεν del. (glos.) Bolk.

les uns avec les autres ; car je veux vous donner une explication préalable. Homère me paraît avoir été justement accusé par le Thébain Pamménès de ne rien connaître aux choses de l'amour, pour avoir rangé les tribus avec les tribus et mêlé les clans aux clans, alors qu'il fallait mettre l'amant à côté de l'aimé[1], afin que tout le bataillon, soudé par un lien vivant, fût animé du même esprit. Et c'est à peu près ce que moi, je veux faire de notre banquet : je n'installerai pas le riche à côté du riche, ni le jeune à côté du jeune, ni le magistrat à côté du magistrat, l'ami à côté de l'ami ; ce serait une disposition froide et incapable de fortifier ou de susciter la sympathie[2] ; donnant au contraire à chacun son complément, je veux que près de l'érudit s'installe[3] celui qui est avide de s'instruire, près du grincheux, celui qui est aimable, près du vieillard bavard, le jeune homme attentif, près du vantard, le modeste, et près du passionné, celui qui est calme ; et si j'aperçois quelque part un riche généreux, j'irai prendre dans un coin un homme pauvre et vertueux, et je le conduirai près de lui, afin que, à l'image des coupes, la pleine se déverse dans la vide[4]. Mais je ne veux pas qu'un sophiste s'installe aux côtés d'un sophiste, ni un poète aux côtés d'un poète,

> « car le mendiant est jaloux du mendiant et le chanteur du chanteur »[5].

Voyez Sosiclès là-bas et Modestos : ils sont en train de s'opposer propos contre propos et risquent bel et bien de faire jaillir les flammes[6]. Je sépare aussi les étrangleurs, les insolents et les coléreux, en plaçant entre eux un homme calme, comme un écran destiné à amortir les coups. Mais je réunis les amateurs de lutte, de chasse et d'agriculture. Car il y a deux sortes de similitudes : l'une excite à la bataille, comme celle

μέλλω συντάττειν ὑμᾶς ἀλλήλοις· βούλομαι γὰρ προειπεῖν. Δοκεῖ γάρ μοι καὶ τὸν Ὅμηρον οὐκ ἀδίκως ὁ Θηβαῖος αἰτιάσασθαι Παμμένης ὡς τῶν ἐρωτικῶν ἄπειρον, ὅτι φῦλα φύλοις συνέταξεν καὶ φρατρίας φρατρίαις συνέμιξεν, δέον ἐραστὴν μετ' ἐρωμένου παρεμβάλλειν ἵν' ᾖ σύμπνους ἡ φάλαγξ δι' ὅλης ἔμψυχον ἔχουσα δεσμόν. Τοιοῦτο κἀγὼ βούλομαι ποιῆσαι τὸ συμπόσιον ἡμῶν, οὐ πλουσίῳ πλούσιον οὐδὲ νέῳ νέον οὐδ' ἄρχοντι
συγκατακλίνων ἄρχοντα καὶ φίλῳ φίλον· ἀκίνητος γὰρ E
αὕτη καὶ ἀργὴ πρὸς εὐνοίας ἐπίδοσιν ἢ γένεσιν ἡ τάξις· ἀλλὰ τῷ δεομένῳ τὸ οἰκεῖον προσαρμόττων κελεύω φιλολόγῳ μὲν ὑποκατακλίνεσθαι φιλομαθῆ, δυσκόλῳ δὲ πρᾶον, ἀδολέσχῳ δὲ πρεσβύτῃ φιλήκοον νεανίσκον, τῷ δ' ἀλαζόνι τὸν εἴρωνα, τῷ δ' ὀργίλῳ τὸν σιωπηλόν· ἐὰν δέ που κατίδω πλούσιον μεγαλόδωρον, ἄξω πρὸς αὐτὸν ἐκ γωνίας τινὸς ἀναστήσας πένητα χρηστόν, ἵν' ὥσπερ ἐκ πλήρους κύλικος εἰς κενὴν ἀπορροή τις γένηται. Σοφιστὴν δὲ κωλύω συγκατακλίνεσθαι σοφιστῇ καὶ ποιητὴν ποιητῇ·

«πτωχὸς γὰρ πτωχῷ ⟨φθονέει⟩ καὶ ἀοιδὸς ἀοιδῷ»· F

ὥσπερ Σωσικλῆς οὗτος καὶ Μόδεστος ἐνταῦθα συνερείδοντες ἔπος παρ'⟨ἔπος ἀνα⟩ζωπυρεῖν φλόγα μεγάλην κινδυνεύουσιν τὰ κάλλιστα. Διίστημι δὲ καὶ στραγγαλιῶντας καὶ φιλολοιδόρους καὶ ὀξυθύμους ⟨πρᾶόν⟩ τινα παρεντιθεὶς μέσον ὥσπερ μάλαγμα τῆς ἀντιτυπίας.
| Ἀλειπτικοὺς δὲ καὶ κυνηγετικοὺς καὶ γεωργικοὺς 619 A
συνάγω. Τῶν γὰρ ὁμοιοτήτων ἡ μὲν μάχιμος ὥσπερ

618 D 3-4 προειπεῖν Amyot : προσειπ. || 9 Τοιοῦτο Rei. : τοῦτο || E 2 ᾖ Hub. (coll. 621 C) : καὶ || F 1 φθονέει add. Amyot, Xyl. || 2 ὥσπερ Bern. : καίπερ || 3 παρ']ἔπος[corr. et suppl. Amyot, Steph. : παρα et lac. 6-8 litt. || ἀνα[ζωπυρεῖν ... μεγάλην ci. Bern. : ζωπυρίων... μὲν ἀλλὰ || 5 πρᾶόν suppl. Bern. (ἀεὶ πρᾶον Amyot) : lac. 3-4 litt. || 619 A 2 συνάγω Amyot, Steph. : συναγαγὼν.

des coqs, l'autre favorise la sociabilité, comme celle des geais[1]. Je réunis aussi et mets ensemble les grands buveurs et les amoureux, non seulement

« ceux qui sentent la morsure de l'amour des garçons »,

comme dit Sophocle[2], mais encore ceux qui sont pris par celui des femmes et par celui des jeunes filles ; car, brûlant de la même flamme, ils s'attacheront plus facilement les uns aux autres, comme le fer que l'on soude, à moins que, par Zeus, il se trouve qu'ils aiment le même garçon ou la même fille. »

Question III

Comment la place dite consulaire est devenue la place d'honneur.

A la suite de ces propos, on se mit à discuter des places. Car diverses places sont en honneur chez divers peuples ; ainsi, chez les Perses, c'est la plus centrale, où se met le Roi, chez les Grecs, la première[3], et chez les Romains, la dernière du lit central, qu'ils appellent consulaire ; chez certains des Grecs du Pont, comme ceux d'Héraklée, c'est au contraire la première du lit central. Mais nous étions surtout dans l'incertitude à propos de la place dite consulaire. C'était en effet la première place d'honneur, mais nous autres ne pouvions plus dire avec certitude la raison de cette supériorité[4], comme pour la première et pour celle du milieu : parmi ses qualités, les unes n'étaient pas propres à elle seule, les autres ne semblaient d'aucun intérêt. Trois pourtant des arguments allégués retenaient l'attention. Le premier était que les consuls, quand ils eurent renversé les rois et introduit partout l'ordre démocratique, abandonnant la place centrale, naguère réservée au roi, se retirèrent à une place

ἀλεκτρυόνων, ἡ δ' ἐπιεικὴς ὥσπερ ἡ τῶν κολοιῶν. Συνάγω δὲ καὶ ποτικοὺς εἰς ταὐτὸ καὶ ἐρωτικούς, οὐ μόνον

« ὅσοις ἔρωτος δῆγμα ⟨παιδικοῦ⟩ πρόσεστιν »,

ὥς φησι Σοφοκλῆς, ἀλλὰ καὶ τοὺς ἐπὶ γυναιξὶ καὶ τοὺς ἐπὶ παρθένοις δακνομένους· τῷ γὰρ αὐτῷ θαλπόμενοι πυρὶ μᾶλλον ἀλλήλων ἀντιλήψονται, καθάπερ ὁ κολλώμενος σίδηρος, ἂν μὴ νὴ Δία τοῦ αὐτοῦ τύχωσιν ἢ τῆς αὐτῆς ἐρῶντες. »

ΠΡΟΒΛΗΜΑ Γ

Διὰ τί τῶν τόπων ὁ καλούμενος ὑπατικὸς ἔσχε τιμήν. B

1 ⟨Ἐκ⟩ τούτου περὶ τῶν τόπων ἐνέπεσε ζήτησις. Ἄλλοι γὰρ ἄλλοις ἔντιμοι, Πέρσαις μὲν ὁ μεσαίτατος ἐφ' οὗ κατακλίνεται βασιλεύς, Ἕλλησι δ' ὁ πρῶτος, Ῥωμαίοις δ' ὁ τῆς μέσης κλίνης τελευταῖος ὃν ὑπατικὸν προσαγορεύουσιν, τῶν δὲ περὶ τὸν Πόντον Ἑλλήνων ἐνίοις, ὥσπερ Ἡρακλεώταις, ἔμπαλιν ὁ τῆς μέσης πρῶτος. Ἀλλὰ περὶ τοῦ γ' ὑπατικοῦ λεγομένου μάλιστα διηποροῦμεν. Οὗτος γὰρ ἐπρώτευε τῇ τιμῇ, καθ' ἡμᾶς δὲ τὴν αἰτίαν οὔθ' ὡς ὁ πρῶτος, οὔθ' ὡς ὁ μέσος εἶχεν νενομισ- C
μένην ἔτι, καὶ τῶν συμβεβηκότων αὐτῷ τὰ μὲν οὐκ ἦν ἴδια τούτου μόνου, τὰ δ' οὐδεμιᾶς ἄξια σπουδῆς ἐφαίνετο. Πλὴν τρία γε τῶν λεχθέντων ἐκίνει, πρῶτον μὲν ὅτι τοὺς βασιλεῖς καταλύσαντες οἱ ὕπατοι καὶ πρὸς τὸ δημοτικώτερον ἅπαντα μετακοσμήσαντες ἐκ τῆς μέσης καὶ βασιλικῆς χώρας ὑπῆγον αὐτοὺς κάτω συγχωροῦντες,

619 A 3 ὥσπερ ἡ Basil. : ὥσπερ οἱ (sic) T ὡσπερεὶ Doe. || 5 δῆγμα Amyot, Steph. : δεῖγμα || παιδικοῦ add. Wytt. || B 2 Ἐκ add. ci. Amyot || 3 Ἄλλοι Amyot, Steph. : ἄλλαι || B 7 ἐνίοις Basil. : ἐν οἷς || 9 δὲ scripsi : καὶ || C 7 αὐτοὺς Amyot : αὑτούς.

inférieure, afin qu'il ne subsistât pas même cette marque de leur charge et de leur autorité pour indisposer les assistants. Le deuxième argument était que, deux des lits se trouvant réservés aux invités, le troisième, et avant tout la première place de celui-ci, appartiennent au maître de maison ; car de là il peut, tel un cocher ou un pilote, jeter à sa droite les yeux sur le service, et il n'y est pas gêné par la distance pour s'occuper des convives et converser avec eux. Donc, à proximité immédiate, la place qui est au-dessous de lui appartient à son épouse, ou à ses enfants, tandis que celle qui est au-dessus de lui fut naturellement attribuée au plus honoré des invités, afin que ce dernier fût voisin du maître de maison. En troisième lieu, cette place semblait avoir le privilège de laisser toute liberté d'action ; car le consul des Romains ne ressemble pas à Archias, le polémarque de Thèbes : si, au cours du repas, on lui apporte quelque communication écrite ou verbale digne d'intérêt, il ne s'écrie pas : « A demain les choses sérieuses ! », en repoussant la missive pour saisir la coupe[1] ; il est « au contraire extrêmement attentif »[2] et circonspect en de pareilles occasions. Car, s'il est vrai que

« la nuit est mère d'angoisse pour le pilote averti »,

selon Eschyle[3], il n'est pas moins vrai que dans les délassements de la table le chef de guerre et le magistrat doivent garder à tout moment leur esprit en éveil. Donc, afin que le consul puisse recevoir les messages qu'il faut, donner ses ordres et ses signatures, on lui réserve cette place ; comme c'est à cet endroit que le second lit se joint au troisième, l'angle ainsi formé ménage un espace libre et permet à un secrétaire, à un serviteur, à un garde du corps, à un messager venu du camp, de s'approcher du consul, de lui parler, de recevoir ses ordres, sans que personne ne le gêne ni

2. Expression homérique (*Il.* XX, 468).
3. *Suppl.* 770 ; vers également cité en *Non posse suav.* 1090 A.

ὡς μηδὲ τοῦτο τῆς ἀρχῆς αὐτῶν καὶ ἐξουσίας ἐπαχθὲς εἴη τοῖς συνοῦσιν· δεύτερον δ' ὅτι, τῶν δυεῖν κλινῶν ἀποδεδομένων τοῖς παρακεκλημένοις, ἡ τρίτη καὶ ταύτης ὁ πρῶτος τόπος μάλιστα τοῦ ἑστιῶντός ἐστιν· ἐνταῦθα D γὰρ ὥσπερ ἡνίοχος ἢ κυβερνήτης ἐπὶ δεξιὰ πρὸς τὴν ἐπίβλεψιν ἐξικνεῖται τῆς ὑπηρεσίας καὶ τοῦ φιλοφρονεῖσθαι καὶ διαλέγεσθαι τοῖς παροῦσιν οὐκ ἀπήρτηται· τῶν οὖν ἔγγιστα τόπων ὁ μὲν [γὰρ] ὑπ' αὐτὸν ἢ γυναικὸς ἢ παίδων ἐστίν, ὁ δ' ὑπὲρ αὐτὸν εἰκότως τῷ μάλιστα τιμωμένῳ τῶν κεκλημένων ἀπεδόθη, ἵν' ἐγγὺς ᾖ τοῦ ἑστιῶντος. Τρίτον δ' ἔχειν ἴδιον οὗτος ὁ τόπος ἐδόκει τὸ πρὸς τὴν πρᾶξιν εὐφυές· οὐ γάρ ἐστιν ὁ τῶν Ῥωμαίων ὕπατος οἷος Ἀρχίας ὁ Θηβαίων πολέμαρχος, ὥστε, γραμμάτων ἢ λόγων αὐτῷ μεταξὺ δειπνοῦντι φροντίδος ἀξίων προσπεσόντων, ἐπιφθεγξάμενος· « Εἰς ἕω τὰ E σπουδαῖα », τὴν μὲν ἐπιστολὴν παρῶσαι, λαβεῖν δὲ τὴν θηρίκλειον, « ἀλλὰ μάλ' ἐμμεμαὼς » καὶ περιεσκεμμένος ἐν τοῖς τοιούτοις καιροῖς. Οὐ γὰρ μόνον

« ὠδῖνα τίκτει ⟨νὺξ⟩ κυβ⟨ερνήτῃ⟩ σοφῷ »,

κατὰ τὸ⟨ν Αἰσχύλον⟩, ἀλλὰ καὶ πότου πᾶσα καὶ ἀνέ⟨σεως ὥρα στρατη⟩γῷ καὶ ἄρχοντι φροντίδος ἄξιόν ἐστιν. Ἵνα ⟨τοίνυν⟩ ἀκοῦσαί θ' ἃ δεῖ καὶ προστάξαι καὶ ὑπογράψαι δύνηται, τοῦτον ἐξαίρετον ἔχει τὸν τόπον· ἐν ᾧ τῆς δευτέρας κλίνης τῇ τρίτῃ συναπτούσης, ἡ γωνία διάλειμμα ποιοῦσα τῇ καμπῇ δίδωσιν καὶ γραμματεῖ καὶ ὑπηρέτῃ καὶ φύλακι σώματος καὶ ἀγγέλῳ τῶν ἀπὸ F στρατοπέδου προσελθεῖν, διαλεχθῆναι, πυθέσθαι, μήτε

619 D 5 οὖν ἔγγιστα Franke : συνέγγιστα ‖ γὰρ del. Amyot, Vulc. ‖ E 5 νὺξ add. Amyot, Xyl. ‖ κυβ]ερνήτῃ suppl. Amyot, Xyl. : lac. 6-8 litt. ‖ 6 τὸ]ν Αἰσχύλον suppl. Emp. : lac. 5-7 litt. ‖ 6-7 ἀνέ]σεως ὥρα στρατη[γῷ suppl. Pohlenz (ἡδονὴ pro ὥρα Amyot, Steph.) : lac. 5-8 litt. ‖ 8 τοίνυν suppl. Bern. : lac. 3-4 litt. ‖ 10 τρίτῃ Méz. : πρώτῃ.

que personne parmi les convives ne soit gêné, tandis que lui-même peut, au contraire, s'y servir librement de la main aussi bien que de la voix.

Question IV

Ce que doit être le président du banquet.

1 Lors d'un banquet où l'ivresse avait commencé par donner lieu à certains excès, bientôt réprimés, mon neveu Craton et mon ami Théon se mirent à parler de la présidence du banquet ; ils pensaient que, portant la couronne[1], je ne devais pas admettre qu'une coutume si ancienne fût tout à fait abandonnée, mais que je devais rétablir et restaurer sous sa forme primitive l'usage de la direction et de la règlementation dans les banquets[2]. Les autres furent du même avis, et l'on me pressa bruyamment de tous côtés. « Puisque vous êtes tous, dis-je, de cet avis, je me choisis moi-même comme votre président pour ce banquet[3] et j'ordonne que tout le monde boive à présent, selon son désir, à l'exception de Craton et de Théon ; comme ceux-ci ont proposé et fait passer le décret, je leur ordonne d'expliquer rapidement, en quelques mots, quelles qualités sont nécessaires au président de banquet pour être choisi, quel but doit se proposer dans l'exercice de son autorité celui qui aura été choisi, et comment il faut régir le banquet ; je leur laisse le soin de se partager l'exposé. »

2 Ils se firent bien un peu prier pour accepter ; mais comme tous leur enjoignaient d'obéir au président et d'exécuter ses ordres, Craton commença, en disant que celui qui commande à des gardiens doit être, selon Platon, le mieux doué pour être lui-même gardien[4], et celui qui commande à des buveurs, le mieux doué pour être lui-même un parfait buveur. « Et il l'est, s'il n'est

τινὸς ἐνοχλοῦντος αὐτῷ μήτε τινὸς ἐνοχλουμένου τῶν συμποτῶν, ἀλλὰ καὶ χεῖρα καὶ φωνὴν ὑπερδέξιον ἔχοντι καὶ ἀκώλυτον. | 620 A

ΠΡΟΒΛΗΜΑ Δ

Ποῖόν τινα δεῖ τὸν συμποσίαρχον εἶναι.

1 Κράτων ὁ γαμβρὸς ἡμῶν καὶ Θέων ὁ ἑταῖρος, ἔν τινι πότῳ παροινίας ἀρχὴν λαβούσης εἶτα παυσαμένης, λόγον ἐποιήσαντο περὶ τῆς συμποσιαρχίας, οἰόμενοί με δεῖν στεφανηφοροῦντα μὴ περιιδεῖν ⟨παλαιὸν⟩ ἔθος ἐκλειφθὲν παντάπασιν, ἀλλ' ἀνακαλεῖν καὶ καταστῆσαι πάλιν ἐξ ἀρχῆς τὴν νενομισμένην ἐπιστασίαν περὶ τὰ συμπόσια καὶ διακόσμησιν. Ἐδόκει δὲ ταῦτα καὶ τοῖς ἄλλοις, ὥστε θόρυβον ἐκ πάντων καὶ παράκλησιν γενέσθαι. B « Ἐπεὶ τοίνυν », ἔφην ἐγώ, « δοκεῖ ταῦτα πᾶσιν, ἐμαυτὸν αἱροῦμαι συμποσίαρχον ὑμῶν καὶ κελεύω τοὺς μὲν ἄλλους ὡς βούλονται πίνειν ἐν τῷ παρόντι, Κράτωνα δὲ καὶ Θέωνα, τοὺς εἰσηγητὰς καὶ νομοθέτας τοῦ δόγματος, ἔν τινι τύπῳ βραχέως διελθεῖν ὁποῖον ὄντα δεῖ τὸν συμποσίαρχον αἱρεῖσθαι καὶ τί ποιούμενος τέλος ὁ αἱρεθεὶς ἄρξει καὶ πῶς χρῆσθαι τοῖς κατὰ ⟨τὸ⟩ συμπόσιον δεῖ, διελέσθαι τὸν λόγον ἐ⟨κείνοις⟩ αὐτοῖς ἐπιτρέπων. »

2 Μικρὰ μὲν οὖν ἠκκίσαντο παραιτούμενοι· κελευόντων δὲ πάντων πείθεσθαι τῷ ἄρχοντι καὶ ποιεῖν τὸ προσταττόμενον, ἔφη πρότερος ὁ Κράτων ὅτι δεῖ τὸν μὲν φυλάκων C ἄρχοντα φυλακικώτατον, ὥς φησιν ὁ Πλάτων, εἶναι, τὸν δὲ συμποτῶν συμποτικώτατον. « Ἔστι δὲ τοιοῦτος,

620 A 7 παλαιὸν suppl. Bern. : lac. 5 litt. ‖ 9 ἐξ Abram. : τῆς ‖ B 8 τὸ add. Wil. ‖ 9 δεῖ ante διελέσθαι transtul. Steph. : διελ. δεῖ ‖ ἐ]κείνοις suppl. Bolk. : lac. 3-5 litt.

ni trop facilement sujet à l'ivresse, ni pourtant ennemi de la boisson[1], mais s'il possède au contraire la qualité que s'attribuait Cyrus, écrivant aux Lacédémoniens qu'il était plus digne que son frère d'être roi et qu'il supportait notamment sans mal de grandes quantités de vin pur[2] ; si l'ivresse, en effet, mène à l'insolence et à la grossièreté, la trop grande sobriété provoque l'ennui et convient mieux à un maître d'école qu'à un président de banquet. Chaque fois que Périclès, élu stratège, revêtait la chlamyde, il avait coutume, avant tout, de se tenir ce langage, comme pour se rappeler son devoir : « Attention, Périclès ! C'est à des hommes libres que tu commandes, c'est à des Grecs que tu commandes, c'est à des Athéniens que tu commandes[3] ». Eh bien ! que notre président de banquet se dise aussi : « C'est à des amis que tu commandes », pour ne point admettre d'incongruité ni, non plus, proscrire tous les plaisirs. Il faut que le président des buveurs soit ouvert aux discussions sérieuses sans répugner cependant à la plaisanterie, qu'il montre pour les deux d'égales dispositions, avec toutefois, comme un bon vin, une tendance naturelle un peu plus grande à l'âpreté ; le vin, en effet, en adoucissant, en tempérant son humeur, l'amènera à une juste mesure[4]. Car, comme Xénophon dit que la témérité de Cléarque au combat donnait alors un air de joie et de sérénité à sa physionomie habituellement sombre et sauvage[5], de même celui qui par nature est, je ne dis pas aigre, mais grave et âpre, se relâche en buvant et devient plus avenant et plus aimable. En outre, il faut qu'il ait une parfaite expérience du comportement de chacun des convives, qu'il sache quel changement opère en lui le vin, à quelle passion il est sujet, et comment il supporte le vin (car s'il existe différentes proportions pour le mélange du vin et de l'eau, selon les différentes qualités de cette dernière, proportions que connaissent les échansons royaux lorsqu'ils versent tantôt plus, tantôt moins de vin[6], il faut aussi que la fusion de l'homme avec le vin se fasse

ἂν μήτε τῷ μεθύειν εὐάλωτος ᾖ, μήτε πρὸς τὸ πίνειν
ἀπρόθυμος, ἀλλ' ὡς ὁ Κῦρος ἔλεγεν πρὸς Λακεδαιμονίους
γράφων ὅτι τά τ' ἄλλα τοῦ ἀδελφοῦ βασιλικώτερος
εἴη καὶ φέροι καλῶς πολὺν ἄκρατον· ὅ τε γὰρ παροινῶν
ὑβριστὴς καὶ ἀσχήμων, ὅ τ' αὖ παντάπασι νήφων ἀηδὴς
καὶ παιδαγωγεῖν μᾶλλον ἢ συμποσιαρχεῖν ἐπιτήδειος.
Ὁ μὲν οὖν Περικλῆς, ὁσάκις ᾑρημένος στρατηγὸς ἀναλαμ-
βάνοι τὴν χλαμύδα, πρῶτον εἰώθει διαλέγεσθαι πρὸς
αὑτὸν ὥσπερ ὑπομιμνήσκων· « Ὅρα, Περίκλεις· ἐλευθέρων D
ἄρχεις, Ἑλλήνων ἄρχεις, Ἀθηναίων ἄρχεις »· ὁ δὲ
συμποσίαρχος ἡμῶν ἐκεῖνα λεγέτω πρὸς αὑτόν· « Φίλων
ἄρχεις », ἵνα μήτ' ἀσχημονεῖν ἐπιτρέπῃ, μήτε τὰς ἡδονὰς
ἀφαιρῇ. Δεῖ δὲ καὶ σπουδῆς τὸν ἄρχοντα πινόντων οἰκεῖον
εἶναι καὶ παιδιᾶς μὴ ἀλλότριον, ἀλλ' εὖ πως συγκεκρα-
μένον πρὸς ἀμφότερα, σμικρῷ δὲ μᾶλλον, ὥσπερ οἶνον
ἀστεῖον, ἀπονεύοντα τῇ φύσει πρὸς τὸ αὐστηρόν· ὁ γὰρ
οἶνος ἄξει τὸ ἦθος εἰς τὸ μέτριον μαλακώτερον ποιῶν
καὶ ἀνυγραίνων. Ὥσπερ γὰρ ὁ Ξενοφῶν ἔλεγεν τοῦ
Κλεάρχου τὸ σκυθρωπὸν καὶ ἄγροικον ἄλλως ἐν ταῖς
μάχαις ἡδὺ καὶ φαιδρὸν ἐπιφαίνεσθαι διὰ τὸ θαρραλέον, E
οὕτως ὁ μὴ φύσει πικρός, ἀλλὰ σεμνὸς καὶ αὐστηρὸς
ἐν τῷ πίνειν ἀνιέμενος ἡδίων γίνεται καὶ προσφιλέστερος.
Ἔτι τοίνυν αὐτῷ δεῖ προσεῖναι τὸ μάλιστα μὲν ἑκάστου
τῶν συμποτῶν ἐμπείρως ἔχειν, τίνα λαμβάνει μεταβολὴν
ἐν οἴνῳ καὶ πρὸς τί πάθος ἀκροσφαλής ἐστι καὶ πῶς
φέρει τὸν ἄκρατον (οὐ γὰρ οἴνου μὲν ἔστι πρὸς ὕδωρ
ἕτερον ἑτέρα μῖξις, ἣν οἱ βασιλικοὶ γιγνώσκοντες οἰνοχόοι
νῦν μὲν πλέον, νῦν δ' ἔλαττον ὑποχέουσιν, ἀνθρώπου

620 C 6 βασιλικώτερος Amyot, Xyl. : -ώτατος ‖ 9 συμποσιαρχεῖν Basil. : ποσιαρχεῖν ‖ 11 πρῶτον Amyot : πρῶτος ‖ D 3 αὑτόν Amyot, Xyl. : αὐτόν ‖ 7 σμικρῷ Rei. : σμικρῶς ‖ E 7 οἴνου : οἴνων ci. Hub. ‖ 8 ἕτερον : ἑτέρου Vulc. ἑτέρων ci. Hub. ‖ βασιλικοὶ : -ισκοὶ T (σ man. post. eras.).

dans une mesure conforme à chaque individu[1], mesure qu'il convient au président du banquet de connaître, et, par suite, d'observer, afin que, tel un musicien, il tende les ressorts de l'un par la boisson et relâche ceux de l'autre en le ménageant quelque peu, et amène ainsi ces natures discordantes à l'union et à l'harmonie), pour qu'il n'aille pas mesurer, à l'aide du cotyle ou des cyathes, des parts égales, mais qu'il adapte celles-ci et les proportionne à chacun selon sa résistance physique et les exigences du moment[2]. Si de telles distinctions sont évidemment difficiles, il convient en tout cas que le président du banquet connaisse à fond les caractères généraux des divers tempéraments et âges : ainsi, les vieillards s'enivrent plus vite que les jeunes, ceux qui s'agitent, plus vite que ceux qui restent calmes, ceux qui sont tristes et soucieux, plus vite que ceux qui sont gais et pleins d'entrain[3], ceux qui mènent une vie simple et frugale, plus vite que ceux qui ont l'habitude des excès de table ; celui qui sait tout cela réglera mieux que celui qui l'ignore la décence et la concorde du banquet. D'autre part, il est évident à chacun que le président du banquet doit être en relations familières et amicales avec tous, et n'avoir de rancune cachée ni d'hostilité à l'égard d'aucun des convives ; sinon, il se montrera odieux dans ses ordres, sera injuste dans ses distributions, et désagréable jusque dans ses plaisanteries. Voilà, Théon, dit-il ; j'ai façonné, en quelque sorte, avec la cire de mes paroles le président du banquet ; je te le passe. »[4]

3 « Eh bien ! je le reçois, ton homme, dit Théon, parfaitement travaillé et digne de figurer à un banquet ; mais vais-je en faire bon usage, et ne pas gâter ton œuvre ? Je ne sais. Pourtant, tel qu'il est, je crois qu'il

1. *De Pyth. orac.* 406 B attribue cette opinion sur le tempérament des buveurs au tragique Chérémon (cf. Aristote, **Probl.* 873 A 25, Théophraste = Athénée 562 E). D'autres auteurs en sont cités : Platon le Comique, par *Anecd. Paris.* I, p. 167 (éd. Cramer), Aristote, par Stobée II, 33 (p. 256, Wachsmuth).

δὲ πρὸς οἶνον οὐκ ἔστ' ἰδία κρᾶσις, ἣν τῷ συμποσιάρχῳ
γινώσκειν προσήκει καὶ γιγνώσκοντι φυλάττειν, ἵν', ὥσπερ F
ἁρμονικός, τὸν μὲν ἐπιτείνων τῇ πόσει, τὸν δ' ἀνιεὶς καὶ
ὑποφειδόμενος εἰς ὁμαλότητα καὶ συμφωνίαν ἐκ διαφορᾶς
καταστήσῃ τὰς φύσεις), ὅπως μὴ κοτύλῃ μηδὲ κυάθοις
τὸ ἴσον, ἀλλὰ καιροῦ τινι μέτρῳ καὶ σώματος δυνάμει
τὸ οἰκεῖον ἑκάστῳ καὶ πρόσφορον ἀπονέμηται. | Εἰ δὲ 621 A
τοῦτό γε δύσκολον, ἐκεῖνα δὲ πάντως ἐξειδέναι τῷ
συμποσιάρχῳ προσήκει, τὰ κοινὰ περὶ τὰς φύσεις καὶ τὰς
ἡλικίας· οἷον πρεσβῦται τάχιον μεθύσκονται νέων,
σαλευόμενοι δ' ἠρεμούντων, ἔλλυποι δὲ καὶ πεφροντικότες
εὐθύμων καὶ ἱλαρῶν, ⟨οἱ δὲ μὴ⟩ ἀνέδην καὶ κατα⟨κόρως⟩
διάγοντες τῶν ἀσελγαινόντων· καὶ τοιαῦτα γιγνώσκων
ἂν τις μᾶλλον τοῦ ἀγνοοῦντος εὐσχημοσύνην καὶ ὁμόνοιαν
συμποσίου πρυτανεύσειεν. Καὶ μὴν ὅτι γε δεῖ τὸν συμπο-
σίαρχον οἰκείως ἔχειν καὶ φιλικῶς πρὸς ἅπαντας, ὕπουλον
δὲ μηδενὶ μηδ' ἀπεχθῆ τῶν ἑστιωμένων εἶναι παντί που
δῆλον· οὔτε γὰρ ἐπιτάττων ἀνεκτὸς οὔτ' ἀπονέμων ἴσος
οὔτε προσπαίζων ὅμως ἀνέγκλητος ἔσται. Τοιοῦτον », ἔφη, B
« σοι, Θέων, ἐγὼ τὸν ἄρχοντα συμποσίου πλάσας ὥσπερ
ἐκ κηροῦ τοῦ λόγου παραδίδωμι. »

3 Καὶ ὁ Θέων « Ἀλλὰ δέχομαι μέν » εἶπεν « οὕτω καλῶς ἀπειργασμένον τὸν ἄνδρα καὶ συμποτικόν· εἰ δὲ χρήσομαι κατὰ τρόπον αὐτῷ καὶ μὴ καταισχυνῶ τὸ ἔργον, οὐκ οἶδα· ⟨εὔκρα⟩τον δέ μοι δοκεῖ, τοι⟨οῦτο⟩ς

620 E 10 ἔστ' ἰδία κρᾶσις Steph. (ἔστιν Amyot) : ἔστι διάκρασις ‖ 621 A 5 ἔλλυποι Amyot, Steph. : ἄλυποι ‖ 6 οἱ δὲ μὴ suppl. Hub. : lac. 4-6 litt. οἱ μὴ Doe. ‖ κατα]κόρως suppl. Amyot, Steph. : lac. 6-8 litt. ‖ 7 διάγοντες Doe. : ἀπάγοντες ‖ 8 ἂν Emp. : μὲν paene eras. ‖ B 1 ὅμως : ὁμοίως Steph. ὅλως Bern. ἄλλως ci. Hub. ‖ ἔφη Amyot, Xyl. : ἔφην ‖ 5 καλῶς Hartm. : μᾶλλον ‖ 6 τρόπον Hub. (coll. 1146 A) : πᾶν ‖ 7 εὔκρα[τον suppl. Paton : lac. 6 litt. ‖ τοι]οῦτο[ς suppl. Amyot, Steph. : lac. 1-2 litt.

maintiendra une atmosphère agréable dans notre banquet et qu'il ne laissera point celui-ci se transformer tantôt en assemblée populaire[1], tantôt en école de sophiste, ou même en tripot[2], voire en scène et en orchestre. Ne voyez-vous pas, en effet, certains prononcer à table des harangues politiques et des plaidoiries, d'autres s'y exercer à la déclamation et donner lecture de leurs ouvrages, d'autres, encore, y instituer des concours de bouffons et de danseurs?[3] Alcibiade et Théodoros firent du banquet de Poulytion[4] un lieu d'initiation aux mystères en y parodiant les rôles du porte-flambeau et du hiérophante[5]. Rien de tout cela ne doit, à mon avis, être toléré par le président de table; en fait de paroles, de spectacles, d'amusements, il ne fera place qu'à ceux qui s'accordent avec ce que l'on attend d'un banquet, à savoir accroître l'amitié entre les convives ou la faire naître[6], en leur donnant du plaisir ; car le banquet est un passe-temps où le vin, grâce à la bonne humeur qu'il provoque, conduit à l'amitié. Et puisque l'uniformité pure est toujours ennuyeuse et souvent nocive, alors que le mélange, quand on en use à propos et avec mesure pour quelque chose, y supprime l'excès, lequel rend nuisible même ce qui est utile, et pénible ce qui est agréable, il est clair que c'est aussi un passe-temps mélangé[7] que le président doit procurer aux buveurs. Donc, sachant, pour l'entendre dire souvent, que nulle navigation n'est plus agréable que celle qui se fait le long de la terre, et nulle promenade, que celle qui se fait le long de la mer, il associera le sérieux et le plaisant, afin que ceux qui aiment plaisanter aient un certain contact avec le sérieux, et que les gens sérieux, de leur côté, reprennent courage, à la vue de ce qui est plaisant, comme ceux qui ont le mal de mer, quand ils voient la terre tout près[8]. Car il est possible de traiter en riant un grand nombre de choses sérieuses, et de donner un air agréable à ce qui est sérieux,

ὤν, τὸ συμπόσιον ⟨διαφυλ⟩άξειν ἡμῖν καὶ μὴ περιόψεσθαι νῦν μὲν ἐκκλησίαν δημοκρατικήν, νῦν δὲ σχολὴν σοφιστοῦ γινομένην, αὖθις δὲ κυβευτήριον, εἶτά που σκηνὴν καὶ θυμέλην. Ἦ γὰρ οὐχ ὁρᾶτε τοὺς μὲν δημαγωγοῦντας καὶ δικαζομένους παρὰ δεῖπνον, τοὺς δὲ μελετῶντας καὶ ἀναγινώσκοντας αὑτῶν τινα συγγράμματα, τοὺς δὲ μίμοις C καὶ ὀρχησταῖς ἀγωνοθετοῦντας ; Ἀλκιβιάδης δὲ καὶ Θεόδωρος τελεστήριον ἐποίησαν τὸ Πουλυτίωνος συμπόσιον ἀπομιμούμενοι δᾳδουχίας καὶ ἱεροφαντίας. Ὧν οὐδὲν οἶμαι τῷ ἄρχοντι περιοπτέον · ἀλλὰ καὶ λόγοις καὶ θεάμασι καὶ παιδιαῖς δώσει τόπον ἐκείνοις μόνοις, ὅσα πρὸς τὸ συμποτικὸν τέλος ἐξικνεῖται · τοῦτο δ' ἦν φιλίας ἐπίτασιν ἢ γένεσιν δι' ἡδονῆς ἐνεργάσασθαι τοῖς παροῦσιν · διαγωγὴ γάρ ἐστιν ἐν οἴνῳ τὸ συμπόσιον εἰς φιλίαν ὑπὸ χάριτος τελευτῶσα. Ἐπεὶ δὲ πανταχοῦ πλήσμιον καὶ πολλαχοῦ βλαβερὸν τὸ ἄκρατον, ἡ δὲ μῖξις, οἷς ἂν ἐν καιρῷ καὶ μετὰ μέτρου παραγένηται D πράγμασιν, ἀφαιρεῖ τἄγαν, ᾧ καὶ βλάπτει τὰ ὠφέλιμα καὶ λυπεῖ τὰ ἡδέα, δῆλον ὅτι καὶ τοῖς πίνουσιν ὁ ἐπιστάτης μεμιγμένην τινὰ παρέξει διαγωγήν. Ἀκούων οὖν πολλῶν λεγόντων ὅτι πλοῦς μὲν ὁ παρὰ γῆν, περίπατος δ' ὁ παρὰ θάλατταν ἥδιστός ἐστιν, οὕτως παραβαλεῖ τῇ σπουδῇ τὴν παιδιάν, ὅπως οἵ τε παίζοντες ἁμωσγέπως σπουδῆς τινος ἔχωνται καὶ πάλιν οἱ σπουδάζοντες ἀναθαρρῶσιν, ὥσπερ οἱ ναυτιῶντες ἐγγύθεν εἰς ⟨γῆν⟩ τὴν παιδιὰν ἀποβλέποντες. Ἔστι γὰρ καὶ γέλωτι χρῆσθαι πρὸς πολλὰ τῶν σπουδαίων καὶ σπουδὴν ἡδεῖαν παρασχεῖν, E

621 B 8 διαφυλ[άξειν suppl. Wytt. : lac. 5-7 litt. ‖ περιόψεσθαι Amyot : ὄψεσθαι ‖ 11 Ἦ Clement : ἢ ‖ C 1 αὑτῶν Xyl. : αὐτῶν ‖ 3 Πουλυτίωνος Bolk. : Πολυτίωνος ‖ D 2 ἀφαιρεῖ τἄγαν ᾧ Bern. : ἀφαιρεῖται ἄνω ‖ 2-3 ὠφέλιμα ... ἡδέα transp. Uhde (*Rh. Mus.* 1926, 231) : ἡδέα ... ὠφέλιμα ‖ 6 παραβαλεῖ Amyot, Steph. : -βάλλει ‖ 9 γῆν add. Amyot ‖ 11 σπουδαίων scripsi : ὠφελίμων.

« comme auprès des chardons et des ronces piquantes poussent les tendres fleurs des blanches quarantaines[1] ».

Mais les facéties qui font irruption dans les banquets sans rien cacher de sérieux, le président recommandera aux convives de les éviter absolument, de peur que, sans s'en apercevoir, ils ne mêlent à leur vin l'insolence comme une sorte de jusquiame[2], en exerçant, par exemple, leur effronterie dans ces fameux commandements de table, qui consistent à ordonner à des bredouilleurs de chanter, à des chauves de se peigner ou à des boiteux de se tenir en équilibre sur l'outre[3]. C'est ce qui arriva à l'Académicien Agamestor[4], qui avait une jambe toute grêle et desséchée : voulant lui jouer un mauvais tour, les convives ordonnèrent que tout le monde vidât la coupe en se tenant sur le pied droit, sous peine d'une amende ; mais quand ce fut à son tour de commander, il ordonna à tous de boire comme ils le verraient lui-même faire ; et, ayant fait apporter un vase vide, il y plongea sa jambe étique, et vida la coupe ; quant aux autres, ne pouvant évidemment l'imiter malgré leurs efforts, ils acquittèrent tous leur amende. C'était un homme d'esprit qu'Agamestor, et c'est ainsi qu'il faut se défendre, d'une manière enjouée et gaie. Pour ces commandements, que l'on s'habitue donc à n'avoir en vue que le plaisir et l'intérêt de ceux qui ont à les exécuter, en leur commandant ce qui leur est approprié, dont ils sont capables et qui leur fait honneur, aux bons chanteurs de chanter, aux habiles parleurs de discourir, aux philosophes de résoudre un problème difficile, aux poètes de réciter des vers. Car chacun se laisse mener avec joie vers ce

« qui lui permet de se surpasser lui-même »[5].

Le roi des Assyriens fit promettre par la voix du héraut un prix à celui qui découvrirait un plaisir nouveau[6] ; un roi de banquet serait bien inspiré d'offrir

« ὡς ἀν' ἐχινόποδας καὶ ἀνὰ τρηχεῖαν ὄνωνιν
φύονται μαλακῶν ἄνθεα λευκοίων ».

Ὅσαι δ' ἄνευ σπουδῆς ἐπεισκωμάζουσιν τοῖς συμποσίοις παιδιαί, ταύτας ἐπιμελῶς διακελεύσεται τοῖς συμπόταις εὐλαβεῖσθαι, μὴ λάθωσιν ὕβριν ⟨οἴνῳ⟩ καθάπερ ὑοσκύαμον ἐμβαλόντες, οἷον τοῖς λεγομένοις προστάγμασιν ἐξυβρίζουσιν, προστάττοντες ᾄδειν ψελλοῖς ἢ κτενίζεσθαι φαλακροῖς ἢ ἀσκωλιάζειν χωλοῖς. Ὥσπερ Ἀγαμήστορι τῷ Ἀκαδημαικῷ λεπτὸν ἔχοντι καὶ κατεφθινηκὸς τὸ σκέλος ἐπηρεάζοντες οἱ ξυμπόται πάντας ἐκέλευσαν ἐπὶ τοῦ δεξιοῦ ποδὸς ἑστῶτας ἐκπιεῖν τὸ ποτήριον ἢ ζημίαν F
καταβαλεῖν · τοῦ δὲ προστάσσειν περιελθόντος εἰς αὐτόν, ἐκέλευσε πάντας οὕτως πιεῖν ὡς ἂν αὐτὸν ἴδωσιν · καὶ κεραμίου κενοῦ κομισθέντος εἰς τοῦτο τὸν ἀσθενῆ πόδα καθεὶς ἐξέπιε τὸ ποτήριον, οἱ δ' ἄλλοι πάντες, ὡς ἐφαίνετο πειρωμένοις ἀδύνατον, ἀπέτισαν τὴν ζημίαν. | Χαρίεις 622 A
οὖν Ἀγαμήστωρ, καὶ ποιητέον εὐκόλους οὕτω καὶ ἱλαρὰς τὰς ἀμύνας · ... προστάγμασιν ἐθιστέον χρῆσθαι πρὸς ἡδονὴν καὶ ὠφέλειαν, τὰ οἰκεῖα καὶ δυνατὰ καὶ κοσμοῦντα τὸν δρῶντα προστάσσοντας, ᾠδικοῖς ᾆσαι, ῥητορικοῖς εἰπεῖν, φιλοσόφοις λῦσαί τι τῶν ἀπορουμένων, ποιηταῖς προενέγκασθαι στίχους. Ἡδέως γὰρ εἰς τοῦθ' ἕκαστος ἄγεται καὶ προθύμως

« ἵν' αὐτὸς αὑτοῦ τυγχάνῃ κράτιστος ὤν ».

Ὁ μὲν οὖν τῶν Ἀσσυρίων βασιλεὺς ἆθλον ὑπὸ κήρυκος κατήγγειλεν τῷ καινὴν ἡδονὴν ἐξευρόντι · συμποσίου δὲ βασιλεὺς ἀστεῖον ἆθλον ἂν καὶ γέρας προθείη τῷ παιδιὰν

621 E 6 οἴνῳ supplevi : lac. 4-5 litt. ‖ 7 ἐμβαλόντες Saumaize, ap. Hub. : λαβόντες ‖ οἷον scripsi : οἴνῳ T οἴνῳ, οἷον dub. Hub. ‖ 9 Ἀγαμήστορι Basil. : Ἀγαπήστορι ‖ 622 A 3 lac. 5-7 litt. ‖ 7 προενέγκασθαι Amyot, Steph. : προσενέγκ. ‖ 9 αὑτοῦ Amyot, Xyl. : αὐτοῦ ‖ 12 προθείη Amyot, Vulc. : προσθείη.

un prix et une récompense à celui qui proposerait un jeu innocent, un amusement profitable, une plaisanterie sans sarcasme et sans insolence, mais agréable et courtoise ; car c'est là l'écueil où sombrent la plupart des banquets auxquels manque une direction convenable. L'homme sage met tout en œuvre pour bannir la haine et la colère, qui, au marché, naissent de l'avidité, dans les gymnases et les palestres, de l'esprit de rivalité, dans les magistratures et les honneurs, de l'amour de la gloire, et aux repas et banquets, de la plaisanterie. »

Question V

Comment a-t-on pu dire : « C'est Éros qui rend poète »?

1 On débattait chez Sosius, après quelques chansons de Sapphô, la question de savoir comment l'on avait pu dire :

« Un rustre même, Éros le rend poète »[1],

attendu que Philoxène affirme que le Cyclope « cherchait à guérir son amour par les accents harmonieux des Muses »[2]. On prétendit que l'amour est capable de favoriser l'audace et l'initiative dans tous les domaines, en vertu de quoi Platon l'appela « celui qui va de l'avant » et « le risque-tout »[3] ; il rend, en effet, bavard le taciturne, empressé le timide, diligent et laborieux celui qui est négligent et paresseux ; mais ce qu'il y a de plus étonnant, c'est qu'un homme parcimonieux et mesquin, quand il tombe amoureux, se relâche et s'assouplit, comme le fer dans le feu : le voilà tendre, coulant et plus agréable, au point qu'il paraît y avoir du vrai dans la plaisanterie courante : « La bourse des amoureux

1. Le même fragment de la *Sthénébœa* d'Euripide, bien connu par ailleurs (Nauck, *Trag. Gr. Fr.* 663), se trouve en *De Pyth. orac.* 405 F et *Amat.* 762 B.

ἀνύβριστον εἰσηγησαμένῳ καὶ τέρψιν ὠφέλιμον καὶ B γέλωτα μὴ μώμου μηδ' ὕβρεως, ἀλλὰ χάριτος καὶ φιλοφροσύνης ἑταῖρον· ἐν οἷς τὰ πλεῖστα ναυαγεῖ συμπόσια μὴ τυχόντα παιδαγωγίας ὀρθῆς. Ἔστι δὲ σώφρονος ἀνδρὸς ἔχθραν φυλάττεσθαι καὶ ὀργήν, ἐν ἀγορᾷ τὴν ἐκ πλεονεξίας, ἐν γυμνασίοις καὶ παλαίστραις ἐκ φιλονεικίας, ἐν δ' ἀρχαῖς καὶ φιλοτιμίαις ἐκ φιλοδοξίας, ἐν δὲ δείπνῳ καὶ παρὰ πότον ἐκ παιδιᾶς ἐπιτιθεμένην. »

ΠΡΟΒΛΗΜΑ Ε C

Πῶς εἴρηται τὸ « Ποιητὴν δ' ἄρα Ἔρως διδάσκει ».

1 Πῶς εἴρηται τὸ

« Ποιητὴν δ' ἄρα
Ἔρως διδάσκει, κἂν ἄμουσος ᾖ τὸ πρίν »

ἐζητεῖτο παρὰ Σοσσίῳ, Σαπφικῶν τινων ᾀσθέντων, ὅπου καὶ τὸν Κύκλωπα « μούσαις εὐφώνοις ἰᾶσθαι » φησὶ « τὸν ἔρωτα » Φιλόξενος. Ἐλέχθη μὲν οὖν ὅτι πρὸς πάντα τόλμαν ὁ ἔρως καὶ καινοτομίαν συγχωρῆσαι δεινός ἐστιν, ὥσπερ καὶ Πλάτων « ἴτην » αὐτὸν καὶ « παντὸς ἐπιχειρητήν » ὠνόμασεν· καὶ γὰρ λάλον ποιεῖ τὸν σιωπηλὸν καὶ θεραπευτικὸν τὸν αἰσχυντηλόν, ἐπιμελῆ D δὲ καὶ φιλόπονον τὸν ἀμελῆ καὶ ῥᾴθυμον· ὃ δ' ἂν τις μάλιστα θαυμάσειεν, φειδωλὸς ἀνήρ τε καὶ μικρολόγος ἐμπεσὼν εἰς ἔρωτα καθάπερ εἰς πῦρ σίδηρος ἀνεθεὶς καὶ μαλαχθεὶς ἁπαλὸς καὶ ὑγρὸς καὶ ἡδίων, ὥστε τουτὶ τὸ παιζόμενον μὴ πάνυ φαίνεσθαι γελοῖον ὅτι « Πράσου

622 B 2 ὕβρεως Wytt. (Lex. s.v. ἑταῖρος) : ὕβρεων ‖ C 2 Ποιητὴν e ceteris locis Cobet (etiam in indice exhib. T) : eras. et suprascr. μουσικὴν T ‖ 4 Ποιητὴν Cobet : μουσικὴν ‖ 6 Σαπφικῶν Ald. : σαφιγκῶν (γ eras.) ‖ 10 ἴτην Wytt. : τόν.

est liée avec une feuille de poireau. »[1] On prétendit aussi que l'amour était semblable à l'ivresse ; car il échauffe, inspire la gaîté et provoque le relâchement[2], et, une fois entré dans cet état, on est très facilement porté à s'exprimer en chants et en vers. Ne dit-on pas que c'est en s'échauffant par la boisson qu'Eschyle composait ses tragédies? Quant à mon grand-père Lamprias, il n'avait jamais l'esprit plus inventif, n'était jamais plus éloquent que quand il buvait ; il avait l'habitude de dire que, comme l'encens, il exhalait son parfum sous l'effet de la chaleur[3]. En vérité, quelque plaisir que l'on ait à voir la personne aimée, le plaisir n'est pas moins grand à la louer qu'à la voir, et l'amour, si disert en toute occasion, l'est plus que jamais dans les éloges. Car, comme on s'en trouve persuadé soi-même, on veut persuader tout le monde qu'on est amoureux d'un être parfait. C'est ce qui poussa le Lydien Candaule à amener Gygès dans sa chambre à coucher, pour qu'il contemplât sa femme[4] ; car on veut avoir le témoignage des autres. Et voilà pourquoi les amoureux qui écrivent la louange de ceux qu'ils aiment la rehaussent de cadences lyriques, de vers et de chants, comme on dore les statues pour les embellir, afin qu'elle soit écoutée plus volontiers par un grand nombre de personnes et qu'elle se conserve mieux dans leur mémoire. Offrent-ils à l'aimé un cheval, un coq ou quelqu'autre chose[5], ils veulent que leur cadeau soit beau et présenté le plus richement possible ; mais c'est surtout quand ils lui adressent un discours flatteur qu'ils désirent donner à ce dernier de l'agrément, de l'éclat et de la splendeur, comme en a la poésie.

2 Sosius, après avoir félicité les auteurs de ces arguments, fit remarquer que l'on pouvait tout aussi bien aborder la question en partant de la théorie de Théophraste sur la musique[6]. « Je viens précisément,

1. Leutsch-Schneidewin, *Paroemiographi Graeci* I, 447 ; Leutsch, *id.* II, 47 ; etc.

φύλλῳ τὸ τῶν ἐρώντων δέδεται βαλλάντιον. » Ἐλέχθη
δὲ καὶ ὅτι τῷ μεθύειν τὸ ἐρᾶν ὅμοιόν ἐστιν· ποιεῖ γὰρ
θερμοὺς καὶ ἱλαροὺς καὶ διακεχυμένους, γενόμενοι δὲ
τοιοῦτοι πρὸς τὰς ἐνῳδοὺς καὶ ἐμμέτρους μάλιστα φωνὰς
ἐκφέρονται· καὶ τὸν Αἰσχύλον φασὶ τὰς τραγῳδίας E
πίνοντα ποιεῖν καὶ διαθερμαινόμενον. Ἦν δὲ Λαμπρίας
ὁ ἡμέτερος πάππος ἐν τῷ πίνειν εὑρετικώτατος αὐτὸς
αὑτοῦ καὶ λογιώτατος· εἰώθει δὲ λέγειν ὅτι τῷ λιβανωτῷ
παραπλησίως ὑπὸ θερμότητος ἀναθυμιᾶται. Καὶ μὴν
ἥδιστα τοὺς ἐρωμένους ὁρῶντες οὐχ ἧττον ἡδέως ἐγκω-
μιάζουσιν ἢ ὁρῶσιν, καὶ πρὸς πάντα λάλος ὢν ἔρως
λαλίστατός ἐστιν ἐν τοῖς ἐπαίνοις. Αὐτοί τε γὰρ οὕτως
πεπεισμένοι τυγχάνουσιν καὶ βούλονται πεπεῖσθαι πάντας F
ὡς καλῶν καὶ ἀγαθῶν ἐρῶντες. Τοῦτο καὶ τὸν Λυδὸν
ἐπῆρεν ⟨Κανδαύλην⟩ τῆς ἑαυτοῦ γυναικὸς ἐπισπᾶσθαι
θεατὴν εἰς τὸ δωμάτιον τὸν ⟨Γύ⟩γην [οὐ]· βούλονται
γὰρ ὑπ᾽ ἄλλων μαρτυρεῖσθαι· διὸ καὶ γράφοντες ἐγκώμια
τῶν καλῶν ἐπικοσμοῦσιν αὐτὰ μέλεσι καὶ μέτροις καὶ
ᾠδαῖς, ὥσπερ εἰκόνας χρυσῷ καλλωπίζοντες, ὅπως
ἀκούηταί τε μᾶλλον ὑπὸ πολλῶν καὶ μνημονεύηται·
καὶ γὰρ ἂν ἵππον καὶ ἀλεκτρυόνα κἂν ἄλλο τι τοῖς
ἐρωμένοις διδῶσι, | καλὸν εἶναι καὶ κεκοσμημένον ἐκπρεπῶς 623 A
βούλονται καὶ περιττῶς τὸ δῶρον, μάλιστα δὲ λόγον
κόλακα προσφέροντες ἡδὺν ἐθέλουσι φαίνεσθαι καὶ
γαῦρον καὶ περιττόν, οἷος ὁ ποιητικός ἐστιν.

2 Ὁ μέντοι Σόσσιος ἐπαινέσας ἐκείνους εἶπεν ὡς οὐ χεῖρον ἄν τις ἐπιχειρήσειεν ὁρμηθεὶς ἀφ᾽ ὧν Θεόφραστος εἴρηκεν περὶ μουσικῆς· « καὶ γὰρ ἔναγχος », ἔφη, « τὸ

622 D 7 ἐρώντων Turn. : ἐρώτων ‖ 10 ἐνῳδοὺς Bolk. : ἐπῳδ. ‖ ἐμμέτρους Rei. : συμμέτρ. ‖ E 4 αὑτοῦ Amyot, Xyl. : αὐτοῦ ‖ F 3 Κανδαύλην suppl. Amyot, Steph. : lac. 4-6 litt. ‖ 4 Γύ[γην suppl. et corr. Amyot, Steph. : lac. 3 litt. τὴν ‖ οὐ del. Amyot, Steph. ‖ 623 A 6 χεῖρον ἄν τις Amyot, Xyl. : χειρόμαντις (μ adras.).

dit-il, de lire ce traité. Or il admet trois sources de la musique, la douleur, le plaisir et l'enthousiasme, vu que chacune de ces émotions altère la voix, au point de changer ses inflexions naturelles. Les douleurs suscitent des gémissements et des plaintes qui tournent facilement au chant ; aussi voyons-nous les orateurs, dans leurs péroraisons[1], et les acteurs, dans leurs lamentations, forcer leur voix et lui donner insensiblement un ton chantant. Les joies vives, quand elles envahissent l'âme de ceux qui sont impulsifs de caractère, soulèvent en même temps le corps tout entier et le poussent à des mouvements rythmés ; ils sautent et battent des mains, s'ils ne peuvent danser ; mais les personnes plus raisonnables, sous l'influence de cette émotion, élèvent leur voix seule au chant et à la déclamation métrique ou musicale. Mais c'est surtout l'enthousiasme qui tire, qui détourne le corps et la voix de leur assiette habituelle :

« cris délirants et hourras de qui se dresse avec
la brusque secousse du cou rejeté en arrière »,

comme dit Pindare[2].

De là vient que les transports bachiques font appel aux rythmes cadencés, et que les inspirés du dieu rendent leurs oracles en vers[3], qu'enfin on voit peu de délires dont les extravagances ne s'expriment en vers et en chant. Dans ces conditions, si l'on voulait faire sur l'amour toute la lumière et l'examiner à fond, on ne trouverait aucune autre passion accompagnée de peines plus poignantes, ni de plus vives joies, ni de plus grands égarements et folies ; on verrait que l'âme d'un homme amoureux, comme la ville dont parle Sophocle,

1. Cicéron, *Orat.* 57 et Quintilien XI, 3, 57 les en blâment précisément.

3. Ce n'était plus le cas de la Pythie, à l'époque de Plutarque (cf. *De Pyth. orac.*).

βιβλίον ἀνέγνων. Λέγει δὲ μουσικῆς ἀρχὰς τρεῖς εἶναι,
λύπην, ἡδονήν, ἐνθουσιασμόν, ὡς ἑκάστου τῶν ⟨παθῶν⟩
τούτων παρατρέ⟨ποντος⟩ ἐκ τοῦ συνήθους ⟨καὶ παρ⟩εγκλί-
νοντος τὴν φωνήν. Αἵ τε γὰρ λῦπαι τὸ γοερὸν καὶ
θρηνητικὸν ὀλισθηρὸν εἰς ᾠδὴν ἔχουσιν, διὸ καὶ τοὺς B
ῥήτορας ἐν τοῖς ἐπιλόγοις καὶ τοὺς ὑποκριτὰς ἐν τοῖς
ὀδυρμοῖς ἀτρέμα τῷ μελῳδεῖν προσάγοντας ὁρῶμεν καὶ
παρεντείνοντας τὴν φωνήν. Αἵ τε σφοδραὶ περιχάρειαι
τῆς ψυχῆς τῶν μὲν ἐλαφροτέρων τῷ ἤθει καὶ τὸ σῶμα
πᾶν ἐπαίρουσιν καὶ παρακαλοῦσιν εἰς ἔνρυθμον κίνησιν,
ἐξαλλομένων καὶ κροτούντων εἴπερ ὀρχεῖσθαι μὴ δύνανται·
οἱ δὲ χαρίεντες ἐν τῷ πάθει τούτῳ γενόμενοι τὴν φωνὴν
μόνην εἰς τὸ ᾄδειν καὶ φθέγγεσθαι μέτρα καὶ μέλη
προίενται. Μάλιστα δ' ὁ ἐνθουσιασμὸς ἐξίστησι καὶ C
παρατρέπει τό τε σῶμα καὶ τὴν φωνὴν τοῦ συνήθους
καὶ καθεστηκότος,

« μανίαι τ' ἀλαλαί τ' ὀρινομένων ῥιψαύχενι σὺν κλόνῳ »,

κατὰ Πίνδαρον. Ὅθεν αἵ τε βακχεῖαι ῥυθμοῖς χρῶνται καὶ
τὸ χρησμῳδεῖν ἐν μέτροις παρέχεται τοῖς ἐνθεαζομένοις, τῶν
τε μαινομένων ὀλίγους ἰδεῖν ἔστιν ἄνευ μέτρου καὶ ᾠδῆς λη-
ροῦντας. Οὕτω δὲ τούτων ἐχόντων, εἰ βούλοιο καθορᾶν ὑπ'
αὐγὰς διαπτύξας τὸν ἔρωτα καὶ καταμανθάνειν, οὐκ ἂν ἄλλο
πάθος εὕροις οὔτε λύπας δριμυτέρας ἔχον οὔτε σφοδροτέρας
περιχαρείας οὔτε μείζονας ἐκστάσεις καὶ παραφροσύνας,
ἀλλ' ὥσπερ τὴν Σοφόκλειον πόλιν ἀνδρὸς ἐρωτικοῦ ψυχὴν

623 A 8 δὲ : deinde add. Θεόφραστος man. post. in T ‖ 9 παθῶν suppl. ci. Bern. : lac. 3-4 litt. ‖ 10 τούτων ci. Bern. : αὐτῶν T ἑκάστου τούτων Amyot ‖ παρατρέ]ποντος suppl. Amyot, Xyl. : lac. 4 litt. ‖ 10-11 καὶ παρ[εγκλίνοντος suppl. Bern. : lac. 4-5 litt. ‖ -εγκλίνοντος Amyot, Xyl. : -εγκλίναντος ‖ 11 λῦπαι man. post. in T : λύσσαι T ‖ B 7 δύνανται Bern. : δύνωνται ‖ 9 μέτρα Amyot : μέγα ‖ C 3 versum et κατὰ Πίνδαρον post καθεστηκότος transtul. Abram. : post δύνανται (B 7) praebet T ‖ 4 ἀλαλαί Amyot, Xyl. : ἄλλαι ‖ ὀρινομένων : ὀρίνεται pap. Pind. ‖ ῥιψαύχενι Turn. : ἐριαύχενι ‖ 5 σὺν κλόνῳ Amyot, Steph. : συγκλόνῳ ‖ 7 ἐν μέτροις Bolk. : ἐμμέτρως ‖ 14 τὴν Σοφόκλειον Bolk. : τὸν σοφοκλέα T κατὰ τὸν Σοφοκλέα Nauck.

« est pleine, tout ensemble, et de vapeurs d'encens,
et de péans mêlés de plaintes »[1].

Il n'y a donc rien d'étrange ni d'étonnant à ce que l'amour, qui comprend et contient en lui toutes les sources de la musique, à savoir la douleur, le plaisir et l'enthousiasme, soit en général loquace, bavard, mais aussi porté d'une inclination toute particulière, et plus qu'aucune autre passion, à l'expression musicale et poétique ».

Question VI

Sur le penchant d'Alexandre à la boisson.

1 On parlait du roi Alexandre, dont on affirma qu'il ne buvait pas beaucoup, mais qu'il passait beaucoup de temps à boire et à converser avec ses amis[2]. Philinos prouva que c'étaient là des balivernes, d'après les Éphémérides royales[3], dans lesquelles reviennent constamment les mots : « dormant pendant cette journée, par l'effet de la boisson », quelquefois même : « ainsi que la journée suivante ». C'est justement à cause de ce penchant qu'il montrait assez peu d'empressement pour le commerce avec les femmes[4], mais qu'il était vif et emporté, effet, précisément, de la chaleur corporelle. On prétend aussi que sa personne exhalait une odeur délicieuse, au point qu'il imprégnait ses tuniques d'un arôme parfumé[5], ce qui paraît également être un effet de la chaleur, comme nous voyons que ce sont les endroits les plus secs et les plus chauds de la terre qui produisent la cannelle et l'encens ; car, c'est à une sorte de coction des matières liquides que Théophraste attribue l'émanation parfumée, la chaleur supprimant ce que l'excessive humidité contient de principes contraires[6]. Il paraît aussi que Callisthène était fort

1. *O. R.* 4-5, avec γέμει pour γέμουσαν (trad. Mazon). Vers cités également en *De amic. mult.* 95 C, *De superst.* 169 D, *De virt. mor.* 445 D, *Ant.* 24, 3.

« ὁμοῦ μὲν θυμιαμάτων » γέμουσαν,
« ὁμοῦ δὲ παιάνων τε καὶ στεναγμάτων ». D

Οὐδὲν οὖν ἄτοπον οὐδὲ θαυμαστόν, εἰ πάσας ὅσαι μουσικῆς εἰσιν ἀρχαὶ περιέχων ὁ ἔρως ἐν αὑτῷ καὶ συνειληφώς, λύπην, ἡδονήν, ἐνθουσιασμόν, τά τ' ἄλλα φιλόφωνός ἐστι καὶ λάλος, εἴς τε ποίησιν μελῶν καὶ μέτρων ὡς οὐδὲν ἄλλο πάθος ἐπίφορος καὶ κατάντης. »

ΠΡΟΒΛΗΜΑ Ϛ

Περὶ τῆς Ἀλεξάνδρου πολυποσίας.

1 Λόγος ἦν περὶ Ἀλεξάνδρου τοῦ βασιλέως ὡς οὐ πολὺ πίνοντος ἀλλὰ πολὺν χρόνον ἐν τῷ πίνειν ⟨καὶ⟩
διαλέγεσθαι τοῖς φίλοις ἕλκοντος. Ἀπεδείκνυεν δ' αὐτοὺς E
φλυαροῦντας Φιλῖνος ἐκ τῶν βασιλικῶν ἐφημερίδων, ἐν αἷς συνεχέστατα γέγραπται καὶ πλειστάκις ὅτι « τήνδε τὴν ἡμέραν ἐκ τοῦ πότου καθεύδων », ἔστι δ' ὅτε « καὶ τὴν ἐφεξῆς » · διὸ καὶ πρὸς τὰς συνουσίας ἀργότερος ἦν, ὀξὺς δὲ καὶ θυμοειδής, ἅπερ ἐστὶ σωματικῆς θερμότητος. Λέγεται δὲ καὶ τοῦ χρωτὸς ἥδιστον ἀποπνεῖν ὥστε καταπιμπλάναι τοὺς χιτωνίσκους εὐωδίας ἀρωματιζούσης, ὃ δοκεῖ καὶ αὐτὸ θερμότητος εἶναι · διὸ καὶ τῆς οἰκουμένης οἱ ξηρότατοι καὶ θερμότατοι τόποι τήν τε κασίαν καὶ τὸν
λιβανωτὸν ἐκφέρουσιν · πέψει γάρ τινι τῶν ὑγρῶν ὁ F
Θεόφραστός φησιν ἐπιγίνεσθαι τὴν εὐωδίαν, ὅταν ἐξαιρεθῇ τὸ βλαβερὸν καὶ περισσὸν ὑπὸ θερμότητος. Δοκεῖ δὲ καὶ Κα⟨λλισθένης⟩ ἐν διαβολῇ γε⟨νέσθαι πρὸς αὐ⟩τόν, ὡς

623 D 5 φιλόφωνος Faehse : φιλόπονος ‖ 10 καὶ add. Amyot, Steph. ‖ F 3 καὶ περισσὸν Bolk. : ρισσὸν T ὑγρὸν καὶ περισσὸν ci. Bern. ‖ 4 Κα]λλισθένης suppl. Turn. : lac. 4 litt. ‖ γε]νέσθαι πρὸς αὐ[τόν suppl. Turn. : lac. 3-5 litt.

mal vu de lui, parce qu'il n'aimait point partager sa table à cause du vin pur qu'on y buvait : n'alla-t-il pas jusqu'à repousser une grande coupe, dite « d'Alexandre », lorsqu'elle vint devant lui, en déclarant qu'il ne voulait pas boire à la « coupe d'Alexandre » pour tomber sous celle d'Asclèpios[1]. Voilà pour le penchant d'Alexandre à la boisson.

2 De Mithridate, qui fit la guerre aux Romains, on dit qu'il offrit, entre autres prix des concours organisés par lui, celui du plus grand mangeur et du plus grand buveur ; qu'il fut lui-même vainqueur pour les deux[2], et que, d'ailleurs, de tous ses contemporains, c'est lui qui buvait le plus, raison pour laquelle il fut surnommé Dionysos[3]. Je fis remarquer que c'était là une de ces croyances gratuites, que cette tradition concernant la cause de ce surnom. La vérité est que, quand il était encore nourrisson, la foudre brûla ses langes sans porter atteinte à son corps, si ce n'est qu'une trace du feu lui resta au front, cachée par l'abondance de sa chevelure ; et lorsqu'il eut atteint l'âge d'homme, la foudre, pénétrant de nouveau dans la chambre où il dormait, l'épargna, mais comme son carquois était suspendu à ses pieds, elle le traversa et durcit les flèches en les portant au rouge. Les devins déclarèrent qu'il serait très puissant par ses archers et ses troupes légères, quant au peuple, il l'appela Dionysos à cause de cette foudre, parce que le dieu avait eu une aventure semblable[4].

3 Après cela, la conversation continua sur les grands buveurs ; l'on citait entre autres le pugiliste Héracléidès, que ceux d'Alexandrie appelaient familièrement « leur petite Héracléo », et qui fut contemporain de nos pères[5]. Ne trouvant point de buveur qui pût lui tenir tête, il en invitait pour le petit déjeuner du matin, il en invitait pour le repas de midi, d'autres

δυσχεραί⟨νων τὸ συν⟩δειπνεῖν διὰ τὸν ⟨ἄκρατον⟩· ἐπεὶ
καὶ κύλικα λεγομένην Ἀλεξάνδρου μεγάλην ἐλθοῦσαν
ἐπ' αὐτὸν ἀπεώσατο, | φήσας οὐκ ἐθέλειν Ἀλεξάνδρου 624 A
πιὼν Ἀσκληπιοῦ δεῖσθαι. Ταῦτα μὲν οὖν περὶ τῆς
Ἀλεξάνδρου πολυποσίας.

2 Μιθριδάτην δὲ τὸν πολεμήσαντα Ῥωμαίοις ἐν τοῖς
ἀγῶσιν οὓς ἐπετέλει καὶ πολυφαγίας ἆθλα θεῖναι καὶ
πολυποσίας φασίν, νικῆσαι δ' αὐτὸν ἀμφότερα, καὶ ὅλως
πιεῖν πλεῖστον ⟨τῶν⟩ καθ' αὑτὸν ἀνθρώπων, διὸ καὶ
Διόνυσον ἐπικληθῆναι. Τοῦθ' ἡμεῖς εἴπομεν ἕν τι τῶν
εἰκῇ πεπιστευμένων εἶναι, τὸ περὶ τὴν αἰτίαν τῆς ἐπικλή-
σεως· νηπίου γὰρ ὄντος αὐτοῦ, κεραυνὸς ἐπέφλεξε τὰ
σπάργανα, τοῦ δὲ σώματος οὐχ ἥψατο, πλὴν ὅσον ἴχνος
τι τοῦ πυρὸς ἐν τῷ μετώπῳ κρατούμενον ὑπὸ τῆς κόμης
⟨διαμέν⟩ειν αὐτῷ καὶ ⟨γεγονότος⟩ ἀνδρὸς ἤδη πάλιν B
ἐπὶ τὸ δωμάτιον ἐμπεσὼν κεραυνὸς αὐτοῦ μὲν παρέπεσεν
καθεύδοντος, τῆς δὲ φαρέτρας ὑποκρεμαμένης διεξῆλθε
τὰ βέλη πυρακτώσας. Οἱ μὲν οὖν μάντεις ἀπεφήναντο
πλεῖστον αὐτὸν ἰσχύσειν ἀπὸ τῆς τοξικῆς καὶ κούφης
στρατιᾶς, οἱ δὲ πολλοὶ Διόνυσον αὐτὸν ἀπὸ τῶν κεραυνο-
βολιῶν ὁμοιότητι τοῦ πάθους προσηγόρευσαν.

3 Ἐκ τούτου περὶ τῶν πολὺ πιόντων ἦν λόγος·
ἐν οἷς καὶ τὸν πύκτην Ἡρακλείδην ἐτίθεσαν, ὃν Ἡρακλοῦν
Ἀλεξανδρεῖς ὑπεκορίζοντο, κατὰ τοὺς πατέρας ἡμῶν
γενόμενον. Οὗτος ἀπορῶν συμπότου παραμένοντος ἐκάλει
τοὺς μὲν ἐπὶ πρόπομα, τοὺς δ' ἐπ' ἄριστον, ἄλλους δ' ἐπὶ C

623 F 5 δυσχεραί]νων τὸ συν[δειπνεῖν suppl. Bolk. (δυσχεραίνων δειπν. Turn. δυσχεραίνων συνδειπν. Herwerden) : lac. 3 litt. ‖ ἄκρατον suppl. Bolk. : lac. 3-4 litt. ‖ 624 A 7 τῶν add. Turn. ‖ 12 κρατούμενον Bolk. : κρατουμένῳ ‖ B 1 διαμένειν suppl. Amyot (μένειν Turn.) : lac. 5-6 litt. ‖ καὶ γεγονότος correxi et supplevi : παι et lac. 4-6 litt. καὶ δὴ καὶ Castiglioni ‖ B 2 παρέπεσεν Emp. : κατέπ. ‖ 7 προσηγόρευσαν Ald. : προσηγόρεσαν.

encore pour le dîner, et enfin quelques-uns pour une véritable orgie : au départ des premiers, arrivaient aussitôt les seconds, puis, à la file, les troisièmes et les quatrièmes ; et lui, sans s'accorder aucun répit, tenait bon contre tous et soutenait jusqu'au bout les quatre assauts de boisson.

4 Quant au médecin d'entre les familiers de Drusus, fils de l'empereur Tibère, qui l'emportait sur tous pour la capacité de boire, il vit son secret découvert : à chaque fois, il avalait auparavant cinq ou six amandes amères pour ne point s'enivrer ; quand on l'en empêcha en le surveillant de près, il ne résista pas le moins du monde[1]. Certains pensaient que ces amandes attaquaient la chair et avaient sur elle une action détersive, au point d'enlever même les taches de rousseur du visage ; ils en concluaient que, quand on les prend avant de boire, leur amertume entame les veines et les déchire[2], de manière qu'elles livrent passage aux vapeurs du vin et les détournent du cerveau. Moi, j'étais d'avis, au contraire, que l'effet de l'amertume doit être plutôt de dessécher le corps et de consommer l'humidité ; c'est pour cette raison que la saveur amère est, de toutes, la plus désagréable au goût (car, en extrayant toute humidité, elle contracte contre nature, d'après Platon, sous l'influence de cette dessication, le tissu mou et presque spongieux des vaisseaux de la langue) et que l'on cicatrise les plaies avec les remèdes amers, comme le dit le poète :

« Il jette par-dessus, après l'avoir écrasé de ses mains, une racine amère qui calme les douleurs. Elle arrête toutes ses douleurs ; la plaie sèche peu à peu, le sang cesse de couler »[3],

en mettant en rapport, fort justement, goût amer et vertu dessicative. Et il semble bien aussi que les poudres amères au goût et astringentes employées

2. Il est impossible de rendre en français le rapport étymologique — évidemment fantaisiste — ἀμυγδάλη-ἀμύσσειν-δηγμόν, sur lequel se fonde cet argument.

3. Homère, *Il.* XI, 846-8 (trad. Mazon).

δεῖπνον, ἐσχάτους δέ τινας ἐπὶ κῶμον· ἀπαλλαττομένων δὲ τῶν πρώτων, ⟨οἱ⟩ δεύτεροι συνῆπτον, εἶτ' ἐφεξῆς οἱ τρίτοι καὶ τέταρτοι· κἀκεῖνος οὐθὲν διάλειμμα ποιῶν ἅπασιν ἐξήρκει καὶ τοὺς τέσσαρας πότους συνδιέφερεν.

4 Τῶν δὲ Δρούσῳ τῷ Τιβερίου Καίσαρος υἱῷ συμβιούντων ὁ πάντας ἐν τῷ πίνειν προτρεπόμενος ἰατρὸς ἑάλω τῶν πικρῶν ἀμυγδαλῶν πέντ' ἢ ἓξ ἑκάστοτε προλαμβάνων ἕνεκα τοῦ μὴ μεθύσκεσθαι· κωλυθεὶς δὲ καὶ παραφυλαχθεὶς οὐδ' ἐπὶ μικρὸν ἀντέσχεν. Ἔνιοι μὲν οὖν ᾤοντο τὰς ἀμυγδαλίδας δηκτικόν τι καὶ ῥυπτικὸν ἔχειν D
τῆς σαρκός, ὥστε καὶ τῶν προσώπων τὰς ἐφηλίδας ἐξαιρεῖν· ὅταν οὖν προληφθῶσι, τῇ πικρότητι τοὺς πόρους ἀμύσσειν καὶ δηγμὸν ἐμποιεῖν, ὑφ' οὗ τὸ ὑγρὸν κατασπῶσιν ἀπὸ τῆς κεφαλῆς διατμιζόμενον. Ἡμῖν δὲ μᾶλλον ἡ τῆς πικρότητος ἐδόκει δύναμις ἀναξηραντικὴ καὶ δάπανος ὑγρῶν εἶναι· διὸ τῇ τε γεύσει πάντων ἐστὶ τῶν χυμῶν ὁ πικρὸς ἀηδέστατος (τὰ γὰρ φλέβια τῆς γλώττης, ὡς ὁ Πλάτων φησίν, μαλακὰ καὶ μανότερ' ὄντα συντείνει παρὰ φύσιν ὑπὸ τῆς ξηρότητος, ἐκτηκομένων τῶν ὑγρῶν) καὶ τὰ ἕλκη τοῖς πικροῖς ἀπισχναίνουσι φαρμάκοις, ὡς ὁ ποιητής φησιν·

« ἐπὶ δὲ ῥίζαν βάλε πικρὴν E
χερσὶ διατρίψας ὀδυνήφατον, ἥ οἱ ⟨ἁπάσας
ἔσχ' ὀδύνας· τὸ μὲν ἕλκος ἐτέρσετο,⟩ παύσατο δ' αἷμα. »

Τὸ γὰρ τῇ γεύσει πικρὸν τῇ δυνάμει ξηραντικὸν ὀρθῶς προσηγόρευσεν. Φαίνεται δὲ καὶ τὰ διαπάσματα τῶν γυναικῶν, οἷς ἀναρπάζουσι τοὺς ἱδρῶτας, πικρὰ τῇ γεύσει

624 C 3 οἱ add. Franke ‖ 4 διάλειμμα Ald. : διάλειμα ‖ 8 ἀμυγδαλῶν Bern. coll. Athenaeum 52 d : ἀμυγδάλων ‖ D 1 τι Amyot, Steph. : τε ‖ 2-3 ἐξαιρεῖν Wytt. : ἐξαίρειν ‖ 7 χυμῶν Bolk. : χυλῶν ‖ E 2-3 ἁπάσας — ἐτέρσετο add. Amyot, Xyl. ‖ 3 παύσατο Amyot, Xyl. : παύσαντο ‖ 6 γεύσει Hub. : φύσει.

par les femmes pour supprimer les sueurs[1], doivent leur effet à l'excès de cette âcreté. Donc, dans ces conditions, dis-je, il est naturel que l'amertume des amandes puisse garantir des effets du vin, si elle dessèche l'intérieur du corps et empêche que ne s'emplissent les vaisseaux, dont la dilatation et le trouble, dit-on, provoquent l'ivresse. Une bonne preuve de ce que j'avance, c'est ce qui arrive aux renards : s'ils ne boivent pas après avoir mangé des amandes amères, ils meurent, complètement deshydratés »[2].

Question VII

Pourquoi les vieillards préfèrent le vin pur.

On cherchait, à propos des vieillards, pourquoi ils préfèrent le vin plus pur[3]. Certains pensaient que leur complexion, du fait qu'elle est refroidie et difficile à échauffer, demandait un mélange fort : c'était là un argument naturel et qui paraissait évident[4], mais cependant inexact et sans valeur. En effet, pour les autres sensations, il se produit le même phénomène : les vieillards sont lents à la perception et ne saisissent que difficilement les qualités des choses, si elles ne les touchent avec une violence excessive. La véritable raison, c'est le relâchement de leur complexion, dont la langueur et l'atonie aiment à être fouettées. C'est pour cela qu'à leur goût plaisent surtout les saveurs piquantes et que leur odorat réagit de même devant les odeurs : il ne saisit que les parfums

1. Sur cet usage, voir H. Bolkestein, *op. c.*, p. 89-90 ; aux références citées par celui-ci, nous pouvons ajouter Pline, *H.N.* XXI, 19.

3. C'est, en partie, le sujet de III, 3, mais avec quelques idées nettement différentes.

καὶ στυπτικὰ ὄντα σφοδρότητι τοῦ στρυφνοῦ τοῦτο ποιεῖν. « Οὕτως οὖν », ἔφην, « τούτων ἐχόντων, εἰκότως ἡ τῶν ἀμυγδαλῶν πικρότης βοηθεῖ πρὸς τὸν ἄκρατον, ἀναξηραίνουσα τοῦ σώματος τὰ ἐντὸς καὶ οὐκ ἐῶσα πίμπλασθαι τὰς φλέβας, ὧν διατάσει, φασί, καὶ ταραχῇ συμβαίνει τὸ F μεθύειν. Τεκμήριον δὲ τοῦ λόγου μέγα τὸ συμβαῖνον περὶ τὰς ἀλώπεκας · ἂν γὰρ ἀμυγδάλας πικρὰς φαγοῦσαι ⟨μὴ⟩ ἐπιπίωσι⟨ν, ἀποθνῄσκουσι⟩ τῶν ὑγρῶν ἀθρό⟨ως ἐκλει⟩πόντων. » |

ΠΡΟΒΛΗΜΑ Ζ

Διὰ τί μᾶλλον ἀκράτῳ χαίρουσιν οἱ γέροντες. 625 A

1 Ἐζητεῖτο περὶ τῶν γερόντων, διὰ τί μᾶλλον ἀκρατοτέρῳ τῷ ποτῷ χαίρουσιν. Οἱ μὲν οὖν κατεψυγμένην τὴν ἕξιν αὐτῶν καὶ δυσεκθέρμαντον οὖσαν οἰόμενοι διὰ τοῦτο τῇ σφοδρότητι τῆς κράσεως ἐναρμόττειν ἐφαίνοντο κοινόν τι καὶ πρόχειρον, οὐχ ἱκανὸν δὲ πρὸς τὴν αἰτίαν οὐδ' ἀληθὲς λέγοντες · καὶ γὰρ ἐπὶ τῶν ἄλλων αἰσθήσεων τὸ αὐτὸ συμβέβηκεν · δυσκίνητοι γάρ εἰσι καὶ δυσμετάβλητοι πρὸς τὰς ἀντιλήψεις τῶν ποιοτήτων, ἂν μὴ B κατάκοροι καὶ σφοδραὶ προσπέσωσιν. Αἰτία δ' ἡ τῆς ἕξεως ἄνεσις · ἐκλυομένη γὰρ καὶ ἀτονοῦσα πλήττεσθαι φιλεῖ. Διὸ τῇ τε γεύσει μάλιστα τοὺς δηκτικοὺς προσίενται χυμούς, ἥ τ' ὄσφρησις αὐτῶν ὅμοια πέπονθε πρὸς τὰς ὀσμάς, κινεῖται γὰρ ὑπὸ τῶν ἀκράτων ⟨καὶ σφοδρῶν⟩

624 E 7 τοῦτο ποιεῖν scripsi : τὸ πικρόν T del. Hub. ‖ F 4 μὴ suppl. Turn. : lac. 3 litt. ‖ ἐπιπίωσι]ν, ἀποθνῄσκουσι suppl. Turn. : lac. 5-7 litt. ‖ 4-5 ἀθρό]ως ἐκλει[πόντων suppl. Turn. : lac. 9 litt. ‖ 625 A 6 κοινόν Amyot, Steph. : καινόν ‖ B 2 σφοδραὶ Amyot : σφόδρα ‖ 6 καὶ σφοδρῶν suppl. Turn. : lac. 4-6 litt.

les plus purs et les plus forts ; quant à leur toucher, il est peu sensible à la douleur des plaies, car, lorsqu'il leur arrive de subir quelque blessure, ils ne souffrent pas beaucoup ; et il en va tout à fait de même pour l'ouïe, puisque les musiciens, en vieillissant, forment des accords plus aigus et plus durs, comme pour réveiller leur sens en le frappant par la rudesse du son. En effet, ce que la trempe est au tranchant du fer, le souffle vital l'est à la sensibilité du corps ; ce souffle vient-il à fléchir et à se relâcher, les sens restent là, amorphes et terreux, et réclamant des chocs violents[1], comme l'est celui du vin pur.

Question VIII

Pourquoi les personnes âgées lisent mieux les lettres de loin[2].

1 Voilà les arguments que nous alléguions pour le fait en question ; or ce qui arrive pour la vue paraissait être en contradiction avec eux. Car les personnes âgées éloignent les lettres de leurs yeux pour lire, ne pouvant y parvenir de près ; c'est ce qu'il faut comprendre lorsqu'Eschyle dit :

« Éloigne-le : de près tu ne peux pas...
Sois comme un vieux greffier aux yeux perçants »[3].

Sophocle exprime plus clairement la même idée à propos des vieillards :

« Lentes à le frapper, les paroles
pénètrent avec peine dans ses oreilles bouchées ;
voyant de loin, il est totalement aveugle de près »[4].

2. Aristote, *Probl.* 959 D compare les vieillards et les myopes.

3. Nulle autre attestation ne permet de compléter ce fragment mutilé (Nauck, *Trag. Gr. Fr.* 358) ; voir les tentatives de Bernardakis, Herwerden (*Exerc. crit.* 9) Headlam (*Journ. of Philol.* XXIII, 1895, p. 271), Schmidt (*Krit. Studien* I, 110), S. Srebrny (Z. Abramowiczówna, *Kom.*, p. 93 = p. 237), Clement.

4. Vers inconnus par ailleurs (Nauck, *Trag. Gr. Fr.* 774).

ἥδιον· ἡ δ' ἁφὴ ⟨πρὸς⟩ τὰ ἕλκη δυσπα⟨θής⟩, τραύματα γὰρ ⟨ἐνίοτε⟩ λαμβάνοντες ⟨οὐ μάλ⟩α πονοῦσιν· ὁ⟨μοιό⟩-τατον δὲ γίνεται ⟨τὸ⟩ τῆς ἀκοῆς, οἱ γὰρ μουσικοὶ γηρῶντες ὀξύτερον ἁρμόζονται καὶ σκληρότερον, οἷον ὑπὸ πληγῆς [καὶ] τῆς συντόνου φωνῆς ἐγείροντες τὸ αἰσθητή-ριον. Ὅ τι γὰρ σιδήρῳ πρὸς ἀκμὴν στόμωμα, τοῦτο C σώματι πνεῦμα παρέχει πρὸς αἴσθησιν· ἐνδόντος δὲ τούτου καὶ χαλάσαντος, ἀργὸν ἀπολείπεται καὶ γεῶδες τὸ αἰσθητήριον καὶ σφοδροῦ τοῦ νύττοντος, οἷον ὁ ἄκρατός ἐστι, δεόμενον.

ΠΡΟΒΛΗΜΑ Η

Διὰ τί τὰ γράμματα πόρρωθεν οἱ πρεσβύτεροι μᾶλλον ἀναγινώσκουσιν.

1 Ταῦτα δ' ἡμῶν εἰς τὸ προκείμενον εὑρησιλογούντων, ἐδόκει τὸ τῆς ὄψεως ἀντιπίπτειν. Οἱ γὰρ πρεσβύτεροι πόρρω τὰ γράμματα τῶν ὀμμάτων ἀπάγοντες ἀναγινώ- D σκουσιν, ἐγγύθεν δ' οὐ δύνανται· καὶ τοῦτο παραδηλῶν ὁ Αἰσχύλος φησίν·

« οὐδὲ ἀπὸ ... αὐτόν· οὐ γὰρ ἐγγύθεν
... γέρων δὲ γραμματεὺς γενοῦ σαφής »·

ἐνδηλότερον δὲ Σοφοκλῆς τὸ αὐτὸ περὶ τῶν γερόντων·

« βραδεῖα μὲν γὰρ ἐν λόγοισι προσβολὴ
μόλις δι' ὠτὸς ἔρχετ' ἐρρυπωμένου,
πόρρω δὲ λεύσσων, ἐγγύθεν δὲ πᾶς τυφλός ».

625 B 7 πρὸς suppl. Turn. : lac. 5-7 litt. ‖ δυσπα]θής suppl. Turn. : lac. 4-6 litt. ‖ 8 ἐνίοτε suppl. Turn. : lac. 6-8 litt. ‖ οὐ μάλ[α suppl. et corr. Turn. : lac. 4-6 litt. ἀ ‖ 8-9 ὁ]μοιό[τατον corr. et suppl. Turn. : ἐ et lac. 3-5 litt. ‖ 9 τὸ add. Bern. ‖ 11 καὶ del. Rei. ‖ ἐγείροντες Ald. : ἐγήροντες ‖ C 9 εὑρησιλογούντων Bern. : εὑρεσιλ. ‖ D 4 lac. 3 litt. ‖ 5 lac. 6 litt. : ὁρᾷς Amyot. ‖ 8 ἔρχετ' ἐρρυπωμένου Vollgraff : ἔρχεται τρυπωμένου ‖ 9 λεύσσων Wytt. : λεύσων.

Si donc les sens des vieillards obéissent mieux devant les impressions violentes, comment se fait-il que ceux-ci ne puissent supporter, en lisant, que la lumière les frappe de près, et qu'ils placent le livre à distance, pour dissoudre sa clarté dans l'air, comme l'on mélange le vin avec l'eau ?

2 Or il y en avait qui répondaient à cela que les vieillards éloignent des yeux le livre, non pour rendre la lumière moins vive, mais comme pour saisir et embrasser une masse plus nombreuse de rayons, et remplir d'air lumineux l'intervalle séparant leurs yeux des lettres. D'autres se rangeaient à la théorie de la convergence des rayons visuels : du moment qu'au sortir de chacun des deux yeux se projette un cône de rayons, ayant son sommet sur le globe oculaire, et dont la base, le fondement, recouvre l'objet de la vision, il est naturel que chacun des deux cônes s'étende à part jusqu'à un certain point ; mais à une distance plus grande, ceux-ci se confondent en un faisceau lumineux unique ; c'est pourquoi tout objet apparaît simple, et non pas double, à la vue, bien qu'il soit perçu par les deux yeux à la fois ; c'est en effet la fusion, en un seul faisceau, des cônes qui en est la cause, et cette concentration de la lumière, à laquelle nous devons la transformation de la vision double en une vision simple. Dans ces conditions, les personnes âgées saisissent plus faiblement les lettres quand elles les approchent de leurs yeux, parce qu'à cette distance les rayons visuels ne sont pas encore confondus et qu'elles effleurent seulement ces lettres de chaque groupe de rayons séparément ; celles, au contraire, qui les placent à distance, là où les faisceaux sont désormais mêlés en une lumière vive, les rendent plus nettes, tout comme l'on tient avec les deux mains à la fois ce qu'on ne peut tenir avec une seule.

Εἴπερ οὖν πρὸς τὴν ἐπίτασιν καὶ σφοδρότητα μᾶλλον
ὑπακούει ⟨τὰ⟩ τῶν γερόντων αἰσθητήρια, πῶς ἐν τῷ
ἀναγινώσκειν τὸν ἐγγύθεν ἀντιφωτισμὸν οὐ φέρουσιν, E
ἀλλὰ προάγοντες ἀπωτέρω τὸ βιβλίον ἐκλύουσι τὴν
λαμπρότητα τῷ ἀέρι καθάπερ οἶνον ὕδατι κατακεραννυ-
μένην ;

2 Ἦσαν μὲν οὖν οἱ πρὸς τοῦτο λέγοντες ὡς ἀπάγουσι
τῶν ὄψεων τὸ βιβλίον οὐ μαλακώτερον τὸ φῶς ποιοῦντες,
ἀλλ' οἷον ἐπιδραττόμενοι καὶ περιλαμβάνοντες αὐγὴν
πλείονα καὶ πληροῦντες ἀέρος λαμπροῦ τὴν μεταξὺ τῶν
ὀμμάτων καὶ τῶν γραμμάτων χώραν. Ἕτεροι δὲ τοῖς
συμβάλλουσι τὰς αὐγὰς προσεῖχον · ἐπεὶ γὰρ ἀποτείνεται
τῶν ὀφθαλμῶν ἑκατέρου κῶνος, πρὸς τῷ ὄμματι τὴν
κορυφὴν ἔχων, ἕδραν δὲ καὶ βάσιν ᾗ περιλαμβάνει τὸ
ὁρώμενον, ἄχρι μέν τινος εἰκός ἐστιν ἰδίᾳ τῶν κώνων F
ἑκάτερον φέρεσθαι · γενόμενοι δ' ἀπωτέρω καὶ συμ-
πεσόντες ἀλλήλοις ἓν τὸ φῶς ποιοῦσι · διὸ καὶ τῶν
ὁρωμένων ἕκαστον ἕν, οὐ δύο φαίνεται, καίπερ ἀμφοτέροις
ἅμα τοῖς ὄμμασι καταφαινόμενον · αἰτία γὰρ ἡ τῶν
κώνων σύναψις εἰς ταὐτὸ καὶ σύλλαμψις ἐκ δυεῖν μίαν
ὄψιν ἀπειργασμένη. Τούτων δ' οὕτως ἐχόντων, οἱ μὲν
ἐγγὺς προσάγοντες τὰ γράμματα πρεσβῦται, | μηδέπω 626 A
τῶν αὐγῶν συγκεχυμένων, ἀλλ' ἑκατέρᾳ χωρὶς ἐπιθιγ-
γάνοντες, ἀσθενέστερον ἐπιλαμβάνονται · οἱ δ' ἀπωτέρω
προθέμενοι, μεμιγμένου τοῦ φωτὸς ἤδη καὶ πολλοῦ
γεγονότος, μᾶλλον ἐξακριβοῦσιν, ὥσπερ οἱ ταῖς δυσὶν
ὁμοῦ χερσὶ κατέχοντες ὃ τῇ ἑτέρᾳ μὴ δύνανται.

625 D 11 τὰ add. Méz. ‖ E 2 προάγοντες Hub. (coll. 626 A 4) : παράγ. T ἀπάγ. Bern. (coll. 626 D) ‖ ἀπωτέρω Amyot : ἀποτέρῳ ‖ 5 οἱ ... λέγοντες Hub. (coll. 641 B, 664 B) : οἳ ... λέγουσιν ‖ 10 προσεῖχον Amyot : μετεῖχον ‖ 626 A 2 αὐγῶν Amyot, Steph. : αὐτῶν ‖ ἑκατέρᾳ Amyot : ἑκατερα ‖ 3 ἀπωτέρω Amyot, Steph. : ἀνωτέρω.

3 Mon frère Lamprias s'en rapporta à Hiéronymos[1]... nous voyons les objets par les simulacres qui en émanent et qui viennent frapper notre vue : ils s'en détachent d'abord grands et épais, gênant ainsi particulièrement, lorsqu'ils viennent de près, les vieillards, dont la faculté visuelle est lente et engourdie ; mais une fois projetés dans l'air et parvenus à une certaine distance, leurs parties extérieures terreuses se brisent et tombent, alors que leurs parties légères, s'approchant des yeux, prennent sans douleur et sans heurts la mesure des conduits oculaires, de sorte que ces derniers, moins troublés, peuvent mieux les saisir. De même, le parfum des fleurs est plus agréable quand il arrive de loin, mais quand on approche trop près, il perd sa pureté sans mélange. La raison en est qu'il se dégage en même temps de la fleur une quantité de principes terreux et grossiers qui altèrent son parfum, quand il est respiré de près ; mais si c'est de loin, les principes grossiers et terreux se détachent et tombent, et il ne reste que le principe pur et chaud qui, grâce à sa subtilité, parvient intact à l'odorat[2].

4 De mon côté, m'en tenant aux principes de Platon[3], je dis qu'un souffle brillant jaillissant des yeux se mêle à la clarté qui baigne les corps pour s'identifier avec elle en un seul tout, de façon que des deux corps il se forme un seul absolument homogène. Cette interpénétration se fait avec une mesure et une proportion convenables ; car il ne faut pas que l'un soit anéanti, dominé par l'autre, mais que de l'union juste et harmonieuse des deux résulte une seule faculté commune. Donc, puisque ce qui traverse la pupille des

2. Ces affirmations étranges au sujet des fleurs se retrouvent chez Aristote, **Probl.* 906 A 23 ; B 37 ; 907 A 24, **Probl. ined.* II, 102, Théophraste, *C.P.* VI, 17, 1, Ps.-Alexandre d'Aphrodise (C. Ideler, *Phys. et med. gr. min.* I, 73, 16 ; II, 64). Plutarque lui-même attribue *supra,* 623 E, la douceur de certaines émanations à la chaleur.

3 Λαμπρίας δ' ὁ ⟨ἀδελφὸς⟩ τὴν Ἱερωνύμου†... οὐκ ἀνέγνωκεν ... εὐφυίαν ἐμπεσὼν ...† ὅτι τοῖς προσπίπτουσιν ἀπὸ τῶν ὁρατῶν ⟨εἴδε⟩σιν πρὸς τὴν ὄψιν ὁρῶμεν, ἃ πρῶτον μὲν ἀπέρχεται μεγάλα καὶ παχυμερῆ, διὸ τοὺς γέροντας ἐγγύθεν ἐπιταράττει βραδυπόρον καὶ σκληρὰν ἔχοντας τὴν ὅρασιν· ἀνενεχθέντων δ' εἰς τὸν ἀέρα καὶ λαβόντων διάστημα, τὰ μὲν γεώδη περιθραύεται καὶ B ἀποπίπτει, τὰ δὲ λεπτὰ προσπελάζοντα ταῖς ὄψεσιν ἀλύπως καὶ ὁμαλῶς ἐναρμόττει τοῖς πόροις, ὥσθ' ἧττον ταραττομένους μᾶλλον ἀντιλαμβάνεσθαι. Καὶ γὰρ αἱ τῶν ἀνθῶν ὀσμαὶ πόρρωθεν εὐωδέστεραι προσπίπτουσιν, ἂν δ' ἐγγύθεν ἄγαν προσάγῃς, οὐχ οὕτω καθαρὸν οὐδ' ἄκρατον ὀδώδασιν· αἴτιον δ' ὅτι πολλὰ τῶν γεωδῶν καὶ θολερῶν συναποφέρεται τῇ ὀσμῇ καὶ διαφθείρει τὴν εὐωδίαν ἐγγύθεν λαμβανομένην, ἂν δ' ἄπωθεν, τὰ μὲν θολερὰ καὶ γεώδη περιρρεῖ καὶ ὑποπίπτει, τὸ δ' εἰλικρινὲς καὶ θερμὸν αὐτῆς ὑπὸ λεπτότητος διασῴζεται πρὸς τὴν αἴσθησιν. C

4 Ἡμεῖς δὲ τὴν Πλατωνικὴν φυλάττοντες ἀρχὴν ἐλέγομεν ὅτι πνεῦμα τῶν ὀμμάτων αὐγοειδὲς ἐκπῖπτον ἀνακίρναται τῷ περὶ τὰ σώματα φωτὶ καὶ λαμβάνει σύμπηξιν, ὥσθ' ἓν ἐξ ἀμφοῖν σῶμα δι' ὅλου συμπαθὲς γενέσθαι. Κεράννυται δ' ἕτερον ἑτέρῳ συμμετρίας τε λόγῳ καὶ ποσότητος· οὐ γὰρ ἀναιρεθῆναι δεῖ θάτερον ὑπὸ θατέρου κρατηθέν, ἀλλ' ἀπ' ἀμφοῖν εἴς τι μέσον ἁρμονίᾳ καὶ κοινωνίᾳ συναχθέντων μίαν δύναμιν ἀποτελεσθῆναι. Ὄντος οὖν τοῦ τῶν παρηλίκων, εἴτε ῥεῦμα χρὴ προσα-

626 A 7 ἀδελφὸς suppl. Amyot, Steph. : lac. 5-6 litt. ‖ lac. 4-5 litt. ‖ 8 lac. 4-5 litt. ‖ lac. 1-2 litt. ‖ 9 εἴδε[σιν suppl. Amyot, Steph. : lac. 2-3 litt. ‖ ὁρῶμεν, ἃ Amyot, Steph. : ὁρώμενα ‖ 12 ἀνενεχθέντων Amyot, Xyl. : ἀνεχθέντων ‖ B 9 ἄπωθεν, τὰ Amyot, Steph. : ἀπὸ ‖ 11 αὐτῆς Hub. : αὐτοῦ ‖ C 3 ἐλέγομεν Wytt. : λέγομεν ‖ 6 τε λόγῳ Rei. : λόγῳ τε ‖ 8 εἴς τι Amyot, Xyl. : ἔστι ‖ 10 τοῦ τῶν Amyot, Xyl. : τούτων.

vieilles personnes — qu'on doive l'appeler courant ou souffle lumineux ou rayon — est faible et peu efficace, il ne se produit point de fusion avec la lumière extérieure, ni de mélange, mais une destruction et une dissolution, à moins qu'elles ne reculent les lettres loin des yeux et adoucissent ainsi l'éclat excessif de la lumière, de manière qu'il frappe leur vue, non de toute son intensité, mais dans une mesure adéquate[1]. C'est la même raison qui oblige certains animaux à chercher leur nourriture la nuit[2] ; car leur vue débile est écrasée par les flots de la lumière diurne, parce qu'elle ne peut, par suite de la médiocrité et de la faiblesse de son principe, se mélanger à cette masse puissante ; mais pour la lumière pâle et diffuse, comme l'est celle des étoiles, elle émet un rayon suffisant et bien adapté, de sorte qu'il y a combinaison et qu'ainsi leur sens peut mieux fonctionner[3].

Question IX

Pourquoi les vêtements se lavent mieux à l'eau douce qu'à l'eau de mer[4].

1 Nous étions invités à la table de Mestrius Florus[5] ; Théon, le grammairien, posa au Stoïcien Thémistocle la question de savoir pourquoi Chrysippe avait si fréquemment cité les phénomènes extraordinaires et étranges, du genre de ceux-ci : « Les harengs, quand on les baigne dans de la saumure, s'adoucissent »[6], « Les pelotons de laine cèdent moins facilement quand on tire fort dessus que quand on les démêle doucement », et « On mange avec moins d'appétit après un jeûne qu'après avoir pris déjà quelque chose »[7], sans en expliquer aucun. Thémistocle répondit que Chrysippe ne les avait mentionnés qu'à titre d'exemples, pour montrer avec

5. Sur ce personnage, voir *infra*, p. 103-4.
6. Cf. Athénée 121 D.
7. H. v. Arnim, *St. V. F.* III, 546.

γορεύειν τὸ διὰ τῆς κόρης φερόμενον, εἴτε πνεῦμα
φωτοειδές, εἴτ' αὐγήν, ἀσθενοῦς καὶ ἀδρανοῦς, ⟨οὐκ⟩ D
ἐγγίνεται κρᾶσις πρὸς ⟨τὸ φῶς⟩ τὸ ἐκτὸς οὐδὲ μῖξις,
ἀλλὰ φθορὰ καὶ σύντηξις, ἂν μὴ μακρὰν τὰ γράμματα
τῶν ὀμμάτων ἀπάγοντες ἐκλύωσι τὴν ἄγαν λαμπρότητα
τοῦ φωτός, ὥστε μὴ πολλὴν μηδ' ἄκρατον, ἀλλ' ὁμοπαθῆ
καὶ σύμμετρον ἀπαντῆσαι πρὸς τὴν ὄψιν. Ὃ δὴ καὶ τοῦ
περὶ τὰ νυκτίνομα τῶν ζῴων παθήματος αἴτιόν ἐστιν·
ἡ γὰρ ὄψις αὐτῶν ὑπὸ τοῦ μεθημερινοῦ φωτὸς ἀδρανὴς
οὖσα κατακλύζεται καὶ κρατεῖται, μὴ δυναμένη πρὸς
πολὺ καὶ ἰσχυρὸν ⟨ἀπ'⟩ ἀσθενοῦς καὶ ὀλίγης ἀρχῆς
κεράννυσθαι· πρὸς δὲ τὸ ἀμαυρὸν καὶ λεπτὸν οἷον
ἀστέρος φῶς αὐγὴν διαρκῆ καὶ σύμμετρον ἐξίησιν, E
ὥστε κοινωνεῖν καὶ συνεργεῖσθαι τὴν αἴσθησιν.

ΠΡΟΒΛΗΜΑ Θ

Διὰ τί τῷ ποτίμῳ μᾶλλον ἢ τῷ θαλαττίῳ πλύνεται τὰ ἱμάτια.

1 Θέων ὁ γραμματικός, ἑστιωμένων ἡμῶν παρὰ
Μεστρίῳ Φλώρῳ, πρὸς Θεμιστοκλέα τὸν Στωικὸν διη-
πόρησεν, τί δήποτε Χρύσιππος ἐν πολλοῖς τῶν παραλόγων
καὶ ἀτόπων ἐπιμνησθείς, οἷόν ἐστι τὸ « τάριχος, ἂν
ἅλμῃ βρέχηται, γλυκύτερον γίνεσθαι » καὶ τὸ « τῶν
ἐρίων τοὺς πόκους ἧττον ὑπακούειν τοῖς βίᾳ διασπῶσιν
ἢ τοῖς ἀτρέμα διαλύουσιν » καὶ τὸ « νηστεύσαντας F
ἀργότερον ἐσθίειν ἢ προφαγόντας », οὐδενὸς αὐτῶν
αἰτίαν ἀπέδωκεν. Ὁ δὲ Θεμιστοκλῆς εἰπὼν ὅτι ταῦτα
Χρύσιππος ἄλλως ἐν παραδείγματος λόγῳ προύθετο,

626 D 1 οὐκ add. Amyot, Xyl. || 2 πρὸς] τὸ φῶς corr. et suppl. Clement : προσ et lac. 5-6 litt. || 3 σύντηξις scripsi : σύγκρισις || 10 ἀπ' add. Rei. || E 4 μᾶλλον : βέλτιον in indice quaestionum T || 6 Μεστρίῳ Rei. : μετρίῳ.

quelle facilité et quelle irréflexion nous nous laissons séduire par la vraisemblance et refusons d'autre part de croire ce qui ne paraît pas vraisemblable ; puis, se tournant vers Théon, il continua : « Mais toi, mon cher, à quoi bon te poser ces questions? Si tu te montres pour nous un investigateur si curieux d'explications, ne va donc pas planter ta tente si loin de chez toi, mais dis-moi pour quelle raison Homère a montré Nausicaa lavant dans le fleuve, et non dans la mer, toute proche pourtant[1] ; il est vraisemblable, cependant, que l'eau de cette dernière, plus chaude et plus transparente, soit aussi meilleure pour nettoyer »[2].

2 Théon répondit : « Cette question-là, il y a longtemps qu'Aristote l'a éclaircie par la théorie des principes terreux. Car dans l'eau de mer se trouvent en suspension des éléments épais et terreux, et c'est la présence de ceux-ci qui la rend salée. C'est aussi pourquoi la mer soutient mieux les nageurs et porte mieux les charges, alors que l'eau douce cède par suite de son manque de densité et de consistance. Celle-ci est en effet pure et sans mélange, ce qui fait qu'elle s'infiltre à cause de sa légèreté et que, passant à travers le linge, elle enlève les taches mieux que l'eau de mer[3]. Ou ne tiens-tu pas cette explication d'Aristote pour vraisemblable? »

3 J'intervins alors : « Pour vraisemblable, mais nullement pour vraie ; car je vois que l'on prend de la cendre, de la soude[4] et même, quand on n'en a pas, de la poussière, souvent[5], pour rendre l'eau plus épaisse, parce que ces éléments terreux, grâce à leur âpreté, sont plus capables de faire disparaître la saleté, alors que l'eau simple, par suite de sa légèreté et de son manque de consistance, ne le fait pas aussi bien. Donc l'épaisseur de l'eau de mer n'empêche nullement qu'on s'en serve... pour le nettoyage, à cause de sa causticité[6] ; car celle-ci,

1. *Od.* VI, 59.
2. En 697 A, Plutarque attribue à leur chaleur la vertu détersive de certains corps. — Théophraste affirme que l'eau de mer est plus chaude (frg. 159 ; 171, 6 ; IV, 50, Wimmer) ; Aristote, qu'elle est plus transparente (**Probl.* 932 B 8).

ῥᾳδίως ἡμῶν καὶ ἀλόγως ὑπὸ τοῦ εἰκότος ἁλισκομένων
καὶ πάλιν ἀπιστούντων τῷ παρὰ τὸ εἰκός, ἐπιστρέφων |
« Σοὶ δ' » ἔφη, « βέλτιστε, τί πρᾶγμα περὶ τούτων δια- 627 A
πορεῖν ; Εἰ γὰρ ἡμῖν αἰτίων ζητητικὸς καὶ θεωρητικὸς
γέγονας, μὴ μακρὰν οὕτως ἀποσκήνου τῶν ἰδίων, ἀλλ' εἰπὲ
δι' ἣν αἰτίαν Ὅμηρος ἐν τῷ ποταμῷ πλύνουσαν, οὐκ ἐν
τῇ θαλάττῃ, καίπερ ἐγγὺς οὔσῃ, τὴν Ναυσικάαν πεποίηκεν·
καίτοι θερμοτέραν γε καὶ διαφανεστέραν εἰκὸς καὶ
ῥυπτικωτέραν εἶναι. »

2 Καὶ ὁ Θέων « Ἀλλὰ τοῦτό γ' » εἶπε « ⟨διὰ⟩ τῶν
γεωδῶν Ἀριστοτέλης πάλαι λέλυκεν, ⟨ὃ⟩ προβέβληκας
ἡμῖν. ⟨Καὶ γὰρ⟩ τῇ θαλάττῃ τὸ παχὺ καὶ γεῶδες ἐνδιέ-
σπαρται καὶ τοῦτο ποιεῖ τὴν ἁλυκότητα μεμιγμένον· ᾗ
καὶ μᾶλλον ἡ θάλαττα τούς τε νηχομένους ἐξαναφέρει καὶ B
στέγει τὰ βάρη, τοῦ γλυκέος ἐνδιδόντος διὰ κουφότητα
καὶ ἀσθένειαν· ἔστι γὰρ ἄμικτον καὶ καθαρόν· ὅθεν
ἐνδύεται διὰ λεπτότητα καὶ διεξιὸν τοῦ θαλαττίου μᾶλλον
ἐκτήκει τὰς κηλῖδας. Ἦ οὐ δοκεῖ σοι τοῦτο πιθανῶς
λέγειν Ἀριστοτέλης ; »

3 « Πιθανῶς », ἔφην ἐγώ, « οὐ μὴν ἀληθῶς· ὁρῶ γὰρ ὅτι
καὶ τέφρᾳ καὶ νίτρῳ κἂν μὴ παρῇ δὲ ταῦτα κονιορτῷ πολλά-
κις παχύνουσι τὸ ὕδωρ, ὡς μᾶλλον τῶν γεωδῶν τῇ τραχύτητι
καταπλύνειν δυναμένων τὸν ῥύπον, αὐτοῦ δὲ τοῦ ὕδατος
διὰ λεπτότητα καὶ ἀσθένειαν οὐχ ὁμοίως τοῦτο δρῶντος.
Τὸ μὲν οὖν παχυμερὲς τῆς θαλάττης οὐ⟨δὲν κωλύει⟩ γε C
τοῦτο ποιε⟨ῖν⟩...πρὸς τὴν κά⟨θαρσιν⟩ διὰ τὴν δριμύτητα·

626 F 5 εἰκότος Ald. : εἰκότως ‖ 6 τῷ Amyot, Steph. : τὸ ‖ 627 A 6 εἰκὸς καὶ Basil. : εἰκ. ἢ ‖ 8 διὰ add. Hub. ‖ 9 λέλυκεν Pohlenz : διαλέλ. ‖ ὃ add. Amyot, Xyl. ‖ προβέβληκας Amyot, Xyl. : βεβλ. ‖ 10 Καὶ γὰρ suppl. Amyot, Steph. : lac. 6-8 litt. πολὺ γὰρ Hub. ‖ παχὺ ci. Wytt. : τραχὺ ‖ 11 ᾗ Basil. : ἢ ‖ B 3 θᾶττον post ὅθεν add. voluit dub. Hub. coll. Macrob. VII, 13, 20 (unde θᾶττον pro μᾶλλον (4) dub. Pohlenz) ‖ 8 νίτρῳ scripsi : λίθοι T λίτρῳ Doe. ‖ C 1-2 οὐ]δὲν — ποιεῖν suppl. et corr. Bern. : οὐ et lac. 5-6 litt. πετουτόποτε lac. 5-6 litt. ‖ C2 κά]θαρσιν suppl. Bern. : lac. 6 litt. ‖ διὰ Bern. : δὲ.

en dilatant et en ouvrant les interstices, favorise la disparition de la saleté. En réalité, tout ce qui est gras se lave difficilement et fait des taches ; or l'eau de mer est grasse ; c'est donc là très probablement ce qui explique qu'elle ne lave pas bien. Qu'elle soit grasse, Aristote l'a lui-même également affirmé[1] ; car les sels contiennent de la graisse, et, quand on en met dans les lampes, celles-ci brûlent mieux, et, pour ce qui est de l'eau de mer, quand on en asperge les flammes, elle mêle son éclat au leur ; d'ailleurs, de toutes les eaux, celle de la mer brûle le plus facilement. J'ajouterai qu'à mon avis c'est aussi la plus chaude pour cette raison[2]. Toutefois, l'on pourrait donner encore une autre explication : puisqu'il s'agit en dernier lieu d'essorer le linge lavé et que ce qui sèche le plus vite apparaît le plus propre[3], il faut donc que l'eau de lessive parte avec la saleté, comme avec la maladie l'ellébore[4]. Or le soleil pompe facilement l'eau douce à cause de sa légèreté, tandis que l'eau salée, retenue par son âpreté dans les interstices, sèche difficilement. »

4 « Ce que tu dis là ne vaut rien, reprit Théon ; car Aristote affirme dans le même livre qu'après un bain de mer on sèche plus vite, si l'on se met au soleil, qu'après un bain d'eau douce. » « D'accord, répartis-je, mais je croyais que tu t'en remettrais plutôt à Homère, qui dit le contraire. Car Ulysse, après son naufrage, se présente à Nausicaa « effrayant » à voir, « tout gâté par la mer »[5], et il dit aux jeunes femmes :

« Ne restez pas si près, servantes ! Sans votre aide,
je saurai bien laver mon dos de cette écume »[6],

1. **Probl.* 432 B 4-18 ; 933 A 19.

2. Les mêmes affirmations, 696 D et *Quaest. phys.* 911 E. Aristote a mis en rapport la graisse et la chaleur, *P.A.* 677 B 33, **Probl.* 932 B 6, et analysé l'étrange possibilité de combustion de l'eau de mer (**Probl.* 933 A 17 sqq. ; 935 A 5 sqq. et, peut-être, 932 B 5). Pour ce qui est des lampes, il paraît qu'on recommandait encore récemment d'y mettre du sel (Z. Abramowiczówna, *Kom.*, p. 108).

καὶ γὰρ αὕτη τοὺς ⟨πόρους⟩ ἀναστομοῦσα καὶ ⟨ἀνοίγουσα⟩ κατασύρει τὸν ῥύπον. Ἐπεὶ δὲ πᾶν τὸ λιπαρὸν δυσέκπλυτόν ἐστι καὶ κηλῖδα ποιεῖ, λιπαρὰ δ' ἡ θάλασσα, τοῦτ' ἂν αἴτιον εἴη μάλιστα τοῦ μὴ καλῶς πλύνειν. Ὅτι δ' ἐστὶ λιπαρὰ καὶ αὐτὸς εἴρηκεν Ἀριστοτέλης· οἵ τε γὰρ ἅλες λίπος ἔχουσιν καὶ τοὺς λύχνους βέλτιον παρέχουσι καομένους, αὐτή θ' ἡ θάλαττα προσραινομένη ταῖς φλοξὶ συνεκλάμπει, καὶ κάεται μάλιστα τῶν ὑδάτων τὸ θαλάττιον· ὡς δ' ἐγᾦμαι, διὰ τοῦτο καὶ θερμότατόν ἐστιν. Οὐ μὴν ἀλλὰ καὶ κατ' ἄλλον τρόπον· ἐπεὶ τῆς D
πλύσεως τέλος ἡ ψῦξίς ἐστιν καὶ μάλιστα φαίνεται καθαρὸν τὸ τάχιστα ξηρὸν γινόμενον, δεῖ δὴ τὸ πλῦνον ὑγρὸν τῷ ⟨ῥύπ⟩ῳ συνεξελθεῖν, ὥσπερ τῷ νοσήματι τὸν ἐλλέβορον. Τὸ μὲν οὖν γλυκὺ ῥᾳδίως ὁ ἥλιος ἐξάγει διὰ κουφότητα, τὸ δ' ἁλμυρὸν ἐνισχόμενον τοῖς πόροις διὰ τραχύτητα δυσξήραντόν ἐστιν. »

4 Καὶ ὁ Θέων ὑπολαβὼν « Οὐδέν » ἔφη « λέγεις· Ἀριστοτέλης γὰρ ἐν τῷ αὐτῷ βυβλίῳ φησὶν τοὺς ἐν θαλάττῃ λουσαμένους τάχιον ἀποξηραίνεσθαι τῶν γλυκεῖ χρησαμένων, ἂν ἐν ἡλίῳ στῶσιν ». « Λέγει γάρ », εἶπον· « ἀλλ' ᾤμην σε μᾶλλον Ὁμήρῳ τἀναντία λέγοντι πισ- E
τεύσειν. Ὁ γὰρ Ὀδυσσεὺς μετὰ τὸ ναυάγιον ἐντυγχάνει τῇ Ναυσικάᾳ « σμερδαλέος » ὀφθῆναι, « κεκακωμένος ἅλμῃ », καὶ πρὸς τὰς θεραπαινίδας φησίν·

« Ἀμφίπολοι, στῆθ' οὕτω ἀπόπροθεν, ὄφρ' [ἂν] ἐγὼ αὐτὸς
ἅλμην ὤμοιιν ἀπολούσομαι »,

627 C 3 πόρους suppl. Amyot, Steph. : lac. 3-4 litt. ‖ 3-4 ἀνοίγουσα suppl. Amyot, Steph. : lac. 4-5 litt. ‖ 9 αὐτή Steph. : αὕτη ‖ D 3 τάχιστα Doe. : μάλιστα ‖ δὴ Wytt. : δὲ ‖ 4 ῥύπ[ῳ suppl. et corr. Amyot, Steph. : lac. 4-5 litt. ῳ ‖ 10 γλυκεῖ Hub. : γλυκείῳ ‖ E 2 τὸ ναυάγιον Ald. : τὸν αὔγιον ‖ 5 οὕτω Amyot, Xyl. : οὕτως ‖ 6 ἂν del. Xyl. cum Hom. et Macrob. ‖ 7 ἀπολούσομαι Amyot, Xyl. : -σωμαι.

puis, descendu dans le fleuve, « de sa tête il essore les humeurs de la mer »[1] ; le poète a donc parfaitement compris ce qui se passe : en effet, quand, en sortant de la mer, on se met au soleil, la chaleur fait évaporer l'eau dans sa partie claire et légère, tandis que l'élément salé et âpre reste seul à la surface du corps et s'y fixe comme une véritable croûte de sel, jusqu'à ce qu'on le nettoie avec de l'eau potable et douce »[2].

Question X

Pourquoi à Athènes on ne classait jamais dernier[3] le chœur de la tribu Aiantis.

1 Lors de la fête donnée à l'occasion de la victoire de Sarapion, qu'il avait remportée comme instructeur du chœur pour la tribu Léontis[4], j'étais invité en ma qualité de membre par intégration de cette tribu[5] ; on parla naturellement de la récente compétition. En effet, le concours avait donné lieu à une lutte très vive sous la glorieuse et magnifique présidence du roi Philopappos, chorège, en même temps, pour toutes les tribus. Or celui-ci se trouvait au nombre des convives, et, sur certaines antiquités, tantôt il donnait son avis, tantôt il écoutait celui des autres, par courtoisie non moins que par curiosité.

2 Une question de ce genre fut posée par le grammairien Marcos. Il dit que Néanthès de Cyzique rapporte dans l'*Histoire Légendaire* des cités[6] que la tribu Aiantis avait un privilège particulier, celui de ne point voir son chœur classé dernier ; « cet historien, dit-il <a sans doute beaucoup inventé>[7] ; mais s'il n'altère pas ce fait-là, occupons-nous tous ensemble à en rechercher

1. *Od.* VI, 226. Ces exemples homériques sont si peu probants, que la conclusion qu'en tire Plutarque lui-même n'est guère conforme à ce que nous attendions ; car parler d'une croûte de sel est une chose, parler de l'humidité persistante en est une autre.

καταβὰς δ' εἰς τὸν ποταμόν « ἐκ κεφαλῆς ἔσμηχεν ἁλὸς χνόον », ὑπερφυῶς τοῦ ποιητοῦ τὸ γινόμενον συνεωρακότος· ὅταν γὰρ ἐκ τῆς θαλάττης ἀναδύντες ἐν τῷ ἡλίῳ στῶσιν, τὸ λεπτότατον καὶ κουφότατον τῆς ὑγρασίας ἡ θερμότης διεφόρησεν, τὸ δ' ἁλμυρὸν αὐτὸ F
καὶ τραχὺ καταλειφθὲν ἐφίσταται καὶ παραμένει τοῖς σώμασιν ἁλώδης ἐπίπαγος, μέχρι ἂν αὐτὸ ποτίμῳ καὶ γλυκεῖ κατακλύσωσιν. » |

ΠΡΟΒΛΗΜΑ Ι 628 A

Διὰ τί τῆς Αἰαντίδος φυλῆς Ἀθήνησιν οὐδέποτε τὸν χορὸν ἔκρινον ὕστατον.

1 Ἐν δὲ τοῖς Σαραπίωνος ἐπινικίοις, ὅτε τῇ Λεοντίδι φυλῇ τὸν χορὸν διατάξας ἐνίκησεν, ἑστιωμένοις ἡμῖν ἅτε δὴ καὶ φυλέταις οὖσι δημοποιήτοις οἰκεῖοι λόγοι τῆς ἐν χειρὶ φιλοτιμίας παρῆσαν. Ἔσχε γὰρ ὁ ἀγὼν ἐντονωτάτην ἅμιλλαν, ἀγωνοθετοῦντος ἐνδόξως καὶ μεγαλοπρεπῶς Φιλοπάππου τοῦ βασιλέως ⟨καὶ⟩ ταῖς φυλαῖς ὁμοῦ πάσαις χορηγοῦντος. Ἐτύγχανε δὲ συνεστιώμενος ἡμῖν B
καὶ τῶν παλαιῶν τὰ μὲν λέγων, τὰ δ' ἀκούων διὰ φιλανθρωπίαν οὐχ ἧττον ἢ φιλομάθειαν.

2 Προυβλήθη δέ τι τοιοῦτον ὑπὸ Μάρκου τοῦ γραμματικοῦ. Νεάνθη τὸν Κυζικηνὸν ἔφη λέγειν ἐν τοῖς κατὰ πόλιν μυθικοῖς ὅτι τῇ Αἰαντίδι φυλῇ γέρας ὑπῆρχεν τὸ μὴ κρίνεσθαι τὸν ⟨ἐκείνης⟩ χορὸν ἔσχατον· « ... μὲν οὖν », ἔφη, « προ... ξιν ἱστορίας ὁ ἀνα ... · εἰ δὲ τοῦτό γ' οὐ νοθεύει, προκείσθω τῆς αἰτίας ἐν κοινῷ πᾶσιν ἡ

627 E 8 ἔσμηχεν Amyot, Xyl. : ἔσχημεν ‖ 628 A 9 καὶ add. Amyot ‖ B 7 ἐκείνης suppl. Ziegler, ap. Hub. : lac. 3-4 litt. ‖ lac. 5-7 litt. ‖ 8 lac. 5-6 litt. ‖ lac. 4-6 litt. ‖ 9 γ' οὐ Amyot, Vulc. : γοῦν.

la raison ». « Et si son affirmation est fausse? », dit mon ami Milon. « Ce ne sera pas terrible, répondit Philopappos, si notre goût de l'érudition nous met dans la même situation que le sage Démocrite. Celui-ci mangeait, je crois, un concombre ; il lui trouva un goût de miel et questionna la servante sur le lieu où elle l'avait acheté ; comme elle lui indiquait un jardin, il se leva et voulut qu'elle l'y conduisît et lui montrât l'endroit. La femme s'en étonna et lui demanda ce qu'il voulait faire ; « il faut, dit-il, que je découvre la cause de cette douceur, et je la découvrirai quand je me serai livré à l'observation du terrain en question. » « Alors assieds-toi, lui dit la femme en souriant, « car c'est moi qui ai mis par inadvertance le concombre dans un pot qui avait contenu du miel[1] ». « Tant pis[2], s'écria-t-il sur un ton de mécontentement ; je n'en vais pas moins m'attacher à mon propos, et rechercher cette raison, comme si la douceur était la propriété naturelle de ce concombre. »[3] Ne faisons donc pas non plus du relatif manque de scrupules de Néanthès un motif de dérobade : à défaut d'autre utilité, cette conversation nous permettra d'exercer notre esprit. »

3 Ce fut alors un seul et même flot d'éloges de la tribu, chacun citant ce qui pouvait être glorieux pour elle. Marathon était mis sur le tapis, comme étant un dème de cette tribu[4]. On expliquait aussi qu'Harmodios[5] était un Aiantide, puisqu'il était originaire du dème d'Aphidna. Le rhéteur Glaucias affirma que l'aile droite du dispositif, à Marathon, avait été confiée aux Aiantides, en se fondant sur le témoignage d'Eschyle[6], connu comme un brillant acteur de cette bataille[7] ; il fit remarquer en outre que le polémarque Callimaque était de cette tribu, lui qui s'était conduit en héros et avait été le principal responsable de

1. Pour le sens du participe μεμελιτωμένον, voir H. Bolkestein, *op. c.*, p. 97, et Z. Abramowiczówna, *Kom.* p. 114 = 240.

ζήτησις. » Εἰπόντος δὲ τοῦ ἑταίρου Μίλωνος « Ἂν οὖν ψεῦδος ᾖ τὸ λεγόμενον ; », « Οὐδέν » ἔφη « δεινόν » ὁ Φιλόπαππος, « εἰ ταὐτὸ πεισόμεθα Δημοκρίτῳ ⟨τῷ⟩ σοφῷ διὰ φιλολογίαν. Καὶ γὰρ ἐκεῖνος ὡς ἔοικε τρώγων C σίκυον, ὡς ἐφάνη μελιτώδης ὁ χυμός, ἠρώτησε τὴν διακονοῦσαν ὁπόθεν πρίαιτο · τῆς δὲ κῆπόν τινα φραζούσης, ἐκέλευσεν ἐξαναστὰς ἡγεῖσθαι καὶ δεικνύναι τὸν τόπον · θαυμάζοντος δὲ τοῦ γυναίου καὶ πυνθανομένου τί βούλεται, « Τὴν αἰτίαν », ἔφη, « δεῖ με τῆς γλυκύτητος εὑρεῖν, εὑρήσω δὲ τοῦ χωρίου γενόμενος θεατής » · « Κατάκεισο δή », τὸ γύναιον εἶπε μειδιῶν, « ἐγὼ γὰρ ἀγνοήσασα τὸ σίκυον εἰς ἀγγεῖον ἐθέμην μεμελιτωμένον » · ὁ δ' ὥσπερ ἀχθεσθείς « Ἀπέκναισας » εἶπεν « καὶ οὐδὲν ἧττον ἐπιθήσομαι τῷ λόγῳ καὶ ζητήσω τὴν αἰτίαν, ὡς ἂν οἰκείου D καὶ συγγενοῦς οὔσης τῷ σικύῳ τῆς γλυκύτητος. » Οὐκοῦν μηδ' ἡμεῖς τὴν Νεάνθους ἐν ἐνίοις εὐχέρειαν ἀποδράσεως ποιησώμεθα πρόφασιν · ἐγγυμνάσασθαι γάρ, εἰ μηδὲν ἄλλο χρήσιμον, ὁ λόγος παρέξει. »

3 Πάντες οὖν ὁμαλῶς ἐρρύησαν πρὸς τὸ τὴν φυλὴν ἐγκωμιάζειν, εἴ τι καλὸν πρὸς δόξαν αὐτῇ ὑπῆρχεν ἀναλεγόμενοι. Καὶ γὰρ ὁ Μαραθὼν εἰς μέσον εἵλκετο, δῆμος ὢν ἐκείνης τῆς φυλῆς · καὶ τοὺς περὶ Ἁρμόδιον Αἰαντίδας ἀπέφαινον, Ἀφιδναίους γε δὴ τῶν δήμων γεγονότας. Γλαυκίας δ' ὁ ῥήτωρ καὶ τὸ δεξιὸν κέρας Αἰαντίδαις τῆς ἐν Μαραθῶνι παρατάξεως ἀποδοθῆναι E ταῖς Αἰσχύλου δὴ μαρτυρίαις ἔλεγε πιστούμενος, ἠγωνισμένου τὴν μάχην ἐκείνην ἐπιφανῶς · ἔτι δὲ καὶ Καλλίμαχον ἀπεδείκνυεν τὸν πολέμαρχον ἐξ ἐκείνης ὄντα τῆς φυλῆς, ὃς αὑτόν τε παρέσχεν ἄριστον ἄνδρα καὶ τῆς μάχης

628 B 12 τῷ add. Amyot, Steph. ‖ D 4 ποιησώμεθα Bern. : -σόμεθα ‖ 10 Ἀφιδναίους Basil. : ἀφνιδαίους ‖ E 2 δὴ μαρτυρίαις Abram. : τὴν μεθορίαν ‖ ἔλεγε scripsi : ἐλεγείαις ‖ 5 αὑτόν Xyl. : ἀυτόν (sic).

la bataille, après Miltiade, pour avoir exprimé le même avis que celui-ci[1]. Quant à moi, j'abondais dans le sens de Glaucias, en disant que le décret même, en vertu duquel Miltiade fit sortir de la ville les Athéniens, avait été proposé sous la prytanie de la tribu Aiantis[2], et aussi que cette tribu s'était acquis un très grand renom lors de la bataille de Platées ; voilà pourquoi les Aiantides allaient sur le Cithéron offrir aux nymphes du Sphragidion le sacrifice ordonné par la Pythie en remerciement pour cette victoire, la victime et tout le reste leur étant fournis par la cité[3]. « Mais il est évident, poursuivis-je, que les autres tribus ont aussi leurs mérites, et vous savez bien que la mienne en premier lieu, la Léontis, ne le cède à aucune en renommée. Considérez donc s'il n'y a pas plus de vraisemblance à voir dans le fait en question une manière de consoler et d'apaiser le héros éponyme de la tribu ; car le fils de Télamon n'est pas de caractère à supporter avec résignation une défaite, mais il est homme à n'épargner personne dans sa colère et sa jalousie ; donc, afin qu'il ne soit pas furieux et implacable, on décida de lui éviter la défaite la plus humiliante, en n'abaissant jamais sa tribu jusqu'au dernier rang »[4].

μετά γε Μιλτιάδην αἰτιώτατος κατέστη σύμψηφος ἐκείνῳ γενόμενος. Ἐγὼ δὲ τῷ Γλαυκίᾳ προσετίθην, ὅτι καὶ τὸ ψήφισμα, καθ' ὃ τοὺς Ἀθηναίους ἐξήγαγεν, τῆς Αἰαντίδος φυλῆς πρυτανευούσης γραφείη, καὶ ὅτι περὶ τὴν ἐν Πλαταιαῖς μάχην εὐδοκιμήσειεν ἡ φυλὴ μάλιστα· διὸ καὶ ταῖς Σφραγίτισι Νύμφαις τὴν ἐπινίκιον καὶ πυθόχρη-
στον ἀπῆγον Αἰαντίδαι θυσίαν εἰς Κιθαιρῶνα, τῆς πόλεως F
τὸ ἱερεῖον καὶ τἆλλα παρεχούσης αὐτοῖς. « Ἀλλ' ὁρᾷς », ἔφην, « ὅτι πολλὰ καὶ ταῖς ἄλλαις φυλαῖς ὑπάρχει, καὶ
πρώτην γε τὴν ἐμὴν | ἴστε δὴ τὴν Λεοντίδα μηδεμιᾷ 629 A
δόξης ὑφιεμένην. Σκοπεῖτε δή, μὴ πιθανώτερον λέγεταί τι παραμύθιον τοῦ ἐπωνύμου τῆς φυλῆς καὶ παραίτησιν εἶναι τὸ γινόμενον· οὐ γὰρ εὔκολος ἐνεγκεῖν ἧτταν ὁ Τελαμώνιος, ἀλλ' οἷος ἀφειδεῖν πάντων ὑπ' ὀργῆς καὶ φιλονεικίας· ἵν' οὖν μὴ χαλεπὸς ᾖ μηδ' ἀπαραμύθητος, ἔδοξε τῆς ἥττης ἀφελεῖν τὸ δυσχερέστατον, εἰς τὴν ἐσχάτην χώραν μηδέποτε τὴν φυλὴν αὐτοῦ καταβαλόντας. »

628 E 6 ἐκείνῳ Amyot, Xyl. : ἐκείνοις ‖ 11 Σφραγίτισι Xyl. : σφαγίτισι ‖ 629 A 2 δόξης Turn. : δόξῃ ‖ τι Bolk. : τό.

LIVRE II

NOTICE

Au deuxième banquet de ce *Livre*[1], offert par le rhéteur Glaucias[2] à Éleusis après la célébration des Mystères, assiste un certain Xénoclès de Delphes, épicurien et néanmoins vieil ami de la famille de Plutarque, vu la liberté qu'il prend — et il en avait, paraît-il, l'habitude — de se moquer de la voracité béotienne de Lamprias. Aussi sommes-nous étonnés de ne pas le revoir.

La troisième *Question*, débattue à la table de Sosius Sénécion[3], nous fait connaître Alexandre, Sylla et Firmus. Le premier, un Épicurien lui aussi, se gausse avec humour d'un interdit orphico-pythagoricien, mais paraît décidément avoir l'ironie facile pour un homme prétendu « charmant et cultivé, χαρίεις καὶ φιλόλογος ἐπιεικῶς ». Peut-être s'identifie-t-il au dédicataire du traité *Sur la méchanceté d'Hérodote*. Mais il est parfaitement arbitraire de le mettre en rapport[4] avec le « maître » du même nom, mentionné par deux inscriptions du Ier siècle, semble-t-il, *IG* II², 3793 et 3819. — De Sylla — ὁ ἑταῖρος — nous apprenons en *Rom.* 15, 3 que son gentilice était Sextius et qu'il était

1. Je ne reparlerai des banquets dont il a déjà été question dans la Notice du premier *Livre* que dans la mesure où j'y rencontrerai des personnages nouveaux.

2. Voir *supra*, p. 9.

3. Voir *supra*, p. 3-4.

4. Comme l'a fait A. E. Raubitschek, Phaidros and his roman pupils (*Hesperia* XVIII, 1949, p. 99-100).

originaire de Carthage. Cependant, il séjourna sans doute fréquemment, et parfois longuement, à Rome, où Plutarque dut faire sa connaissance. Sa considération dans la capitale devait être grande, puisque c'est lui qui offrira à Plutarque, lorsque celui-ci y revint pour la seconde fois, le banquet de bienvenue, selon la coutume romaine (VIII, 7-8, où son origine est confirmée). A Rome aussi se tient le Dialogue *Qu'il faut maîtriser la colère*, auquel il participe. Il joue également un rôle important dans le Dialogue *Sur le visage dans la lune*, et, dans nos *Propos de table*, il assistera encore au repas de III, 3-5, ne prenant toutefois la parole que dans la dernière de ces trois *Questions*. C'était assurément un « homme favorisé des Muses et des Grâces » (*Rom.* 15, 3), dont la timidité devant le problème de l'origine de l'univers, au cours du banquet de ce deuxième *Livre*, nous surprend. — Au sujet de Firmus, cet autre γαμβρός, j'ajouterai simplement à ce que j'ai dit pour Craton[1] qu'il habitait peut-être Delphes, où un témoignage épigraphique le donne comme archonte[2]. Son nom latin n'en est que plus étonnant.

Les quatrième et cinquième *Questions* évoquent le banquet que Plutarque offrit dans sa maison de Delphes, sans attendre la fin des jeux, pour fêter la victoire au concours de poésie de son compatriote Sosiclès de Coronée[3]. Nous avons vu celui-ci dans le premier *Livre* (2,618 F et la note 8) s'agiter — si ma supposition est exacte — en compagnie du grammairien Modestus et subir, de ce fait, les plaisanteries de Lamprias, et nous le retrouverons en V, 4, participant à l'exégèse d'un passage homérique. Le titre énigmatique *Σωσικλῆς βιβλία β'*, n° 57 du « Catalogue de Lamprias »,

1. *Supra*, p. 4-5.
2. E. Bourguet, *De rebus Delph.*, p. 30.
3. Wilamowitz a prétendu que l'adverbe Κορωνῆθεν dérivait, non de Κορώνεια, mais de Κορώνη, la cité de Messénie (Lesefrüchte, *Hermes* LXI, 1926, p. 293). En réalité, les thèmes étaient flottants, auxquels s'ajoutait le suffixe -θεν : cf. Πυθῶθεν et Πυθωνόθεν,

paraît témoigner de rapports étroits entre Plutarque et lui. — Quant à Lysimaque, l'épimélète sans notoriété[1] qui avait dirigé le concours, il ne fut invité, semble-t-il, que par politesse, tandis que le Thessalien Ménécrate n'est absolument pour nous qu'une ombre fugitive.

Soclaros, le passionné d'arboriculture qui offre la garden-party des bords du Céphise (6), se présentera, dans le scabreux débat sur le moment propice à l'amour (III, 6), comme un homme d'un certain âge, mais encore vert ; il sera reçu, en même temps que Plutarque, chez Mestrius Florus (V, 7), et deux autres fois chez Plutarque lui-même : VI, 8, à l'occasion de la fête dite « βουλίμου ἐξέλασις », célébrée par Plutarque au nom de la cité en sa qualité d'archonte, et VIII, 6, où il prendra affectueusement la défense des fils contre les reproches du père. Un vieil ami de la famille, certainement, peut-être un peu plus âgé que Plutarque, comme il appert, semble-t-il, du Dialogue *Sur l'intelligence des animaux*, dont il est un des interlocuteurs. Comment ne pas l'identifier au Λεύκιος Μέστριος Σώκλαρος Χαιρωνεύς, cité en tant que témoin dans une affaire judiciaire par une inscription de Daulis — située à quelques kilomètres de Chéronée — datant de 118 (*IG* IX, 1, 61), et ne pas penser qu'il reçut, comme Plutarque, son gentilice romain de L. Mestrius Florus, leur ami commun? Aussi bien notre Céphise est-il celui qui coule dans la plaine de Béotie. Je ne crois donc pas que ce Soclaros, dont Plutarque avait donné le nom à l'un de ses fils, ait un rapport avec celui de Tithorée en Phocide[2], fils d'Aristion, qui rencontra — par hasard — Plutarque à la fête des Érotideia de Thespies, où celui-ci s'était rendu avec sa jeune femme peu de temps après leur mariage, et qui participe au Dialogue

1. Εἷς τῶν Ἀμφικτυόνων ἐπιμελητής : dans la langue tardive, εἷς est devenu l'équivalent de τις.

2. Bien que Tithorée, au flanc du Parnasse, soit, elle aussi, assez proche du Céphise, pour qu'un de ses habitants ait pu posséder un jardin sur ses bords : cf. R. Flacelière, éd. de l'*Amatorius*, p. 19, H. Bolkestein, *op. c.*, p. 128.

Sur l'amour tenu dans le sanctuaire des Muses de l'Hélicon. — Parmi les invités de Soclaros, se trouve Philon, ce médecin de Hyampolis que nous verrons traiter si richement ses hôtes et plaisanter Philinos sur son extrême sobriété (IV, 1)[1]. Il donnera en VI, 2 et VIII, 9 son point de vue sur des problèmes physiologiques et médicaux, mais en abandonnant curieusement à ses interlocuteurs dilettantes la majeure partie de l'exposé.

La septième *Question*, sur le rémora, est introduite par Chérémonianos de Tralles, autrement inconnu. On a évoqué à son propos un certain Chérémon qui restaura Tralles à la suite d'un tremblement de terre[2].

Le troisième γαμβρός[3], Patrocléas, jouera constamment, comme dans la neuvième *Question* de ce *Livre*, les utilités : en VII, 2, à Delphes, en V, 7, chez Mestrius Florus[4], et dans les Dialogues *Sur les délais de la justice divine* et *Sur l'âme* (frgs. 177 et 178, Sandbach). On est surpris de le voir si souvent, et pourtant si superficiellement, représenté.

La dernière conversation (*Q.* 10) est placée à l'époque où Plutarque remplissait les fonctions d'archonte à Chéronée ; le service par tables et portions individuelles, pratiqué aux repas publics qu'il offrait, excite l'animosité et la verve de Hagias, un Hagias qui apostrophe Plutarque d'un ὦ ἑταῖρε et que l'on raille sur son embonpoint. Ce personnage n'a donc rien de commun avec le garçon — νεανίσκος — discret du même nom, élève de Plutarque (τὰ φιλοσοφοῦντα μειράκια μεθ' ἡμῶν), qui, à la fête du vin nouveau célébrée par le père du philosophe (III, 7)[5], se montrera si docile aux injonctions du maître de maison.

Les « Questions de table » proprement dites représen-

1. Voir *supra*, p. 8.
2. Append. à *Anthol. Palat.*, Tauchnitz, 1829, p. 381, n° 222 ; cf. A. Chenevière, *De Plut. familiaribus*, Genève, 1886, p. 123.
3. Voir *supra*, p. 4-5 et p. 56.
4. Voir *infra*, p. 103-4.
5. Voir *supra*, p. 6.

tent une très faible proportion de ce *Livre* ; seule la dernière *Question*, sur la manière de servir les convives, est de cette nature, la seconde, sur le rôle de l'automne dans notre nourriture, ne s'y rattachant que de très loin, et la première, sur les interrogations et plaisanteries que les convives peuvent ou doivent se faire mutuellement, devenant rapidement une analyse psychologique. La première partie de celle-ci — sur les interrogations auxquelles on aime répondre — présente de nombreuses concordances avec les traités *Sur le bavardage* et *Sur l'éloge de soi-même*[1], ce qui implique sans doute, pour les trois œuvres, une même époque de composition (le *De laude ips.* se désignant lui-même, par ailleurs, comme une œuvre tardive), et certainement, pour les passages apparentés, des sources communes ou, ce qui revient au même, une influence réciproque à partir de sources premières[2]. Sources qui relèvent d'une part de la prédication stoïcienne contre cette maladie de l'âme qu'est la φιλοδοξία, d'autre part de la rhétorique pratique dans laquelle devaient se spécialiser plus tard un Alexandre ou un Hermogène. La seconde partie, consacrée à la raillerie, est principalement d'inspiration péripatéticienne, comme le montre notamment sa parenté avec plusieurs passages du *Traité de Coislin*[3] et des œuvres de Cicéron[4], étroitement liés à l'enseignement d'Aristote[5], et avec quelques affirmations d'Aristote lui-même[6]. La source précise pourrait être le *Περὶ λέξεως* de Théophraste, par l'intermédiaire

1. Voir *infra*, la note 2 pour la p. 67.
2. Je croirais volontiers que Plutarque a repris du *De garrul.* et du *De laude ips.* les exemples concernant les voyages, la vie politique et la vie judiciaire pour son propos des Συμποσιακά.
3. Kaibel, *Com. Graec. Fragm.* I, 1, p. 50 sqq.
4. Cf., par exemple, *De or.* II, 221, 229, 239, 246-7, 272, 281, et *Or.* 89.
5. Cf., Quintilien VI, 3, 28 ; 3, 33.
6. Cf. *Nic.* 1128 A 29, E. Arndt, *De ridiculi doctr. rhetor.*, Bonn, 1904, p. 23-4, K. Mittelhaus, *De Plut. praec. ger. reip.*, Berlin, 1911, p. 48 sqq.

d'Ariston de Chios[1], ou, selon Mittelhaus, le *Περὶ γελοίου* du même[2]. L'apport d'Aristote, ou des *Problèmes, et de Théophraste est d'ailleurs considérable dans ce *Livre* aux nombreuses *Questions* d'ordre « scientifique » ; deux d'entre elles, notamment, la troisième, sur l'antériorité de génération de l'œuf ou de la poule, et la sixième, sur la greffe, sont principalement à mettre à leur compte, bien que dans celle-là soient également exprimées des croyances orphiques. Il a même été risqué, à cet égard, des suppositions plus précises : l'identification de l'œuf avec la matière primordiale (636 C) et l'affirmation selon laquelle l'œuf est vénéré par les communautés bachiques en tant que symbole de l'être qui engendre et contient l'univers (636 E) paraissent montrer, selon R. Turcan[3], que Plutarque a connu les exégèses et les comparaisons d'Apion, le polémiste alexandrin du temps de Tibère. Un recueil de problèmes homériques pourrait avoir servi de tremplin pour les *Questions* 4 et 5 ; Plutarque y aura donné la priorité au thème particulier de l'ancienneté de la lutte parce qu'il se reliait plus naturellement au banquet évoqué.

1. Cf. A. Mayer, Aristonstudien (*Philologus,* suppl. XI, 1907-10), p. 495.
2. Cf. Diogène Laërce V, 48, Athénée 348 A.
3. L'œuf orphique et les quatre éléments (*Rev. Hist. Rel.* CLX, 1961, p. 18-21, d'après une citation d'Apion dans la sixième Homélie du Pseudo-Clément) : « ainsi l'allusion (636 AB) au plumage bigarré de l'oiseau sorti d'un œuf simple et indifférencié rappelle étrangement l'argumentation de l'Alexandrin démontrant que la variété d'ornements du paon est en puissance dans l'œuf unicolore, comme la multiplicité des êtres, des formes et des espèces, dans le magma hylique originel. »

LIVRE II

Parmi les éléments qui interviennent dans les repas ou les banquets, Sosius Sénécion, les uns sont indispensables, tels le vin, le pain, le poisson[1] et aussi, bien sûr, les lits et les tables. Les autres ne sont qu'accessoires ; faits pour le plaisir, ils ne répondent à aucune nécessité, tels les divertissements pour les yeux et les oreilles[2], ou les bouffonneries d'un Philippe au banquet de Callias[3] : leur présence peut réjouir les convives, mais on s'en passe sans trop de regrets et sans aller prétendre, dans ce cas, qu'il manque quelque chose à la réunion. Il en est de même de la conversation : certains sujets sont acceptés par les gens de bonne compagnie[4] pour des raisons d'ordre pratique, concernant précisément le banquet, les autres, au contraire, sont traités parce qu'ils procèdent d'une curiosité naturelle qui convient mieux aux circonstances que ne le feraient la flûte ou la lyre[5]. De ces deux types de conversations, mon premier livre contenait divers exemples, à savoir, du premier type, celle qui portait sur la philosophie à table et sur la distribution d'office ou le libre choix des places[6], entre autres ; du second type, celle qui portait sur l'inspiration poétique des amoureux et sur la tribu Aiantis[7]. Le premier groupe représente ce que j'appellerai spécialement les « questions de table », tandis que je donne à l'ensemble le nom plus général de « propos de table ». En les transcrivant, je n'ai cependant pas tenu compte de cette distinction ; c'est au hasard que je les ai reproduites, et selon que chacune d'elles me revenait à l'esprit. Au reste, que les lecteurs ne s'éton-

1. Sur ce sens restreint du terme ὄψον, cf. 667 F.

ΣΥΜΠΟΣΙΑΚΩΝ

ΒΙΒΛΙΟΝ ΔΕΥΤΕΡΟΝ

1 Τῶν εἰς τὰ δεῖπνα καὶ τὰ συμπόσια παρασκευαζο- 629 C
μένων, ὦ Σόσσιε Σενεκίων, τὰ μὲν ἀναγκαίων ἔχει τάξιν,
ὥσπερ οἶνος καὶ σιτία καὶ ὄψα καὶ στρωμναὶ δηλαδὴ καὶ
τράπεζαι · τὰ δ' ἐπεισόδια γέγονεν ἡδονῆς ἕνεκεν, χρείας
μὴ συναγομένης, ὥσπερ ἀκροάματα καὶ θεάματα καὶ
γελωτοποιός τις ἐν Καλλίου Φίλιππος, οἷς παροῦσι μὲν
ἥδονται, μὴ παρόντα δ' οὐ πάνυ ποθοῦσιν οὐδ' αἰτιῶνται
τὴν συνουσίαν ὡς ἐνδεέστερον ἔχουσαν. Οὕτω δὴ καὶ τῶν
λόγων τοὺς μὲν ἐπὶ χρείᾳ τῇ περὶ τὰ συμπόσια παρα-
λαμβάνουσιν οἱ μέτριοι, τοὺς δ' ἄλλους δέχονται θεωρίαν
πιθανὴν καὶ τῷ καιρῷ μᾶλλον αὐλοῦ καὶ βαρβίτου πρέ- D
πουσαν ἔχοντας. Ὧν καὶ τὸ πρῶτον ἡμῖν βιβλίον εἶχε
μεμιγμένα δείγματα, τοῦ μὲν προτέρου γένους τὸ περὶ
τοῦ φιλοσοφεῖν παρὰ πότον καὶ περὶ τοῦ διανέμειν αὐτὸν
ἢ τοῖς δειπνοῦσιν ἐφιέναι τὰς κλίσεις ⟨καὶ τὰ τοι⟩αῦτα ·
τοῦ δὲ δευτέρου περὶ τοῦ τοὺς ἐρῶντας ποιητικοὺς εἶναι
καὶ περὶ τῆς Αἰαντίδος φυλῆς · ⟨ἐκεῖνα γοῦν⟩ καλῶ δῆτα
[καὶ ... τὰ] συμποτικά · τὰ δ⟨ὲ συναμφό⟩τερα κοινῶς
συμποσιακά. Σποράδην δ' ἀναγέγραπται καὶ οὐ δια-
κεκριμένως, ἀλλ' ὡς ἕκαστον εἰς μνήμην ἦλθεν. Οὐ δεῖ δὲ

629 C 2 ἀναγκαίων Kronenberg : ἀναγκαίαν || D 5 καὶ τὰ τοι[αῦτα suppl. Amyot : lac. 4-5 litt. || 7 ἐκεῖνα γοῦν suppl. Vollgraff : lac. 2 litt. || 8 καὶ et lac. 4 litt. τὰ del. ut dittograph. (postquam corr. et suppl. καλῶ δῆτα) Abram. || δ]ὲ συναμφό[-τερα suppl. Bolk. : lac. 3-4 litt.

nent pas si, dans ce recueil qui t'est dédié, j'ai rapporté des propos que tu as toi-même tenus ; en effet, quand ce que l'on apprend ne provoque pas de souvenir, souvent se souvenir produit le même effet qu'apprendre[1].

Question I

Quelles sont, selon Xénophon, les questions et les plaisanteries qu'il est agréable — ou non — de faire à table.[2]

1 Chaque livre contient donc dix débats, et le premier de celui-ci nous est en quelque sorte proposé par Xénophon, le disciple de Socrate. Il rapporte en effet que Gobryas, invité à la table de Cyrus, s'émerveillait surtout du soin que mettaient les Perses à se poser mutuellement des questions qu'il était plus agréable d'entendre que de ne pas entendre et à échanger des plaisanteries qu'il était plus flatteur de subir que de ne pas subir[3]. En effet, s'il arrive souvent que des compliments froissent ou importunent, comment ne pas admirer la finesse et l'esprit de ces hommes dont les railleries mêmes donnaient du plaisir et de l'agrément à ceux à qui elles s'adressaient ? Or, un jour que tu me recevais à Patras, tu m'as déclaré que tu aimerais apprendre de quel genre de questions il s'agissait et quelle était leur forme. « Car, disais-tu, c'est un point important du savoir-vivre, de connaître et d'observer la bienséance dans les questions et les plaisanteries. »

2 « Certes, répartis-je, mais Xénophon n'en montre-t-il pas lui-même le genre dans le banquet socratique

1. Ce passage discuté (voir l'apparat critique) semble être un écho de la théorie de l'ἀνάμνησις exposée dans le *Ménon* de Platon.
2. *Question* reprise par Macrobe, *Sat.* VII, 2 et 3.
3. *Cyr.* IV, 6 - V, 2, 18 : Gobryas était un prince assyrien qui mit ses forces au service de Cyrus, ce qui lui valut l'amitié du roi. Il joua un rôle important dans la prise de Babylone en 539, et resta fidèle à Darius. — Cette courtoisie dans la plaisanterie préoccupe également Aristote (*Nic.* 1128 A 27).

θαυμάζειν τοὺς ἀναγινώσκοντας, εἰ σοὶ προσφωνοῦντές τινα τῶν ποτε ῥηθέντων καὶ ὑπὸ σοῦ συνηγάγομεν· καὶ E
γὰρ ἂν αἱ μαθήσεις ἀναμνήσεις μὴ ποιῶσιν, πολλάκις εἰς ταὐτὸ τῷ μανθάνειν τὸ ἀναμιμνῄσκεσθαι καθίστησιν.

ΠΡΟΒΛΗΜΑ Α

Τίν' ἐστὶν ἃ Ξενοφῶν παρὰ πότον ἥδιον ἐρωτᾶσθαί φησι καὶ σκώπτεσθαι ἢ μή.

1 Δέκα δὲ προβλημάτων εἰς ἕκαστον νενεμημένων βιβλίον, ἐν τούτῳ πρῶτόν ἐστιν ὃ τρόπον τινὰ Ξενοφῶν ὁ Σωκρατικὸς ἡμῖν προβέβληκεν. Τὸν γὰρ Γωβρύαν φησὶ συνδειπνοῦντα τῷ Κύρῳ τά τ' ἄλλα θαυμάζειν τῶν Περσῶν καὶ ὅτι τοιαῦτα μὲν ἀλλήλους ἠρώτων ἃ ἥδιον ἦν ἐρωτηθῆναι ἢ μή, ⟨ἔσκωπτον δ' ἃ⟩ σκωφθῆναι κάλ⟨λιον ἢ μή⟩· εἰ γὰρ ἐπαινοῦντες ἕτεροι πολλάκις ⟨λυποῦσι⟩ καὶ προσίστανται, πῶς οὐκ ἄξιον ἦν ἄγασθαι τὴν εὐτραπελίαν ἐκείνων καὶ τὴν σύνεσιν, ὧν καὶ τὰ F
σκώμματα τοῖς σκωπτομένοις ἡδονὴν καὶ χάριν παρεῖχεν ; Δεχόμενος οὖν ἡμᾶς ἐν Πάτραις ἡδέως ἂν ἔφης πυθέσθαι τὰ τοιαῦτ' ἐρωτήματα ποίου γένους εἴη καὶ τίς αὐτῶν τύπος· « οὐ γάρ τι μικρόν », ἔφης, « τῆς ὁμιλητικῆς μόριον ἡ περὶ τὰς ἐρωτήσεις καὶ τὰς παιδιὰς τοῦ ἐμμελοῦς ἐπιστήμη καὶ τήρησις. » |

2 « Μέγα μὲν οὖν », ἔφην ἐγώ, « ἀλλ' ὅρα μὴ καὶ αὐτὸς 630 A
ὁ Ξενοφῶν ἔν τε τῷ Σωκρατικῷ καὶ τοῖς Περσικοῖς

629 E 1 ποτε ῥηθέντων Wil. : προρρηθέντων || καὶ ὑπὸ Bolk. : ἢ ὑπὸ T ἢ del. Amyot interpr. || 2 ἂν αἱ : εἰ Abram. || αἱ ante ἀναμνήσεις (2) transtul. Vollgraff || ποιῶσιν : ποιοῦσιν Abram. || 8 ὃ Basil. : ὅν || 9 προβέβληκεν Méz. : παραβέβλ. || 12 ἔσκωπτον δ' ἃ suppl. Bern. : lac. 8 litt. || 13 κάλ]λιον ἢ μή corr. et suppl. Bern. : καὶ lac. 4 litt. || 14 λυποῦσι suppl. Bern. : lac. 6 litt. || F 3 ἔφης Wytt. : ἔφυ || 5 ἔφης Wytt. : ἔφησε.

et les banquets perses? Pourtant si tu veux que moi aussi, je donne là-dessus mon avis, il me semble en premier lieu que l'on aime s'entendre poser des questions auxquelles on peut facilement répondre, c'est-à-dire dans des domaines que l'on connaît bien. Car s'il s'agit de ce que l'on ignore, ou bien l'on est vexé de se voir contraint au silence, comme une personne incapable de donner ce qui lui est réclamé, ou bien l'on se trouble et l'on se sent mal à l'aise, en répondant au hasard et par simple conjecture. Lorsque la réponse, en plus de sa facilité, permet encore de se faire valoir, elle est d'autant plus agréable à donner ; or les réponses qui permettent de se faire valoir sont celles qui supposent des connaissances peu communes et peu soupçonnées, en astronomie, par exemple, ou en dialectique, pourvu qu'on soit versé dans ces matières. Car ce n'est pas seulement pour nos actes et nos occupations, mais aussi pour nos conversations, que vaut le mot d'Euripide : chacun trouve son plaisir

« dans ce qui lui permet de se surpasser »[1].

On est tout aise de répondre à des questions sur des matières dans lesquelles on souhaite que ses connaissances ne passent pas inaperçues ou ne restent pas ignorées. Ainsi ceux qui ont beaucoup voyagé ou navigué sont ravis d'être interrogés sur les contrées lointaines ou les mers étrangères, sur les coutumes et les lois des peuples barbares ; ils racontent avec empressement ce qu'ils ont vu, décrivent les golfes et les sites, en pensant trouver là une récompense et un dédommagement de leurs peines. D'une manière générale, nous sommes ravis d'être interrogés sur ce que nous avons l'habitude de dire et de raconter spontanément, lorsque personne ne nous demande rien, car ainsi nous avons l'impression de faire plaisir à des gens que nous nous serions difficilement abstenus d'importuner. Cette manie-là est particulièrement fréquente chez les marins[2]. Les gens plus distingués souhaitent être interrogés sur ce dont ils ont envie de

ἐπιδείκνυσι συμποσίοις τὸ γένος. Εἰ δὲ δοκεῖ καὶ ἡμᾶς
ἐπιθέσθαι τῷ λόγῳ, πρῶτον ἡδέως ἐρωτᾶσθαί μοι δοκοῦ-
σιν ἃ ῥᾳδίως ἀποκρίνασθαι δύνανται· ταῦτα δ' ἐστὶν ὧν
ἐμπειρίαν ἔχουσιν. Ἃ γὰρ ἀγνοοῦσιν, ἢ μὴ λέγοντες
ἄχθονται καθάπερ αἰτηθέντες ὃ δοῦναι μὴ δύνανται, ἢ
λέγοντες ἀπὸ δόξης καὶ εἰκασίας οὐ βεβαίου διαταράσ-
σονται καὶ κινδυνεύουσιν. Ἂν δὲ μὴ μόνον ἔχῃ τὸ ῥᾴδιον,
ἀλλὰ καί ⟨τι⟩ περιττὸν ἡ ἀπόκρισις, ἡδίων ἐστὶ τῷ
ἀποκρινομένῳ· περιτταὶ δ' εἰσὶν αἱ τῶν ἐπισταμένων ἃ μὴ B
πολλοὶ γινώσκουσι μηδ' ἀκηκόασιν, οἷον ἀστρολογικῶν,
διαλεκτικῶν, ἄνπερ ἕξιν ἐν αὐτοῖς ἔχωσιν. Οὐ γὰρ πράττων
μόνον ἕκαστος οὐδὲ διημερεύων, ὡς Εὐριπίδης φησίν,
ἀλλὰ καὶ διαλεγόμενος

« ἵν' αὐτὸς αὑτοῦ τυγχάνῃ κράτιστος ὤν »

ἡδέως διατίθεται. Καὶ χαίρουσι τοῖς ἐρωτῶσιν ἃ γινώ-
σκοντες ἀγνοεῖσθαι καὶ λανθάνειν οὐ θέλουσιν. Διὸ καὶ
περὶ χώρας ἀποίκου καὶ ξένης θαλάττης ἐθῶν τε βαρ-
βαρικῶν καὶ νόμων οἱ πεπλανημένοι καὶ πεπλευκότες
ἥδιον ἐρωτῶνται καὶ προθύμως διηγοῦνται, καὶ διαγρά-
φουσι κόλπους καὶ τόπους, οἰόμενοι καὶ χάριν τινὰ τῶν
πόνων ταύτην καὶ παραμυθίαν κομίζεσθαι. Καθόλου C
δ' ὅσα μηδενὸς ἐρωτῶντος αὐτοὶ διηγεῖσθαι καὶ λέγειν
ἀφ' ἑαυτῶν εἰώθαμεν ἥδιον ἐρωτώμεθα, χαρίζεσθαι τούτοις
δοκοῦντες, ὧν ἔργον ἦν ἐνοχλουμένων ἀποσχέσθαι. Καὶ
τοῦτο μὲν ἐν τοῖς πλωτικοῖς μάλιστα φύεται τὸ γένος τοῦ
νοσήματος· οἱ δὲ κομψότεροι ταῦτ' ἐρωτᾶσθαι θέλουσιν

630 A 4 τῷ ci. Amyot : τινὶ ‖ 6 ἢ Amyot, Giannotti : οἱ ‖ 10 τι add. Hub. τὸ Rei. ‖ B 1 περιτταὶ Turn. : περιττοὶ ‖ C 6 ταῦτ' Amyot, Xyl. : τοῦτο.

parler, mais dont leur réserve les retient d'infliger le récit à ceux qui sont là ; comme le récit de leurs exploits et de leurs succès personnels. Nestor a donc raison de dire à Ulysse, qu'il savait épris de gloire :

« Allons, dis-nous, illustre Ulysse, noble gloire des Achéens, comment vous vous êtes emparés de ces chevaux »[1].

On s'irrite en effet contre ceux qui se décernent à eux-mêmes des éloges et qui retracent complaisamment leurs propres réussites, à moins que quelqu'un de la compagnie ne les y ait invités et qu'ils ne soient, pour ainsi dire, contraints de parler. Les hommes d'État, par exemple, qui se sont illustrés par quelque action importante ont plaisir à être interrogés sur leurs ambassades ou leur carrière politique. Aussi les envieux et les malveillants évitent-ils de les interroger sur ces sujets ; et si quelqu'un d'autre le fait, ils s'efforcent de détourner la conversation, afin de prévenir le récit et de faire obstacle à un discours qui fournirait à son auteur l'occasion de se mettre en valeur. C'est donc un autre moyen de plaire à ceux que l'on interroge, de leur demander ce que, visiblement, leurs ennemis et leurs détracteurs n'ont pas envie d'entendre.

3 Ulysse, cependant, dit à Alcinoos :

« Mais ton cœur te pousse à vouloir connaître la peine qui m'afflige : tu veux donc redoubler ma tristesse et mes larmes? »[2],

et Oedipe, au chœur :

« Il est cruel, étranger, de réveiller un mal depuis longtemps déjà endormi »[3] ;

1. Homère, *Il.* X, 544-5.
2. Homère, *Od.* IX, 12.
3. Sophocle, *O.C.* 510-1. En fait, dans la tragédie de Sophocle, c'est le coryphée qui adresse ces mots à Œdipe (comparer la note 6, pour la p. 24, *infra*).

ἃ βουλόμενοι λέγειν αἰδοῦνται καὶ φείδονται τῶν παρόντων· οἷον ὅσα τυγχάνουσιν αὐτοὶ διαπεπραγμένοι καὶ κατωρθωκότες. Ὀρθῶς γοῦν ὁ Νέστωρ τὴν φιλοτιμίαν τοῦ Ὀδυσσέως ἐπιστάμενος

« Εἴπ' ἄγε μ', ὦ πολύαιν' Ὀδυσεῦ », φησί, « μέγα κῦδος Ἀχαιῶν,
ὅππως [δὴ] τούσδ' ἵππους λάβετον. » D

Ἄχθονται γὰρ τοῖς αὑτοὺς ἐπαινοῦσιν καὶ τὰς ἑαυτῶν εὐτυχίας διεξιοῦσιν, ἂν μὴ κελεύσῃ ἄλλος τις τῶν παρόντων ⟨καὶ οἷον βια⟩ζόμενοι λέγωσιν. ⟨Ἡδέως⟩ γοῦν ἐρωτῶνται ⟨περὶ⟩ πρεσβειῶν καὶ ⟨περὶ⟩ πολιτειῶν ⟨ὅσοι⟩ μέγα τι καὶ λαμπρὸν εἰργασμένοι τυγχάνουσιν. Ὅθεν ἥκιστα περὶ τούτων οἱ φθονεροὶ καὶ κακοήθεις ἐρωτῶσι, κἂν ἄλλο⟨ς τις ἔρη⟩ται τὰ τοιαῦτα, διακρούονται καὶ παρατρέπουσιν, χώραν τῇ διηγήσει μὴ διδόντες μηδὲ βουλόμενοι λόγου τὸν λέγοντα κοσμοῦντος ἀφορμὰς προέσθαι. Καὶ ταῦτ' οὖν ἐρωτῶντες χαρίζονται τοῖς ἀποκρινομένοις ἃ τοὺς ἐχθροὺς καὶ δυσμενεῖς αἰσθάνονται μὴ βουλομένους ἀκούειν.

3 Καὶ μὴν ὅ γ' Ὀδυσσεὺς τῷ Ἀλκινόῳ· E

« Σοὶ δ' ἐμὰ κήδεα θυμὸς ἐπετράπετο στονόεντα
εἴρεσθ', ὄφρ' ἔτι μᾶλλον ὀδυρόμενος στεναχίζω. »

Καὶ πρὸς τὸν χορὸν ὁ Οἰδίπους·

« Δεινὸν μὲν τὸ πάλαι κείμενον ἤδη κακόν, ὦ ξεῖν', ἐ⟨πε⟩γείρειν »·

630 C 11 Ὀδυσεῦ Xyl. : ὀδυσσεῦ ‖ D 1 ὅππως Xyl. : ὅπως ‖ δὴ del. Xyl. ‖ 2 αὑτοὺς Amyot, Xyl. : αὐτοὺς ‖ 4 καὶ οἷον βια[-ζόμενοι suppl. Bern. : lac. 6-9 litt. ‖ Ἡδέως suppl. Turn. : lac. 5-7 litt. ‖ 5 περὶ suppl. Turn. : lac. 4-5 litt. ‖ περὶ suppl. Turn. : lac. 3-5 litt. ‖ 6 ὅσοι suppl. Hub. : lac. 4 litt. ‖ 7 οἱ Steph. : ὡς ‖ 8 ἄλλο]ς τις ἔρη[ται suppl. Cobet : lac. 6-7 litt. ‖ 11 χαρίζονται Amyot : χαρίζεσθαι ‖ E 2 ἐπετράπετο Amyot, Xyl. : ἐπετέτραπτο ‖ 6 ξεῖν', ἐ]πε[γείρειν corr. et suppl. Amyot, Xyl. : ξεῖνε et lac. 4-5 litt.

Euripide, au contraire :

« Qu'il est doux, le souvenir des périls passés ! »[1]

... mais non pas pour ceux qui sont encore errants et qui n'ont pas vu la fin de leurs épreuves. Il faut donc se garder d'interroger les gens sur leurs malheurs. Ils souffrent d'avoir à relater les condamnations qu'ils ont subies, les funérailles de leurs enfants, ou des déboires rencontrés dans leur commerce sur terre ou sur mer. Mais sur un succès de tribune, sur des paroles aimables que leur a adressées le roi, sur la manière dont ils ont, eux seuls, échappé au danger, tandis que leurs compagnons étaient assaillis par la tempête ou les pirates, voilà sur quels sujets ils sont contents d'être interrogés à plusieurs reprises ; savourant en paroles, pour ainsi dire, la chance qu'ils ont connue en fait, ils ne se lassent pas de raconter, de rappeler leurs souvenirs. Ils sont heureux aussi lorsqu'on les interroge sur les succès de leurs amis et sur les progrès que font leurs enfants, soit dans les études, soit au barreau, soit dans la faveur des souverains. Sur les affronts et les dommages éprouvés par leurs ennemis et leurs détracteurs, sur les condamnations de ces derniers — lorsqu'ils se sont vus réduits au silence et à l'impuissance — ils discourent avec plus de satisfaction et de complaisance si on les interroge : d'eux-mêmes ils n'oseraient en parler, par crainte de paraître se réjouir du malheur d'autrui. Quel plaisir aussi pour le chasseur d'être interrogé sur ses chiens, pour l'amateur d'athlétisme, sur les concours gymniques, pour l'amoureux, sur les beaux garçons et les belles filles ! De son côté, le dévot qui se plaît aux sacrifices raconte volontiers ses songes et toutes les faveurs qu'il a obtenues des dieux par l'interprétation des présages et l'offrande des victimes, et l'on peut lui faire plaisir en l'interrogeant à ce sujet. Quant aux vieillards, ils sont absolument enchantés qu'on les interroge, même si ce qu'ils ont à dire ne les concerne pas du tout : ils sont toujours prêts à répondre aux sollicitations.

ὁ δ' Εὐριπίδης τοὐναντίον·

«ὡς ἡδύ ⟨τοι σωθέντα μεμνῆσθαι⟩ πόνων»

... οὐ τοῖς ἔτι πλανωμένοις καὶ δεινὰ φέρουσιν. Τῶν οὖν
κακῶν φυλακτέον ἐστὶ τὰς ἐρωτήσεις· ἀνιῶνται γὰρ
διηγούμενοι καταδίκας αὑτῶν ἢ ταφὰς παίδων ἤ τινας
κατὰ γῆν οὐκ εὐτυχεῖς ἢ κατὰ θάλατταν ἐμπορίας. Τὸ δὲ F
πῶς εὐημέρησαν ἐπὶ βήματος ἢ προσηγορεύθησαν ὑπὸ
τοῦ βασιλέως ἢ τῶν ἄλλων περιπεσόντων χειμῶσιν ἢ
λῃσταῖς αὐτοὶ διέφυγον τὸν κίνδυνον, ἡδέως ἐρωτῶνται
πολλάκις καὶ τρόπον τινὰ τῷ λόγῳ τοῦ πράγματος
ἀπολαύοντες ἀπλήστως ἔχουσι τοῦ διηγεῖσθαι καὶ μνημο-
νεύειν. | Χαίρουσι δὲ καὶ περὶ φίλων εὐτυχούντων 631 A
ἐρωτώμενοι καὶ περὶ παίδων προκοπτόντων ἐν μαθήμασιν
⟨ἢ⟩ συνηγορίαις ἢ φιλίαις βασιλέων. Ἐχθρῶν δὲ καὶ
δυσμενῶν ὀνείδη καὶ βλάβας καὶ καταδίκας ἐξελεγχθέντων
καὶ σφαλέντων ἥδιον ἐρωτώμενοι καὶ προθυμότερον
ἐξαγγέλλουσιν· αὐτοὶ δ' ἀφ' αὑτῶν ὀκνοῦσι, φυλαττόμενοι
δόξαν ἐπιχαιρεκακίας. Ἡδίων δ' ὁ καὶ περὶ κυνῶν ἄνδρα
θηρευτικὸν ἐρωτῶν καὶ φιλαθλητὴν περὶ γυμνικῶν ἀγώνων
καὶ περὶ καλῶν ἐρωτικόν. Ὁ δ' εὐσεβὴς καὶ φιλοθύτης
διηγηματικὸς ὀνείρων καὶ ὅσα χρησάμενος ἢ φήμαις ἢ
ἱεροῖς [ἢ] θεῶν εὐμενείᾳ κατώρθωσεν, καὶ ἡδέως ἂν περὶ
τούτων ἐρωτῷτο. Τοῖς δὲ πρεσβύταις, κἂν μηδὲν ἡ διήγη- B
σις ᾖ προσήκουσα, πάντως οἱ ἐρωτῶντες χαρίζονται καὶ
κινοῦσι βουλομένους.

630 E 8 τοι σωθέντα μεμνῆσθαι suppl. ci. Hub. e Macrob. (τὸν σωθ. μεμν. Amyot) : lac. 4-5 litt. ‖ 9 lac. 25-30 litt. ἀλλ' ci. Amyot ‖ 9 καὶ δεινὰ Abram. : καινὰς ‖ 631 A 3 ἢ add. Bern. ‖ 7-8 ἡδίων δ' ὁ ... ἐρωτῶν ci. Paton : ἥδιον δὲ ... ἐρωτᾶν ‖ 11 ἢ del. Hub. ‖ καὶ ante ἡδέως transtuli : post ἂν praebet T ‖ B 1 ἐρωτῷτο Amyot : ἐρωτῶνται.

« Nestor, fils de Nélée, dis-moi la vérité : comment donc est tombé l'Atride? Où était Ménélas? n'était-il pas en Argos d'Achaïe? »[1]
... ainsi se multiplient les questions et l'occasion est donnée pour de longs discours, alors que d'autres, en les bornant à l'indispensable et en resserrant le champ des réponses, privent les vieillards de ce qui fait à leurs yeux le charme de la vie. Bref, si l'on veut plaire, et ne pas contrarier, il faut poser des questions dont les réponses ne provoqueront pas le blâme, mais l'éloge, ni la haine ou l'envie, mais la bienveillance et la gratitude de la part des assistants. Voilà pour ce qui est de l'art d'interroger[2].

4 Quant à la raillerie, si quelqu'un n'est pas assez discret ni assez adroit pour l'employer à bon escient[3], il doit s'en abstenir complètement. Sur un terrain glissant, en effet, il suffit de toucher au passage pour renverser ; de la même façon, dans un banquet nous risquons, à toute occasion de parler, quelque inconvenante qu'elle soit, de nous laisser entraîner. Or les railleries nous touchent parfois plus que les injures, parce que nous voyons bien que celles-ci ne représentent fréquemment qu'une impulsion involontaire due à la colère, tandis que la raillerie, nullement irrépressible, procède au contraire d'un esprit d'insolence et de méchanceté qui nous offusque. Et en général ceux qui font semblant de parler sérieusement nous irritent plus que ceux qui débitent de franches sornettes... la raillerie peut n'être qu'une injure préméditée[4]. Appeler quelqu'un « marchand de harengs » est une injure directe, lui dire : « Je te revois en train de te moucher du coude »[5] est une raillerie. Telle fut la réplique de Cicéron à Octavius, qui passait pour libyen :

1. Homère, *Od.* III, 247-8, 249, 251 (trad. V. Bérard). Les participes ἐρωτῶν et προϊέμενος de la phrase suivante sont difficilement explicables. D'autre part, on attend le nom de l'auteur de ces questions (il s'agit de Télémaque), lesquelles, d'ailleurs, ne sont pas toutes citées. Sans doute quelques mots du texte primitif se sont-ils perdus.

« Ὦ Νέστορ Νηληιάδη, σὺ δ' ἀληθὲς ἐνίσπες, πῶς ἔθαν' Ἀτρείδης ; Ποῦ Μενέλαος ἔην ; Ἦ οὐκ Ἄργεος ἦεν Ἀχαιικοῦ ; » ... πόλλ' ἐρωτῶν ἅμα καὶ πολλῶν λόγων ἀφορμὰς προιέμενος, οὐχ ὥσπερ ἔνιοι συστέλλοντες εἰς τὸ ἀναγκαῖον αὐτὸ καὶ συνελαύνοντες τὰς ἀποκρίσεις ἀφαιροῦνται τῆς γεροντικῆς διατριβῆς τὸ ἥδιστον. Ὅλως δ' οἱ θέλοντες εὐφραίνειν μᾶλλον ἢ λυπεῖν τοιαύτας ἐρωτήσεις προφέρονται ὧν ταῖς ἀποκρίσεσιν οὐ ψόγος, ἀλλ' ἔπαινος, οὐδὲ μῖσος ἢ νέμεσις, ἀλλ' εὔνοια καὶ χάρις ἕπεται παρὰ τῶν ἀκουσάντων. Ταῦτα μὲν οὖν τὰ περὶ τὰς C ἐρωτήσεις.

4 Σκώμματος δὲ τῷ μὴ δυναμένῳ μετ' εὐλαβείας καὶ τέχνης κατὰ καιρὸν ἅπτεσθαι παντάπασιν ἀφεκτέον· ὥσπερ ⟨γὰρ⟩ ἐν ὀλισθηρῷ τόπῳ, κἂν θίγωσιν ἐκ παραδρομῆς μόνον, ἀνατρέπουσιν, οὕτως ἐν οἴνῳ πρὸς πᾶσαν ἀφορμὴν λόγου μὴ κατὰ σχῆμα γιγνομένην ἐπισφαλῶς ἔχομεν. Τοῖς δὲ σκώμμασιν ἔστιν ὅτε μᾶλλον ἢ ταῖς λοιδορίαις ἐκκινούμεθα, τὸ μὲν ὑπ' ὀργῆς πολλάκις ἀβουλήτως ὁρῶντες γινόμενον, τὸ δ' ὡς οὐκ ἀναγκαῖον, ἀλλ' ἔργον ὕβρεως καὶ κακοηθείας προβαλλόμενοι· καὶ καθόλου διαλέγεσθαι τοῖς ... νοις μᾶλλον ἢ τοῖς ⟨κομιδῇ⟩ D φλυαροῦσι χαλεπαίνομεν· ... ὅτι δ' ὅλως τὸ ... ματι προσέσται ... τὸ σκῶμμα, λοιδόρημα δὲ ... εἶναι καὶ πεποιημένον ἐκ παρασκευῆς. Ὁ γὰρ εἰπὼν ταριχοπώλην αὐτόθεν ἐλοιδόρησεν, ὁ δὲ φήσας « Μεμνήμεθά σε τῷ βραχίονι ἀπομυττόμενον » ἔσκωψεν. Καὶ Κικέρων πρὸς Ὀκταούιον, ἐκ Λιβύης εἶναι δοκοῦντα, λέγοντος δ' αὐτοῦ

631 B 5 ἔην Xyl. : ἦν ‖ 6 Ἀχαιικοῦ Steph. : ἀχαικου ‖ lac. suspicor ‖ 7 προιέμενος Amyot : προσιέμ. ‖ C 5 γὰρ add. Xyl. γὰρ τοὺς Amyot, Steph. ‖ D 1 lac. 6-7 litt. ‖ κομιδῇ suppl. Bolk. : lac. 4 litt. ‖ 2 lac. 2-3 litt. ‖ lac. 2-4 litt. ‖ 3 lac. 4-5 litt. ‖ lac. 4-5 litt.

comme celui-ci prétendait ne pas entendre ses paroles, « Tu as pourtant, lui dit-il, les oreilles percées »[1]. Et Mélanthios dit au poète comique qui le raillait : « Eh quoi ? Ne t'acquittes-tu pas simplement de ta dette ? »[2]. Les railleries blessent donc davantage, leur morsure se prolonge comme celle des flèches à crochets, et la jouissance même que leur finesse procure aux assistants mortifie la victime[3] ; car cette satisfaction leur donne l'air d'ajouter foi aux paroles du railleur et de s'associer à l'outrage. La raillerie, en effet, est un blâme voilé pour une faute commise, selon Théophraste[4] ; en partant de l'allusion, l'auditeur supplée de lui-même à ce qui manque à cette dernière, comme s'il était au courant et y ajoutait foi. Ainsi, lorsque Théocrite répondit à un homme réputé détrousseur, qui lui demandait s'il allait à un dîner, qu'il y allait en effet, mais qu'il passait la nuit chez ses hôtes, celui qui se mit à rire et qui s'amusa de cette réponse ne faisait que confirmer l'insinuation[5]. Aussi le railleur insolent ne fait-il que communiquer sa malveillance aux assistants, du fait qu'ils se réjouissent et s'associent à l'injure. La sage Lacédémone mettait au nombre des exercices éducatifs d'apprendre à railler sans offenser et à supporter soi-même la raillerie ; et si quelqu'un d'aventure s'en formalisait, le railleur aussitôt y mettait un terme[6]. Comment dès lors serait-il facile de trouver une raillerie qui fît plaisir à celui qui en est l'objet, s'il faut déjà une expérience et une adresse peu communes pour que la raillerie n'ait rien d'offensant ?

5 En premier lieu, néanmoins, il me semble que les railleries, blessantes lorsqu'elles portent sur des défauts réels, amusent et flattent ceux qui sont au-dessus de tout soupçon. Ainsi, chez Xénophon, lorsque nous voyons cette espèce de monstre hirsute raillé par plaisanterie comme mignon de Sambaule[7]. Tu te

φάσκοντα μὴ ἀκούειν, « Καὶ μὴν τετρυπημένον » ἔφη
« ἔχεις τὸ οὖς. » Καὶ Μελάνθιος ὑπὸ τοῦ κωμῳδιοποιοῦ
καταγελώμενος ἔφη « Οὐκ ὀφειλόμενόν μοι ἀποδίδως
ἔρανον ; ». Μᾶλλον οὖν τὰ σκώμματα δάκνει, καθάπερ τὰ
παρηγκιστρωμένα βέλη πλείονα χρόνον ἐμμένοντα, καὶ E
λυπεῖ τοὺς σκωφθέντας † ἡ τέρψις τῇ κομψότητι † καὶ
ἡδύνει τοὺς παρόντας · ἡδόμενοι γὰρ ἐπὶ τῷ λεγομένῳ,
πιστεύειν ⟨δοκοῦσι καὶ συν⟩διασύρειν τῷ λέγοντι.
⟨'Ονειδι⟩σμὸς γάρ ἐστιν ἁμαρτίας παρε⟨σχηματισμένος
τὸ⟩ σκῶμμα κατὰ τὸν Θεόφραστον · ὅθεν ἐξ αὑτοῦ τῇ
ὑπονοίᾳ προστίθησιν ὁ ἀκούσας τὸ ἐλλεῖπον ὡς εἰδὼς καὶ
πιστεύων. 'Ο γὰρ γελάσας καὶ ἡσθείς, τοῦ Θεοκρίτου
πρὸς τὸν δοκοῦντα λωποδυτεῖν, ἐρωτῶντα δ' αὐτὸν εἰ
ἐπὶ δεῖπνον βαδίζει, φήσαντος βαδίζειν, ἐκεῖ μέντοι
καθεύδειν, βεβαιοῦντι τὴν διαβολὴν ὅμοιός ἐστιν. Διὸ
καὶ προσαναπίμπλησι τοὺς παρόντας ὁ σκώπτων παρὰ F
μέλος κακοηθείας, ὡς ἐφηδομένους καὶ συνυβρίζοντας.
Ἐν δὲ τῇ καλῇ Λακεδαίμονι τῶν μαθημάτων ἐδόκει τὸ
σκώπτειν ἀλύπως καὶ σκωπτόμενον φέρειν · εἰ δέ τις
ἀπείποι σκωπτόμενος, εὐθὺς ὁ σκώπτων ἐπέπαυτο. Πῶς
οὖν οὐ χαλεπὸν εὑρεῖν σκῶμμα τῷ σκωπτομένῳ κεχαρισ-
μένον, | ὅπου καὶ τὸ μὴ λυπεῖν τῷ σκώμματι οὐ τῆς 632 A
τυχούσης ἐμπειρίας καὶ δεξιότητός ἐστιν ;

5 Οὐ μὴν ἀλλὰ πρῶτά μοι δοκεῖ τὰ λυποῦντα τοὺς ἐνόχους σκώμματα τοῖς μακρὰν οὖσι τῆς διαβολῆς ἡδονήν τινα καὶ χάριν ποιεῖν. Οἷον ὁ Ξενοφῶν τὸν ὑπέραισχρον καὶ ὑπέρδασυν ἐκεῖνον ὡς παιδικὰ τοῦ Σαμβαύλα σκωπ-

631 D 9 ἔχεις Amyot : ἔχει ‖ 11 Interrog. voluit Abram. ‖ E 1 βέλη Basil. : μέλη ‖ 2-3 Text. corrupt. indic. Hub. ‖ 4 δοκοῦσι καὶ συν[διασύρειν suppl. Duebner (δοκοῦσι Amyot) : lac. 3-4 litt. ‖ 5 'Ονειδι[σμὸς suppl. Turn. : lac. 2 litt. ‖ 5-6 παρε]σχηματισμένος τὸ suppl. Turn. : lac. 5 litt. ‖ F 2 συνυβρίζοντας Amyot : συνυβριζομένους ‖ 632 A 1 λυπεῖν : λυποῦν Amyot, Steph. ‖ τῷ σκώμματι Abram. : τοῦ σκώμματος.

souviens aussi de la réflexion d'Aufidius Modestus à notre ami Quietus[1], qui disait, au cours d'une maladie, qu'il avait les mains froides : « Et pourtant tu les as ramenées chaudes de ta province ! » ; cela fit rire Quietus et le mit en gaieté, alors que pour un proconsul malhonnête c'eût été une accusation et une injure[2]. De la même façon, lorsque Socrate invitait Critobule, dont les traits étaient si ravissants, à mettre en balance leur beauté respective, c'était un simple badinage de sa part, et non de la dérision[3]. Alcibiade, en sens inverse, se moquait de Socrate pour sa jalousie à propos d'Agathon[4]. Les rois mêmes aiment qu'on leur parle comme à de simples particuliers sans fortune, à la manière de ce parasite dont Philippe s'était moqué et qui s'écria : « N'est-ce pas plutôt moi qui te nourris ? »[5]. Car dénoncer des défauts inexistants met en lumière l'existence des qualités. A condition toutefois que ces qualités soient solides et indiscutables ; sinon, les propos en question laisseront au contraire un doute sur leur sens véritable. Déclarer à un homme richissime qu'on va lui mettre ses créanciers aux trousses, traiter de grossier ivrogne un sobre buveur d'eau, appeler pingre et grippe-sou un homme généreux et libéral, ami des largesses, menacer une personnalité du barreau ou de la politique de les faire condamner en justice[6] amuse et fait sourire. C'est ainsi que Cyrus défiait ses compagnons précisément dans les domaines où il leur était inférieur, pour se rendre agréable à leurs yeux et se faire aimer d'eux[7]. Et je citerai encore Isménias : comme le déroulement d'un sacrifice au cours duquel il jouait de la flûte n'était pas favorable, celui qui l'avait engagé lui ôta l'instrument des mains et se mit à jouer d'une manière ridicule ; comme les assistants se récriaient, il leur dit : « Savoir jouer de la flûte d'une manière qui plaise aux dieux procède des dieux » — « Justement, répondit en riant Isménias, pendant que moi, je jouais, les dieux restaient tout à leur joie, tandis qu'avec toi

τόμενον εἰσάγει μετὰ παιδιᾶς. Καὶ Κυήτου τοῦ ἡμετέρου,
μέμνησαι γάρ, ἐν ἀσθενείᾳ τὰς χεῖρας ἔχειν ψυχρὰς
λέγοντος, Αὐφίδιος Μόδεστος « Ἀλλὰ μήν » ἔφη « θερμὰς
ἀπὸ τῆς ἐπαρχίας κεκόμικας αὐτάς » · τοῦτο γὰρ ἐκείνῳ
μὲν γέλωτα καὶ διάχυσιν παρέσχεν, κλέπτῃ δ' ἀνθυπάτῳ
λοιδόρημα καὶ ὄνειδος ἦν. Διὸ καὶ Κριτόβουλον ὁ B
Σωκράτης εὐπροσωπότατον ὄντα προκαλούμενος εἰς
σύγκρισιν εὐμορφίας ἔπαιζεν, οὐκ ἐχλεύαζεν. Καὶ Σωκράτην
πάλιν Ἀλκιβιάδης ἔσκωπτεν εἰς ζηλοτυπίαν τὴν περὶ
Ἀγάθωνος. Ἥδονται δὲ καὶ βασιλεῖς τοῖς λεγομένοις
ὡς εἰς πένητας αὐτοὺς καὶ ἰδιώτας, ὥσπερ ὑπὸ Φιλίππου
σκωφθεὶς ὁ παράσιτος εἶπεν · « Οὐκ ἐγὼ σὲ τρέφω ; »
Τὰ γὰρ οὐ προσόντα φαῦλα λέγοντες ἐμφαίνουσι τὰ
προσόντα χρηστά. Δεῖ δ' ὁμολογουμένως καὶ βεβαίως
προσεῖναι τὸ χρηστόν · εἰ δὲ μή, τὸ λεγόμενον τοὐναντίον
ἀμφισβητήσιμον ἔχει τὴν ὑπόνοιαν. Ὁ γὰρ τῷ πάνυ C
πλουσίῳ τοὺς δανειστὰς ἐπάξειν λέγων ἢ τὸν ὑδροπότην
καὶ σώφρονα παροινεῖν καὶ μεθύειν ἢ τὸν εὐδάπανον καὶ
μεγαλοπρεπῆ καὶ χαριστικὸν κίμβικα καὶ κυμινοπρίστην
προσαγορεύων ἢ τὸν ἐν συνηγορίαις καὶ πολιτείαις μέγαν
ἀπειλῶν ἐν ἀγορᾷ λήψεσθαι διάχυσιν καὶ μειδίαμα
παρέσχεν. Οὕτως ὁ Κῦρος ἐν οἷς ἐλείπετο τῶν ἑταίρων
εἰς ταῦτα προκαλούμενος ἐγίνετο προσηνὴς καὶ κεχαρισ-
μένος. Καὶ τοῦ Ἰσμηνίου τῇ θυσίᾳ προσαυλοῦντος, ὡς οὐκ
ἐκαλλιέρει, παρελόμενος τοὺς αὐλοὺς ὁ μισθοδότης
ηὔλησε γελοίως · αἰτιωμένων δὲ τῶν παρόντων, « Ἔστιν »,
ἔφη, « τὸ κεχαρισμένως αὐλεῖν ⟨θεοῖς⟩ θεόθεν » · ὁ D
δ' Ἰσμηνίας γελάσας · « Ἀλλ' ἐμοῦ μὲν αὐλοῦντος ἡδόμενοι

632 B 7 σὲ scripsi : σε edd. ‖ 10 τὸ ci. Hartm. : τι ‖ C 4 κυμινοπρίστην Xyl. : κύμινον ‖ C 10 μισθοδότης Bolk. : μισθοτὸς T μισθωτὸς apogr. ‖ D 1 θεοῖς add. Abram.

ils furent si pressés d'être débarrassés qu'ils ont agréé le sacrifice[1] ».

6 De plus, si par plaisanterie l'on désigne une action louable d'un terme injurieux, pourvu que ce soit avec esprit, on provoque une satisfaction qui dépasse même celle d'un éloge direct. Et d'ailleurs ce sont les insultes par antiphrase qui sont les plus mordantes, comme d'appeler les scélérats des Aristides, ou les lâches, des Achilles, à la manière d'Œdipe, parlant, chez Sophocle, de

« son fidèle Créon, son ami des premiers jours »[2].

A ce genre d'ironie paraît donc répondre celle qui se rapporte aux éloges et dont se servait Socrate, lorsque, pour parler de l'habileté d'Antisthène à susciter l'amitié entre les hommes et à les réunir dans une bienveillance mutuelle, il employait les termes d'entremetteur et de proxénète[3]... Le philosophe Cratès, que l'on recevait avec un empressement déférent dans toutes les maisons où il se présentait, était appelé « crocheteur de portes »[4].

7 Autre source d'agréables plaisanteries : les reproches qui ne sont qu'une façon d'exprimer la gratitude. Tel le mot de Diogène à propos d'Antisthène :

« lui qui m'a couvert de haillons, qui m'a contraint à la mendicité et qui m'a privé de toit »[5] ;

ç'aurait été moins expressif s'il avait dit : « lui qui m'a rendu sage, indépendant, et heureux ». Telle aussi la remarque du Lacédémonien : comme le gymnasiarque avait fourni du bois qui ne fumait pas, il fit semblant de s'en plaindre en ces termes : « Cet homme-là ne nous donne même pas l'occasion de pleurer »[6]. Il y a encore celui qui dit de l'hôte qui tous les jours le reçoit à

5. Seul le premier vers serait de Diogène, le second serait emprunté à une tragédie d'un autre auteur (Nauck, *Trag. Gr. Fr.*, *Adesp.* 394). Quoi qu'il en soit, une telle citation, destinée à servir d'exemple de plaisanterie, est assez inattendue.

διέτριβον οἱ θεοί, σοῦ δ' ἀπαλλαγῆναι σπεύδοντες ἐδέξαντο τὴν θυσίαν ».

6 Ἔτι τοίνυν οἱ τὰ χρηστὰ τῶν πραγμάτων τοῖς λοιδορουμένοις ὀνόμασι μετὰ παιδιᾶς καλοῦντες, ἂν ἐμμελῶς ποιῶσιν, αὐτῶν μᾶλλον εὐφραίνουσι τῶν ἀπ' εὐθείας ἐπαινούντων. Καὶ γὰρ δάκνουσι μᾶλλον οἱ διὰ τῶν εὐφήμων ὀνειδίζοντες, ὡς οἱ τοὺς πονηροὺς Ἀριστείδας καὶ τοὺς δειλοὺς Ἀχιλλεῖς καλοῦντες, ὃ καὶ ⟨ὁ⟩ τοῦ Σοφοκλέους Οἰδίπους ⟨ποιεῖ·

« ταύ⟩της Κρέων ὁ πιστὸς οὐξ ἀ⟨ρ⟩χῆς φίλος. »

Ἀντίστροφον οὖν ἔοικε γένος εἰρωνείας εἶναι τὸ περὶ τοὺς ἐπαίνους· ᾧ καὶ Σωκράτης ἐχρήσατο, τοῦ Ἀντισθένους E
τὸ φιλοποιὸν καὶ συναγωγὸν ἀνθρώπων εἰς εὔνοιαν μαστροπείαν [καὶ συναγωγίαν] καὶ προαγωγείαν ὀνομάσας ... Κράτητα δὲ τὸν φιλόσοφον, εἰς πᾶσαν οἰκίαν εἰσιόντα μετὰ τιμῆς καὶ φιλοφροσύνης δεχομένων, « θυρεπανοίκτην » ἐκάλουν.

7 Ποιεῖ δ' εὔχαρι σκῶμμα καὶ μέμψις ἐμφαίνουσα χάριν· ὡς Διογένης περὶ Ἀντισθένους ἔλεγεν

« ὅς με ῥάκη τ' ἤμπισχε κἀξηνάγκασεν
πτωχὸν γενέσθαι κἀκ δόμων ἀνάστατον »·

οὐ γὰρ ἂν ὁμοίως πιθανὸς ἦν λέγων « ὅς με σοφὸν καὶ αὐτάρκη καὶ μακάριον ἐποίησεν ». Καὶ ὁ Λάκων ἄκαπνα ξύλα τῷ γυμνασιάρχῳ παρασχόντι προσποιούμενος ἐγκα- F
λεῖν ἔλεγεν « δι' ὃν οὐδ' ἀποδακρῦσαι γέγονεν [ἐν] ἡμῖν. » Καὶ ⟨ὁ⟩ τὸν δειπνίζοντα καθ' ἡμέραν ἀνδραπο-

632 D 11 ὁ add. Bolk. ‖ 11-12 ποιεῖ · « ταύ[της suppl. Bolk. (ταύτης Amyot, Xyl.) : lac. 6 litt. ‖ 12 ἀ]ρ[χῆς suppl. Amyot, Xyl. : lac. 5-6 litt. ‖ E 3 καὶ συναγωγίαν del. Wytt. ‖ προαγωγείαν Wytt. (προαγωγίαν Amyot) : ἀγωγίαν ‖ lac. fere 2 vers. ‖ 9 ῥάκη Amyot, Steph. : κάρη ‖ F 2 ἐν del. Steph. ‖ 3 ὁ add. Franke.

dîner, qu'il le réduit en esclavage et que c'est un tyran, par la faute duquel il n'a point revu, depuis tant d'années, sa propre table. Et celui qui déclare que le roi lui a fait perfidement perdre le repos et le sommeil, parce qu'il est devenu riche, de pauvre qu'il était[1]. C'est comme si l'on accusait les Cabires d'Eschyle, en reprenant leurs propres termes, d'avoir « rendu le vinaigre rare dans la maison », comme ils en avaient eux-mêmes exprimé par plaisanterie la menace[2]. Ces manières indirectes de louer touchent davantage, parce qu'elles ont une grâce plus piquante, de sorte qu'elles ne peuvent heurter ni blesser[3] ceux à qui elles s'adressent.

8 Pour railler adroitement il faut d'autre part savoir distinguer un vice d'un penchant naturel, l'amour de l'argent ou du vin, par exemple, de celui des Muses ou de la chasse ; la raillerie indispose quand elle se rapporte aux premiers, elle plaît quand il s'agit des seconds. Il n'y avait rien de déplaisant dans la réflexion que fit Démosthène de Mitylène, frappant à la porte d'un grand amateur de chant et de cithare ; comme celui-ci avait répondu et le priait d'entrer, il lui dit : « Accroche d'abord ta cithare »[4]. Déplaisante, au contraire, était celle du parasite de Lysimaque : ce dernier ayant introduit un scorpion de bois dans son manteau, il en sursauta de frayeur ; mais lorsqu'il se rendit compte que c'était une farce, il s'écria : « Ô roi, je vais te faire peur, moi aussi : donne-moi un talent ! »[5].

9 Les mêmes différences se retrouvent en général à propos des disgrâces physiques. Si vous vous moquez des gens qui ont un nez crochu ou camus, ils en riront[6]. Ainsi, l'ami de Cassandre ne se vexa point lorsque Théophraste lui dit : « Je m'étonne que tes yeux ne chantent pas, alors que ton nez leur donne le ton »[7]. Cyrus conseilla pareillement à un homme au nez aquilin d'épouser une femme camarde, afin qu'ils fussent bien assortis[8]. Mais si vous vous moquez des gens qui sentent mauvais du nez ou de la bouche[9], ils se fâchent.

διστὴν καλῶν καὶ τύραννον, δι' ὃν ἐτῶν τοσούτων οὐχ
ἑώρακεν τὴν ἑαυτοῦ τράπεζαν. Καὶ ὁ λέγων ὑπὸ τοῦ
βασιλέως ἐπιβεβουλευμένος ἀφῃρῆσθαι τὴν σχολὴν καὶ
τὸν ὕπνον, πλούσιος γεγονὼς ἐκ πένητος. Καὶ εἴ τις
ἀντιστρέψας αἰτιῷτο τοὺς Αἰσχύλου Καβείρους | « ὄξους 633 A
σπανίζειν δῶμα » ποιήσαντας, ὥσπερ αὐτοὶ παίζοντες
ἠπείλησαν. Ἅπτεται γὰρ ταῦτα μᾶλλον ἔχοντα δριμυτέραν
χάριν, ὥστε μὴ προσίστασθαι μηδὲ λυπεῖν τοὺς ἐπαι-
νουμένους.

8 Δεῖ δὲ τὸν ἐμμελῶς σκώμματι χρησόμενον εἰδέναι
καὶ νοσήματος διαφορὰν πρὸς ἐπιτήδευμα, λέγω δὲ
φιλαργυρίας καὶ φιλοινίας πρὸς φιλομουσίαν καὶ φιλο-
θηρίαν· ἐπ' ἐκείνοις μὲν γὰρ ἄχθονται σκωπτόμενοι,
πρὸς ταῦτα δ' ἡδέως ἔχουσιν. Οὐκ ἀηδῶς γοῦν Δημοσθένης
ὁ Μιτυληναῖος, φιλῳδοῦ τινος καὶ φιλοκιθαριστοῦ θύραν
κόψας, ὑπακούσαντος αὐτοῦ καὶ κελεύσαντος εἰσελθεῖν,
« Ἂν πρῶτον » ἔφη « τὴν κιθάραν δήσῃς »· ἀηδῶς
δ' ὁ τοῦ Λυσιμάχου παράσιτος, ἐμβαλόντος αὐτοῦ B
σκορπίον ξύλινον εἰς τὸ ἱμάτιον, ἐκταραχθεὶς καὶ ἀναπη-
δήσας, ὡς ᾔσθετο τὴν παιδιάν, « Κἀγώ σ' » ἔφησεν
« ἐκφοβῆσαι βούλομαι, ὦ βασιλεῦ· δός μοι τάλαντον. »

9 Εἰσὶ δὲ καὶ περὶ τὰ σωματικὰ τοιαῦται διαφοραὶ
τῶν πολλῶν. Οἷον εἰς γρυπότητα καὶ σιμότητα σκωπτό-
μενοι γελῶσιν, ὡς ὁ Κασάνδρου φίλος οὐκ ἠχθέσθη τοῦ
Θεοφράστου πρὸς αὐτὸν εἰπόντος « Θαυμάζω σου τοὺς
ὀφθαλμοὺς ὅτι οὐκ ᾄδουσιν, τοῦ μυκτῆρος αὐτοῖς
ἐνδεδωκότος »· καὶ ὁ Κῦρος ἐκέλευσε τὸν γρυπὸν ⟨σιμὸν
ἀγαγέσθαι γύναιον⟩, οὕτω γὰρ ἐφαρμόσειν· εἰς δὲ C
δυσωδίαν μυκτῆρος ἢ στόματος ἄχθονται σκωπτόμενοι.

633 B 1 Λυσιμάχου Basil. : λυσίου ‖ 3 σ' » ἔφησεν scripsi : σε φησίν ‖ B 10 ἐκέλευσε Π : ἐκέλευες T ‖ B 10-C 1 σιμὸν ἀγαγέσθαι γύναιον add. Bern. (σιμὴν ἀγ. γυναῖκα Amyot, Turn.).

De même, si vous vous moquez des chauves[1], ils l'acceptent volontiers, mais des aveugles le supportent mal. Antigone se moquait bien lui-même de ce qu'il n'y voyait que d'un œil[2], disant, un jour qu'il recevait une requête écrite en grosses lettres : « Voilà qui est clair même pour un aveugle », mais il fit mettre à mort Théocrite de Chios pour avoir répondu à la personne qui lui dit : « Si tu parais aux yeux du roi, tu es sauvé » : « Alors, je n'ai aucun espoir »[3]. Léon de Byzance[4] répondit à Pasiadès, qui prétendait avoir contracté de lui son ophtalmie : « Tu me reproches une infirmité corporelle, mais tu ne vois pas que ton fils porte la vengeance divine sur ses épaules » ; or Pasiadès avait un fils bossu[5]. Archippos, le démagogue d'Athènes, s'indigna de la plaisanterie que faisait Mélanthios sur son compte parce qu'il était bossu ; Mélanthios avait en effet déclaré qu'Archippos ne marchait pas, mais rampait[6] à la tête de l'État. Quelques-uns pourtant supportent sans honte et sans amertume ce genre d'infirmités, comme cet ami d'Antigone qui réclama un talent et, ne l'ayant pas obtenu, demanda une escorte de protection, « afin, ajouta-t-il, de ne pas être attaqué, en ayant l'air de porter mon talent sur le dos »[7]. Ce comportement des individus en face des tares extérieures est dû à la variété des tempéraments : tous ne s'affectent pas de la même manière[8]. [Épaminondas but un jour de la piquette[9], à la fin d'un repas qu'il prenait avec ses collègues ; on lui demanda si c'était bon pour la santé ; « Je n'en sais rien, répondit-il, mais ce dont je suis sûr, c'est que c'est bon pour me rappeler le mode de vie que je mène chez moi »]. C'est pourquoi il faut, si l'on veut plaisanter, tenir compte des natures et des caractères, en tâchant de ne froisser personne, mais d'être agréable à tout le monde[10].

1. Raillerie fréquente d'après Aristophane, *Nub.* 540, surtout chez les sots, d'après Plutarque, *De exil.* 607 A.

2. Μονόφθαλμος ou Κύκλωψ, tel était le surnom du diadoque.

Καὶ πάλιν εἰς φαλακρότητα πράως φέρουσιν, εἰς δὲ πήρωσιν ὀφθαλμῶν ἀηδῶς. Καὶ γὰρ Ἀντίγονος αὐτὸς μὲν ἑαυτὸν εἰς τὸν ὀφθαλμὸν ἔσκωπτεν, καί ποτε λαβὼν ἀξίωμα μεγάλοις γράμμασι γεγραμμένον « Ταυτὶ μέν » ἔφη « καὶ τυφλῷ δῆλα » · Θεόκριτον δὲ τὸν Χῖον ἀπέκτεινεν, ὅτι, φήσαντός τινος « Εἰς ὀφθαλμοὺς ἂν ⟨βασιλέως « πα⟩ραγένῃ σωθήσῃ », « Ἀλλά μοι » εἶπεν « † ἀδυνάτου τὰ ὑπὸ τὴν σωτηρίαν † ». ⟨Λέων⟩ ὁ Βυζάντιος, εἰπόντος Πασιάδου πρὸς αὐτὸν ὀφθαλμισθῆναι δι' αὐτοῦ τοὺς
ὀφθαλμούς, « Ἀσθένειαν » ἔφη « σώματος ὀνειδίζεις, D
νέμεσιν οὐχ ὁρῶν ἐπὶ τῶν ὤμων βαστάζοντά σου τὸν υἱόν » · εἶχε δὲ κυρτὸν ὁ Πασιάδης υἱόν. Ἠγανάκτησε δὲ καὶ Ἄρχιππος ὁ δημαγωγὸς τῶν Ἀθηναίων ὑπὸ Μελανθίου σκωφθεὶς εἰς τὸ κυρτόν · ἔφη γὰρ αὐτὸν ὁ Μελάνθιος οὐ προεστάναι τῆς πόλεως, ἀλλὰ προκεκυφέναι. Τινὲς δὲ ταῦτα πράως καὶ μετρίως φέρουσιν, ὥσπερ ὁ φίλος τοῦ Ἀντιγόνου τάλαντον αἰτήσας καὶ μὴ λαβὼν ᾔτησε προπομποὺς καὶ φύλακας, « Ὅπως », ἔφη, « μὴ ἐπιβουλευθῶ προσεοικὼς κατ' ὤμου τὸ τάλαντον φέρειν ».
Οὕτω μὲν περὶ τὰ ἐκτὸς ἔχουσι διὰ τὴν ἀνωμαλίαν · ἄλλοι E
γὰρ ἐπ' ἄλλοις ⟨ἄχθονται⟩. [Ἐπαμεινώνδας μετὰ τῶν συναρχόντων ἑστιώμενος ἐπέπινεν ὄξος, καὶ πυνθανομένων εἰ πρὸς ὑγίειαν ἀγαθόν « Οὐκ οἶδ' » εἶπεν, « ὅτι μέντοι πρὸς τὸ μεμνῆσθαι τῆς οἴκοι διαίτης ἀγαθὸν ἐπίσταμαι. »] Διὸ δεῖ καὶ πρὸς τὰς φύσεις καὶ τὰ ἤθη σκοποῦντα ταῖς παιδιαῖς χρῆσθαι, πειρώμενον ἀλύπως καὶ κεχαρισμένως ἑκάστοις ὁμιλεῖν.

633 C 8 τινος « Εἰς Turn. : τῇ ‖ 8-9 βασιλέως πα[ραγένῃ suppl. Turn. : lac. 5-6 litt. ‖ 9 σωθήσῃ Bern. : σωθῇ ‖ ἀλλά μοι (ἀλλ' ἐμοὶ Turn.) Bern. : ἀλλ' ἅμα T ἀλλὰ μὰ Δί' Castiglioni ‖ 10 Λέων add. Basil. ‖ 11 δι' Xyl. : δὲ ‖ D 6 προκεκυφέναι Basil. : κεκυφ. ‖ 10 προσεοικὼς scripsi : προστάξας T προσέτι δόξας Wytt. ‖ E 2 ἄχθονται add. Steph. ‖ 2-5 Ἐπαμεινώνδας — ἐπίσταμαι del. Hub.

10 L'amour, en face des plaisanteries, comme dans les autres domaines, se présente sous des jours très divers : tantôt il s'en dépite et s'en indigne, tantôt il s'en réjouit. Il faut savoir reconnaître le moment opportun ; car, de même que le vent, au début, éteint le feu encore trop faible, mais lui apporte, une fois qu'il a grandi, vigueur et soutien, de même l'amour naissant et non encore déclaré s'irrite et se fâche contre ceux qui le découvrent, mais, une fois qu'il a éclaté aux yeux de tous, il se nourrit des plaisanteries et, souriant à l'unisson, ne s'en embrase que davantage. C'est surtout en présence de ceux qu'ils aiment que les amoureux apprécient la plaisanterie... à condition qu'on s'en prenne exclusivement à leur amour et à rien d'autre[1]. Et s'il s'agit de maris épris de leurs épouses, ou d'hommes qui pour des jeunes gens vertueux ressentent un amour noble, les plaisanteries qu'ils subissent devant eux les remplissent véritablement de joie et de fierté. C'est ce qui provoqua la réponse d'Arcésilas à un de ces amoureux qui, à l'école, lui suggérait de traiter le sujet suivant : « Rien, selon moi, ne touche rien. »[2] — « Alors lui non plus, tu ne le touches pas ? », lui dit-il, en montrant un garçon, un beau jeune homme assis à ses côtés.

11 Il faut en outre tenir compte des personnes présentes ; car des paroles qui font rire entre amis et familiers vous blessent si elles vous sont adressées en présence de votre épouse, de votre père ou de votre précepteur, à moins que ceux-ci ne puissent y trouver quelque sujet de satisfaction. Ainsi peut-on se moquer d'un homme devant son maître de philosophie pour son habitude de marcher pieds-nus[3] ou de passer ses nuits à écrire, ou en présence de son père pour son esprit d'économie, en présence de son épouse pour son indifférence à l'égard des autres femmes et la soumission d'esclave, le dévouement qu'il lui témoigne, à elle, comme le fit Cyrus pour Tigrane : « Et si ta femme entend dire que tu joues le rôle de valet ? » ; à quoi Tigrane répondit :

10 Ὁ δ' ἔρως τά τ' ἄλλα ποικιλώτατός ἐστιν καὶ τοῖς σκώμμασιν οἱ μὲν ἄχθονται καὶ ἀγανακτοῦσιν, οἱ δὲ χαίρουσιν. Δεῖ δ' εἰδέναι τὸν καιρόν · ὡς γὰρ τὸ πῦρ ἐν ἀρχῇ μὲν ἀποσβέννυσι τὸ πνεῦμα διὰ τὴν ἀσθένειαν, αὐξηθέντι δὲ τροφὴν παρέχει καὶ ῥώμην, οὕτως φυόμενος F
ὁ ἔρως ἔτι καὶ λανθάνων δυσκολαίνει καὶ ἀγανακτεῖ πρὸς τοὺς ἀποκαλύπτοντας, ἐκλάμψας δὲ καὶ διαφανεὶς τρέφεται καὶ προσγελᾷ τοῖς σκώμμασι φυσώμενος. Ἥδιστα δὲ σκώπτονται παρόντων τῶν ἐρωμένων ... εἰς αὐτὸ τὸ ἐρᾶν, εἰς ἄλλο δ' οὐδέν. Ἐὰν δὲ καὶ γυναικῶν ἐρῶντες ἰδίων τύχωσιν ἢ νεανίσκων φιλοκάλων ἔρωτα γενναῖον, | παντάπασι γάνυνται καὶ καλλωπίζονται τῷ 634 A
σκώπτεσθαι πρὸς αὐτούς. Διὸ καὶ Ἀρκεσίλαος, ἐν τῇ σχολῇ τοιαύτης μεταδόσεως αὐτῷ γενομένης ὑπό τινος τῶν ἐρωτικῶν, « Δοκεῖ μοι μηδὲν ἅπτεσθαι μηδενός », « Οὐδὲ σὺ τοίνυν » ἔφη « τοῦδ' ἅπτῃ ; », δείξας τινὰ τῶν καλῶν καὶ ὡραίων παρακαθήμενον.

11 Ἤδη δὲ καὶ τὸ τῶν παρόντων σκεπτέον · ἃ γὰρ ἐν φίλοις καὶ συνήθεσιν ἀκούοντες γελῶσιν, ταῦτα δυσχεραίνουσιν ἂν λέγηται πρὸς αὐτοὺς τῆς γαμετῆς παρούσης ἢ τοῦ πατρὸς ἢ τοῦ καθηγητοῦ, πλὴν ἂν μή τι κεχαρισμένον ᾖ τῶν λεγομένων ἐκείνοις · οἷον ἄν ⟨τις⟩ σκώπτηται τοῦ φιλοσόφου παρόντος εἰς ἀνυποδησίαν ἢ νυκτογραφίαν ἢ τοῦ πατρὸς ἀκούοντος ⟨εἰς⟩ μικρολογίαν ἢ τῆς B
γυναικὸς εἰς τὸ ἀνέραστον ἑτέρων, ἐκείνης δὲ δοῦλον καὶ θεραπευτικόν, ὡς ὁ Τιγράνης ὑπὸ τοῦ Κύρου « Τί δ',

633 F 5 lac. suspicor ‖ 634 A 5 Οὐδὲ Turn. : ὁ δὲ ‖ 11 τις suppl. Amyot, Xyl. : ras. 1-2 litt. T ‖ B 1 εἰς add. Amyot, Steph.

« Elle ne l'entendra pas dire, elle le verra de ses propres yeux »[1].

12 La raillerie perd aussi de sa méchanceté lorsque son auteur tombe en quelque sorte sous le même coup : lorsqu'un pauvre se gausse à propos de la pauvreté, un homme de basse origine à propos de la bassesse de naissance ou un amoureux à propos de l'amour. De la part de personnes qui sont dans la même situation que vous, la raillerie paraît tenir bien plutôt du jeu que de l'insolence ; autrement, elle irrite et blesse. C'est ce qui se produisit pour cet affranchi royal dont la richesse était toute neuve et qui se montrait d'une arrogance, d'une impudence insupportables à l'égard des philosophes qui étaient à table avec lui, allant finalement jusqu'à leur demander comment il se faisait que la purée était toujours verte, qu'elle fût de fèves blanches ou de fèves noires : Arideikès répliqua en lui demandant comment des marques rouges pouvaient provenir aussi bien de fouets blancs que de fouets noirs, sur quoi l'autre, piqué au vif, se leva et quitta la place[2]. Amphias de Tarse, au contraire, qui passait pour le fils d'un jardinier, suscita les rires en poursuivant aussitôt après avoir raillé un ami du gouverneur sur l'obscurité de sa naissance : « il est vrai que je suis né de la même graine »[3]. C'est avec esprit, également, qu'un cithariste rabattit la pédanterie naïve et prétentieuse de Philippe : comme ce dernier pensait lui faire la leçon sur sa manière de jouer et de former ses accords, il lui dit : « Plaise au ciel, ô roi, que tu n'aies le malheur de connaître ces choses-là mieux que moi ! » ; en paraissant se moquer de lui-même, c'est le roi qu'il reprit, sans l'offenser[4]. C'est pourquoi certains des poètes comiques semblent adoucir leur virulence en se moquant d'eux-mêmes, tel Aristophane à propos de sa calvitie[5]... Quant à Cratinos, il fit de ses défauts le sujet même de sa *Bouteille*[6].

ἄν σ' ἡ γυνὴ σκευοφοροῦντ' ἀκούσῃ ; » « Ἀλλ' οὐκ ἀκούσεται » εἶπεν, « ὄψεται δ' αὐτὴ παροῦσα. »

12 Ποιεῖ δ' ἀλυπότερα τὰ σκώμματα καὶ τὸ κοινωνεῖν ἁμωσγέπως τοὺς λέγοντας, ὅταν εἰς πενίαν λέγῃ πένης ἢ δυσγενὴς εἰς δυσγένειαν ἢ ἐρῶν εἰς ἔρωτα · δοκεῖ δ' οὐχ ὕβρει, παιδιᾷ δέ τινι γίνεσθαι μᾶλλον ὑπὸ τῶν ὁμοίων · εἰ δὲ μή, παροξύνει καὶ λυπεῖ. Τὸν γοῦν ἀπελεύθερον τοῦ βασιλέως, νεόπλουτον ὄντα, φορτικῶς δὲ καὶ σοβαρῶς ἐπιπολάζοντα τοῖς συνδειπνοῦσι φιλοσόφοις καὶ C τέλος ἐρωτῶντα πῶς ἔκ τε τῶν λευκῶν καὶ τῶν μελάνων κυάμων ὁμοίως χλωρὸν γίνεται τὸ ἔτνος, ἀντερωτήσας ὁ Ἀριδείκης πῶς ἐκ τῶν λευκῶν καὶ μελάνων ἱμάντων φοινικοῖ γίνονται μώλωπες, ἐποίησεν ἀναστῆναι περίλυπον γενόμενον. Ὁ δὲ Ταρσεὺς Ἀμφίας ἐκ κηπουροῦ δοκῶν γεγονέναι, σκώψας δὲ τὸν φίλον τοῦ ἡγεμόνος εἰς δυσγένειαν, εἶθ' ὑπολαβὼν εὐθύς « Ἀλλὰ καὶ ἡμεῖς ἐκ τῶν αὐτῶν σπερμάτων γεγόναμεν » γέλωτ' ἐποίησεν. Κομψῶς δὲ καὶ τοῦ Φιλίππου τὴν ὀψιμαθίαν ἅμα καὶ περιεργίαν ὁ ψάλτης ἐπέσχεν · οἰομένου γὰρ αὐτὸν ἐξελέγχειν τοῦ D Φιλίππου περὶ κρουμάτων καὶ ἁρμονιῶν, « Μὴ γένοιτό σοι », εἶπεν, « ὦ βασιλεῦ, κακῶς οὕτως, ἵν' ἐμοῦ σὺ ταῦτ' εἰδῇς βέλτιον » · σκώπτειν γὰρ ἑαυτὸν δοκῶν, ἐκεῖνον ἀλύπως ἐνουθέτησεν. Διὸ καὶ τῶν κωμικῶν ἔνιοι τὴν πικρίαν ἀφαιρεῖν δοκοῦσι τῷ σκώπτειν ἑαυτούς, ὡς Ἀριστοφάνης εἰς τὴν φαλακρότητα καὶ τὴν Ἀγάθωνος † ... λιψιν † · Κρατῖνος δὲ τὴν Πυτίνην ⟨ὅλως εἰς αὐτὸν⟩ ἐδίδαξεν.

634 B 8 ἔρωτα Rei. : ἐρῶντα ‖ C 4 Ἀριδείκης ci. Hub. : Ἀριδίκης ‖ D 7 τὴν Ἀγάθωνος : τῶν ἀγαθῶν Abram. ‖ 8 lac. 5 litt. λιψιν : κωμικῶν ἔλ[λειψιν vel ἐπί[λειψιν suppl. et corr. Abram. ‖ ὅλως εἰς αὐτὸν supplevi (εἰς αὐτὸν Bolk. ὁμοίως εἰς αὐτ. Abram.) : lac. 4-5 litt.

13 Il faut aussi, et ce n'est pas le moins important, songer et veiller à ce que la plaisanterie naisse des circonstances, comme une réponse spontanée à certaines questions ou à un jeu, et qu'elle ne soit pas amenée de trop loin comme un accessoire préparé à l'avance. On supporte volontiers, en effet, les mouvements d'humeur et les querelles qui naissent au milieu des banquets[1], mais si un étranger vient y proférer des injures et jeter le trouble, on le considère comme odieux et haïssable ; de la même manière, on pardonne la plaisanterie et on tolère sa franchise, si, procédant de l'occasion présente, elle surgit toute naturelle et sans artifice, tandis que si elle est forcée et ne se rapporte pas directement au fait, elle a tout l'air d'une insulte préméditée. Ainsi la citation que Timagène lança au mari d'une femme sujette aux vomissements :

« Quels maux tu te prépares en épousant cette muse ! »[2],

et la question qui fut adressée au philosophe Athénodore : « Si l'amour pour ses enfants est naturel à l'homme »[3]. Les plaisanteries inopportunes et hors de propos témoignent en effet de malveillance et d'un besoin d'insulter : celles-ci valurent à leurs auteurs, selon les termes de Platon, pour la chose du monde la plus légère, de simples paroles, le châtiment le plus lourd[4]. Ceux, au contraire, qui savent observer l'opportunité rendent témoignage au même Platon, lorsqu'il affirme que c'est la marque d'une bonne éducation de savoir plaisanter avec tact et bonne grâce[5]. »

Question II

Pourquoi l'on a davantage d'appétit en automne.

A Éleusis, à l'époque où l'affluence était à son comble, après la célébration des Mystères[6], nous étions invités à la table du rhéteur Glaucias, et comme mon frère

13 Οὐχ ἥκιστα δὲ ⟨δεῖ⟩ προσέχειν καὶ φυλάττειν ὅπως ἐκ τοῦ παρατυχόντος ἔσται τὸ σκῶμμα πρός τινας ἐρωτήσεις αὐτόθεν ἢ παιδιᾶς γινόμενον, ἀλλὰ μὴ πόρρωθεν οἷον ἐκ παρασκευῆς ἐπεισόδιον. Ὡς γὰρ ὀργὰς καὶ μάχας τὰς ἐκ τῶν συμποσίων πραότερον φέρουσιν, ἐὰν E δ' ἐπελθών τις ἔξωθεν λοιδορῆται καὶ ταράττῃ, τοῦτον ἐχθρὸν ἡγοῦνται καὶ μισοῦσιν, οὕτως μέτεστι συγγνώμης σκώμματι καὶ παρρησίας, ἂν ἐκ τῶν παρόντων ἔχῃ τὴν γένεσιν ἀφελῶς καὶ ἀπλάστως φυόμενον, ἂν δ' ᾖ μὴ πρὸς λόγον, ἀλλ' ἔξωθεν, ἐπιβουλῇ καὶ ὕβρει προσέοικεν· οἷον τὸ Τιμαγένους πρὸς τὸν ἄνδρα τῆς ἐμετικῆς

« κακῶν γὰρ ἄρχεις τήνδε μοῦσαν εἰσάγων »·

καὶ ⟨τὸ⟩ πρὸς Ἀθηνόδωρον τὸν φιλόσοφον, « Εἰ φυσικὴ [ἡ] πρὸς τὰ ⟨ἔκγονα⟩ φιλοστοργία. » Ἡ γὰρ ἀκαιρία καὶ τὸ μὴ πρὸς λόγον ὕβριν ἐμφαίνει καὶ δυσμένειαν. Οὗτοι μὲν οὖν κατὰ Πλάτωνα κουφοτάτου πράγματος, F λόγων, βαρυτάτην ζημίαν ἔτισαν· οἱ δὲ τὸν καιρὸν εἰδότες καὶ φυλάττοντες αὐτῷ τῷ Πλάτωνι μαρτυροῦσιν, ὅτι τοῦ πεπαιδευμένου καλῶς ἔργον ἐστὶ τὸ παίζειν ἐμμελῶς καὶ κεχαρισμένως. » |

ΠΡΟΒΛΗΜΑ Β 635 A

Διὰ τί βρωτικώτεροι γίνονται περὶ τὸ μετόπωρον.

1 Ἐν Ἐλευσῖνι μετὰ τὰ μυστήρια, τῆς πανηγύρεως ἀκμαζούσης, εἱστιώμεθα παρὰ Γλαυκίᾳ τῷ ῥήτορι. Πεπαυ-

634 D 10 δεῖ add. Steph. || E 6 ἔξωθεν Bern. (ἔξω Amyot) : ἐξ ὧν || 7 ἐμετικῆς Amyot (qui γυναικὸς ante ἐμετ. add. voluit) : γαμετικῆς || 8 γὰρ ἄρχεις : κατάρχεις Athénée 616 C || 9 τὸ add. ci. Bern. || φυσικὴ Amyot : μουσικὴ || 10 ἡ del. Amyot || ἔκγονα add. Turn. : τέκνα add. voluit Franke.

Lamprias était le seul à ne pas avoir fini de dîner, Xénoclès de Delphes se mit, selon son habitude, à le railler sur sa voracité de Béotien[1]. Je pris sa défense, en répliquant à Xénoclès, qui était un adepte de la doctrine d'Épicure : « Tout le monde, mon cher, ne fait pas de l'absence de douleur la limite et la borne du plaisir[2] ; Lamprias, qui, plus que le Jardin, honore la Promenade et le Lycée[3], est bien obligé de rendre témoignage en faveur d'Aristote par sa conduite ; celui-ci affirme, en effet, que tout homme a plus d'appétit vers la fin de l'automne qu'à n'importe quelle autre époque de l'année[4], et il donne la raison du phénomène, mais je ne m'en souviens pas. » — « Tant mieux, répondit Glaucias, ainsi nous tâcherons de la trouver nous-mêmes, quand nous aurons fini de dîner »[5]. Et c'est ainsi qu'une fois les tables enlevées Glaucias et Xénoclès incriminèrent, chacun à sa façon, les fruits de l'automne ; le premier pensait qu'ils stimulaient l'évacuation des selles et que, rendant ainsi le corps plus libre, ils suscitaient sans cesse un nouvel appétit ; Xénoclès, lui, prétendit que c'était à cause de leur saveur forte et piquante que la plupart des fruits agissaient sur l'estomac et faisaient naître le besoin de manger, plus que n'importe quel mets ou condiment ; il est certain, en effet, que même ceux des malades qui ne se nourrissent guère recouvrent leur appétit quand on leur donne des fruits[6]. Lamprias, de son côté, soutint que la chaleur naturelle qui habite notre corps et qui est le principe de notre nourriture s'est diffusée durant l'été et est devenue faible et inconsistante, mais qu'elle se concentre à nouveau et reprend de la force à la fin de la saison, refoulée vers l'intérieur du corps, qui se refroidit à la surface et se contracte[7]. Quant à moi, pour ne pas avoir l'air d'assister à la conversation sans payer mon écot, je dis que pendant l'été nous étions plus altérés et que nous absorbions une plus grande quantité de liquide à cause de la chaleur ; « actuellement donc, la nature, en

μένων δὲ δειπνεῖν τῶν ἄλλων, Ξενοκλῆς ὁ Δελφός, ὥσπερ εἰώθει, τὸν ἀδελφὸν ἡμῶν Λαμπρίαν εἰς ἀδηφαγίαν Βοιωτίαν ἐπέσκωπτεν. Ἐγὼ δ' ἀμυνόμενος ⟨ὑπὲρ⟩ αὐτοῦ τὸν Ξενοκλέα τοῖς Ἐπικούρου λόγοις χρώμενον « Οὐ γὰρ ἅπαντες » εἶπον, « ὦ βέλτιστε, ποιοῦνται τὴν τοῦ ἀλγοῦντος ὑπεξαίρεσιν ὅρον ἡδονῆς καὶ πέρας· Λαμπρίᾳ δὲ καὶ ἀνάγκη, πρὸ τοῦ κήπου κυδαίνοντι τὸν περίπατον B καὶ τὸ Λύκειον, ἔργῳ μαρτυρεῖν Ἀριστοτέλει· φησὶ γὰρ ὁ ἀνὴρ βρωτικώτατον ἕκαστον αὐτὸν αὑτοῦ περὶ τὸ φθινόπωρον εἶναι, καὶ τὴν αἰτίαν ἐπείρηκεν· ἐγὼ δ' οὐ μνημονεύω. » « Βέλτιον », εἶπεν ὁ Γλαυκίας· « αὐτοὶ γὰρ ἐπιχειρήσομεν ζητεῖν, ὅταν παυσώμεθα δειπνοῦντες. » Ὡς οὖν ἀφῃρέθησαν αἱ τράπεζαι, Γλαυκίας μὲν καὶ Ξενοκλῆς ᾐτιάσαντο τὴν ὀπώραν διαφόρως, ὁ μὲν ὡς τὴν κοιλίαν ὑπεξάγουσαν καὶ τῷ κενοῦσθαι τὸ σῶμα νεαρὰς ὀρέξεις ἀεὶ παρασκευάζουσαν· ὁ δὲ Ξενοκλῆς ἔλεγεν εὔστομόν τι καὶ δηκτικὸν ἔχοντα τῶν ὡραίων τὰ πλεῖστα τὸν στόμαχον ἐπὶ τὴν βρῶσιν ἐκκαλεῖσθαι παντὸς μᾶλλον C ὄψου καὶ ἡδύσματος· καὶ γὰρ τοῖς ἀποσίτοις τῶν ἀρρώστων ὀπώρας τι προσενεχθὲν ἀναλαμβάνει τὴν ὄρεξιν. Ὁ δὲ Λαμπρίας εἶπεν ὅτι τὸ οἰκεῖον καὶ [τὸ] σύμφυτον θερμὸν ἡμῶν, ᾧ τρέφεσθαι πεφύκαμεν, ἐν μὲν τῷ θέρει διέσπαρται καὶ γέγονεν ἀσθενέστερον καὶ μανόν, ἐν δὲ τῷ φθίνοντι καιρῷ συναγείρεται πάλιν καὶ ἰσχύει, κατακρυπτόμενον ἐντὸς διὰ τὴν περίψυξιν καὶ τὴν πύκνωσιν τοῦ σώματος. Ἐγὼ δ' ὑπὲρ τοῦ μὴ δοκεῖν ἀσύμβολος τοῦ λόγου μετασχεῖν εἶπον ὅτι τοῦ θέρους διψητικώτεροι γινόμεθα καὶ πλείονι χρώμεθα τῷ ὑγρῷ διὰ τὸ καῦμα· « νῦν οὖν ἡ φύσις ἐν τῇ μεταβολῇ ζητοῦσα D

635 A 5 Δελφὸς Wytt. : ἀδελφὸς ‖ 7 Βοιωτίαν scripsi : Βοιώτιον ‖ ὑπὲρ add. Amyot, Steph. ‖ B 8 ὡς Basil. : εἰς ‖ 11 δηκτικὸν Amyot, Xyl. : δηκτὸν ‖ C 4 τὸ del. Hub. ‖ D 1-9 : orat. rect. vol. Bolk.

sa mutation, aspire, selon sa loi, à l'état contraire, et augmente en nous la faim pour que le corps retrouve la nourriture solide que réclame son tempérament[1]. Au reste, on peut dire que l'influence des aliments eux-mêmes n'est pas totalement à exclure, mais que, faits de produits nouveaux et frais — je parle non seulement des galettes d'orge, des légumes à gousse, du pain et du blé[2], mais aussi de la chair des animaux, qui profitent à satiété de ce que leur apporte la saison —, ils se distinguent pour leur saveur de ceux qui ont été longtemps conservés et excitent davantage l'appétit, lorsqu'on en mange »[3].

Question III

Lequel, de la poule ou de l'œuf, a existé le premier?[4]

1 A la suite d'un songe, je m'abstenais de manger des œufs : je voulais à toute force que l'œuf me servît de Carien[5] pour vérifier cette vision, qui m'était apparue plusieurs fois très clairement[6]. On me soupçonna toutefois, lors d'un repas chez Sosius Sénécion, d'être un adepte des doctrines orphiques ou pythagoriciennes et de considérer l'œuf comme tabou, ce que certains font pour le cœur et le cerveau[7], en tant que principe de la création ; et l'Épicurien Alexandre cita, pour faire rire, le vers :

« C'est tout un de manger des fèves et la tête de ses parents »[8],

comme si ces gens-là, en jouant sur les mots, nommaient fèves (κύαμος) les œufs, à cause de κύησις, la grossesse, signifiant qu'il n'y a nulle différence entre manger les œufs et se nourrir des animaux qui les pondent. Mais

1. Cette loi de l'équilibre organique entre les éléments solides et liquides est réaffirmée, 687 B et 688 A.

2. Énumération hétéroclite de produits de base et de mets confectionnés.

τοὐναντίον, ὥσπερ εἴωθεν, πεινητικωτέρους ποιεῖ καὶ τὴν ξηρὰν τροφὴν τῇ κράσει τοῦ σώματος ἀνταποδίδωσιν. Οὐ μὴν οὐδὲ τὰ σιτία φήσαι τις ἂν αἰτίας ἀμοιρεῖν παντάπασιν, ἀλλ' ἐκ νέων καὶ προσφάτων γενόμενα καρπῶν, οὐ μόνον μάζας καὶ ὄσπρια καὶ ἄρτους καὶ πυρούς, ⟨ἀλλὰ⟩ καὶ κρέα ζῴων εὐωχουμένων τὰ ἐπέτεια, τοῖς τε χυμοῖς διαφέρειν τῶν παλαιῶν καὶ μᾶλλον ἐπάγεσθαι τοὺς χρωμένους καὶ ἀπολαύοντας. »

ΠΡΟΒΛΗΜΑ Γ

Πότερον ἡ ὄρνις πρότερον ἢ τὸ ᾠὸν ἐγένετο.

1 Ἐξ ἐνυπνίου τινὸς ἀπε⟨ιχό⟩μην ᾠῶν, πολλὴν E
σπουδὴν περὶ τοῦτο ποιούμενος ἐν ᾠῷ καθάπερ ἐν Καρὶ
διάπειραν λαβεῖν, τῆς ὄψεως ἐναργῶς μοι πολλάκις
γενομένης· ὑπόνοιαν μέντοι παρέσχον, ἑστιῶντος ἡμᾶς
Σοσσίου Σενεκίωνος, ἐνέχεσθαι δόγμασιν Ὀρφικοῖς ἢ
Πυθαγορικοῖς καὶ τὸ ᾠόν, ὥσπερ ἔνιοι καρδίαν καὶ
ἐγκέφαλον, ἀρχὴν ἡγούμενος γενέσεως ἀφοσιοῦσθαι·
καὶ προύφερεν Ἀλέξανδρος ὁ Ἐπικούρειος ἐπὶ γέλωτι
τὸ

« Ἶσόν τοι κυάμους ἔσθειν κεφαλάς τε τοκήων »,

ὡς δὴ κυάμους τὰ ᾠὰ διὰ τὴν κύησιν αἰνιττομένων τῶν
ἀνδρῶν, διαφέρειν δὲ μηδὲν οἰομένων τὸ ἐσθίειν ᾠὰ τοῦ F
χρῆσθαι τοῖς τίκτουσι τὰ ᾠὰ ζῴοις. Ἐγίνετο δὴ τὸ τῆς

635 D 6 ἀλλὰ add. Xyl. ‖ 7 διαφέρειν Basil. : διαφέρει ‖ 11 Πότερον g : om. (sed praebet in indice) T ‖ E 1 ἐξ ἐνυπνίου Amyot, Xyl. : ἐξυπνιου ‖ ἀπε]ιχό[μην suppl. Turn. : lac. 4-5 litt. ‖ πολλὴν scripsi : πολὺν ‖ 2 σπουδὴν correxi et supplevi, sec. Wytt. : ἡδο lac. 2-3 litt. ‖ περὶ scripsi : παρὰ ‖ ποιούμενος Rei. : -νοι ‖ 2-3 Καρὶ διάπειραν Wytt. : καρδίαι πεῖραν ‖ 8 Ἐπικούρειος Amyot, Xyl. : ἐπικούριος ‖ 10 ἔσθειν Amyot, Xyl. : ἐσθίειν.

je n'avais contre cette accusation qu'une défense encore moins fondée que l'accusation elle-même : parler d'un songe à un Épicurien ! C'est pourquoi, sans chercher à réfuter l'imputation, je lançai une autre plaisanterie à Alexandre ; car c'était un homme spirituel et cultivé.

2 Ces propos amenèrent sur le tapis un problème ardu, et qui donne bien du mal aux chercheurs, le problème de l'œuf et de la poule : savoir lequel des deux a existé le premier. Mon ami Sylla, prétendant que ce problème anodin soulevait, tel un levier, celui qui est beaucoup plus important et plus grave de la formation du monde[1], se récusa. Quant à Alexandre, il trouva la question ridicule, en estimant qu'elle n'avait aucun rapport. Mon neveu Firmus prit alors la parole. « Prête-moi donc, lui dit-il, pour l'occasion, tes atomes. En effet, s'il faut admettre que parmi les corps les plus petits sont les éléments et les principes des grands[2], il est vraisemblable que l'œuf a existé avant la poule. C'est, de plus, une chose simple, autant qu'il est possible dans les choses sensibles ; la poule, au contraire, est un être bigarré et complexe[3]. En tout état de cause, le principe est au commencement, et le principe, c'est le germe[4]. Or l'œuf est plus que le germe, mais moins[5] que l'animal ; car, de même que le progrès tient le milieu, peut-on dire, entre les dispositions naturelles et la perfection, de même l'œuf représente une sorte de progrès dans la voie qui mène la nature du germe à l'être animé[6]. [De même aussi que dans l'être vivant se forment d'abord, à ce qu'on dit, les artères et les veines, de même il est rationnel que l'œuf soit formé avant l'animal, comme contenant par rapport au contenu]. Les arts, eux aussi, façonnent d'abord des masses grossières et informes, après quoi ils modèlent chacune d'entre elles selon les formes voulues[7], ce qui fit dire au sculpteur Polyclète que le plus dur du travail, c'est quand la glaise en arrive à

αἰτίας ἀπολόγημα τῆς αἰτίας αὐτῆς ἀλογώτερον, Ἐπικου-
ρείῳ λέγειν ἐνύπνιον. Ὅθεν οὐ παρῃτούμην τὴν δόξαν ἅμα
προσπαίζων τι τῷ Ἀλεξάνδρῳ· καὶ γὰρ ἦν χαρίεις καὶ
φιλόλογος ἐπιεικῶς. |

2 Ἐκ δὲ τούτου τὸ ἄπορον καὶ πολλὰ πράγματα τοῖς 636 A
ζητητικοῖς παρέχον εἰς μέσον εἵλκετο πρόβλημα περὶ τοῦ
ᾠοῦ καὶ τῆς ὄρνιθος, ὁπότερον γένοιτο πρότερον αὐτῶν.
Καὶ Σύλλας μὲν ὁ ἑταῖρος εἰπὼν ὅτι μικρῷ προβλήματι
καθάπερ ὀργάνῳ μέγα καὶ βαρὺ σαλεύομεν τὸ περὶ τοῦ
κόσμου τῆς γενέσεως ἀπηγόρευσεν· τοῦ δ' Ἀλεξάνδρου
τῆς ζητήσεως ὡς μηδὲν προσφυὲς φερούσης καταγελά-
σαντος, ὁ γαμβρὸς ἡμῶν Φίρμος « Ἐμοὶ τοίνυν » ἔφη
« χρῆσον ἐν τῷ παρόντι τὰς ἀτόμους. Εἰ γὰρ τὰ μικρὰ δεῖ
στοιχεῖα τῶν μεγάλων ⟨καὶ⟩ ἀρχὰς ὑποτίθεσθαι, πρῶτον
εἰκός ἐστιν τὸ ᾠὸν γενονέναι τῆς ὄρνιθος· ἔστι γὰρ καὶ
ἁπλοῦν, ὡς ἐν αἰσθητοῖς, ποικίλον δὲ καὶ μεμιγμένον B
μᾶλλον ἡ ὄρνις. Καθόλου δ' ἡ μὲν ἀρχὴ πρῶτον, ἀρχὴ δὲ
τὸ σπέρμα, τὸ δ' ᾠὸν σπέρματος μὲν πλέον, ζῴου δὲ μικρό-
τερον· ὡς γὰρ ἡ προκοπὴ μέσον εὐφυίας εἶναι δοκεῖ καὶ
ἀρετῆς, οὕτω τὸ ᾠὸν προκοπή τίς ἐστι τῆς φύσεως ἐπὶ
τὸ ἔμψυχον ἀπὸ τοῦ σπέρματος πορευομένης. [Ἔτι δ',
ὥσπερ ἐν τῷ ζῴῳ πρῶτα γίνεσθαι λέγουσιν ἀρτηρίας καὶ
φλέβας, οὕτω λόγον ἔχει καὶ τοῦ ζῴου τὸ ᾠὸν γεγονέναι
πρῶτον, ὡς περιέχον ἐμπεριεχομένου]. Καὶ γὰρ αἱ τέχναι
πρῶτον ἀτύπωτα καὶ ἄμορφα πλάττουσιν, εἶθ' ὕστερον
ἕκαστα τοῖς εἴδεσι διαρθροῦσιν· ᾗ Πολύκλειτος ὁ πλάστης C
εἶπεν χαλεπώτατον εἶναι τὸ ἔργον, ὅταν ἐν ὄνυχι ὁ

635 F 3-4 Ἐπικουρείῳ Amyot, Xyl. : ἐπικουρίῳ ‖ 636 A 2 εἵλκετο Hub. : εἷλκεν ‖ 4 Σύλλας Π : σύλας T ‖ 9 τὰς ἀτόμους Rei. : τοῖς ἀτόμοις ‖ 10 καὶ add. Hub. ‖ B 6-9 Ἔτι — ἐμπεριεχομένου del. Abram. ‖ 9 ἐμπεριεχομένου Turn. : ἐν περιεχομένῳ ‖ C 1 ᾗ Basil. : ἧ.

l'ongle[1]. Il est donc vraisemblable qu'au début la matière, lente à se soumettre aux impulsions, encore faibles, de la nature, ne produit que des images informes et imparfaites, telles que les œufs, et que celles-ci, en prenant forme sous le ciseau, donnent après coup naissance à l'animal. De même qu'au début naît une chenille, qui, ensuite, se dessèche et durcit, et livre au jour, en se déchirant, un nouvel animal ailé, que nous appelons papillon[2], de la même façon, dans le cas présent, l'œuf existe d'abord, comme la matière nécessaire à la génération. Dans toute transformation, la forme qui est au départ doit nécessairement précéder la forme qui en résulte[3]. Regarde comme des larves se développent dans les arbres et des tarets dans le bois par putréfaction et fermentation des parties humides[4] ; et pourtant, personne ne peut croire que l'élément générateur ne soit pas indispensable à leur naissance ni plus ancien dans l'ordre de la nature. La matière, en effet, joue à l'égard de ce qu'elle produit le rôle d'une mère, comme dit Platon, et d'une nourrice[5] ; et la matière, c'est tout ce qui donne consistance à ce qui s'engendre[6]. Pour couronner ma démonstration, ajouta-t-il en riant, « je n'ai plus qu'à chanter à ceux qui comprendront[7] » le mythe orphique, ce mythe sacré qui non seulement montre que l'œuf précède la poule, mais qui lui attribue l'absolue priorité de naissance sur tout l'ensemble de la création[8]. Que sur le fond de ce sujet « ma bouche se taise », comme dit Hérodote[9], car ce sont de trop grands mystères ; mais je constate que de nombreuses races d'animaux existent dans le monde, sans qu'aucune espèce, pour ainsi dire, ne soit exclue du mode de génération par l'œuf : il en produit qui volent, il en produit qui nagent, en nombre infini ; il produit des animaux terrestres, tels les lézards, et des animaux amphibies, tels les crocodiles, des animaux à deux pattes, tel le coq, sans pattes, tel le serpent, à plusieurs pattes, tel le criquet[10]. Aussi n'est-ce pas sans raison qu'aux mystères de Dionysos l'œuf se trouve par-

πηλὸς γένηται· διὸ καὶ τῇ φύσει τὸ πρῶτον εἰκός ἐστιν ἀτρέμα κινούσῃ τὴν ὕλην ἀργοτέραν ὑπακούειν, τύπους ἀμόρφους καὶ ἀορίστους ἐκφέρουσαν ὥσπερ τὰ ᾠά, μορφουμένων δὲ τούτων καὶ διαχαρασσομένων ὕστερον ἐνδημιουργεῖσθαι τὸ ζῷον. Ὡς δὲ κάμπη γίνεται τὸ πρῶτον, εἶτ' ἐκπαγεῖσα διὰ ξηρότητα καὶ περιρραγεῖσ' ἕτερον πτερωθὲν δι' αὑτῆς τὴν καλουμένην ψυχὴν μεθίησιν, τὸν αὐτὸν τρόπον ἐνταῦθα προυφίσταται τὸ ᾠὸν οἷον ὕλη τῆς γενέσεως. Ἀνάγκη γὰρ ἐν πάσῃ μεταβολῇ πρότερον εἶναι τοῦ μεταβάλλοντος ⟨τὸ⟩ ἐξ οὗ μετέβαλε. D
Σκόπει δ' ὅτι σκνῖπες ἐν δένδρῳ καὶ τερηδόνες ἐμφύονται ξύλῳ κατὰ σῆψιν ὑγρότητος ἢ πέψιν· ὧν οὐδεὶς ἂν ἀξιώσειεν μὴ προυποκεῖσθαι μηδὲ πρεσβύτερον εἶναι φύσει τὸ γεννῶν. Ἡ γὰρ ὕλη λόγον ἔχει πρὸς τὰ γινόμενα μητρός, ὥς φησι Πλάτων, καὶ τιθήνης· ὕλη δὲ πᾶν ἐξ οὗ σύστασιν ἔχει τὸ γεννώμενον. Τὸ δ' ἐπὶ τούτοις, ἔφη γελάσας, « ἀείσω ξυνετοῖσι » τὸν Ὀρφικὸν καὶ ἱερὸν λόγον, ὃς οὐκ ὄρνιθος μόνον τὸ ᾠὸν ἀποφαίνει πρεσβύτερον, ἀλλὰ καὶ συλλαβὼν ἅπασαν αὐτῷ τὴν ἁπάντων ὁμοῦ πρεσβυγένειαν ἀνατίθησιν. Καὶ τἆλλα μὲν « εὔστομα κείσθω », E
καθ' Ἡρόδοτον· ἔστι γὰρ μυστικώτερα· ζῴων δὲ πολλὰς φύσεις τοῦ κόσμου περιέχοντος, οὐδέν, ὡς εἰπεῖν, γένος ἄμοιρόν ἐστι τῆς ἐξ ᾠοῦ γενέσεως, ἀλλὰ καὶ πτηνὰ γεννᾷ καὶ νηκτὰ μυρία καὶ χερσαῖα, σαύρας, καὶ ἀμφίβια, [καὶ] κροκοδείλους, καὶ δίποδα, τὸν ὄρνιν, καὶ ἄποδα, τὸν ὄφιν, καὶ πολύποδα, τὸν ἀττέλεβον· ὅθεν οὐκ ἀπὸ τρόπου τοῖς περὶ τὸν Διόνυσον ὀργιασμοῖς ὡς μίμημα τοῦ τὰ

636 C 4 τύπους E (corr. post.), Basil : τόπους T ‖ D 1 τὸ add. Méz. ‖ E 5 καὶ del. Basil.

mi les symboles consacrés au dieu parce qu'il représente l'être qui engendre l'univers et le contient en lui-même[1]. »

3 Tel fut l'exposé de Firmus ; Sénécion déclara que la dernière de ses images offrait la première objection contre lui. « Tu ne te rends pas compte, Firmus, dit-il, que ce n'est pas une porte, comme dans le dicton, que tu as ouverte pour te faire prendre[2], mais que c'est tout l'univers. Car si l'univers est à l'origine de toute existence, c'est à cause de sa perfection ; et la raison veut que ce qui est parfait précède, dans l'ordre de la nature, ce qui est imparfait[3], comme ce qui est entier précède ce qui est tronqué, et le tout, la partie ; car il est impensable qu'il existe une partie d'un tout, si celui-ci est lui-même inexistant[4]. Aussi personne ne dit que l'homme est le produit du sperme, ni la poule celui de l'œuf, nous disons au contraire : « l'œuf de la poule » et « le sperme de l'homme », parce que l'œuf et le sperme procèdent de la poule et de l'homme, et qu'ils y prennent leur naissance en attendant de provoquer eux-mêmes, comme s'ils rendaient à la nature son dû, une nouvelle naissance. Car il leur manque le développement auquel ils sont appelés ; d'où ce mouvement qui les pousse à reproduire un être semblable à celui dont ils sont issus[5]. On définit d'ailleurs la raison séminale comme le principe générateur dépourvu de son effet ; or une chose ne peut être dépourvue de ce qui n'a point existé ou n'existe pas[6]. On voit d'autre part, d'après la nature des œufs, qu'ils ne peuvent se former que par une sorte de coagulation à l'intérieur d'un animal, grâce à des organes et à des poches nécessaires à cet effet ; aussi bien n'est-il question nulle part, fût-ce dans les récits, d'un œuf qui aurait été engendré de la terre ; même celui de Tyndare apparut soudain, tombé du ciel au dire des poètes[7]. Au contraire, la terre produit aujourd'hui encore des animaux parfaitement formés et achevés, des rats en Égypte et, en maint endroit, des serpents, des grenouilles et des cigales, lorsqu'un

πάντα γεννῶντος καὶ περιέχοντος ἐν ἑαυτῷ συγκαθωσίωται. »

3 Ταῦτα τοῦ Φίρμου διεξιόντος, ὁ Σενεκίων ἔφη τὴν τελευταίαν τῶν εἰκόνων αὐτῷ πρώτην ἀντιπίπτειν. « Ἔλαθες γάρ », εἶπεν, « ὦ Φίρμε, τὸν κόσμον ἀντὶ τῆς F
παροιμιακῆς θύρας ἐπὶ σεαυτὸν ἀνοίξας. Ὁ γὰρ κόσμος προυφέστηκε πάντων τελειότατος ὤν· καὶ λόγον ἔχει τοῦ ἀτελοῦς φύσει πρότερον εἶναι τὸ τέλειον, ὡς τοῦ πεπηρωμένου τὸ ὁλόκληρον καὶ τοῦ μέρους τὸ ὅλον· οὐδένα γὰρ ἔχει λόγον εἶναι μέρος οὗ μέρος ἐστὶ μὴ γεγονότος. Ὅθεν οὐθεὶς λέγει τοῦ σπέρματος εἶναι τὸν ἄνθρωπον οὐδὲ τοῦ ᾠοῦ τὴν ἀλεκτορίδα, τῆς δ' | ἀλεκτο- 637 A
ρίδος τὸ ᾠὸν εἶναι καὶ τὸ σπέρμα τοῦ ἀνθρώπου λέγομεν, ὡς τούτων ἐπιγινομένων ἐκείνοις καὶ τὴν γένεσιν ἐν ἐκείνοις λαμβανόντων, εἶθ' ὥσπερ ὄφλημα τῇ φύσει τὴν γένεσιν ἀποδιδόντων. Ἐνδεᾶ γάρ ἐστι τοῦ οἰκείου· διὸ καὶ βούλεσθαι ποιεῖν πέφυκεν ἄλλο τοιοῦτον, οἷον ἦν ἐξ οὗ ἀπεκρίθη. Καὶ τὸν σπερματικὸν λόγον ὁρίζονται γόνον ἐνδεᾶ γενέσεως· ἐνδεὲς δ' οὐδέν ἐστι τοῦ μὴ γενομένου μηδ' ὄντος. Τὰ δ' ᾠὰ καὶ παντάπασι βλέπεται τὴν φύσιν ἔχοντα τῆς ἔν τινι ζῴῳ πήξεως καὶ συστάσεως ὀργάνων τε τοιούτων καὶ ἀγγείων δεομένην· ὅθεν οὐδ' ἱστόρηται γηγενὲς ᾠόν, ἀλλὰ καὶ τὸ Τυνδάρειον οἱ ποιηταὶ λέγουσιν οὐρανοπετὲς ἀναφανῆναι. Ζῷα B
δ' αὐτοτελῆ καὶ ὁλόκληρα μέχρι νῦν ἀναδίδωσιν ἡ γῆ, μῦς ἐν Αἰγύπτῳ, πολλαχοῦ δ' ὄφεις καὶ βατράχους καὶ τέττιγας, ἀρχῆς ἔξωθεν ἑτέρας καὶ δυνάμεως ἐγγενο-

636 F 6 οὐδένα ci. Hub. : οὐδὲν T οὐδὲ Steph. ‖ 637 B 1 ἀναφανῆναι Amyot, Vulc. : ἀναφῆναι.

principe extraordinaire et une force spéciale entrent en jeu du dehors[1] ; en Sicile, lors de la guerre servile[2], par suite de la putréfaction de tout le sang versé et des cadavres laissés sans sépulture, une masse de sauterelles se mit à pulluler, qui dévoraient les blés en se répandant partout sur l'île. C'est donc de la terre que ces animaux naissent et qu'ils tirent leur nourriture, dont le résidu les pousse à se reproduire[3], de sorte qu'ils se recherchent les uns les autres pour satisfaire leur désir et s'accouplent entre eux soit pour pondre des œufs, soit pour mettre au monde des petits, selon la nature de chacun. Cela montre d'ailleurs très clairement que les animaux, nés d'abord de la terre, se sont reproduits ensuite d'une autre manière, c'est-à-dire entre eux-mêmes[4]. Après tout, autant vaudrait dire que la matrice a existé avant la femme. Car ce que la matrice est à l'être humain, l'œuf l'est au poussin qui s'engendre et se forme en lui ; si bien qu'il n'y a aucune différence entre la question de savoir comment des oiseaux ont pu exister avant qu'il existât des œufs et le fait de demander comment des hommes et des femmes ont pu exister avant qu'il existât des organes mâles et des matrices. En réalité, les parties d'un organisme sont en majorité[5] constituées en même temps que le tout, ensuite la puissance s'ajoute à la partie, l'acte à la puissance et l'accomplissement à l'acte[6] ; or l'accomplissement de la puissance génitale des parties sexuelles, c'est le sperme et l'œuf ; de sorte que ceux-ci ne peuvent que suivre la naissance du tout. Aucune digestion de nourriture ne peut se produire avant que n'existe l'être vivant : ne crois-tu pas qu'il en va de même pour l'œuf et le sperme? Car ces derniers paraissent dus, eux aussi, à une espèce de digestion ou de métabolisme ; et il n'est pas possible que la nature puisse trouver un résidu de nourriture chez un être vivant avant même que cet être n'existe[7]. Le sperme, néanmoins, fait d'une certaine manière office de principe, tandis que

μένης · ἐν δὲ Σικελίᾳ περὶ τὸν δουλικὸν πόλεμον, αἵματος πολλοῦ καὶ νεκρῶν ἀτάφων ἐπὶ τῇ γῇ κατασαπέντων, πλῆθος ἀττελέβων ἐξήνθησεν καὶ τὸν σῖτον ἔφθειρον πανταχοῦ σκεδασθέντες ἐπὶ τὴν νῆσον. Ταῦτα τοίνυν ἐκ γῆς φύεται καὶ τρέφεται καὶ τροφῆς περίσσωμα ποιεῖ γόνιμον, ᾧ καθ' ἡδονὰς πρὸς ἄλληλα τρέπεται, καὶ συνδυαζόμενα τῇ μίξει τὰ μὲν ᾠοτοκεῖν, τὰ δὲ ζῳοτοκεῖν πέφυκε. Καὶ τούτῳ μάλιστα δῆλόν ἐστιν ὅτι τὴν πρώτην C
γένεσιν ἐκ γῆς λαβόντα ⟨τὰ ζῷα⟩ καθ' ἕτερον τρόπον ἤδη καὶ δι' ἀλλήλων ποιεῖται τὰς τεκνώσεις. Καθόλου δ' ὅμοιόν ἐστι τὸ λέγειν « Πρὸ τῆς γυναικὸς ἡ μήτρα γέγονεν » · ὡς γὰρ ἡ μήτρα πρὸς τὸν ἄνθρωπον, οὕτω πάλιν τὸ ᾠὸν πρὸς τὸν νεοσσὸν πέφυκε, κυόμενον ἐν αὐτῷ καὶ λοχευόμενον · ὥστε μηδὲν διαφέρειν τὸν διαποροῦντα πῶς ὄρνιθες ἐγένοντο μὴ γενομένων ᾠῶν τοῦ πυνθανομένου πῶς ἄνδρες ἐγένοντο καὶ γυναῖκες πρὶν αἰδοῖα γενέσθαι καὶ μήτρας. Καίτοι τῶν μερῶν τὰ πλεῖστα συνυφίσταται τοῖς ὅλοις, αἱ δὲ δυνάμεις ἐπιγίνονται τοῖς μέρεσιν, αἱ δ' ἐνέργειαι ταῖς δυνάμεσιν, τὰ D
δ' ἀποτελέσματα ταῖς ἐνεργείαις · ἀποτέλεσμα δὲ τῆς γεννητικῆς τῶν μορίων δυνάμεως τὸ σπέρμα καὶ τὸ ᾠόν · ὥστε τῆς τῶν ὅλων καθυστερεῖν γενέσεως. Σκόπει δὲ μή, καθάπερ οὐ δυνατόν ἐστι πέψιν τροφῆς εἶναι πρὶν ἢ γενέσθαι ζῷον, οὕτως οὐδ' ᾠὸν οὐδὲ σπέρμα · καὶ γὰρ ταῦτα πέψεσί τισι καὶ μεταβολαῖς ἐπιγενέσθαι ἔοικεν · καὶ οὐχ οἷόν τε, πρὶν ἢ γενέσθαι ζῷον, ἔχειν ζῴου τροφῆς περίττωμα τὴν φύσιν. Οὐ μὴν ἀλλὰ τὸ σπέρμα μὲν ἁμωσγέπως ἀρχῆς τινος ἀντιποιεῖται, τὸ

637 B 6 ἐπὶ Hub. : ἐν ‖ 9 περίσσωμα Basil. : περὶ σῶμα ‖ C 2 τὰ ζῷα addidi ‖ 4 τὸ ci. Bolk. : τῷ ‖ 5 τὸν ἄνθρωπον Hub. : τὸ ᾠὸν ‖ D 10 ἁμωσγέπως Xyl. : ἄλλως γε πως.

l'œuf n'a ni la valeur d'un principe, puisqu'il ne représente pas une origine, ni la nature d'un tout, puisqu'il est imparfait. C'est pourquoi nous affirmons que l'être vivant ne peut être engendré sans principe, en considérant comme principe de la génération directe des êtres la puissance qui fait subir à la matière sa première transformation, en permettant que le mélange et la fusion deviennent féconds[1] ; alors que l'œuf est un produit secondaire de l'animal, au même titre que le sang et le lait, consécutif à la digestion des aliments. On n'a jamais vu d'œuf, en effet, se former à partir du limon ; c'est dans l'animal seul qu'il se forme et qu'il apparaît, tandis que d'innombrables animaux se forment ainsi spontanément[2]. Il suffit de citer l'exemple des anguilles, dont il se prend une grande quantité : personne n'a jamais trouvé ni laitance ni œuf dans une anguille ; et pourtant l'on peut évacuer l'eau et enlever toute la vase, dès qu'il revient de l'eau, de petites anguilles se mettent à y vivre[3]. Or, de deux choses, est forcément postérieure celle qui a besoin de l'autre pour exister, tandis que celle qui, même aujourd'hui, est capable de naître d'une manière indépendante, sans le secours de l'autre, doit venir la première dans l'ordre de la naissance. Car c'est bien de la priorité absolue qu'il s'agit : les oiseaux confectionnent toujours des nids avant de pondre leurs œufs et les futures mères préparent des langes, sans qu'on puisse prétendre pour cela que le nid précède l'œuf ni les langes les enfants[4]. « Car ce n'est pas, selon Platon, la terre qui imite la femme, c'est la femme qui imite la terre »[5] ; et cela vaut pour chacune des créatures femelles. C'est pourquoi il est vraisemblable que la première génération se fit grâce à la perfection et à la force de son auteur, directement et sans intermédiaire à partir de la terre[6], et qu'elle n'exigea pas ces organes, enveloppes et poches dont la nature a, depuis, doté les êtres pour suppléer à leur faiblesse et leur permettre de se reproduire. »

δ' ᾠὸν οὔτ' ἀρχῆς ἔχει λόγον, οὐ γὰρ ὑφίσταται πρῶτον,
οὔθ' ὅλου φύσιν, ἀτελὲς γάρ ἐστιν. Ὅθεν ἀρχῆς μὲν
ἄνευ γεγονέναι ζῷον οὐ λέγομεν, ἀρχὴν δ' εἶναι ζῳογονίας E
ὑφ' ἧς πρῶτον ἡ ὕλη μετέβαλε δυνάμεως, κρᾶσίν τινα
καὶ μῖξιν ἐνεργασαμένης γόνιμον· τὸ δ' ᾠὸν ἐπιγέννημ'
εἶναι, καθάπερ τὸ αἷμα καὶ τὸ γάλα, τοῦ ζῴου μετὰ
τροφὴν καὶ πέψιν. Οὐ γὰρ ὦπται συνιστάμενον ᾠὸν
ἐκ τῆς ἰλύος, ἀλλ' ἐν μόνῳ ζῴῳ τοῦτο τὴν σύστασιν ἔχει
καὶ γένεσιν· ζῷα δὲ καθ' αὑτὰ μυρία συνίσταται. Καὶ τί
δεῖ λέγειν τἆλλα; Πολλῶν γὰρ ἐγχέλεων ἁλισκομένων,
οὐδεὶς ἑώρακεν οὔτε θορὸν οὔτ' ᾠὸν ἔγχελυν ἔχουσαν,
ἀλλὰ κἂν τὸ ὕδωρ τις ἐξαρύσῃ καὶ τὴν ἰλὺν ἀναξύσῃ
πᾶσαν, εἰς τὸν τόπον ὕδατος συρρυέντος ἐγχέλεις F
ζῳογονοῦνται. Δυεῖν δ' ὕστερον ἀνάγκη γεγονέναι τὸ
θατέρου δεόμενον πρὸς γένεσιν, ᾧ δὲ καὶ νῦν θατέρου
χωρὶς ἄλλως ὑπάρχει συνίστασθαι, τοῦτο προτερεῖν
τῇ ἀρχῇ τῆς γενέσεως. Περὶ ἐκείνης γάρ ἐστι τῆς πρώτης
ὁ λόγος· ἐπεὶ νῦν γε καὶ νεοττιὰς συντίθησι τὰ πτηνὰ
πρὸ τῆς ᾠοτοκίας καὶ σπάργανα παρασκευάζουσιν αἱ
γυναῖκες· | ἀλλ' οὐκ ἂν εἴποις καὶ νεοττιὰν ᾠοῦ γεγονέναι 638 A
πρότερον καὶ σπάργανα παίδων. « Οὐ γὰρ γῆ », φησὶν ὁ
Πλάτων, « γυναῖκα, γῆν δὲ γυνὴ μιμεῖται » καὶ τῶν
ἄλλων θηλέων ἕκαστον. Διὸ ⟨τὴν⟩ πρώτην γένεσιν εἰκός
ἐστιν ἐκ γῆς τελειότητι καὶ ῥώμῃ τοῦ γεννῶντος αὐτοτελῆ
καὶ ἀπροσδεῆ γενέσθαι, τοιούτων ὀργάνων καὶ στεγασμάτων καὶ ἀγγείων μὴ δεομένην, ἃ νῦν ἡ φύσις ἐν τοῖς
τίκτουσιν ἐργάζεται καὶ μηχανᾶται δι' ἀσθένειαν. »

637 E 6 τῆς Π : γῆς T ‖ F 2 Δυεῖν Benseler : δεῖ T διὸ ci. Wytt. ‖ δ' scripsi : οὖν ‖ ἀνάγκη ci. Wytt. : -κῃ. ‖ 638 A 4 τὴν add. ci. Rei. ‖ 5 καὶ ῥώμῃ Amyot, Steph. : καιρῷ μὴ ‖ 7 ἃ νῦν man. post. in T. : ἂν οὖν.

Question IV

Si la lutte est la plus ancienne des épreuves.

J'offrais le banquet de la victoire à Sosiclès de Coronée, qui avait remporté le prix de poésie aux jeux Pythiques[1]. Le concours gymnique était proche, et l'on parlait surtout des lutteurs ; car il en était venu un grand nombre, et de fameux. L'un des convives, Lysimaque, épimélète des Amphictyons[2], rapporta qu'il avait récemment entendu soutenir par un érudit que la lutte était la plus ancienne de toutes les épreuves athlétiques, comme son nom même le prouvait ; les inventions récentes, disait-il, tiennent généralement leur nom de celui que portent de plus anciennes ; c'est ainsi que l'on dit de la flûte qu'elle a été « accordée », et que l'on appelle « croumata » (« morceaux frappés »)[3] les airs de flûte, expressions empruntées au jeu de la lyre. Par conséquent, le lieu où s'entraînent l'ensemble des athlètes s'appelle palestre, parce que le nom qu'il avait reçu, au début, de la lutte *(palè)* fut étendu dès lors aux exercices qui furent inventés dans la suite. Je répondis que cette preuve n'était pas convaincante ; car la palestre tirait son nom de la lutte *(palè)* non parce que celle-ci est le plus ancien de tous les exercices, mais parce que, seule d'entre les épreuves athlétiques, elle exige l'argile, le sable et l'onguent[4] ; dans les palestres, en effet, ne se pratiquent ni la course, ni le pugilat, mais la lutte et le pancrace avec prises au sol[5] ; car il est évident que le pancrace n'est qu'une combinaison du pugilat et de la lutte. « D'ailleurs, poursuivis-je, comment admettre que la lutte, qui est la plus complexe

1. Sur le concours de poésie à Delphes, voir V, 2.

2. Personnage auquel étaient confiées, à l'époque romaine, non seulement la gestion des finances de l'Amphictyonie et la direction des affaires matérielles du temple, mais aussi l'organisation, au moins dans une certaine mesure, et la présidence des jeux pythiques (cf. 704 C, *De def. orac.* 410 A).

ΠΡΟΒΛΗΜΑ Δ

Εἰ πρεσβύτατον ἡ πάλη τῶν ἀγωνισμάτων.

1 Σωσικλέα τὸν Κορωνῆθεν, ⟨ἐν⟩ Πυθίοις νενικηκότα B
ποιητάς, εἰστιῶμεν τὰ ἐπινίκια. Τοῦ δὲ γυμνικοῦ ἀγῶνος
ἐγγὺς ὄντος, ὁ πλεῖστος ἦν λόγος περὶ τῶν παλαιστῶν·
πολλοὶ γὰρ ἐτύγχανον ἀφιγμένοι καὶ ἔνδοξοι. Παρὼν
οὖν Λυσίμαχος, εἷς τῶν Ἀμφικτυόνων ἐπιμελητής,
ἔναγχος ἔφη γραμματικοῦ τινος ἀκοῦσαι τὴν πάλην
ἀρχαιοτέραν ἀθλημάτων πάντων ἀποφαίνοντος, ὡς καὶ
τοὔνομα μαρτυρεῖν· ἐπιεικῶς γὰρ ἀπολαύειν τὰ νεώτερα
πράγματα κειμένων ἐν τοῖς παλαιοτέροις ὀνομάτων· ὥς
που καὶ τὸν αὐλὸν « ἡρμόσθαι » λέγουσιν καὶ « κρούματα » C
⟨τὰ⟩ αὐλήματα καλοῦσιν, ἀπὸ τῆς λύρας λαμβάνοντες τὰς
προσηγορίας. Τὸν οὖν τόπον, ἐν ᾧ γυμνάζονται πάντες
οἱ ἀθληταί, παλαίστραν καλοῦσιν, ⟨ἀπὸ⟩ τῆς πάλης
τοὔνομα κτησαμένην τὸ πρῶτον, εἶτα καὶ τοῖς αὖθις
ἐφευρεθεῖσιν ἐμπαρασχοῦσαν. Τοῦτ' ἔφην ἐγὼ τὸ μαρτύριον
οὐκ ἰσχυρὸν εἶναι· κεκλῆσθαι γὰρ ἀπὸ τῆς πάλης τὴν
παλαίστραν οὐχ ὅτι πρεσβύτατόν ἐστι τῶν ἄλλων,
ἀλλ' ὅτι μόνον τῶν τῆς ἀγωνίας εἰδῶν πηλοῦ καὶ κονίστρας
καὶ κηρώματος τυγχάνει δεόμενον· οὔτε γὰρ δρόμον
οὔτε πυγμὴν ἐν παλαίστραις διαπονοῦσιν, ἀλλὰ πάλης D
καὶ παγκρατίου τὸ περὶ τὰς κυλίσεις· ὅτι γὰρ μέμικται
τὸ παγκράτιον ἔκ τε πυγμῆς καὶ πάλης δῆλόν ἐστιν.
« Ἄλλως δὲ πῶς », ἔφην, « λόγον ἔχει τεχνικώτατον

638 B 1 ἐν add. Faehse ‖ 5 οὖν man. post. in T, Basil. : ὁ νῦν ‖ C 2 τὰ add. Wytt. ‖ 3 πάντες apogr. : πάν ‖ 4 ἀπὸ addidi ‖ 5 κτησαμένην scripsi : -νης ‖ 6 ἐμπαρασχοῦσαν scripsi : -σχεῖν text. corrup. indic. Hub. ‖ 7-8 τὴν παλαίστραν Basil. : τῆς παλαίστρας.

et la plus difficile des épreuves athlétiques, soit en même temps la plus ancienne? Les inventions imposées par la nécessité sont d'abord toutes simples, élémentaires, et dépendent plus de la force que de l'adresse. » Telles étaient les opinions que j'exprimai. Sosiclès intervint alors : « Tu as raison, dit-il, et je veux t'apporter une confirmation en partant du mot lui-même : celui-ci *(palè)* vient, me semble-t-il, du verbe *paleuein*, qui signifie « tromper et renverser par surprise »[1]. — « Et moi, je le rattache, dit Philinos, au mot *palaistè* (paume)[2] ; car c'est cette partie des mains qui sert surtout aux lutteurs *(palaiontes)*, comme le poing sert aux pugilistes ; voilà pourquoi cette seconde manière de se servir des mains s'appelle pugilat, et la première, *palè* (lutte). Toutefois, comme les poètes emploient le verbe *palunai* pour exprimer l'action de répandre, de verser de la poussière, ce que nous voyons faire surtout par les lutteurs *(palaistas)*, il est possible aussi d'expliquer de cette manière l'étymologie du mot[3]. Et enfin, ajouta-t-il, je te fais remarquer que les coureurs font tous leurs efforts pour devancer leurs rivaux et les distancer le plus possible, que les pugilistes ont beau chercher le corps-à-corps, les arbitres le leur interdisent[4] ; seuls les lutteurs peuvent s'étreindre et s'enlacer, et dans la plupart de leurs assauts, charges de front, charges de flanc, ceintures et prises d'épaules,[5] leurs corps se serrent et se confondent. Aussi n'est-il pas invraisemblable que la lutte *(palè)* puisse devoir son nom à ce rapprochement *(pélas)*, à ce contact *(plèsiazein)* étroit.[6] »

1. C'est évidemment inexact.

2. Les deux mots sont de la même famille ; mais c'est παλαιστή qui est le dérivé (M. Frisk, *Griech. Etymol. Wörterb.*, s.v.).

3. Erreur également : le verbe παλύνω dérive du substantif πάλη qui signifie « fleur de farine, poussière fine ».

4. Cf. H. A. Harris, *Greek Athletes a. Athletics*, Londres, 1964, p. 97-8, 103 et la note 59.

καὶ πανουργότατον τῶν ἀθλημάτων τὴν πάλην οὖσαν ἅμα καὶ πρεσβύτατον εἶναι ; Τὸ γὰρ ἁπλοῦν καὶ ἄτεχνον καὶ βίᾳ μᾶλλον ἢ μεθόδῳ περαινόμενον αἱ χρεῖαι πρῶτον ἐκφέρουσιν. » Ἐμοῦ δὲ ταῦτ' εἰπόντος, ὁ Σωσικλῆς « Ὀρθῶς » ἔφη « λέγεις, καὶ συμβάλλομαί σοι πίστιν ἀπὸ τοῦ ὀνόματος · ἡ γὰρ πάλη μοι δοκεῖ τῷ παλεύειν, ὅπερ ἐστὶ δολοῦν καὶ καταβάλλειν δι' ἀπάτης, κεκλῆσθαι. » Καὶ ὁ Φιλῖνος « Ἐμοὶ δ' » εἶπεν « ἀπὸ τῆς E παλαιστῆς · τούτῳ γὰρ μάλιστα τῷ μέρει τοῖν χεροῖν ἐνεργοῦσιν οἱ παλαίοντες, ὥσπερ οἱ πυκτεύοντες αὖ πάλιν τῇ πυγμῇ · διὸ κἀκεῖνο πυγμὴ καὶ τοῦτο πάλη προσηγόρευται τὸ ἔργον. Οὐ μὴν ἀλλὰ καὶ τὸ συμπάσαι τῶν ποιητῶν καὶ καταπάσαι « παλῦναι » λεγόντων, ᾧ μάλιστα χρωμένους τοὺς παλαιστὰς ὁρῶμεν, ἔστι καὶ ταύτῃ προσάγειν τὴν ἐτυμότητα τοῦ ὀνόματος. Σκόπει δ' ἔτι », εἶπεν, « μὴ τοῖς μὲν δρομεῦσιν ἔργον ἐστὶν ὅτι πλεῖστον ἀπολιπεῖν καὶ πορρωτάτω διαστῆναι, τοὺς δὲ πύκτας οὐδὲ πάνυ βουλομένους ἐῶσιν οἱ βραβευταὶ συμπλέκεσθαι · μόνους δὲ τοὺς παλαιστὰς ὁρῶμεν F ἀλλήλους ἀγκαλιζομένους καὶ περιλαμβάνοντας · καὶ τὰ πλεῖστα τῶν ἀγωνισμάτων, ἐμβολαί, παρεμβολαί, συστάσεις, παραθέσεις, συνάγουσιν αὐτοὺς καὶ ἀναμιγνύουσιν ἀλλήλοις. Διὸ τῷ πλησιάζειν μάλιστα καὶ γίνεσθαι πέλας οὐκ ἄδηλόν ἐστι τὴν πάλην ὠνομάσθαι. » |

638 D 10 παλεύειν Basil. : παλαίειν ‖ 11 δολοῦν Bern. : δόλου ‖ E 1-2 τῆς παλαιστῆς Turn. : τοῦ παλαιστοῦ.

Question V

Pourquoi, parmi les épreuves athlétiques, Homère place toujours en tête le pugilat, ensuite la lutte, et en dernier lieu la course.

1 Après ces propos, nous marquâmes notre approbation à Philinos. Mais Lysimaque revint à la charge : « Quelle est alors l'épreuve qu'on doit considérer comme la plus ancienne ? Celle du stade, à en juger par l'exemple d'Olympie ? »[1] — « ... ici nous voyons introduire successivement les concurrents de chaque épreuve, après les enfants lutteurs, les lutteurs adultes, puis, selon le même ordre, les deux groupes de pugilistes et aussi les pancratiastes ; là-bas, ce n'est qu'une fois les combats d'enfants terminés que l'on appelle les adultes. On peut se demander, dit-il, si l'ordre chronologique n'est pas mieux indiqué par Homère ; les concours gymniques sont toujours, chez lui, ordonnés de la même façon : en premier lieu le pugilat, en second lieu la lutte, et en dernier la course. » — « Ô Héraclès, s'écria tout surpris le Thessalien Ménécrate, que de choses nous échappent ! Si tu as présents à l'esprit certains de ces vers, tu voudras bien nous les rappeler. » A quoi Timon répondit : « Que les funérailles de Patrocle comportent cet ordre-là dans les épreuves athlétiques[2] est pourtant un fait qui résonne, si je puis m'exprimer ainsi, à toutes les oreilles ; et, conservant toujours cet ordre, le poète représente Achille disant à Nestor :

« Je te donne ce prix d'office : tu n'auras à combattre ni au pugilat, ni à la lutte, tu n'entreras pas dans le tournoi des javelots, tu ne prendras pas part à la course »[3],

et le vieillard répondant, avec la prolixité des gens de son âge :

ΠΡΟΒΛΗΜΑ Ε 639 A

Διὰ τί τῶν ἀθλημάτων Ὅμηρος πρῶτον ἀεὶ τάττει τὴν πυγμήν, εἶτα τὴν πάλην καὶ τελευταῖον τὸν δρόμον.

1 Ῥηθέντων δὲ τούτων καὶ τὸν Φιλῖνον ἡμῶν ἐπαινεσάντων, αὖθις ὁ Λυσίμαχος ἔφη « Ποῖον οὖν φαίη τις ἂν τῶν ἀγωνισμάτων γεγονέναι πρῶτον ; Ἢ τὸ στάδιον, ὥσπερ Ὀλυμπίασιν... » « ...ἐνταῦθα δὲ παρ' ἡμῖν καθ' ἕκαστον ἄθλημα τοὺς ἀγωνιζομένους εἰσάγουσιν, ἐπὶ παισὶ παλαισταῖς ἄνδρας παλαιστὰς καὶ πύκτας ἐπὶ πύκταις ὁμοίως καὶ παγκρατιαστάς · ἐκεῖ δ', ὅταν οἱ παῖδες διαγωνίσωνται, τότε τοὺς ἄνδρας καλοῦσιν. Σκόπει δὲ μὴ μᾶλλον », ἔφη, « τὴν κατὰ χρόνον τάξιν B Ὅμηρος ἀποδείκνυσιν · πρῶτον γὰρ ἀεὶ πυγμὴ παρ' αὐτῷ, δεύτερον πάλη, καὶ τελευταῖον ὁ δρόμος τῶν γυμνικῶν ἀεὶ τέτακται. » Θαυμάσας οὖν Μενεκράτης ὁ Θεσσαλός « Ὦ Ἡράκλεις » εἶπεν, « ὅσα λανθάνει ἡμᾶς · εἰ δέ τινα τῶν ἐπῶν ἐστί σοι πρόχειρα, μὴ φθονήσῃς ἀναμνῆσαι. » Καὶ ὁ Τίμων « Ἀλλ' ὅτι μέν » εἶπεν « αἱ Πατρόκλου ταφαὶ ταύτην ἔχουσι τῶν ἀγωνισμάτων τὴν τάξιν, ἅπασιν, ὡς ἔπος εἰπεῖν, ἔναυλόν ἐστιν · διατηρῶν δὲ τὴν τάξιν ὁμαλῶς ὁ ποιητὴς τὸν μὲν Ἀχιλλέα λέγοντα τῷ Νέστορι πεποίηκεν ·

« Δίδωμι δέ σοι τόδ' ἄεθλον C
αὔτως · οὐ γὰρ πύξ γε μαχήσεαι οὐδὲ παλαίσεις,
οὐδέ τ' ἀκοντιστὺν ἐνδύσεαι οὐδὲ πόδεσσι
θεύσεαι » ·

τὸν δὲ πρεσβύτην ἐν τῷ ἀποκρίνεσθαι παραδολεσχοῦντα γεροντικῶς ὅτι ·

639 A 6 Interrog. voluit Wil. || 7 lac. indic. Xyl.

« Au pugilat je triomphai de Clytomède, fils d'Œnops ; à la lutte, d'Ancée de Pleuron, à la course, je dépassai Iphicle »[1],

Ulysse provoquant en ces termes les Phéaciens :

« Choisissez le pugilat, la lutte ou la course »[2],

et Alcinoos se récusant ainsi :

« Non, la boxe n'est pas notre fort, ni la lutte, mais nous sommes bons coureurs. »[3]

On voit que le poète ne change pas son ordre au hasard et selon l'idée du moment, mais qu'il respecte au contraire l'usage et la pratique régulière de son époque ; or cette pratique restait conforme à l'ordre primitif. »[4]

2 Lorsque mon frère eut achevé, je reconnus comme exact ce qu'il venait de dire, sauf que je n'étais pas d'accord sur la raison invoquée pour l'ordre en question. Quelques autres aussi trouvèrent invraisemblable que le pugilat et la lutte eussent pu exister avant la course comme épreuve de concours, et ils me prièrent de chercher une explication plus vraisemblable. Je dis ce qui me vint à l'esprit, que toutes ces compétitions ne constituaient à mon avis qu'une imitation de la guerre et qu'un entraînement en vue de celle-ci ; d'ailleurs la course armée a lieu tout à la fin[5], pour montrer que c'est là le couronnement des exercices physiques et des concours ; et le privilège que l'on accorde aux athlètes vainqueurs, de faire couper et abattre un pan des remparts pour rentrer dans leur patrie, a comme signification qu'une ville n'a guère besoin de remparts, si elle possède des hommes capables de combattre et de vaincre[6]. A Sparte d'autre part, un poste de choix était réservé dans les batailles aux vainqueurs des jeux où

1. *Id.* 634-6 (trad. Mazon) : nouvelle citation tronquée.
2. *Od.* VIII, 206.
3. *Id.* 246-7.
4. C'est-à-dire, en fait, à celui des apparitions successives des diverses épreuves.

« Πὺξ μὲν ἐνίκησα Κλυτομήδεα, Οἴνοπος υἱόν,
Ἀγκαῖον ⟨δὲ⟩ πάλῃ Πλευρώνιον, Ἴφικλον δὲ
πόδεσσι παρέδραμον » ·

αὖθις δὲ τὸν μὲν Ὀδυσσέα τοὺς Φαίακας προκαλούμενον ·

« Ἢ πὺξ ἠὲ πάλῃ ἢ καὶ ποσίν »,

τὸν δ' Ἀλκίνουν ὑποτιμώμενον ·

« Οὐ γὰρ πυγμάχοι εἰμὲν ἀμύμονες οὐδὲ παλαισταί, D
ἀλλὰ ποσὶ κραιπνοῖς θέομεν » ·

ὡς οὐ κατὰ τύχην ἐκ τοῦ παρισταμένου τῇ τάξει χρώμενος ἄλλοτ' ἄλλως, ἀλλὰ τοῖς εἰθισμένοις τότε καὶ δρωμένοις κατὰ νόμον ἐπακολουθῶν · ἐδρᾶτο δ' οὕτως τὴν παλαιὰν ἔτι τάξιν αὐτῶν διαφυλαττόντων. »

2 Παυσαμένου δὲ τοῦ ἀδελφοῦ, τἄλλα μὲν ἔφην ἀληθῶς λέγεσθαι, τὴν δ' αἰτίαν τῆς τάξεως οὐκ ἐπῄνουν. Ἐδόκει δὲ καὶ τῶν ἄλλων τισὶ μὴ πιθανὸν εἶναι τὸ πυκτεύειν καὶ παλαίειν προτερεῖν ἐν ἀγῶνι καὶ ἁμίλλῃ τοῦ τροχάζειν, καὶ παρεκάλουν ἐξάγειν εἰς τὸ πιθανώτερον. Ἔφην δ' ἐκ τοῦ παραστάντος ὅτι ταῦτά μοι πάντα μιμήματα δοκεῖ καὶ γυμνάσματα τῶν πολεμικῶν εἶναι · καὶ γὰρ ὁπλίτης E
ἐπὶ πᾶσιν εἰσάγεται, μαρτυρούμενος ὅτι τοῦτο [τὸ] τέλος ἐστὶ τῆς σωμασκίας καὶ [τὸ] τῆς ἁμίλλης · καὶ τὸ τοῖς νικηφόροις εἰσελαύνουσιν τῶν τειχῶν ἐφίεσθαι μέρος διελεῖν καὶ καταβαλεῖν τοιαύτην ἔχει διάνοιαν, ὡς οὐ μέγα πόλει τειχῶν ὄφελος ἄνδρας ἐχούσῃ μάχεσθαι δυναμένους καὶ νικᾶν. Ἐν δὲ Λακεδαίμονι τοῖς νενικηκόσι στεφανίτας ἀγῶνας ἐξαίρετος ἦν ἐν ταῖς παρατάξεσι

639 C 8 δὲ add. Amyot, Xyl. ‖ 11 ποσίν Amyot, Xyl. : ποσσίν ‖ D 2 κραιπνοῖς Xyl. : -νοῖσι ‖ 10 προτερεῖν Faehse : πρότερον ‖ γεγονέναι post ἀγῶνι add. voluit Wytt. ‖ 11 πιθανώτερον Rei. : ἀνώτερον ‖ E 2 τὸ delevi ‖ 3 τὸ (τῆς) del. Steph. ‖ 4 εἰσελαύνουσιν Saumaize, ap. Hub. : ἐλαύν. ‖ 5 καταβαλεῖν Bern. : -βάλλειν ‖ ἔχει Π : ἔχειν T.

se décernent des couronnes[1] : c'est aux côtés mêmes du roi qu'ils combattaient[2]. Enfin, de tous les animaux, le cheval est le seul à avoir part à la compétition et à la couronne[3], parce qu'il est le seul que la nature et le dressage ont rendu capable de suivre le guerrier et de l'assister au combat. « Si donc je ne me trompe point, poursuivons le raisonnement, dis-je : la première tâche des combattants consiste à frapper et à parer les coups, la seconde, une fois que, lancés dans la mêlée, ils en sont venus aux mains, à tenter de faire plier l'adversaire et de le renverser ; c'est ce qui permit surtout, dit-on, aux nôtres[4], qui étaient d'excellents lutteurs, d'avoir raison des Spartiates à Leuctres [5]; et c'est ce qui, explique l'appellation, chez Eschyle, de « lutteur aux armes pesantes » pour un des guerriers,[6] de même que l'expression de Sophocle, au sujet des Troyens :

« Cavaliers passionnés, archers aux arcs de corne, lutteurs portant boucliers sonores[7] ».

Et à l'issue de la bataille il reste, en troisième lieu, à fuir si l'on est vaincu, ou à poursuivre l'ennemi si l'on est vainqueur. Il était donc tout naturel que le pugilat marquât le début des épreuves[8], que la lutte fût placée au second rang, et la course au dernier, vu que le pugilat représente l'attaque et la parade, la lutte, l'acharnement de la mêlée, tandis que la course sert d'entraînement pour la fuite et la poursuite.[9] »

Question VI

Pourquoi le pin maritime, le pin parasol[10] *et les arbres de cette espèce ne se greffent pas.*

1 Lors d'un repas qu'il nous offrait dans ses jardins baignés par le cours du Céphise, Soclaros nous fit admirer des arbres qui avaient subi les mutations les

χώρα, περὶ αὐτὸν τὸν βασιλέα τεταγμένους μάχεσθαι· καὶ τῶν ζῴων μόνῳ τῷ ἵππῳ μετουσία στεφάνου καὶ ἀγῶνος ἔστιν, ὅτι μόνος καὶ πέφυκε καὶ ἤσκηται μαχομένοις παρεῖναι καὶ συμπολεμεῖν. « Εἰ δὲ δὴ ταῦτα λέγεται μὴ κακῶς, ἤδη σκοπῶμεν », ἔφην, « ὅτι τῶν μαχομένων F πρῶτον ἔργον ἐστὶ τὸ πατάξαι καὶ φυλάξασθαι, δεύτερον δὲ συμπεσόντας ἤδη καὶ γενομένους ἐν χερσὶν ὠθισμοῖς τε χρῆσθαι καὶ περιτροπαῖς ἀλλήλων, ᾧ δὴ μάλιστά φασιν ἐν Λεύκτροις τοὺς Σπαρτιάτας ὑπὸ τῶν ἡμετέρων, παλαιστρικῶν ὄντων, καταβιασθῆναι· | διὸ καὶ παρ' Αἰσχύλῳ 640 A τις τῶν πολεμικῶν ὀνομάζεται « βριθὺς ὁπλιτοπάλας » καὶ Σοφοκλῆς εἴρηκέ που περὶ τῶν Τρώων ὡς

« φίλιπποι καὶ κερουλκοί,
σὺν σάκει » δὲ « κωδωνοκρότῳ παλαισταί » ·

καὶ μὴν ἐπὶ πᾶσί γε τὸ τρίτον ἐστὶν νικωμένους φεύγειν ἢ διώκειν νικῶντας. Εἰκότως οὖν ἡ πυγμὴ προεισῆγε, δευτέραν δ' εἶχεν ἡ πάλη τάξιν, καὶ τελευταίαν ὁ δρόμος· ὅτι πυγμὴ μέν ἐστι μίμημα πληγῆς καὶ φυλακῆς, πάλη δὲ συμπλοκῆς καὶ ὠθισμοῦ, δρόμῳ δὲ μελετῶσι φεύγειν καὶ διώκειν. »

ΠΡΟΒΛΗΜΑ Ϛ

Διὰ τί πεύκη καὶ πίτυς καὶ τὰ ὅμοια τούτοις οὐκ ἐνοφθαλμίζεται.

1 Σώκλαρος ἑστιῶν ἡμᾶς ἐν κήποις ὑπὸ τοῦ Κηφισοῦ B ποταμοῦ περιρρεομένοις ἐπεδείκνυτο δένδρα παντοδαπῶς πεποικιλμένα τοῖς λεγομένοις ἐνοφθαλμισμοῖς· καὶ γὰρ

640 A 1 καταβιασθῆναι Wytt. : καταβιβασθῆναι ‖ 7 προεισῆγε Hub. : πρόεισι γε. ‖ 14 ἐνοφθαλμίζεται Bern. : -μιάζεται ‖ B 3 ἐνοφθαλμισμοῖς Steph. : ἐνόφθαλμις (sic).

plus diverses grâce à ce qu'on appelle la greffe. Sur des lentisques[1] nous voyions pousser des branches d'olivier, et des branches de grenadier sur un myrte ; il y avait aussi des chênes portant d'excellentes poires, des platanes qui avaient reçu des greffons de pommier et des figuiers qui en avaient reçu de mûrier ; d'autres mariages encore avaient amené des plantes sauvages à produire des fruits[2]. Les invités plaisantèrent Soclaros en disant qu'il entretenait chez lui des créatures plus monstrueuses que les sphinx et les chimères dont parlent les poètes, tandis que Craton nous proposa de chercher la raison pour laquelle, seuls d'entre les plantes, les arbres résineux étaient réfractaires à ces sortes de mélanges, car l'on ne voyait nul cyprès, nul pin, ni parasol ni maritime, nourrir une branche d'une autre espèce.

2 Philon prit alors la parole et dit : « Les savants, Craton, en donnent une explication qui est confirmée par les paysans. L'huile, affirment-ils, est l'ennemie des plantes, et n'importe quelle plante, frottée d'huile, meurt très rapidement[3], tout comme les abeilles[4]. Or les arbres dont tu parles sont d'une substance grasse[5] et molle, qui fait qu'ils exsudent de la gemme et de la résine, et quand on y fait une entaille, on dirait que le sang de leurs veines afflue à la blessure[6] ; leur bois sécrète une substance huileuse et paraît tout luisant à cause de cette graisse. Voilà pourquoi ils s'unissent difficilement aux autres essences[7], comme l'huile elle-même se refuse à tout mélange. »[8] Après Philon, Craton donna son avis ; il pensait que la nature de l'écorce y était aussi pour quelque chose : sa minceur et sa sécheresse empêchaient le greffon de se fixer et de prendre vie, tandis que les écorces humides et molles couvraient le rameau introduit au cœur du bois et favorisaient ainsi son incorporation[9].

1. Arbuste des régions méditerranéennes, de la classe des pistachiers.

ἐκ σχίνων ἐλαίας ἀναβλαστανούσας ἑωρῶμεν καὶ ῥοιὰς ἐκ μυρρίνης· ἦσαν δὲ καὶ δρύες ἀπίους ἀγαθὰς ἐκφέρουσαι καὶ πλάτανοι μηλεῶν δεδεγμέναι καὶ συκαῖ μορεῶν ἐμβολάδας, ἄλλαι τε μίξεις φυτῶν κεκρατημένων ἄχρι καρπογονίας. Οἱ μὲν οὖν ἄλλοι πρὸς τὸν Σώκλαρον ἔπαιζον, ὡς τῶν ποιητικῶν σφιγγῶν καὶ χιμαιρῶν τερατωδέστερα γένη καὶ θρέμματα βόσκοντα· Κράτων δὲ προύβαλεν ἡμῖν διαπορῆσαι περὶ τῆς αἰτίας, δι' ἣν μόνα τῶν φυτῶν τὰ δᾳδώδη δέχεσθαι τὰς τοιαύτας ἐπιμιξίας οὐ πέφυκεν· οὔτε γὰρ κυπάριττον οὔτε κῶνον, ἢ πίτυν ἢ πεύκην, ἐκτρέφουσάν τι τῶν ἑτερογενῶν ὁρᾶσθαι. C

2 Ὑπολαβὼν δὲ Φίλων ἔφη· « Λόγος τις ἔστιν, ὦ Κράτων, παρὰ τοῖς σοφοῖς, βεβαιούμενος ὑπὸ τῶν γεωργικῶν. Τὸ γὰρ ἔλαιον εἶναί φασι τοῖς φυτοῖς πολέμιον καὶ τάχιστ' ἂν ἀπολέσθαι φυτὸν ὃ βούλοιο χριόμενον ἐλαίῳ, καθάπερ τὰς μελίττας. Τὰ δ' εἰρημένα δένδρα πίονα καὶ πέπειραν ἔχει τὴν φύσιν, ὥστε πίσσαν ἀποδακρύειν καὶ ῥητίνην· ὅταν δὲ πληγῇ, ταῖς διακοπαῖς ὥσπερ οἴκοθεν ἰχῶρας συνάγει· ἥ τε δᾲς αὐτῶν ἐλαιηρὰν ἀφίησιν ἰκμάδα καὶ περιστίλβει τὸ λιπαρὸν αὐτῇ· διὸ καὶ πρὸς τὰ ἄλλα γένη δυσμίκτως ἔχει, καθάπερ αὐτὸ τὸ ἔλαιον. » Παυσαμένου δὲ τοῦ Φίλωνος, ὁ μὲν Κράτων ᾤετο καὶ τὴν τοῦ φλοιοῦ φύσιν πρὸς τοῦτο συνεργεῖν· λεπτὸν γὰρ ὄντα καὶ ξηρὸν οὐ παρέχειν ἕδραν οὐδ' ἐμβίωσιν τοῖς ἐντιθεμένοις, † ὥσπερ τὰ φλοιώδη καὶ νοτερὰ καὶ τὰ μαλακὰ τοῖς ὑπὸ τὸν φλοιὸν ὄντα μέρεσι † προσδεχομένοις περιπτύσσεσθαι κολλώμενον. D

640 C 4 δᾳδώδη Paton, coll. 648 d : ἐλαιώδη T ἐλατώδη Pohlenz || 5 κυπάριττον ... κῶνον transposui : κῶνον ... κυπάρ. || D 7-8 ἐντιθεμένοις Bern. : ἐνθεμένοις.

3 Soclaros affirma que l'argument de Craton était sans doute exact, mais il devait remarquer en outre que le sujet qui reçoit un élément étranger à sa nature doit se prêter facilement à la conversion, afin de se laisser dominer, de s'assimiler et de transformer la nourriture qu'il porte en lui en fonction du greffon. « C'est ainsi que l'on bine au préalable et qu'on ameublit la terre, afin que, travaillée de cette manière, elle se transforme plus aisément et s'accommode à ce qu'on y plante, car un sol ferme et dur se prête mal aux transformations[1]. Or les arbres en question, dont le bois est sec, n'admettent aucun mélange, parce qu'ils ne se laissent pas dominer ni ne se plient aux transformations. De plus, ajouta-t-il, il est bien évident que le sujet doit jouer le rôle d'un terrain par rapport au greffon[2] ; or un terrain doit être fertile et productif ; c'est pourquoi l'on choisit pour la greffe les plantes les plus généreuses, comme on donne à des femmes qui ont beaucoup de lait un second enfant à nourrir. Or le pin, le cyprès et tous les arbres de cette espèce donnent peu de fruits, ou bien n'en donnent pas du tout. Les personnes corpulentes et lourdes n'ont généralement pas d'enfants : toute leur nourriture ne servant qu'à l'entretien du corps, il n'en subsiste rien pour la formation du sperme[3] ; de même les arbres de cette espèce, utilisant toute leur nourriture pour leur croissance, deviennent en effet très grands et très forts, mais de fruits, les uns n'en portent pas, et les autres en portent de médiocres et qui ne mûrissent que péniblement[4]. Il ne faut donc pas s'étonner qu'un fruit étranger ne pousse pas là où se nourrit difficilement même le fruit naturel. »

1. A côté de cet exemple peu adéquat, Plutarque aurait pu citer celui des eaux de pluie, facilement convertibles en nourriture pour les végétaux (cf. *Quaest. phys.* 912 B).

2. L'image se trouve chez Théophraste, *C.P.* I, 6, 1, peut-être inspirée par Aristote, *Plant.* 820 B 29 sqq. Elle sera reprise par Clément d'Alexandrie, *Strom.* VI, 117, 2.

3 Αὐτὸν δὲ ⟨δεῖν⟩ Σώκλαρος ἔφη καὶ ταῦτα λέγοντα μὴ κακῶς προσεννοεῖν ὅτι δεῖ τὸ δεχόμενον ἑτέραν φύσιν E εὔτρεπτον εἶναι, ἵνα κρατηθὲν ἐξομοιωθῇ καὶ μεταβάλῃ τὴν ἐν ἑαυτῷ τροφὴν πρὸς τὸ ἐμφυτευόμενον. « Καὶ γὰρ τὴν γῆν προδιαλύομεν καὶ μαλάσσομεν, ἵνα κοπεῖσα μεταβάλῃ δι' εὐπάθειαν καὶ ἅψηται τῶν ἐμφυτευομένων · ἡ γὰρ ἀτενὴς καὶ σκληρὰ δυσμετάβλητος. Ταῦτα δὲ τὰ δένδρα κοῦφα τοῖς ξύλοις ὄντα κρᾶσιν οὐ ποιεῖ διὰ τὸ μὴ κρατεῖσθαι μηδὲ μεταβάλλειν. Ἔτι δ' », εἶπεν, « οὐκ ἄδηλον ὅτι δεῖ πρὸς τὸ ἐμφυτευόμενον χώρας λόγον ἔχειν τὸ δεξόμενον · τὴν δὲ χώραν δεῖ θήλειαν εἶναι καὶ γόνιμον · ὅθεν τὰ πολυκαρπότατα τῶν φυτῶν ... ἐκλεγόμενοι παραπηγνύουσιν, ὥσπερ γυναιξὶν ⟨πολυ⟩γα- F λακτούσαις ἕτερα ⟨βρέφη⟩ προσβάλλοντες. Πεύκην δὲ καὶ κυπάριττον καὶ τὰ τοιαῦτα πάντα γλίσχρα καὶ ἀγεννῆ τοῖς καρποῖς ὁρῶμεν. | Ὥσπερ γὰρ οἱ πολυσαρκίᾳ 641 A κεχρημένοι καὶ ὄγκῳ ὡς ἐπὶ τὸ πλεῖστον ἄτεκνοι (τὴν γὰρ τροφὴν εἰς τὸ σῶμα καταναλίσκοντες οὐ ποιοῦσιν ἐξ αὐτῆς περίττωμα σπερματικόν), οὕτω τὰ τοιαῦτα δένδρα, τῆς τροφῆς [ἀπολαύοντα] πάσης εἰς αὐτὰ δαπανωμένης, εὐσωματεῖ τοῖς μεγέθεσι καὶ αὐξάνεται, καρπὸν δὲ τὰ μὲν οὐ φέρει, τὰ δὲ φέρει μικρὸν καὶ συντελούμενον βραδέως · ὥστ' οὐ δεῖ θαυμάζειν, εἰ μὴ φύεται τἀλλότριον, ἐν ᾧ κακῶς τρέφεται καὶ τὸ οἰκεῖον. »

640 D 11 Αὐτὸν Abram. : αὐτὸς ‖ δεῖν addidi (post προσεννοεῖν E 1 add. vol. Abram.) ‖ E 1 τὸ Amyot, Xyl. : τὸν ‖ 10 θήλειαν : θῆλυ τι ci. Paton ‖ εἶναι Méz. : ἔχειν ‖ 11 φύσιν ante καὶ add. vol. Rei. ‖ lac. 4-7 litt. ‖ F 1-2 πολυ[γαλακτούσαις suppl. Cobet : lac. 5-6 litt. ‖ 2 βρέφη suppl. Xyl. : lac. 7-8 litt. ‖ 641 A 5 ἀπολαύοντα delevi.

Question VII

Le rémora.[1]

1 Un jour que l'on servait toutes sortes de petits poissons, Chérémonianos de Tralles[2] nous en montra un très allongé à la tête pointue, en disant que le rémora avait cette forme-là ; il avait en effet pu observer ce poisson au cours d'une traversée, dans la mer de Sicile[3], et s'émerveiller de son pouvoir, qui lui avait permis de ralentir sensiblement, et même d'arrêter la progression du navire, jusqu'au moment où le timonier[4] était parvenu à l'arracher de la coque, à l'extérieur de laquelle il s'était accroché. Certains des assistants se moquèrent de Chérémonianos et du crédit qu'il avait accordé à une histoire fabuleuse et incroyable, d'autres évoquèrent les fameuses antipathies naturelles[5] et toutes ces étrangetés que l'on pouvait entendre rapporter par des gens qui en avaient été les témoins[6] : que l'éléphant furieux se calme à la vue d'un bélier[7], que la vipère s'arrête lorsqu'elle sent le contact d'un rameau de chêne, que le taureau sauvage se tient tranquille et s'adoucit quand on l'attache à un figuier[8], que l'ambre met en mouvement et attire tous les corps légers, à l'exception du basilic[9] et de ceux qui ont été trempés dans l'huile, que l'aimant n'entraîne pas le fer qui a été frotté d'ail. C'étaient là des faits clairement observés, mais dont il était malaisé, pour ne pas dire absolument impossible, d'apercevoir la cause[10].

2 Quant à moi, je déclarai que tous ces propos ne servaient qu'à éluder la question[11], au lieu de rendre compte de la cause. « Remarquons, dis-je, que de nombreux faits de simple coïncidence sont considérés, à tort, comme des causes ; c'est comme si l'on prétendait

ΠΡΟΒΛΗΜΑ Ζ

Περὶ τῆς ἐχενηίδος.

1 Χαιρημονιανὸς ὁ Τραλλιανὸς ἰχθυδίων ποτὲ παντοδαπῶν παρατεθέντων ἓν ἐπιδείξας ἡμῖν ὀξὺ τῷ B κεφαλίῳ καὶ πρόμηκες ἔλεγε τούτῳ προσεοικέναι τὴν ἐχενηίδα· θεάσασθαι γὰρ πλέων ἐν τῷ Σικελικῷ καὶ θαυμάσαι τὴν δύναμιν, οὐκ ὀλίγην βραδυτῆτα καὶ διατριβὴν παρὰ τὸν πλοῦν ἀπεργασαμένης τῆς ἐχενηίδος, ἕως ὑπὸ τοῦ πρῳρέως ἑάλω προσεχομένη τῷ τοίχῳ τῆς νεὼς ἔξωθεν. Ἦσαν μὲν οὖν οἱ καταγελῶντες τοῦ Χαιρημονιανοῦ ὡς πλάσμα μυθῶδες παραδεδεγμένου καὶ ἄπιστον, ἦσαν δὲ καὶ οἱ τὰς ἀντιπαθείας θρυλοῦντες, καὶ ἄλλα πόλλ' ἃ παθόντων ἦν ἀκούειν, ὅτι μαινόμενον ἐλέφαντα καταπαύει κριὸς ὀφθείς, ἔχιδναν δὲ φηγοῦ κλωνίον ἐὰν C προσαγάγῃς καὶ θίγῃς ἵστησιν· ἄγριος δὲ ταῦρος ἀτρεμεῖ καὶ πραΰνεται συκῇ προσδεθείς· τὸ δ' ἤλεκτρον πάντα κινεῖ καὶ προσάγεται τὰ κοῦφα πλὴν ὠκίμου καὶ τῶν ἐλαίῳ βρεχομένων· ἡ δὲ σιδηρῖτις λίθος οὐκ ἄγει τὸν σίδηρον, ἂν σκόρδῳ χρισθῇ. Τούτων γὰρ ἐμφανῆ τὴν πεῖραν ἐχόντων, χαλεπὸν εἶναι τὴν αἰτίαν, εἰ μὴ καὶ παντελῶς ἀδύνατον, καταμαθεῖν.

2 Ἐγὼ δὲ τοῦτο μὲν ἔφην ἀπόδρασιν εἶναι τῆς ἐρωτήσεως μᾶλλον ἢ τῆς αἰτίας ἀπόδοσιν. « Σκοπῶμεν δ' », εἶπον, « ὅτι πολλὰ συμπτωμάτων ἔχοντα ⟨φύ⟩σιν αἰτιῶν λαμβάνει δόξαν οὐκ ὀρθῶς· ὅμοιον ὡς εἴ τις

641 B 9 πόλλ' ἃ scripsi : πολλὰ || C 11 συμπτωμάτων Madvig : συμπτώματα || φύ[σιν suppl. Wil. : lac. 4 litt. τάξιν Madvig.

que par la floraison du gattilier[1] mûrissent les fruits de la vigne, en raison du mot :

« le gattilier est en fleurs et le raisin mûrit »[2],

que les champignons qui apparaissent sur les lampes font que le temps se brouille et se couvre de nuages[3], ou que la courbure des ongles est la cause et non le symptôme de l'ulcère intestinal[4]. En fait, il s'agit chaque fois de manifestations concomitantes accompagnant un autre phénomène et provoquées par les mêmes causes[5]. Et c'est aussi, dis-je, une seule et même cause qui fait que le vaisseau avance plus lentement et qu'il attire le rémora. En effet, lorsque le navire est sec, lorsque l'humidité ne l'a pas encore trop alourdi, il est naturel que sa quille, en glissant ainsi légèrement sur la mer, fende le flot et le contraigne sans peine à céder devant son bois propre et net ; mais lorsque, gorgée d'eau et ramollie, elle amasse une quantité d'algues et se couvre de mousses, son bois perd de sa force de pénétration, tandis que la vague qui vient battre cette masse gluante ne reflue que difficilement. C'est pourquoi l'on râcle les parois des navires pour débarrasser le bois de ces algues et de cette mousse, dont la viscosité retient le rémora. Et l'on a cru naturellement que ce poisson était la cause du ralentissement, au lieu de considérer sa présence comme une conséquence accessoire de ce qui en fait la cause véritable. »

Question VIII

Pourquoi l'on dit que les chevaux « lycospades »[6] sont particulièrement ardents.

Certains prétendaient que les chevaux « lycospades » étaient ainsi appelés d'après les dents (*lycoï*) de leur mors, qui permettaient de dompter leur fougue et leurs

1. L'agnus-castus des botanistes, arbrisseau de la famille des verbénacées. Durant les Thesmophories, les Athéniennes recouvraient les lits de ses rameaux.

οἴοιτο τῇ ἀνθήσει τοῦ ἄγνου πεπαίνεσθαι τὸν τῆς ἀμπέλου D
καρπόν, ὅτι τοῦτο δὴ τὸ λεγόμενον,

« ἥ⟨τ'⟩ ἄγνος ἀνθεῖ χὠ βότρυς πεπαίνεται »,

ἢ τοῖς ἐπὶ τῶν λύχνων φαινομένοις μύκησι συγχεῖσθαι καὶ συννεφεῖν τὸ περιέχον, ⟨ἢ⟩ τὴν γρυπότητα τῶν ὀνύχων αἴτιον, ἀλλὰ μὴ συμβεβηκὸς εἶναι τοῦ περὶ σπλάγχνον ἕλκους. Ὥσπερ οὖν τούτων ἕκαστον ἐπακολούθημα τοῦ πάθους ἐστὶν ἐκ τῶν αὐτῶν γεννώμενον αἰτιῶν, οὕτως ἔφην ἐγὼ μίαν αἰτίαν εἶναι δι' ἣν βραδέως τε πλεῖ καὶ προσάγεται τὴν ἐχενηίδα τὸ πλοῖον· ξηρᾶς μὲν γὰρ οὔσης καὶ ⟨μὴ⟩ σφόδρα βαρείας ὑγρότητι τῆς νεώς, εἰκὸς ἐπολισθαίνουσαν ὑπὸ κουφότητος τῇ θαλάττῃ τὴν τρόπιν διαλαβεῖν τὸ κῦμα καὶ ⟨ξύ⟩λῳ καθαρῷ E
διαι⟨ρεῖν⟩ ἀφιστάμενον εὐπετῶς· ὅταν δὲ νοτερὰ σφόδρα καὶ διάβροχος οὖσα φυκία τε πολλὰ καὶ βρυώδεις ἐπιπάγους προσάγηται, τοῦ τε ξύλου τὸ τομὸν ἀμβλύτερον ἴσχει τό τε κῦμα τῇ γλισχρότητι προσπῖπτον οὐ ῥᾳδίως ἀπολύεται. Διὸ καὶ παραψήχουσι τοὺς τοίχους, τὰ βρύα καὶ τὰ φυκία τῶν ξύλων ἀποκαθαίροντες, οἷς εἰκός ἐστι τὴν ἐχενηίδα προσισχομένην ὑπὸ τῆς γλισχρότητος αἴτιον τῆς βραδυτῆτος, ἀλλ' οὐκ ἐπακολούθημα τοῦ τὴν βραδυτῆτα ποιοῦντος αἰτίου νομισθῆναι. »

ΠΡΟΒΛΗΜΑ Η

Διὰ τί τοὺς λυκοσπάδας ἵππους F
θυμοειδεῖς εἶναι λέγουσιν.

1 Ἵππους λυκοσπάδας οἱ μὲν ἀπὸ τῶν χαλινῶν τῶν λύκων ἔφασαν ὠνομάσθαι, διὰ τὸ θυμοειδὲς καὶ δυσ-

641 D 2 τοῦτο δὴ Bolk. : δεῖ τοῦτο T δὴ τοῦτο Basil. ‖ 3 τ' add. Emp. ‖ χὠ Xyl. : καὶ ὁ ‖ 5 ἢ add. Basil. ‖ 10 μὴ add. Steph. ‖ 11 ἐπολισθαίνουσαν Rei. : ὑπολισθ. ‖ E 1 καὶ post κῦμα transtul. Abram. : ante τὸ praebet T ‖ ξύ[λῳ suppl. et corr. Amyot, Steph. : lac. 4-5 litt. λῶ ‖ 2 διαι]ρεῖν suppl. Abram. : lac. 7 litt. ‖ 4 τὸ τομὸν ci. Abram. : τὸν τόμον.

emballements[1] ; mais mon père, qui n'était jamais pris au dépourvu lorsqu'il était question d'élevage de chevaux, et qui ne montait jamais que des bêtes excellentes, prétendit que les poulains attaqués par des loups, et parvenus à s'échapper, devenaient ensuite des animaux braves et rapides[2], auxquels on donnait le nom de « lycospades »[3]. Plusieurs des assistants confirmant son dire, la question fut de savoir pour quelle raison le fait dont il parlait pouvait bien rendre les chevaux plus vifs et plus ardents. La plupart étaient d'avis que cette aventure inspirait aux chevaux la crainte, et non le courage : rendus ombrageux au point de s'effaroucher pour des riens, ils avaient des mouvements d'une promptitude et d'une rapidité excessives, comme les bêtes sauvages qui redoutent le filet[4]. Pour moi, je dis qu'il fallait se rendre compte que c'était tout le contraire de ce qu'on croyait ; les poulains ne devenaient pas meilleurs coureurs après avoir réussi à se sauver sans dommage de l'attaque du fauve ; ce qui était vrai, c'est qu'ils n'auraient pu se sauver s'ils n'avaient pas été naturellement vifs et rapides. De même, Ulysse n'était pas devenu avisé pour avoir réussi à échapper aux mains du Cyclope, il avait réussi à s'échapper précisément parce qu'il l'était.

Question IX

Pourquoi la chair des moutons tués par les loups est plus succulente, et pourquoi leur laine engendre des puces.

Ensuite il fut question des moutons tués par les loups : ils offrent, dit-on, une chair particulièrement succulente, mais leur laine engendre des puces[5]. Fort valable nous parut l'explication proposée par mon neveu Patrocléas au sujet de la succulence : la morsure

1. Un fragment de Callimaque (488, Pfeiffer : λυκοσπάδα πῶλον ἐλαύνει) paraît confirmer cette interprétation.

κάθεκτον οὕτω σωφρονιζομένους· ὁ δὲ πατὴρ ἡμῶν ἥκιστα περὶ τὰς ἱπποτροφίας αὐτοσχέδιος ὢν | καὶ κεχρη- 642 A μένος ἀεὶ κρατιστεύουσιν ἵπποις ἔλεγε τοὺς ὑπὸ λύκων ἐπιχειρηθέντας ἐν πώλοις, ἄνπερ ἐκφύγωσιν, ἀγαθοὺς μὲν ἀποβαίνειν καὶ ποδώκεις, καλεῖσθαι δὲ λυκοσπάδας. Ταῦτα δὲ πλειόνων αὐτῷ μαρτυρούντων ἀπορίαν αἰτίας παρεῖχεν, δι' ἣν τὸ σύμπτωμα τοῦτο θυμικωτέρους καὶ γοργοτέρους ποιεῖ τοὺς ἵππους. Καὶ ὁ μὲν πλεῖστος ἦν λόγος τῶν παρόντων ὅτι φόβον τὸ πάθος, οὐ θυμὸν ἐνεργάζεται τοῖς ἵπποις, καὶ γινόμενοι ψοφοδεεῖς καὶ πρὸς ἅπαν εὐπτόητοι τὰς ὁρμὰς ὀξυρρόπους καὶ ταχείας ἴσχουσιν, ὥσπερ τὰ λινόπληκτα τῶν θηρίων. Ἐγὼ δὲ σκοπεῖν ἔφην χρῆναι μὴ τοὐναντίον ἐστὶ τοῦ δοκοῦντος· B οὐ γὰρ γίνεσθαι δρομικωτέρους τοὺς πώλους, ὅταν ἐκφύγωσι τὰς βλάβας τῶν θηρίων ἐπιχειρηθέντες, ἀλλ' οὐκ ἂν ἐκφυγεῖν, εἰ μὴ φύσει θυμικοὶ καὶ ταχεῖς ἦσαν· οὐδὲ γὰρ τὸν Ὀδυσσέα γενέσθαι φρόνιμον ὑπεκδράντα τοῦ Κύκλωπος, ἀλλ' ὅτι τοιοῦτος ἦν ὑπεκδρᾶναι.

ΠΡΟΒΛΗΜΑ Θ

Διὰ τί τὰ λυκόβρωτα τῶν προβάτων τὸ κρέας μὲν γλυκύτερον, τὸ δ' ἔριον φθειροποιὸν ἴσχει.

1 Μετὰ τοῦτο περὶ τῶν λυκοβρώτων ἐζητεῖτο προβάτων, ἃ λέγεται τὸ μὲν κρέας γλυκύτατον παρέχειν, τὸ δ' ἔριον φθειροποιόν. Οὐ φαύλως οὖν ἐδόκει Πατροκλέας ὁ C γαμβρὸς ἐπιχειρεῖν περὶ τῆς γλυκύτητος, ὡς τοῦ θηρίου

642 A 1 ἱπποτροφίας Naber : ἰσηγορίας ‖ 11 λινόπληκτα : λινόληπτα Naber ‖ B 2 οὐ γὰρ Amyot, Steph. : ὅτι ‖ 4 οὐδὲ Stegmann, ap. Hub. : οὔτε ‖ 10 ἐζητεῖτο Xyl. : ἐξηγεῖτο ‖ C 1 Πατροκλέας Rei. : πατροκλίας (ι in ras.).

du fauve, pensait-il, rend la chair tendre ; car le souffle vital du loup est chaud et brûlant au point de ramollir et de dissoudre dans son estomac les os les plus durs ; c'était aussi pourquoi les cadavres des bêtes tuées par les loups pourrissent plus vite que les autres[1]. Quant à la laine, nous nous demandions si au lieu de produire cette vermine, elle ne la faisait pas plutôt sortir simplement, grâce à l'ouverture des pores[2], due à cette espèce de dureté, de rugosité, ou à la chaleur qui lui sont propres. Faculté qui viendrait à la laine lorsque la bête égorgée par le loup subit de ce fait une altération radicale, jusque dans sa toison. Et l'expérience[3] venait confirmer cette opinion : des chasseurs et des cuisiniers nous savons en effet que les uns abattent les bêtes d'un seul coup, de sorte qu'elles tombent raides mortes, tandis que d'autres les assomment péniblement, en s'y reprenant à plusieurs fois ; nous savons aussi — et c'est plus étonnant — que ce massacre par le fer ne manque pas d'entraîner une corruption rapide, en l'espace de moins d'une journée, alors qu'une mort plus prompte ne produit rien de tel[4], la chair de la bête égorgée se conservant au contraire pendant un certain temps. Que les différentes façons dont les animaux sont égorgés ou dont ils trouvent la mort produisent des effets différents jusque dans leur peau, leur poil et leurs ongles, Homère lui-même l'atteste implicitement lorsqu'il dit : « une courroie taillée dans le cuir d'un bœuf abattu »[5]. Car chez les animaux qui ne périssent pas de maladie ni de vieillesse, mais que l'on égorge, la peau se tend, ferme et solide[6] ; mais lorsqu'un animal succombe sous les dents d'un fauve, la corne des pieds devient noire, le poil tombe, la peau se desquame et part en lambeaux.

2. Aristote affirme d'ailleurs que cette vermine naît toujours dans le corps même : *H.A.* 556 B 28, 557 A 18 (cf. Pline, *H.N.* XXVI, 138).

3. Pour ce sens du mot ἱστορία, voir 664 C, 680 D, *De stoic. rep.* 1047 C.

τῷ δήγματι τὴν σάρκα τακερὰν ποιοῦντος· καὶ γὰρ
εἶναι τὸ πνεῦμα τοῦ λύκου περίθερμον οὕτω καὶ πυρῶδες,
ὥστε τὰ σκληρότατα τῶν ὀστῶν ἐν τῇ κοιλίᾳ τήκειν καὶ
καθυγραίνειν· διὸ καὶ σήπεσθαι τὰ λυκόβρωτα τῶν ἄλλων
τάχιον. Περὶ δὲ τῶν ἐρίων διηποροῦμεν, μήποτ' οὐ
γεννᾷ τοὺς φθεῖρας, ἀλλ' ἐκκαλεῖται, τραχύτητός τινος
ἀμυκτικῆς ἢ θερμότητος ἰδιότητι διακρίνοντα τὴν σάρκα·
ταύτην δὲ τοῖς ἐρίοις τὴν δύναμιν ἐγγίνεσθαι πρὸς τὸ τοῦ
λύκου δῆγμα [καὶ τὸ πνεῦμα] μεταβάλλοντος ἄχρι τῶν D
τριχῶν τοῦ σφαττομένου. Καὶ συνεβάλλετο τῷ λόγῳ
πίστιν ἡ ἱστορία· τῶν γὰρ κυνηγῶν καὶ τῶν μαγείρων
ἐπιστάμεθα τοὺς μὲν μιᾷ πληγῇ καταβάλλοντας,
ὥστ' ἀπνευστὶ τὰ πληγέντα κεῖσθαι, τοὺς δὲ πολλαῖς
μόγις καὶ χαλεπῶς ἀναιροῦντας· ὃ δὲ τούτου θαυμασιώ-
τερόν ἐστι, τοὺς μὲν τοιαύτην ἐνιέντας μετὰ τοῦ σιδήρου
τῷ τιτρωσκομένῳ δύναμιν, ὥστε ταχὺ σήπεσθαι καὶ
μηδὲ πρὸς μίαν ἡμέραν ἀντέχειν, † τοὺς δ' ἀποκτείνοντας
μὲν οὐ βράδιον ἐκείνων †, οὐδὲν δὲ τοιοῦτο γινόμενον
περὶ τὴν σάρκα τῶν σφαγέντων, ἀλλ' ἐπὶ χρόνον διαμέ-
νουσαν. Ὅτι δ' αἱ κατὰ τὰς σφαγὰς καὶ τοὺς θανάτους E
τῶν ζῴων μεταβολαὶ μέχρι δερμάτων καὶ τριχῶν καὶ
ὀνύχων διατείνουσιν, ὑποδηλοῦντα λέγειν καὶ Ὅμηρον
[ἐπὶ τῶν δερμάτων καὶ τῶν ἱμάντων], ὅτε φησὶν « ἱμὰς
βοὸς ἶφι κταμένοιο »· τῶν γὰρ μὴ νόσῳ μηδὲ γήρᾳ
διαλυομένων, ἀλλ' ὑπὸ σφαγῆς εὔτονον τὸ δέρμα καὶ
στιφρὸν γίνεσθαι· τὰ δ' ὑπὸ θηρίων δηχθέντα καὶ τοὺς
ὄνυχας μελαίνεσθαι καὶ τριχορροεῖν καὶ τοῖς δέρμασι
φλιδᾶν καὶ ῥακοῦσθαι.

642 C 10 ἐγγίνεσθαι Amyot, Steph. : ὀυ γινεσθαι (sic) ‖ D 1 καὶ τὸ πνεῦμα delevi ‖ 5 πληγέντα g : πνιγέντα T ‖ 9 ἀποκτείνοντας Bern. : -ναντας ‖ 9-10 text. corrupt. indicavi ‖ E 3 ὑποδηλοῦντα scripsi : ἀποδηλοῦν εἰωθότα ‖ Ὅμηρον scripsi : Ὅμηρος ‖ 4 ἐπὶ — ἱμάντων delevi (glos.) ‖ ὅτε Abram. : ὅτι ‖ 7 στιφρὸν Turn. : στριφνόν.

Question X

Vaut-il mieux que chacun des convives soit servi en particulier, comme c'était l'usage autrefois, ou qu'ils soient servis en commun, comme on fait aujourd'hui?

1 Quand j'exerçais la charge d'archonte éponyme dans ma patrie[1], les repas étaient le plus souvent des distributions et chacun dans les sacrifices se voyait attribuer une part au sort[2]. Certains s'en montraient fort satisfaits, tandis que d'autres blâmaient cet usage, comme contraire à l'esprit de société et peu libéral, estimant qu'il fallait, sitôt la couronne déposée[3], remettre les tables en ordre, pour se conduire de la manière habituelle. « Ce n'est pas, proclama Hagias, pour le plaisir de manger et de boire, c'est, à mon avis, pour celui de boire et de manger ensemble que nous nous invitons ; or cette division de la viande en portions détruit la communauté[4] et fait qu'il y a autant de dîners que de dîneurs, mais de convives point, du moment que chacun prend son morceau, comme s'il l'avait fait peser à l'étal d'un boucher, pour le placer devant lui. A supposer que l'on mette devant chacun des invités une coupe avec un conge rempli de vin et une table particulière, comme les Démophontides le firent, selon la légende, pour Oreste, et qu'on lui demande de boire sans s'occuper des autres, quelle différence y aurait-il avec ce qui se passe ici, où chacun s'installe devant son plat de viande et devant son pain pour se repaître à cette espèce de râtelier personnel — exception faite de ce que nous ne sommes pas tenus ici au silence, comme les hôtes d'Oreste[5]? Bien mieux : ce qui précisément, peut-être, nous invite à une totale communion dans nos réunions, c'est que nous avons entre nous des conversations communes, que nous chantons en commun[6] et prenons plaisir ensemble à écouter la joueuse de lyre ou de flûte[7] : voilà un cratère sans fond à la

ΠΡΟΒΛΗΜΑ Ι

Πότερον οἱ παλαιοὶ βέλτιον ἐποίουν πρὸς μερίδας ἢ οἱ νῦν ἐκ κοινοῦ δειπνοῦντες.

1 Ὅτε τὴν ἐπώνυμον ἀρχὴν ἦρχον οἴκοι, τὰ πλεῖστα F τῶν δείπνων δαῖτες ἦσαν, ἐν ταῖς θυσίαις ἑκάστῳ μερίδος ἀποκληρουμένης· ὃ τισι μὲν ἤρεσκε θαυμαστῶς, οἱ δ᾿ ὡς ἀκοινώνητον καὶ ἀνελεύθερον ψέγοντες ᾤοντο δεῖν ἅμα τῷ καταθέσθαι τὸν στέφανον ἐπὶ τὴν συνήθη δίαιταν αὖθις μεθαρμόσασθαι τὰς τραπέζας. « Οὐ γὰρ τοῦ φαγεῖν », ὁ Ἁγίας ἔφη, | « χάριν οὐδὲ τοῦ πιεῖν, ἀλλὰ 643 A τοῦ συμπιεῖν καὶ συμφαγεῖν ὡς ἐγᾦμαι καλοῦμεν ἀλλήλους, ἡ δ᾿ εἰς μερίδας αὕτη κρεωδαισία τὴν κοινωνίαν ἀναιροῦσα πολλὰ δεῖπνα ποιεῖ καὶ πολλοὺς δειπνοῦντας, οὐδένα δὲ σύνδειπνον οὐδενός, ὅταν ὥσπερ ἀπὸ κρεωπωλικῆς τραπέζης σταθμῷ λαβὼν ἕκαστος μοῖραν ἑαυτῷ πρόθηται. Καίτοι τίν᾿ ἔχει διαφορὰν [ἢ] κύλικα καταθέντα τῶν κεκλημένων ἑκάστῳ καὶ χοῦν, ἐμπλησάμενον οἴνου, καὶ τράπεζαν ἰδίαν, ὥσπερ οἱ Δημοφωντίδαι τῷ Ὀρέστῃ λέγονται, πίνειν κελεῦσαι μὴ προσέχοντα τοῖς ἄλλοις, ἢ τοῦθ᾿ ὅπερ νῦν γίνεται, κρέας προθέμενον καὶ ἄρτον B ὥσπερ ἐκ φάτνης ἰδίας ἕκαστον εὐωχεῖσθαι, πλὴν ὅτι μὴ πρόσκειται σιωπῆς ἡμῖν ἀνάγκη, καθάπερ τοῖς τὸν Ὀρέστην ξενίζουσιν ; Ἀλλὰ καὶ τοῦτ᾿ ἴσως αὐτὸ πρὸς τὴν ἁπάντων κοινωνίαν ἐκκαλεῖται τοὺς συνόντας, ὅτι καὶ λόγῳ κοινῷ πρὸς ἀλλήλους χρώμεθα καὶ ᾠδῇ, ψαλτρίας τε τερπούσης καὶ αὐλητρίδος ὁμοίως μετέχομεν· καὶ ὁ κρατὴρ οὗτος ὅρον οὐκ

643 A 7 ἢ del. Rei. ‖ 8 ἐμπλησάμενον Amyot, Steph. : ἐπικλησάμ. ‖ B 3 σιωπῆς Amyot : σιωπή.

portée de tous, une source inépuisable de gaieté, où chacun s'abreuve à la mesure de son désir[1]. Ce n'est pas comme ce rationnement de la viande et du pain qui prétend se recommander par le plus injuste des rapports, l'égalité appliquée à des êtres inégaux ; car la même mesure, pour qui a besoin de peu, est trop grande, et pour qui a besoin d'une plus grande, trop petite. On se moquerait, mon cher[2], d'un médecin qui distribuerait à différents malades les mêmes doses de remèdes exactement pesées et mesurées[3] : tout aussi ridicule est le maître de maison capable de rassembler chez lui des hommes qui n'ont ni la même soif, ni la même faim, et de leur servir à tous des portions égales[4], en prenant pour règle du partage la raison arithmétique au lieu de la proportion géométrique[5]. A l'auberge tous les clients s'en tiennent à l'unique mesure officielle, mais aux repas c'est différent : chacun y vient avec son estomac propre, qui veut, pour se remplir, des parts suffisantes et non des parts égales. Il ne s'agit pas de transporter chez nous le rationnement pratiqué aux temps homériques pour ces repas de soldats et de combattants, mais plutôt de louer les vertus sociales de nos ancêtres, qui tenaient en honneur non seulement la communauté du foyer et du toit, mais également celle de la table et de la chénice[6], tant ils revéraient toute espèce d'association[7]. Laissons donc là les festins homériques ; on y meurt de faim et de soif[8], et les rois qui les président sont plus habiles que les cabaretiers d'Italie, pour se rappeler en détail, durant les combats et en pleine mêlée, les quantités bues par chacun de leurs invités[9]. J'aime bien mieux les banquets de Pindare, qui

« rassemblaient souvent les héros autour d'une table
vénérable »[10],

dans une communauté parfaite[11]. C'était là véritablement ce que l'on peut appeler mêler et unir, tandis que

1. Image fréquente chez Plutarque : cf. *Sept. sap. conv.* 156 D, *De def. orac.* 421 A, et aussi *De Alex. Mag. fort.* 329 C.
2. L'apostrophe s'adresse évidemment à Plutarque lui-même.

ἔχων ἐν μέσῳ πρόκειται, πηγὴ φιλοφροσύνης ἄφθονος καὶ μέτρον ἔχουσα τῆς ἀπολαύσεως τὴν ὄρεξιν · οὐχ ὥσπερ ἡ τοῦ κρέως καὶ τοῦ ἄρτου μερὶς ἀδικωτάτῳ μέτρῳ καλλωπίζεται τῷ ἴσῳ πρὸς ἀνίσους · τὸ γὰρ αὐτὸ τῷ μικροῦ δεομένῳ πλέον ἐστίν, τῷ δὲ μείζονος ἔλαττον. Ὥσπερ οὖν, C
ὦ ἑταῖρ', ⟨ὁ⟩ κάμνουσι πολλοῖς ἴσα φάρμακα μέτροις ἀκριβέσι καὶ σταθμοῖς διανέμων παγγέλοιος, οὕτω τοιοῦτος ἑστιάτωρ οἷος ἀνθρώπους οὔτε διψῶντας ὡσαύτως οὔτε πεινῶντας εἰς ταὐτὸ συναγαγὼν ἀπὸ τῶν ἴσων θεραπεύειν ἅπαντας, ἀριθμητικῶς, οὐ γεωμετρικῶς ὁρίζων τὸ δίκαιον. Εἰς καπήλου μὲν οὖν φοιτῶμεν ἑνὶ χρώμενοι μέτρῳ τῷ δημοσίῳ πάντες · ἐπὶ δεῖπνον δ' ἕκαστος ἰδίαν ἥκει γαστέρα κομίζων, ἣν οὐ τὸ ἴσον, ἀλλὰ τὸ ἀρκοῦν ἐμπίπλησι. Τὰς δ' Ὁμηρικὰς ἐκείνας δαῖτας οὐ χρὴ μεταφέρειν ἐκ τῶν στρατιωτικῶν καὶ παρεμβολικῶν D
ἐνταῦθα δείπνων, ἀλλὰ μᾶλλον τὴν τῶν παλαιῶν φιλανθρωπίαν ζηλοῦν, οὐ μόνον ὁμεστίους οὐδ' ὁμωροφίους, ἀλλὰ καὶ ὁμοχοίνικας καὶ ὁμοσίτους τῷ πᾶσαν σέβεσθαι κοινωνίαν ἐν τιμῇ τιθεμένων. Τὰ μὲν οὖν Ὁμήρου δεῖπνα χαίρειν ἐῶμεν · ὑπολιμώδη γάρ ἐστι καὶ διψαλέα καὶ τοὺς ἑστιάρχας βασιλεῖς ἔχοντα τῶν Ἰταλικῶν δεινοτέρους καπήλων, ὥστε παρὰ τὰς μάχας, ἐν χερσὶ τῶν πολεμίων ὄντων, ἀπομνημονεύειν ἀκριβῶς πόσον ἕκαστος τῶν δεδειπνηκότων παρ' αὐτοῖς πέπωκε · τὰ δὲ Πινδαρικὰ βελτίω δήπουθεν, ἐν οἷς

« ἥρωες αἰδοίαν ἐμίγνυντ' ἀμφὶ τράπεζαν θαμά » E

τῷ κοινωνεῖν ἁπάντων ἀλλήλοις. Ἐκεῖνο γὰρ ἦν οἷον

643 B 11 ἀδικωτάτῳ Wil. : -τάτη ‖ 12 μικροῦ Basil. : μικρῷ ‖ C 2 ὁ add. Steph. ‖ 7 δίκαιον : μέτριον καὶ δίκ. u et edd. vet. ‖ 8 δεῖπνον Amyot, Vulc. : δείπνῳ ‖ 10 Ὁμηρικὰς Leon. : ὀμβρικὰς ‖ D 5 τιθεμένων Hartm. : -νους T -νην Wil. ‖ 10 δεδειπνηκότων Amyot, Steph. : δειπνηκ. ‖ E 1 ἥρωες αἰδοίαν ἐμίγνυντ' Steph. : ἥρως αἰδοῖ ἀνεμίγνυτο ‖ θαμά Amyot, Steph. : θ' ἅμα.

ce procédé-ci divise et fait croire que des hommes qui devraient être les meilleurs amis du monde ne sont même pas capables de s'asseoir autour d'un même plat. »

2 Tandis qu'on félicitait Hagias pour son discours, je pressai Lamprias[1] de lui répondre. Il déclara qu'il n'y avait rien d'étonnant à ce que Hagias fût mécontent de ne recevoir qu'une portion égale, vu le ventre qu'il promenait : lui-même, d'ailleurs, était de ceux qui aiment bien manger tout leur soûl. « Et le poisson que l'on mange en commun n'a pas d'arête », selon le mot de Démocrite[2]. « Mais c'est précisément et surtout, dit-il, ce qui fait que le lot que nous nous attribuons dépasse l'arrêt de notre destin[3]. Nulle part, en effet, l'égalité, qui, selon la vieille femme représentée par Euripide,

« attache les cités aux cités et les alliés aux alliés »[4],

n'est aussi indispensable que dans les réunions de table : fondée sur la loi naturelle, elle répond à un besoin réel et nullement factice ou introduit par la mode. Le glouton, par contre, dans un repas servi en commun, « se fait un ennemi »[5] de qui ne peut suivre et demeure en arrière, comme dans le sillage tumultueux d'une trière rapide. Il y a peu d'amitié, je pense, peu de conformité avec les plaisirs de la table, dans un prélude qui consiste à s'épier les uns les autres, à se ravir les meilleurs morceaux et à jouer des mains et des coudes[6] ; ce n'est qu'une indécente curée[7] qui dégénère fréquemment en injures et en emportements, non seulement entre convives, mais encore à l'égard des serviteurs et à l'égard de l'hôte. Aussi longtemps que Lachésis et la Destinée[8] présidèrent aux repas et aux banquets pour y maintenir l'union grâce à l'égalité du partage, on n'y vit nulle inconvenance ni grossièreté ; on appelait « *daitas* » les repas, « *daitumonas* » les convives et « *daitrous* » les serviteurs préposés aux tables, tous termes contenant l'idée de diviser *(diairein)* et de répartir *(dianémein)*[9]. Chez

ἀνάμιξις καὶ σύγκρασις ἀληθῶς, τοῦτο δὲ διαίρεσις καὶ διαβολὴ τῶν φιλτάτων εἶναι δοκούντων, ὡς μηδ' ὄψου κοινωνεῖν δυναμένων. »

2 Ἐπὶ τούτοις εὐδοκιμήσαντι τῷ Ἁγίᾳ ⟨Λαμπρίαν⟩ παρωξύναμεν ἐπιθέσθαι. Ἔλεγεν οὖν ⟨οὐ⟩ ξένον τι πεπονθέναι πάθος Ἁγίαν, εἰ τὴν ἴσην μερίδα λαμβάνων δυσκολαίνει, γαστέρα φορῶν τηλικαύτην· καὶ γὰρ αὐτὸς εἶναι τῶν ἀδηφαγίᾳ χαιρόντων· « ἐν γὰρ ξυνῷ ἰχθύι ἄκανθαι οὐκ ἔνεισιν », ὥς φησιν ὁ Δημόκριτος. « Ἀλλὰ τοῦτ' αὐτό », ἔφη, « καὶ μάλιστα τὴν μοῖραν ὑπὲρ εἱμαρμένην ἡμῖν ἐπήγαγεν. Ἰσότητος γάρ, ἥν F

« πόλεις τε πόλεσι συμμάχοις τε συμμάχους »

ἡ Εὐριπίδειος γραῦς φησι « συνδεῖν », οὐδὲν [οὖν] οὕτως ὡς ἡ περὶ τράπεζαν κοινωνία δεῖται, φύσει καὶ νόμῳ καὶ ἀναγκαίαν, οὐ καινὴν οὐδ' ἐπείσακτον ὑπὸ δόξης ἔχουσα χρείαν· τῷ πλέονα δ' ἐκ τῶν κοινῶν ἐσθίοντι « πολέμιον καθίσταται » τὸ καθυστεροῦν καὶ ἀπολειπόμενον, | ὥσπερ ἐν ῥοθίῳ ταχυναυτούσης τριήρους. 644 A
Οὐ γὰρ φιλικὸν οὐδὲ συμποτικόν, οἶμαι, προοίμιον εὐωχίας ὑφόρασις καὶ ἁρπασμὸς καὶ χειρῶν ἅμιλλα καὶ διαγκωνισμός, ἀλλ' ἄτοπα καὶ κυνικὰ καὶ τελευτῶντα πολλάκις εἰς λοιδορίας καὶ ὀργάς, οὐ κατ' ἀλλήλων μόνον, ἀλλὰ καὶ κατὰ τῶν τραπεζοκόμων καὶ κατὰ τῶν ἑστιώντων. Ὅσον δὲ χρόνον ἡ Μοῖρα καὶ ἡ Λάχεσις ἰσότητι τὴν περὶ τὰ δεῖπνα καὶ συμπόσια κοινωνίαν ἐβράβευον, οὐθὲν ἰδεῖν ἄκοσμον ἦν οὐδ' ἀνελεύθερον· ἀλλὰ καὶ τὰ δεῖπνα « δαῖτας » ἐκάλουν καὶ τοὺς ἑστιωμένους « δαιτυμόνας », « δαιτροὺς » δὲ τοὺς τραπεζοκόμους ἀπὸ τοῦ διαιρεῖν καὶ

643 E 6 Λαμπρίαν add. Hub. ‖ 7 οὐ add. Amyot ‖ F 1 ἥν Amyot, Xyl. : ἦν ‖ 2 συμμάχοις... συμμάχους : -χους... -χοις Eurip. ‖ 3 οὖν del. Rei.

les Lacédémoniens, ceux qui faisaient le partage de la viande n'étaient pas des hommes du commun, mais les premiers d'entre les citoyens, et Lysandre lui-même fut désigné par le roi Agésilas, en Asie, pour remplir cet office[1]. C'est lorsque le luxe s'introduisit dans les repas que ces distributions se perdirent ; car il était impossible, sans doute, de diviser des gâteaux, des soufflés, des sauces et tous ces jus et épices que l'on servait dès lors, et c'est parce que l'on céda à cette gourmandise, à cette recherche de la volupté[2], qu'on abandonna le partage égal des mets. Une preuve de ce que j'avance, c'est qu'aujourd'hui encore on sert par portions dans les sacrifices et repas publics, à cause de la simplicité et de l'absence d'apprêts qui caractérisent les réunions de ce genre[3]. C'est pourquoi celui qui rétablit l'usage de la distribution ressuscite en même temps la frugalité. Tu diras peut-être que là où se trouve la propriété personnelle disparaît la communauté. C'est vrai, si l'égalité n'y règne pas. Car ce n'est pas la possession d'un bien propre, mais l'usurpation de celui d'autrui et la convoitise s'exprimant au détriment de la communauté qui provoquent l'injustice et la discorde : les lois, qui les ont fait cesser grâce à la fixation des limites de la propriété personnelle, doivent précisément leur nom *(nomoi)* à cette capacité et à ce pouvoir de répartir *(némousès)* également ce qui appartient en commun à tous. Voudrais-tu aussi que notre hôte s'abstînt de distribuer les couronnes, de réserver à chacun de nous son lit et sa place[4] ? Et si quelqu'un amène son amante ou sa joueuse de lyre, faudra-t-il aussi que « tout soit commun entre amis »[5], afin que « toutes choses soient confondues », selon l'expression d'Anaxagore[6] ? Tout cela revient à chacun en particulier, sans que la communauté en subisse le moindre préjudice, puisque l'essentiel, ce qui a le plus de prix, reste un bien commun, je veux dire la conversation, les toasts et les témoignages d'amitié. Cessons donc de décrier les Destinées[7] et le « Sort, ce fils de la Fortune », comme dit Euripide[8], qui n'accorde la primauté ni à la richesse, ni au crédit : changeant au hasard de visage,

διανέμειν. Λακεδαιμόνιοι δὲ κρεωδαίτας εἶχον οὐ τοὺς B τυχόντας, ἀλλὰ τοὺς πρώτους ἄνδρας, ὥστε καὶ Λύσανδρον ὑπ' Ἀγησιλάου τοῦ βασιλέως ἐν Ἀσίᾳ κρεωδαίτην ἀποδειχθῆναι. Τότ' οὖν αἱ νεμήσεις ἐξέπεσον, ὅτ' ἐπεισῆλθον αἱ πολυτέλειαι τοῖς δείπνοις· οὐ γὰρ ἦν, οἶμαι, πέμματα καὶ κανδύλους καὶ καρυκείας ἄλλας τε παντοδαπὰς ὑποτριμμάτων καὶ ὄψων παραθέσεις διαιρεῖν, ἀλλ' ἐξηττώμενοι τῆς περὶ ταῦτα λιχνείας καὶ ἡδυπαθείας προήκαντο τὴν ἰσομοιρίαν. Τεκμήριον δὲ τοῦ λόγου ⟨τὸ⟩ καὶ νῦν ἔτι τὰς θυσίας καὶ τὰ δημόσια δεῖπνα πρὸς μερίδα γίνεσθαι διὰ τὴν ἀφέλειαν καὶ καθαριότητα τῆς διαίτης· ὥσθ' ὁ τὴν νέμησιν ἀναλαμβάνων ἅμα συνανασῴζει τὴν εὐτέλειαν. Ἀλλ' ὅπου τὸ ἴδιον ἔστιν, ἀπόλλυται τὸ κοινόν· C ὅπου μὲν οὖν μὴ ἴσον ἔστιν· οὐ γὰρ οἰκείου κτῆσις, ἀλλ' ἀφαίρεσις ἀλλοτρίου καὶ πλεονεξία περὶ τὸ κοινὸν ἀδικίας ἦρξε καὶ διαφορᾶς, ἣν ὅρῳ καὶ μέτρῳ τοῦ ἰδίου καταπαύοντες οἱ νόμοι τῆς ἴσα νεμούσης [εἰς] τὸ κοινὸν ἀρχῆς καὶ δυνάμεως ἐπώνυμοι γεγόνασιν. Ἐπεὶ μηδὲ στέφανον ἀξίου διανέμειν ἡμῶν ἑκάστῳ τὸν ἑστιῶντα μηδὲ κλισίας καὶ χώρας, ἀλλὰ κἂν ἐρωμένην τις ἢ ψάλτριαν ἥκῃ κομίζων, « κοινὰ τὰ φίλων », ἵν' « ὁμοῦ πάντα χρήματα » γίνηται κατὰ τὸν Ἀναξαγόραν. Εἰ D δ' οὐδὲν ἡ τούτων ἰδίωσις ἐπιταράττει τὴν κοινωνίαν τῷ τὰ μέγιστα καὶ πλείστης ἄξια σπουδῆς εἶναι κοινά, λόγους, προπόσεις, φιλοφροσύνας, παυσώμεθα τὰς Μοίρας ἀτιμάζοντες καὶ « τὸν τῆς τύχης παῖδα κλῆρον », ὡς Εὐριπίδης φησίν, ὃς οὔτε πλούτῳ νέμων οὔτε δόξῃ τὸ πρωτεῖον, ἀλλ' ὅπως ἔτυχεν ἄλλως ἄλλοτε συμφερόμενος

644 B 9 τὸ add. Hub. ‖ 12 νέμησιν γ : νέμεσιν T ‖ C 5 εἰς del. Abram. ‖ 7 ἡμῶν Amyot : ἡμῖν ‖ 9 ὁμοῦ Amyot, ante ras. : τὰ T τὸ ὁμοῦ Doe.

il donne à celui qui est pauvre et obscur la joie et la fierté de se sentir un homme libre et indépendant, tandis qu'il habitue celui qui est riche et puissant à accepter l'égalité et lui enseigne la modération sans amertume[1]. »

1. C'est à peu près l'argumentation employée, 616 EF, pour justifier le libre choix des places à table.

τὸν μὲν πένητα καὶ ταπεινὸν ἐπιγαυροῖ καὶ συνεξαίρει γευόμενόν τινος αὐτονομίας, τὸν δὲ πλούσιον καὶ μέγαν ἐθίζων ἰσότητι μὴ δυσκολαίνειν ἀλύπως σωφρονίζει. »

644 D 8 συνεξαίρει Bern. : οὐκ ἐξαίρει T συνεπαίρει Emp. ‖ 9 γευόμενόν Doe : γενόμενον.

LIVRE III

NOTICE

Le premier banquet de ce *Livre* (1 et 2) se tient à Athènes chez le musicien Ératon à l'occasion d'un sacrifice que celui-ci offrit aux Muses. Nous retrouverons sans surprise le personnage à la fête de ces divinités, où il assurera un accompagnement à la lyre (IX, 14). C'était dans son art, apprenons-nous ici, un conservateur austère, ou plutôt un véritable archaïsant : un adversaire déclaré du chromatisme dont l'initiateur avait été Agathon. Peut-être ces tendances s'étaient-elles renforcées avec l'âge, qu'il devait avoir respectable à l'époque, relativement ancienne, où est situé ce banquet, pour pouvoir, fût-ce avec quelque exagération, traiter de νέοι Plutarque et ses amis, entourés eux-mêmes de garçons plus jeunes encore. On comprend qu'il réprouve le luxe inutile des parfums et des tissus recherchés, et qu'il vante au contraire l'agrément des couleurs et des odeurs naturelles. Transposée sur le plan musical, la théorie du plaisir gratuit qu'il développe au sujet des fleurs n'a rien que de sensé ; nous venons de voir dans quel sens il l'appliquait. — D'Ammonios, Plutarque nous dit ailleurs qu'il fut son maître en philosophie[1]. C'est en effet cet Académicien d'Athènes[2] qui implanta dans le cœur du jeune homme la profonde vénération que celui-ci ne devait pas cesser de vouer au « divin » Platon, qui le forma à la morale du juste milieu (*De E*

1. *De E ap. Delph.* 385 B, *De adul. et am.* 70 E, *Them.* 32, 6.
2. Pourtant, selon Eunape, *Vie des philos.* 454 (p. 346, Wright, L. C. L.), Ammonios était originaire d'Égypte.

ap. Delph. 387 F), lui donna le goût des mathématiques (*ibid.* et 391 E), et contribua à fortifier en lui le sentiment religieux. Dans ce Dialogue *Sur l'E de Delphes*, Plutarque le montre précisément, d'après des souvenirs déjà lointains, entouré du groupe respectueux de ses élèves ; Ammonios y traduit la pensée de l'auteur que Plutarque était, depuis, devenu. Évocation semblable à celle de notre banquet, où le même groupe de jeunes gens, timides de surcroît, entoure un Ammonios à l'autorité souriante et affectueuse, semblable également à celle de cette fête des Muses[1] du neuvième *Livre*, où Ammonios, devenu stratège (cette charge lui fut confiée trois fois au moins d'après VIII, 3, 720 C), offrira, après avoir inspecté les « éphèbes » et examiné leurs connaissances, un repas aux plus méritants de leurs maîtres, ainsi qu'à de nombreux autres érudits et amis, organisera à sa manière et sans se conformer à la coutume le jeu des questions et réponses alternées (2), dirigera l'entretien, non sans ironie ou rudesse (1 ; 2 ; 5 ; 14), tout en intervenant lui-même longuement et savamment (14 et 15). J'ai cité VIII, 3 : il s'agira, là encore, d'un repas offert à Athènes par Ammonios, au cours, justement, de sa troisième stratégie. Son rôle est moindre dans le Dialogue *Sur la disparition des oracles* ; il y exprime néanmoins d'importantes idées sur l'inspiration prophétique. Si Plutarque n'a jamais représenté Ammonios à Chéronée dans le cadre de sa petite Académie familiale, c'est sans doute que son vieux maître, comme le suppose K. Ziegler[2], ne fut plus en état d'y venir. Nous en saurions bien davantage si le Dialogue que Plutarque lui consacra n'était perdu[3]. — Le médecin Tryphon paraît une compétence en matière de botanique ; nous le retrouverons au cours d'un repas situé à Chéronée, en compagnie du grand-père de Plutarque, donc aussi à une date relativement

1. Remarquons la coïncidence.
2. *Plut. v. Chair.*, col. 16-7.
3. Ἀμμώνιος ἢ περὶ τοῦ μὴ ἡδέως τῇ κακίᾳ συνεῖναι : nº 84 du « Catalogue de Lamprias ».

ancienne (V, 8), et — nouvelle coïncidence — à la fête des Muses du neuvième *Livre* où, d'ailleurs, il n'interviendra que par une brève remarque (14).

Le « banquet » suivant (3; 4; 5) nous présente Lucius Mestrius Florus, hôte recevant de I, 9[1], qui s'entremit pour faire décerner à Plutarque la qualité de citoyen romain, avec son propre gentilice[2], que Plutarque transmit ensuite à ses descendants[3]. Florus était en effet un personnage considérable, précédemment consul sous Vespasien[4], auprès duquel il jouissait d'une haute estime[5], et proconsul en Asie sous Domitien, en 83/84[6] ; sa naissance pourrait donc remonter au-delà des années 30. D'ailleurs son fils et ses gendres apparaissent dans les *Propos de Table* comme des hommes déjà mûrs[7], et peut-être l'absence de toute dédicace à son nom, de la part de Plutarque, indique-t-elle qu'il était mort à l'époque où la production de l'écrivain atteignit son plein rayonnement[8]. C'est à Rome qu'il avait fait la connaissance de Plutarque ; celui-ci raconte en effet, *Oth.* 14, que Florus, qui avait dû embrasser contre son gré la cause d'Othon, lui fit visiter le champ de bataille de Bédriac avec sa chapelle bondée de cadavres[9]. Plutarque le reçut longuement en Béotie, l'emmenant notamment aux Thermopyles, selon VII, 2 et VIII, 10. Aux trois *Questions* de ce *Livre* auxquelles il participe s'en ajouteront près d'une dizaine d'autres (dont trois, encore, situées à sa table) dans les *Livres* suivants (V, 7 ; 10, VII, 1 ; 2 ; 4 ; 6, VIII, 1-2 — ces deux dernières,

1. Voir *supra*, p. 7 et 8.
2. Cf. *Syllogè*[3], 842.
3. Cf. *Syllogè*[3], 843.
4. Certains disent même à la fin du règne de Néron.
5. Cf. Suétone, *Vesp.* 22.
6. Cf. *Syllogè*[3], 820.
7. Voir V, 7 ; VII, 4 et 6.
8. La supposition, que nulle allusion, toutefois, ne vient confirmer, est de K. Ziegler, *Plut. v. Chair.*, col. 51.
9. C'est sans doute au cours du même voyage en compagnie de Florus que Plutarque vit à Brixellum le monument d'Othon (*Oth.* 18, 2) et à Ravenne la statue de Marius (*Mar.* 2, 1).

à l'occasion de la célébration de l'anniversaire de Platon, le 7 Thargélion — ; 10) ; de l'ensemble se dégage le portrait d'un homme éclectique, à l'esprit pénétrant — Florus faisait partie de ces φιλόσοφοι φύσεις dont le propre est d'apercevoir en toute circonstance une difficulté à méditer : VIII, 10, 734 D — et à la forte personnalité. VII, 4 et VIII, 2 nous apprendront, en plus, qu'il s'attachait chez lui à suivre les coutumes ancestrales, φιλάρχαιος ὤν, et qu'il ne dédaignait pas de s'amuser à jouer les amoureux. — Dans la quatrième *Question*, interviennent Apollonide — ὁ τακτικός —, avec une simple remarque, et le médecin de Thasos, Avitus. La qualité du premier nous est précisée par l'inscription thébaine *IG* VII, 2440, datant, selon Dittenberger, du Iᵉʳ siècle avant J.-C. : le terme y désigne un instructeur des éphèbes pour la tactique[1]. Il n'y a nulle raison majeure de refuser, avec H. Cherniss[2], d'identifier l'homme au personnage du même nom, expert en géométrie et en astronomie, mais aussi passablement crédule et impulsif[3], qui participe au Dialogue *Sur le visage dans la lune*. Quant à Avitus, qui se retranche modestement ici derrière

1. L'institution était, d'après une inscription de Thespies (P. Roesch, Une loi fédérale béotienne sur la préparation militaire, *Actes du 5ᵉ Congrès d'Épigraphie*, Oxford, 1967), commune à toute la Béotie : des « maîtres » y enseignent « aux enfants et aux jeunes gens à ... manœuvrer en formation de combat » (τάδδεσθη συντάξις τὰς περὶ τὸν πόλεμον), c'est-à-dire, commente P. Roesch, à tenir leur « place dans les différents dispositifs de combat que l'armée peut être amenée à adopter selon les nécessités de la bataille ». Ces instructeurs enseignaient donc « la tactique collective de l'évolution sur le champ de bataille et non la technique du combat individuel qu'enseigne ailleurs l'hoplomaque ». M. Louis Robert nous a signalé une étude de T. B. Mitford (*Ann. Br. Sch. Athens* 56, 1961, p. 20-21, nº 54) sur une inscription de Paphos relative à un fonctionnaire de Ptolémée VI Philomètor διδάσ[καλον] τοῦ βασιλέως τῶν τ[ακτι]κῶν, intitulée : « Kallikles of Alexandria, Commander of the Cavalry in Alexandria and instructor royal in Tactics » (vers 154 av. J.-C.).

2. *Plutarchs Mor.* XII *(Loeb Class. Libr.)*, p. 5.

3. Cf. 920 F, 921 B, 933 F, 935 DE.

l'opinion d'autrui, il eut avec Plutarque, au moins au cours du voyage qu'il fit en Béotie, des relations suivies, puisqu'il se réfère à une autre conversation qu'ils avaient eue précédemment.

Zopyros, le médecin de la sixième *Question*, qui traite du moment propice à l'amour, quoique beaucoup moins réservé, ne nous est pas mieux connu. — Comme ne l'est pas davantage cet Olympichos, partisan de la continence radicale, auquel est pourtant dévolu un rôle épisodique dans le Dialogue *Sur les délais de la justice divine*.

Les septième, huitième et neuvième *Questions* sont situées à la fête du vin nouveau, célébrée chez le père de Plutarque[1] au sixième jour du mois Prostatérios, l'Anthesthérion des Athéniens. Aristainétos de Nicée, un des jeunes disciples de Plutarque, y reçoit, avec son camarade Hagias[2], des félicitations pour avoir émis un avis personnel sur le problème posé. — Aristion — ainsi s'appelait le père de Soclaros de Tithorée, *Amat.* 749 B[3] —, qui se lance — ἀναβοήσας ὥσπερ εἰώθει — à partir de l'exposé sur les effets du vin dans un développement plaisant sur l'« harmonie dionysiaque », c'est-à-dire sur les trois proportions admises pour le mélange du vin et de l'eau, offrira les repas de VI, 7 à Chéronée et de VI, 10, et y fera preuve des mêmes préoccupations gastronomiques. C'était, semble-t-il, un bon vivant, sans grandes prétentions intellectuelles[4].

Avec Euthydème de Sounion, qui offre le dernier banquet (10), il s'agit du collègue de Plutarque dans la prêtrise à Delphes[5], où il occupa également à plusieurs reprises l'archontat ; nous le retrouverons en VII, 2.

1. Voir *supra*, p. 6.
2. Voir *supra*, p. 58.
3. Voir *supra*, p. 57.
4. Voir la façon dont il s'adresse à ses hôtes en VI, 7, 693 A : οἱ σοφοὶ ὑμεῖς.
5. Plutarque revêtit son sacerdoce après 90 ; Euthydème était plus ancien dans la charge.

Il s'identifie peut-être à l'Euthydamos[1] dont le fils apparaît dans le Dialogue *Sur l'intelligence des animaux* (965 C) comme élève de Plutarque et à qui est adressé le traité *Sur la manière d'écouter.* — Satyros mérite à peine d'être mentionné : il rapporte une pratique surprenante en rapport avec le thème de la discussion. — Le médecin Moschion, enfin, était, d'après les *Préceptes de santé*, un esprit philosophique — φιλόσοφος τὴν φύσιν, 122 C — qui souhaitait, à l'inverse, voir les philosophes s'intéresser à la science médicale. Le faire descendre du médecin du même nom qui avait vécu au Ier siècle avant J.-C.[2] est une hypothèse gratuite.

Ce troisième *Livre* est principalement consacré à des problèmes « scientifiques ». La sixième *Question* traite, à travers un point d'ordre moral, des effets physiologiques et des exigences psychologiques de la copulation, la dixième, du phénomène de la putréfaction ; toutes les autres se rapportent, de près ou de loin, au thème de la boisson et de la manière de s'y adonner, sans qu'elles puissent, pour cela, être considérées comme des « questions de table » : température du lierre (2) et du vin (5), propriétés des fleurs (à propos des couronnes, 1) et du vin doux (7), action du vin sur la femme et le vieillard (3), complexion de la femme (d'après sa résistance au vin, 4), action du vin selon la quantité absorbée (l'ivresse et la griserie, 8) et son degré de concentration (les diverses proportions du mélange, 9). De ce point de vue, le contenu du *Livre* est relativement homogène, même s'il s'intègre le plus souvent dans l'analyse ou la description du comportement humain. Il semble bien, à cet égard, que la discussion portant sur le moment le plus favorable à l'amour (6) relève, elle aussi, de la recherche stoïcienne, bien que Plutarque la fonde sur un passage correspondant du *Banquet* d'Épicure, dont il nous

1. Telle est la forme que présentent toujours les inscriptions delphiques : cf. É. Bourguet, *De rebus delph.*, p. 23-5 ; 56 : C. Memmius Euth.).

2. Cf. K. Ziegler, *Plut. v. Chair.*, col. 42.

fournit un intéressant résumé[1]. La règle de la pudeur, toutefois, donnée en 654 D comme moyen de s'opposer à la frénésie pernicieuse des passions, remonte à l'école cyrénaïque[2], sans que nous puissions en dire davantage. D'inspiration stoïcienne également, l'apologie, dans la première *Question*, des plaisirs naturels (645 D-646 A), tandis que les arguments esthétiques qui y sont avancés, au contraire, pour la défense de la jouissance gratuite (646 B-646 F) sont extraits de l'arsenal épicurien, lequel n'avait en tout cas guère de relation avec la botanique, puisqu'il ignore le rôle joué par les fleurs dans la formation des semences et des fruits. A l'école stoïcienne remonte aussi la théorie de l'influence lunaire et de ses nombreuses manifestations, qui constitue le développement central de la dernière *Question*[3]. La partie proprement « scientifique » de la première *Question* doit se rattacher, par-delà Dioscoride, à un écrit médico-pharmacologique traitant entre autres de l'influence du vin sur le cerveau et de la protection apportée contre cette influence par certaines fleurs, écrit ressortissant vraisemblablement à cette littérature περὶ στεφάνων fondée sur les travaux des premiers Péripatéticiens, qui florissait particulièrement à l'époque hellénistique d'après Athénée 670 a sqq[4] ; la plupart des plantes nommées servaient en effet à la confection des couronnes. On peut songer au *Περὶ μύρων καὶ στεφάνων* que le médecin Philonidès composa aux environs de 30 av. J.-C., et que d'autres indices désignent comme ayant été connu de Plutarque. Cette source avait peut-être elle-même utilisé, comme on l'a prétendu[5], les écrits du médecin alexandrin Andréas[6]. Je serais tenté

1. Du même *Banquet*, il condense, dans la cinquième *Question*, une « longue discussion » sur la température du vin et les effets de l'ivresse.

2. Voir *infra*, p. 133, la note 1.

3. Cf. R. Praechter, *Hierokles der Stoiker*, Leipzig, 1901, p. 114-7 ; M. Adler, *Quibus ex font. Plut. lib. « De facie in o. l. » hauserit* (Diss. Philol. Vindob. X[2]), 1910, p. 164-5.

4. Voir *infra*, la note 8 pour la p. 116.

5. W. Capelle, Zur Gesch. der griech. Botanik (*Philologus* LXIX, 1910), p. 264-71. Voir aussi *infra*, p. 117, la note 11.

6. Dont nous connaissons un Νάρθηξ, consacré à l'action des médicaments.

de supposer l'utilisation de la même source pour la cinquième *Question*, qui s'attache à démontrer la thèse paradoxale de la froideur du vin, parce qu'il y est fait appel à l'exemple des somnifères et du lierre et qu'y sont décrites les causes et les manifestations de l'ivresse. En fait, la filiation aristotélicienne, sans préjudice de la référence à Épicure déjà signalée[1], paraît ici beaucoup plus directe. Cette filiation nous est indiquée par Plutarque lui-même dans la troisième *Question*, consacrée à l'action du vin sur la femme et le vieillard[2], dans la septième, consacrée à l'innocuité du vin doux, et dans la huitième, consacrée aux différents stades de l'ivresse ; elle est manifeste, aussi, dans la quatrième, consacrée à la température de la femme. La deuxième *Question*, enfin, se divise en deux parties symétriques et contradictoires : les arguments destinés à démontrer la chaleur du lierre sont essentiellement théophrastiques, tandis que la thèse opposée n'est attestée nulle part ailleurs. De plus, la référence nominative spéciale de 648 C, au sujet des efforts infructueux d'implantation du lierre en Babylonie, paraît signifier que le reste de la première partie ne provient pas directement de Théophraste, ce que confirme au demeurant la non-citation du vieux physiologue Ménestor[3], auquel Théophraste se réfère à plusieurs reprises. Plutarque aura probablement retrouvé toute cette argumentation dans l'ouvrage qui s'attachait précisément à la réfuter ; il aura ajouté de son propre chef, ou du moins rendu à son auteur, l'argument dont je viens de parler, et imaginé, en conséquence, le contre-argument de la seconde partie. Dans celle-ci, il a été amené, de plus, à introduire l'intéressante théorie d'Empédocle sur la verdure permanente de certains arbres[4].

1. Voir *supra*, p. 106, la note 1.
2. Il s'agit du Περὶ μέθης d'Aristote.
3. Sur ce dernier, voir W. Capelle, *op. c.*, p. 277-83.
4. Remarquons aussi la similitude de plusieurs passages de cette *Question*, notamment celui qui concerne les rapports du lierre et de l'ivresse (649 AB), avec la *Question* précédente.

LIVRE III

Le poète Simonide, cher Sosius Sénécion, voyant au cours d'un banquet un étranger qui demeurait silencieux à sa place et ne parlait à personne, lui dit : « Mon ami, si tu es un sot, ton attitude est sage ; mais si tu es un sage, tu agis comme un sot[1]. » « Il vaut mieux, en effet, comme dit Héraclite, cacher son ignorance »[2], mais ce n'est pas facile au milieu de la détente provoquée par le vin,

« qui pousse à chanter l'homme le plus rassis, le fait rire aux larmes et danser, et nous tire des mots que mieux vaudrait garder »[3].

Le poète montre, à mon avis, dans ces vers, la différence qu'il y a entre la simple gaieté due au vin et l'ivresse : chanter, rire et danser, c'est ce que l'on fait quand on a bu raisonnablement, tandis que les bavardages qui dévoilent ce qu'il conviendrait de taire sont l'effet de l'égarement dû à l'ivresse[4]. Aussi Platon juge-t-il que c'est sous l'influence du vin que se manifeste le mieux le caractère de la plupart des hommes[5] ; et Homère prouve, en disant : « Ils n'avaient pas fait connaissance à la table l'un de l'autre »[6], qu'il sait combien le vin délie les langues et fait parler. Ceux qui mangent et boivent en silence ne peuvent se connaître : mais comme le vin rend bavard, et que le bavardage révèle et découvre bien des choses qui autrement resteraient cachées[7], les banquets sont une occasion pour ceux qui y participent de se juger mutuellement. Au point qu'on serait fondé de reprendre Ésope, et

1. Les apophtegmes de Simonide de Céos, empreints de sagesse traditionnelle, étaient célèbres.

644 E

ΣΥΜΠΟΣΙΑΚΩΝ

ΒΙΒΛΙΟΝ ΤΡΙΤΟΝ

1 Σιμωνίδης ὁ ποιητής, ὦ Σόσσιε Σενεκίων, ἔν τινι
πότῳ ξένον ἰδὼν κατακείμενον σιωπῇ καὶ μηδενὶ δια- F
λεγόμενον, « Ὦ ἄνθρωπ' » εἶπεν, « εἰ μὲν ἠλίθιος εἶ, σοφὸν
πρᾶγμα ποιεῖς· εἰ δὲ σοφός, ἠλίθιον. » « Ἀμαθίην γὰρ
ἄμεινον », ὥς φησιν Ἡράκλειτος, « κρύπτειν »· ἔργον
δ' ἐν ἀνέσει καὶ παρ' οἶνον, |

« ὅστ' ἐφέηκε πολύφρονά περ μάλ' ἀεῖσαι, 645 A
καί θ' ἁπαλὸν γελάσαι καί τ' ὀρχήσασθαι ἀνῆκεν,
καί τι ἔπος προέηκεν, ὅπερ τ' ἄρρητον ἄμεινον »,

οἰνώσεως ἐνταῦθα τοῦ ποιητοῦ καὶ μέθης, ὡς ἐμοὶ δοκεῖ,
διαφορὰν ὑποδεικνύντος. Ὠιδὴ μὲν γὰρ καὶ γέλως καὶ
ὄρχησις οἰνουμένοις μετρίως ἔπεισι· τὸ δὲ λαλεῖν καὶ
λέγειν ἃ βέλτιον ἦν σιωπᾶν παροινίας ἤδη καὶ μέθης
ἔργον ἐστίν. Διὸ καὶ Πλάτων ἐν οἴνῳ μάλιστα καθορᾶσθαι
τὰ ἤθη τῶν πολλῶν νομίζει, καὶ Ὅμηρος εἰπών· « Οὐ δὲ
τραπέζῃ γνώτην ἀλλήλων » δῆλός ἐστιν εἰδὼς τὸ ⟨πολύ-
φω⟩νον τοῦ οἴνου καὶ ⟨λόγων⟩ πολλῶν γόνιμον. Οὐ γὰρ
ἔστι τρωγόντων σιωπῇ καὶ πινόντων γνῶσις· ἀλλ' ὅτι τὸ B
πίνειν εἰς τὸ λαλεῖν προάγεται, τῷ δὲ λαλεῖν ἐμφαίνεταί
τε καὶ ἀπογυμνοῦται πολλὰ τῶν ἄλλως λανθανόν-
των, παρέχει τινὰ τὸ συμπίνειν κατανόησιν ἀλλήλων· ὥστε

645 A 3 τι Amyot, Xyl. : τ' ‖ 7 λέγειν Amyot, Xyl. : βλέπειν ‖ ἃ βέλτιον ἦν Amyot : ἀβέλτερον ἢ ‖ 9 ἤθη Bern., cum Plat. : πάθη ‖ 10-11 πολύφω[νον suppl. Hütten : lac. 4 litt. ‖ 11 λόγων suppl. Amyot : lac. 5 litt. ‖ B 3 τε καὶ Wytt. : καὶ τὸ ‖ ἀπογυμνοῦται Amyot : -νοῦσθαι ‖ 4 ante κατανόησιν suprascr. καὶ man. post. in T., ut vid.

de lui dire : « A quoi bon souhaiter des fenêtres, mon cher, qui permettent à chacun de surprendre les pensées d'autrui ?[1] Le vin ouvre suffisamment nos cœurs et nous montre tels que nous sommes, en nous empêchant de rester tranquilles et en nous dépouillant de toutes les attitudes affectées, nous soustrayant complètement à la surveillance des règles, comme des enfants qui échappent à leur pédagogue. » Qu'Ésope, que Platon et tous ceux qui veulent étudier le comportement humain se servent donc du vin pour y parvenir ; ceux, au contraire, qui n'ont pas à se mettre mutuellement à l'épreuve, à pénétrer les secrets les uns des autres, mais qui ne cherchent qu'à se témoigner de l'amitié n'introduisent dans leurs réunions que des problèmes et des sujets qui maintiennent dans l'ombre les imperfections de l'âme, tout en exaltant ce qu'il y a en elle de meilleur et de plus délicat et qui se laisse conduire comme vers des pâturages et des prairies familières[2] par amour de la conversation. C'est ainsi que j'ai composé à ton intention cette troisième dizaine de questions de table, dont la première se rapporte aux couronnes.

Question I

S'il faut des couronnes de fleurs dans les banquets.

1 Un jour, en effet, il y eut une discussion sur les couronnes. C'était lors d'un banquet à Athènes : le musicien Ératon recevait un grand nombre de personnes à l'occasion d'un sacrifice qu'il avait offert aux Muses. Après le repas, on fit circuler des couronnes de toutes sortes, et Ammonios trouva moyen de se moquer de nous, parce qu'au lieu d'en porter de laurier[3], nous en portions de roses : les couronnes de fleurs étaient un ornement parfaitement puéril, mieux fait pour les jeux des filles et des femmes que pour une assemblée

1. Cf. Babrios, 59, 11-2 (Lucien, *Herm.* 759 ; f. 124, Chambry).

μὴ φαύλως ἂν ἐπιτιμῆσαι τῷ Αἰσώπῳ · « Τί τὰς θυρίδας,
ὦ μακάριε, ζητεῖς ἐκείνας, δι' ὧν ἄλλος ἄλλου κατόψεται
τὴν διάνοιαν ; Ὁ γὰρ οἶνος ἡμᾶς ἀνοίγει καὶ δείκνυσιν
οὐκ ἐῶν ἡσυχίαν ἄγειν, ἀλλ' ἀφαιρῶν τὸ πλάσμα καὶ
τὸν σχηματισμόν, ἀπωτάτω τοῦ νόμου καθάπερ παι-
δαγωγοῦ γεγονότων. » Αἰσώπῳ μὲν οὖν καὶ Πλάτωνι,
καὶ εἴ τις ἄλλος ἐξετάσεως τρόπου δεῖται, πρὸς τοῦτο
χρήσιμον ὁ ἄκρατος · οἱ δὲ μηδὲν ἀλλήλους βασανίζειν C
δεόμενοι μηδὲ καταφωρᾶν, ἀλλ' ἢ χρῆσθαι φιλοφρόνως,
τὰ τοιαῦτα προβλήματα καὶ τοὺς ⟨τοιούτους⟩ λόγους
ἄγουσι συνιόντες, οἷς ἀποκρύπτεται τὰ φαῦλα τῆς ψυχῆς,
τὸ δὲ βέλτιστον ἀναθαρρεῖ καὶ τὸ μουσικώτατον, ὥσπερ
ἐπὶ λειμῶνας οἰκείους καὶ νομὰς ὑπὸ φιλολογίας προσ-
ερχόμενον. Ὅθεν καὶ ἡμεῖς τρίτην δεκάδα ταύτην σοι
πεποιήμεθα συμποτικῶν ζητημάτων, τὸ περὶ τῶν στεφάνων
πρῶτον ἔχουσαν.

ΠΡΟΒΛΗΜΑ Α

Εἰ χρηστέον ἀνθίνοις στεφάνοις παρὰ πότον. D

1 Ἐγένοντο γάρ ποτε καὶ περὶ στεφάνων λόγοι · τὸ δὲ συμπόσιον ἦν Ἀθήνησιν, Ἐράτωνος τοῦ ἁρμονικοῦ ταῖς Μούσαις τεθυκότος καὶ πλείονας ἑστιῶντος. Παντοδαπῶν γὰρ μετὰ τὸ δειπνῆσαι στεφάνων περιφερομένων, ὁ Ἀμμώνιος ἐπέσκωψέ πως ἡμᾶς ἀντὶ τοῦ δαφνίνου τοῖς ῥοδίνοις ἀναδησαμένους · ὅλως γὰρ εἶναι τοὺς ἀνθίνους κορασιώδεις καὶ παιζούσαις μᾶλλον ἐπιτηδείους παρθένοις καὶ γυναιξὶν ἢ συνουσίαις φιλοσόφων καὶ μουσικῶν

645 C 3 τοιούτους add. Bern. ‖ 4 συνιόντες Basil. : -ντας ‖ ψυχῆς Turn. : τύχης ‖ 5 τὸ μουσικώτατον Basil. : τὸν μουσ. ‖ 6-7 προσερχόμενον scripsi : προερχόμενον.

d'hommes passionnés d'art et de science. « Vraiment, Ératon m'étonne, poursuivit-il ; il déteste l'emploi des demi-tons dans la phrase musicale et critique le bel Agathon, qui passe pour avoir introduit et mêlé le premier le chromatisme dans la tragédie, lors de la représentation des *Mysiens*[1], et le voilà qui nous remplit lui-même son banquet des tons et des nuances de toutes ces fleurs ; il prétend fermer l'entrée des oreilles à la mollesse et à la volupté, mais c'est par la porte des yeux et du nez qu'il les fait pénétrer dans nos âmes[2], en destinant au plaisir les couronnes qui devraient être une marque de piété. Et pourtant ce parfum-là[3] a plus de valeur que l'odeur de vos fleurs, qui s'évente aux mains des bouquetières. Il n'y a point de place dans un banquet, où l'on se veut philosophes, pour un plaisir qui n'est pas lié à quelque besoin et qui ne procède d'aucun désir naturel[4]. La courtoisie veut que les personnes amenées à un repas par des amis qui y sont invités soient reçues de la même façon que ces derniers, comme il arriva à Aristodème, amené par Socrate au festin d'Agathon[5] ; mais si quelqu'un y vient de son propre chef, il faut qu'il trouve porte close. De même, il y a lieu d'admettre les plaisirs qui se rapportent au manger et au boire, parce qu'ils répondent à l'invitation de la nature et accompagnent nos désirs, tandis qu'il faut s'opposer à l'intrusion de toutes les délectations artificielles »[6].

2 Impressionnés par ce discours, ceux des jeunes qui ne connaissaient pas notre Ammonios détachaient tout doucement leurs couronnes. Pour moi, qui savais qu'Ammonios n'avait lancé sa diatribe que pour nous permettre d'exercer notre esprit sur ce sujet, j'interpellai

5. Platon, *Conv.* 174 A sqq. — Ce qui est donné ici comme une règle est longuement discuté en VII, 6 ; l'aventure d'Aristodème aurait précisément servi d'exemple (707 A).

6. Socrate appliquait cette théorie à la nourriture même et condamnait toutes les gourmandises (661 F, *De tu. san. praec.* 124 DE, d'après Xénophon, *Mém.* I, 3, 6).

ἀνδρῶν. « Θαυμάζω δὲ καὶ Ἐράτωνα τοῦτον εἰ τὰς μὲν
ἐν τοῖς μέλεσι παραχρώσεις βδελύττεται καὶ κατηγορεῖ
τοῦ καλοῦ Ἀγάθωνος, ὃν πρῶτον εἰς τραγῳδίαν φασὶν E
ἐμβαλεῖν καὶ ὑπομῖξαι τὸ χρωματικόν, ὅτε τοὺς Μυσοὺς
ἐδίδασκεν, αὐτὸς δ' ἡμῖν ὡς ὁρᾶτε ποικίλων χρωμάτων
καὶ ἀνθηρῶν τὸ συμπόσιον ἐμπέπληκεν, καὶ τὴν διὰ τῶν
ὤτων ἀποκλείει τρυφὴν καὶ ἡδυπάθειαν, ταύτην τὴν κατὰ
τὰ ὄμματα καὶ κατὰ τὰς ῥῖνας ὥσπερ καθ' ἑτέρας θύρας
ἐπεισάγων τῇ ψυχῇ καὶ τὸν στέφανον ἡδονῆς ποιῶν, οὐκ
εὐσεβείας. Καίτοι τό γε μύρον τοῦτο τῆς ἀνθίνης ταύτης
καὶ μαραινομένης ἐν ταῖς χερσὶ τῶν στεφανηπλόκων
σπουδαιοτέραν ἀναδίδωσιν εὐωδίαν· ἀλλ' οὐκ ἔχει χώραν
ἐν συμποσίῳ φιλοσόφων ἀνδρῶν ἡδονὴ πρὸς μηδεμίαν F
συμπεπλεγμένη χρείαν μηδ' ἀκολουθοῦσα φυσικῆς ὀρέξεως
ἀρχῇ. Καθάπερ ⟨γὰρ⟩ οἱ μὲν ὑπὸ τῶν κεκλημένων
ἀγόμενοι φίλων ἐπὶ τὸ δεῖπνον ἔθει φιλανθρώπῳ τυγχά-
νουσιν τῶν αὐτῶν, ὥσπερ Ἀριστόδημος ὑπὸ Σωκράτους
εἰς Ἀγάθωνος ἀχθεὶς ἑστιῶντος, εἰ δέ τις ἀφ' αὑτοῦ
βαδίζοι, | τούτῳ δεῖ τὴν θύραν κεκλεῖσθαι, οὕτως αἱ 646 A
μὲν περὶ τὴν ἐδωδὴν καὶ πόσιν ἡδοναὶ κεκλημέναι ὑπὸ
τῆς φύσεως ταῖς ὀρέξεσιν ἑπόμεναι τόπον ἔχουσιν, ταῖς
δ' ἄλλαις ἀκλήτοις καὶ σὺν οὐδενὶ λόγῳ φιληδονίαις
⟨δεῖ⟩ ἀπηλλάχθαι. »

2 Πρὸς ταῦθ' οἱ μὲν ἀήθεις τοῦ Ἀμμωνίου νεανίσκοι διαταραχθέντες ἡσυχῇ παρελύοντο τοὺς στεφάνους· ἐγὼ δ' εἰδὼς ὅτι γυμνασίας ἕνεκα καὶ ζητήσεως καταβέβληκεν ἐν μέσῳ τὸν λόγον ὁ Ἀμμώνιος, προσαγορεύσας Τρύφωνα

645 D 11 βδελύττεται... κατηγορεῖ Rei. : βδελυττόμενον... κατηγοροῦντα T -μενος... -ρῶν (μὲν (10) et δὲ (E 3) etiam del. Hütten) Turn. ‖ E 5 ταύτην Steph. : ταῦτα ‖ F 3 γὰρ add. Méz. ‖ 6 εἰς Basil. : καὶ ‖ 646 A 4 φιληδονίαις Rei. : -νίας ‖ 5 δεῖ add. Defradas ‖ ἀπηλλάχθαι ci. Emp. (qui προσήκει add.) : ἀπήλλακται.

le médecin Tryphon : « Mon cher, tu n'as plus qu'à déposer avec nous « ta couronne où flamboient les pétales de roses »[1], ou d'expliquer, comme tu ne manques jamais de le faire avec moi, combien les couronnes de roses sont salutaires aux buveurs ». Ératon, cependant, intervint en disant : « Alors c'est une affaire décidée qu'il ne faut admettre aucun plaisir s'il ne paie son écot, et déplorer toute jouissance qui ne porte avec elle son salaire? Et si notre prévention est justifiée à l'égard des parfums et des tissus de pourpre, parce qu'ils représentent un luxe superflu — ce sont des vêtements trompeurs et des essences factices, selon l'expression du barbare[2] —, n'est-il pas vrai aussi que les couleurs et les odeurs naturelles sont franches et pures, et ne diffèrent aucunement des fruits? C'est vraiment une absurdité d'apprécier les saveurs et d'en jouir comme d'un produit de la nature, et de rejeter, par contre, à cause du plaisir et de l'agrément qu'elles procurent, les odeurs et les couleurs que les saisons nous offrent, lorsqu'elles n'apportent pas en outre quelque avantage particulier. C'est précisément le contraire qu'il faudrait dire : si la nature, comme vous l'affirmez, n'a rien créé en vain[3], c'est en vue du plaisir qu'a été créé ce qui, n'ayant aucune autre utilité, ne sert qu'à flatter les sens. Regarde les plantes qui poussent : la raison d'être de leurs feuilles, c'est de protéger le fruit[4], de permettre à l'arbre, en le garantissant du froid aussi bien que de la chaleur, de mieux supporter les variations de température, tandis que pour les fleurs il n'y a aucune utilité à ce qu'elles durent, si ce n'est qu'elles ont la propriété de flatter notre odorat et de charmer notre vue, grâce au parfum extraordinaire qu'elles exhalent et à l'inimitable jeu de couleurs et de tons qu'elles déploient.

2. Il s'agit du roi d'Éthiopie, qui lança cette appréciation méprisante devant les présents que lui offraient hypocritement les envoyés de Cambyse (Hérodote III, 22). Elle est rapportée également, *De Herod. mal.* 863 D et *Quaest. Rom.* 270 E, où la leçon χρώματα, corrigée dans notre passage par H. Estienne, semble devoir être maintenue.

**τὸν ἰατρόν « Ὦ τᾶν, ἢ καταθέσθαι δίκαιος εἶ μεθ' ἡμῶν
τουτονὶ « τὸν καλ⟨ύκεσσι⟩ φλέγοντα τοῖς ῥοδίνοις στέ-
φανον » ἢ λέγειν, ὥσπερ εἴωθας ἑκάστοτε πρὸς ἡμᾶς, ὅσας** B
**ἔχουσιν οἱ ἄνθινοι στέφανοι πρὸς τὸ πίνειν βοηθείας. »
Ὑπολαβὼν δ' ὁ Ἐράτων « Οὕτω γάρ » εἶπεν « δέδοκται
μηδεμίαν ἡδονὴν ἀσύμβολον δέχεσθαι, ἀλλ' εὐφραινο-
μένους δυσκολαίνειν, ἂν μὴ μετά τινος μισθοῦ τοῦτο
πάσχωμεν ; Ἢ τὸ μὲν μύρον εἰκότως ὑποδυσωπούμεθα
καὶ τὴν πορφύραν διὰ τὴν ἐπίθετον πολυτέλειαν ὡς
δολερὰ εἵματα καὶ χρίματα κατὰ τὴν τοῦ βαρβάρου
φωνήν, αἱ δ' αὐτοφυεῖς χρόαι καὶ ὀσμαὶ [οὐ] τὸ ἀφελὲς
ἔχουσι καὶ καθαρὸν καὶ οὐδὲν ὀπώρας διαφέρουσιν ;
Μὴ γὰρ εὔηθες ᾖ τοὺς μὲν χυμοὺς δρέπεσθαι καὶ ἀπολαύειν
τῆς φύσεως διδούσης, ὀσμὰς δὲ καὶ χρόας ⟨ἃς⟩ αἱ ὧραι** C
**φέρουσι, διὰ τὴν ἐπανθοῦσαν ἡδονὴν [ταῦτα] καὶ χάριν
ἀτιμάζειν, ἂν μή τι χρειῶδες ἔξωθεν ἄλλο συνεπιφέρωσιν.
⟨Λεκτέ⟩ον γὰρ αὐτὸ δοκεῖ τοὐναντίον, εἰ μηδὲν ἡ φύσις,
ὡς ὑμεῖς φατ', ε⟨ἰκῇ⟩ μάτην πεποίηκε, ταῦτα τῆς
ἡδονῆς πεποιῆσθαι χάριν, ἃ μηδὲν ἄλλο χρήσιμον ἔχοντα
μόνον εὐφραίνειν πέφυκεν. Σκόπει δ' ὅτι τοῖς φυομένοις
καὶ βλαστάνουσι τὰ μὲν φύλλα σωτηρίας ἕνεκα τοῦ
καρποῦ καὶ ὅπως ὑπ' αὐτῶν τὰ δένδρα θαλπόμενα καὶ
ψυχόμενα μετρίως φέρῃ τὰς μεταβολὰς γέγονεν, τοῦ
δ' ἄνθους ὄφελος οὐδὲν ἐπιμένοντος, πλὴν εἴ τι χρωμένοις
ἡμῖν ἐπιτερπὲς ὀσφρέσθαι καὶ ἰδεῖν ἡδὺ παρέχει, θαυμαστὰς
μὲν ὀσμὰς ἀφιέντα, ποικιλίαν δ' ἀμιμήτοις χρώμασι καὶ** D

646 A 10 ἢ Leon. : εἰ ‖ 11 καλ]ύκεσσι suppl. Wil. : lac. 5 litt. ‖ B 8 χρίματα (vel χρίσματα) Steph. : χρώματα ‖ 9 οὐ del. Basil. ‖ C 1 ἃς add. Hub. ‖ αἱ : ἃς Amyot, Steph. ‖ ὧραι Steph. : ὥραν ‖ 2 ταῦτα del. ci. Bern. (qui etiam ταύτας ci.) : ταύταις ci. Herwerden 4 Λεκτέ[ον supplevi et correxi : lac. 4-5 litt. ἓν ‖ 5 ε]ἰκῇ suppl. Castiglioni : lac. 3-4 litt. ‖ πεποίηκε Ald. : πεποίκε ‖ 9 τὰ δένδρα del. Paton ‖ 10-11 τοῦ δ' ἄνθους... ἐπιμένοντος : τῶν δ' ἀνθῶν... -νόντων Turn.

Aussi lorsqu'on arrache aux plantes leurs feuilles, on dirait qu'elles souffrent d'une meurtrissure ; elles éprouvent un dommage cruel, et cette nudité les défigure, si bien qu'il faut, à mon avis, non seulement « s'interdire de toucher aux feuilles du laurier », comme le veut Empédocle[1], mais respecter tous les arbres, quels qu'ils soient, et ne point se parer en les privant de leurs parures, en faisant violence à la nature pour les dépouiller de leurs feuilles. Les cueillettes des fleurs, au contraire, ressemblent aux vendanges, et ne causent aucun dommage ; bien plus, si on ne les prend pas au moment voulu, elles se fanent et tombent. Les barbares se couvrent de la peau de leurs animaux, au lieu de prendre la laine : je trouve tout aussi peu logique d'employer les feuilles des plantes plutôt que les fleurs, pour tresser les couronnes. Et je suis d'accord là-dessus avec nos marchandes. Car je ne suis pas un érudit, pour pouvoir citer des poèmes où il est dit qu'autrefois les vainqueurs des jeux étaient couronnés de fleurs[2]. Je sais seulement que la couronne de roses a été consacrée aux Muses, parce que je crois me souvenir d'un passage de Sappho, où elle s'adresse à une femme ignorante et sans culture :

« Morte, tu seras oubliée ; car tu n'as point part aux roses de Piérie »[3].

Maintenant, si Tryphon veut apporter son témoignage de médecin, écoutons-le. »

3 Prenant donc la parole, Tryphon dit qu'aucune de ces questions n'avait laissé les Anciens indifférents, vu qu'ils faisaient le plus grand usage des plantes pour leur médecine. « Ce qui le prouve, c'est la nature des

3. En *Conj. praec.* 146 A, ces vers (Lobel-Page, *Poet. Lesb. Fr.*, p. 40 = Diehl, *Anthol. Lyr. Gr.* I, frg. 58) sont donnés — un peu plus complets, mais à tort (cf. Stobée, *Flor.* III, 4, 12) — comme ayant été adressés à une femme riche. — La Piérie est la région proche de l'Olympe qui vit, comme on sait, naître les Muses et qui resta un des principaux centres de leur culte. La relation spéciale de celles-ci avec les roses peut être confirmée par Théocrite de Chios, *Épigr.* I, 1 : τὰ ῥόδα τὰ δροσόεντα... κεῖται ταῖς Ἑλικωνίασιν.

βαφαῖς ἀνοιγόμενα. Διὸ τῶν μὲν φύλλων ἀποσπωμένων
οἷον ἀλγεῖ καὶ δάκνεται τὰ φυτὰ καὶ γίνεται περὶ αὐτὰ
βλάβη τις ἑλκώδης καὶ ψίλωσις ἀπρεπής, καὶ οὐ μόνης,
ὡς ἔοικε, κατ' Ἐμπεδοκλέα τῆς « δάφνης τῶν φύλλων
ἀπὸ πάμπαν ἔχεσθαι » χρή, ἀλλὰ καὶ τῶν ἄλλων φείδεσθαι
δένδρων ἁπάντων καὶ μὴ κοσμεῖν ἑαυτοὺς ταῖς ἐκείνων
ἀκοσμίαις, βίᾳ καὶ παρὰ φύσιν τὰ φύλλα συλῶντας
αὐτῶν · αἱ δὲ τῶν ἀνθῶν ἀφαιρέσεις τρυγήσεσιν ἐοίκασιν
καὶ βλάπτουσιν οὐδέν, ἀλλὰ κἂν μὴ λάβῃ τις ἐν ὥρᾳ,
περιερρύη μαρανθέντα. Καθάπερ οὖν οἱ βάρβαροι τῶν E
θρεμμάτων τοῖς δέρμασιν ἀντὶ τῶν ἐρίων ἀμφιέννυνται,
οὕτω μοι δοκοῦσιν οἱ μᾶλλον ἐκ τῶν φύλλων ἢ τῶν
ἀνθῶν ὑφαίνοντες τοὺς στεφάνους οὐ κατὰ λόγον χρῆσθαι
τοῖς φυτοῖς. Ἐγὼ μὲν οὖν ταῦτα συμβάλλομαι ταῖς
στεφανοπώλισιν · οὐ γάρ εἰμι γραμματικός, ὥστ' ἀπο-
μνημονεύειν ποιημάτων, ἐν οἷς τοὺς παλαιοὺς ἱερονίκας
ἀναγινώσκομεν ἀνθίνοις ἀναδουμένους στεφάνοις · πλὴν
ὅτι γε ταῖς Μούσαις ὁ τῶν ῥόδων στέφανος ἐπιπεφήμισται,
μεμνῆσθαί μοι δοκῶ Σαπφοῦς λεγούσης πρός τινα τῶν
ἀμούσων καὶ ἀμαθῶν γυναικῶν

« κατθάνοισα δὲ κείσεαι ·
οὐ γὰρ πεδέχῃς ῥόδων F
τῶν ἐκ Πιερίας. »

Εἰ δέ τινα καὶ Τρύφων ἀπὸ τῆς ἰατρικῆς δίδωσι μαρτυρίαν,
ἀκουστέον. »

3 Ἐκ τούτου δεξάμενος ὁ Τρύφων τὸν λόγον οὐδενὸς
ἔφη τούτων ἀσκέπτους γεγονέναι τοὺς παλαιούς, ἅτε δὴ
πλείστῃ κεχρημένους ἀπὸ φυτῶν ἰατρικῇ · « τεκμήρια

646 D 2 ἀνοιγόμενα : ἀνοίγοντα Turn. ‖ E 2 ἀμφιέννυνται Ald. : -νυται ‖ 8 ἀναδουμένους Basil. : -νοις ‖ 12 κατθάνοισα Bern. : -θανοῖσα ‖ F 1 πεδέχῃς scripsi, sec. Page : -έχῃς T -έχεις Wytt. ‖ 2 Πιερίας Bern. (coll. Stob.) : πιερίης.

offrandes apportées aujourd'hui encore par les habitants de Tyr à Agénoride et par ceux de Magnésie à Chiron, qui passent tous deux pour avoir été les premiers médecins[1] : ce sont des racines et des herbes, qui leur servaient à guérir leurs malades. Et si Dionysos fut considéré comme un médecin[2] hors-pair, ce n'est pas seulement pour avoir découvert ce remède si puissant et en même temps si agréable qu'est le vin[3], mais aussi pour avoir mis en honneur le lierre, en raison de son action particulièrement efficace contre le vin, et enseigné aux bacchants à s'en faire une couronne pour moins souffrir des effets du vin, la froideur du lierre éteignant le feu de l'ivresse[4]. En outre, certaines dénominations montrent la curiosité des Anciens dans ce domaine : le noyer *(karua)* fut ainsi nommé à cause de ses effluves lourds et enivrants *(karoticon)*[5], qui incommodent ceux qui s'étendent à ses pieds ; et le narcisse, parce qu'il engourdit les nerfs et provoque une pesante torpeur *(narkodeis)*[6], ce qui lui a valu de la part de Sophocle l'appellation « couronne antique des grandes déesses »[7], c'est-à-dire des déesses infernales. On prétend aussi que la rue *(pèganon)* a reçu son nom d'après la propriété qui la caractérise : elle coagule *(pègnusi)* le sperme et le sèche par sa chaleur, ce qui la rend tout à fait néfaste aux femmes enceintes[8]. Pour ce qui est de l'herbe dite « améthyste », comme d'ailleurs de la pierre à laquelle on a donné son nom, c'est une erreur de croire qu'elles aient été appelées ainsi parce qu'elles préservent de l'ivresse ; l'une et l'autre doivent leur nom à leur couleur ; en effet, la feuille de l'améthyste n'a pas la teinte du vin pur, mais fait penser à un vin coupé d'eau et qui n'est plus du vin[9]. On pourrait énumérer quantité de plantes qui doivent leur nom à leurs propriétés ; ces exemples suffisent pour donner une idée de l'effort d'observation des Anciens et de la richesse d'expérience qui les guida dans le choix des couronnes pour les banquets. En

2. D'après les recommandations de la Pythie (Athénée 22 E ; Parke-Wormell, *The Delphic oracle,* Oxford, 1956, II, p. 167, nº 414).

δ' ἔσθ' ἅτιν' ἔτι νῦν | Τύριοι μὲν Ἀγηνορίδῃ, Μάγνητες δὲ 647 A
Χείρωνι, τοῖς πρώτοις ἰατρεῦσαι λεγομένοις, ἀπαρχὰς
κομίζουσιν · ῥίζαι γάρ εἰσι καὶ βοτάναι, δι' ὧν ἰῶντο τοὺς
κάμνοντας. Ὁ δὲ Διόνυσος οὐ μόνον τῷ τὸν οἶνον εὑρεῖν,
ἰσχυρότατον φάρμακον καὶ ἥδιστον, ἰατρὸς ἐνομίσθη
περιττός, ἀλλὰ καὶ τῷ τὸν κιττὸν ἀντιταττόμενον μάλιστα
τῇ δυνάμει πρὸς τὸν οἶνον εἰς τιμὴν προαγαγεῖν καὶ
στεφανοῦσθαι διδάξαι τοὺς βακχεύοντας ὡς ἧττον ὑπὸ
τοῦ οἴνου ἀνιῷντο, τοῦ κιττοῦ κατασβεννύντος τὴν μέθην
τῇ ψυχρότητι. Δηλοῖ δὲ καὶ τῶν ὀνομάτων ἔνια τὴν περὶ
ταῦτα πολυπραγμοσύνην τῶν παλαιῶν · τήν τε γὰρ
καρύαν οὕτως ὠνόμασαν, ὅτι πνεῦμα βαρὺ καὶ καρωτικὸν B
ἀφιεῖσα λυπεῖ τοὺς ὑπ' αὐτῆς κατακεκλιμένους · καὶ τὸν
νάρκισσον ὡς ἀμβλύνοντα τὰ νεῦρα καὶ βαρύτητας
ἐμποιοῦντα ναρκώδεις · διὸ καὶ Σοφοκλῆς αὐτὸν « ἀρχαῖον
μεγάλων θεῶν στεφάνωμα », τουτέστι τῶν χθονίων, προσ-
ηγόρευκεν. Φασὶ δὲ καὶ τὸ πήγανον ἀπὸ τῆς δυνάμεως
ὠνομάσθαι · πήγνυσι γὰρ ξηρότητι διὰ θερμότητα τὸ
σπέρμα καὶ ὅλως πολέμιόν ἐστι ταῖς κυούσαις. Οἱ δὲ καὶ
τὴν ἀμέθυστον οἰόμενοι τῷ πρὸς τὰς οἰνώσεις βοηθεῖν
αὐτήν τε καὶ τὴν ἐπώνυμον αὐτῆς λίθον οὕτω κεκλῆσθαι
διαμαρτάνουσιν · κέκληται γὰρ ἀπὸ τῆς χρόας ἑκατέρα ·
⟨οὐ γάρ⟩ ἐστιν αὐτῆς τὸ φύλλον ἄκρατον, ἀλλ' ἀνοίνῳ C
καὶ ὑδαρεῖ τὴν κρᾶσιν οἴνῳ προσέοικεν. Ἄλλα μέντοι
πάμπολλα λαβεῖν ἔστιν, οἷς παρέσχον τὰς κλήσεις αἱ
δυνάμεις · ἀρκεῖ δ' ἐκεῖνα τὴν τῶν παλαιῶν ἐπιμέλειαν
ὑποδηλῶσαι καὶ πολυπειρίαν, ἀφ' ἧς ἐχρήσαντο τοῖς
παροινίοις στεφάνοις. Μάλιστα μὲν γὰρ ὁ ἄκρατος,

647 A 1 ἔσθ' ἅτιν' Wil. : ἐστι τινα ‖ 3 εἰσι καὶ Amyot, Steph. : εἰσιν αἱ ‖ 6 περιττός ci. Hub. : μέτριος ‖ B 2 κατακεκλιμένους ci. Ziegler, ap. Hub. : παρακεκλ. ‖ 3 νάρκισσον Ald. : νάρκισον ‖ C 1 οὐ γάρ suppl. Turn. : lac. 4-5 litt. ‖ ἀλλ' ἀνοίνῳ Defradas : ἀλλανίνω ‖ 4 δ' ἐκεῖνα scripsi : δὲ κἀκεῖνα ‖ 6 παροινίοις scripsi : παροίνοις.

effet, lorsque le vin pur monte à la tête et soumet le corps à une tension qui fait violemment réagir les sens[1], il trouble l'être tout entier. Or les émanations des fleurs sont d'un merveilleux secours contre ce trouble et défendent la tête, comme une acropole, contre l'ivresse[2] ; les fleurs chaudes provoquent une lente dilatation des pores[3] et permettent au vin de s'exhaler, tandis que les fraîches, sous un effleurement léger, refoulent ses vapeurs. Et c'est ce que fait la couronne de violettes[4] et de roses[5] : leur odeur resserre et comprime les lourdeurs de tête. La fleur du cyprus, le safran, la sauge finissent par endormir les buveurs d'un sommeil tranquille[6] : il s'en dégage un arôme délicat et agréable, qui apaise lentement le désordre et l'agitation dans le corps de ceux qui s'enivrent, de sorte que tous les effets du vin s'atténuent et disparaissent à mesure que se rétablit le calme. D'autre part, l'odeur de certaines fleurs, lorsqu'elle monte jusqu'au cerveau, nettoie les conduits sensitifs et éclaircit lentement les humeurs[7], que sa chaleur décompose sans heurt et sans violence, si bien que le cerveau, naturellement froid, se réchauffe[8]. C'est pourquoi l'on donnait surtout aux guirlandes de fleurs, que l'on suspendait au cou, le nom d'« hypothymides »[9], et c'est pourquoi l'on se frictionnait la poitrine avec des essences de fleurs. Alcée en témoigne, quand il invite « à verser le parfum sur sa tête qui tant a connu de souffrances et sur sa poitrine chenue »[10]. De cette manière, les effluves, happés par les narines, jaillissent jusqu'au cerveau sous l'effet de la chaleur. Car ce n'est pas parce que l'on considérait le cœur comme le siège des sentiments *(thymon)* que l'on appelait « hypothymides » ces sortes de colliers[11] (sinon, il eût mieux valu les appeler « épithymides »), mais

1. Sur cette action du vin, cf. 625 C.
2. Cette propriété des fleurs était connue de certaines peuplades de la Perse, selon Posidonios (Athénée 46 A).
3. Telle serait aussi, selon certains, l'action du lierre (648 F).
4. Cf. Pline, *H.N.* XXI, 130.
5. Cf. Athénée 675 E et 676 C, ce dernier passage se référant à Philonidès.

ὅταν τῆς κεφαλῆς καθάψηται καὶ τονώσῃ τὰ σώματα
πρὸς τὰς τῶν αἰσθήσεων ἀρχάς, ἐπιταράσσει τὸν ἄνθρω-
πον· αἱ δὲ τῶν ἀνθῶν ἀπόρροιαι πρὸς τοῦτο θαυμασίως
βοηθοῦσι καὶ ἀποτειχίζουσι τὴν κεφαλὴν ἀπὸ τῆς μέθης
ὡς ἀκρόπολιν, τῶν μὲν θερμῶν μαλακῶς ἀναχαλώντων
τοὺς πόρους καὶ ἀναπνοὴν τῷ οἴνῳ διδόντων, ὅσα D
δ' ἡσυχῇ ψυχρὰ τῷ μετρίως ἐπιψαύειν ἀνακρουομένων
τὰς ἀναθυμιάσεις, ὥσπερ ὁ τῶν ἴων καὶ ῥόδων στέφανος·
στύφει γὰρ ἀμφότερα καὶ συστέλλει τῇ ὀσμῇ τὰς καρη-
βαρίας. Τὸ δὲ τῆς κύπρου ἄνθος καὶ ὁ κρόκος καὶ ἡ
βάκκαρις εἰς ὕπνον ἄλυπον ὑπάγει τοὺς πεπωκότας·
ἔχει γὰρ ἀπορροὴν λείαν καὶ προσηνῆ καὶ τὰς περὶ τὸ
σῶμα τῶν μεθυσκομένων ἀνωμαλίας καὶ τραχύτητας
ἡσυχῇ διαχέουσαν, ὥστε γινομένης γαλήνης ἀμβλύνεσθαι
καὶ συνεκπέττεσθαι τὸ κραιπαλῶδες. Ἐνίων δ' ἀνθῶν
ὀσμαῖς ἄνω σκιδναμέναις περὶ τὸν ἐγκέφαλον οἵ τε
πόροι τῶν αἰσθητηρίων ἐκκαθαίρονται καὶ λεπτύνεται E
τὰ ὑγρὰ πράως ἄνευ πληγῆς καὶ σάλου τῇ θερμότητι
διακρινόμενα, καὶ φύσει ψυχρὸς ὢν ὁ ἐγκέφαλος ἀνα-
θάλπεται. Διὸ μάλιστα τοὺς ἀνθίνους ἐκ τῶν τραχήλων
καθάπτοντες « ὑποθυμίδας » ἐκάλουν, καὶ τοῖς ἀπὸ
τούτων μύροις ἔχριον τὰ στήθη· μαρτυρεῖ δ' Ἀλκαῖος
κελεύων « καταχέαι τὸ μύρον αὐτοῦ κατὰ τᾶς πόλλα
παθοίσας κεφάλας καὶ τῶ πολίω στήθεος ». Οὕτω καὶ
ἐντεῦθεν αἱ ὀσμαὶ τοξεύουσιν ὑπὸ θερμότητος εἰς τὸν
ἐγκέφαλον ἁρπαζόμεναι ταῖς ὀσφρήσεσιν. Οὐ γὰρ ὅτι τῇ
καρδίᾳ τὸν θυμὸν ἐνστρατοπεδεύειν ᾤοντο τοὺς περι-
δεραίους τῶν στεφάνων ὑποθυμίδας ἐκάλουν (ἐπιθυμίδας F
γὰρ αὐτοῖς διά γε τοῦτο μᾶλλον ἦν καλεῖσθαι προσῆκον),

647 C 7 τονώσῃ : τομεύσῃ Clement (coll. Hesych. τομεύουσι· τέμνουσι) ‖ 10 τὴν κεφαλὴν Amyot, Vulc. : τῆς -λῆς ‖ D 2 μετρίως Basil. : μετρίῳ ‖ 4 συστέλλει Xyl. : στέλλει ‖ E 8 τῶ πολίω edd. : τῷ πολίῳ ‖ E 11-F 1 περιδεραίους Steph. : -δερραίους ‖ ἐπιθυμίδας Basil. : -θυμίαις ‖ 2 προσῆκον Amyot, Steph. : προσὸν.

c'est, comme je viens de le dire, à cause de cette émanation, de cette montée de l'arôme *(hypothymiasin)*. D'ailleurs, il ne faut pas s'étonner que les émanations des couronnes puissent avoir une telle action : on rapporte également que lorsque l'if se gonfle de sève en vue de sa floraison prochaine son ombre tue les personnes qui s'y endorment[1] ; et que l'on voit s'évanouir ceux qui recueillent le suc du pavot, s'ils ne se gardent pas des exhalaisons de la plante[2]. Enfin, il suffit de prendre en mains, ou même, pour certaines personnes, de regarder l'herbe appelée alysse, pour être délivré du hoquet[3] ; elle passe également pour exercer une influence favorable sur les moutons et les chèvres, lorsqu'on la plante au voisinage des étables[4]. Quant à la rose *(rhodon)*, elle doit sans doute son nom aux flots *(rheuma)* de senteur qu'elle dégage[5] ; c'est d'ailleurs pourquoi elle se fane si vite. L'opposition entre son action rafraîchissante[6] et sa couleur rouge-feu[7] s'explique fort bien : en effet, tout ce que la fleur a de chaleur est expulsé par la fraîcheur interne et se fixe à la surface en enveloppe légère[8]. »

Question II

Le lierre est-il naturellement chaud ou froid?

1 Nous complimentâmes Tryphon ; quant à Ammonios, il déclara avec le sourire qu'il serait malséant de mettre en pièces à coups d'objections, comme on ferait d'une couronne, un discours aussi chatoyant et aussi fleuri[9]. « Pourtant, ajouta-t-il, je me demande — ce sera ma seule critique — comment son auteur a pu mêler à sa guirlande le lierre, en disant de celui-ci que sa fraîcheur éteint les effets du vin[10]; car il est au

1. Cf. Dioscoride IV, 79, Pline, *H. N.* XVI, 51. Selon le scholiaste de Nicandre (*Alexiph.* 611), l'observation remonterait au médecin alexandrin Andréas.

2. Le suc du pavot contient l'opium, que l'on utilisait en pharmacie avec une extrême prudence.

ἀλλ' ὡς λέγω διὰ τὴν ἀποφορὰν καὶ ὑποθυμίασιν. Μὴ
θαυμάζωμεν δ' εἰ τοσαύτην αἱ τῶν στεφάνων ἀποφοραὶ
δύναμιν ἔχουσιν· ἱστοροῦσι γὰρ ὅτι καὶ σκιὰ σμίλακος
ἀποκτείνυσιν ἀνθρώπους ἐγκαταδαρθόντας, ὅταν ὀργᾷ
μάλιστα πρὸς τὴν ἄνθησιν· | καὶ τὸ τῆς μήκωνος ἀπορ- 648 A
ρέον πνεῦμα μὴ φυλαξαμένοις τοῖς τὸν ὀπὸν τρυγῶσιν
συνέβη καταπεσεῖν. Τὴν δ' ἄλυσσον καλουμένην βοτάνην
καὶ λαβόντες εἰς τὴν χεῖρα μόνον, οἱ δὲ καὶ προσβλέψαντες,
ἀπαλλάττονται λυγμοῦ· λέγεται δὲ καὶ ποιμνίοις ἀγαθὴ
καὶ αἰπολίοις, παραφυτευομένη ταῖς μάνδραις. Τὸ δὲ
ῥόδον ὠνόμασται δήπουθεν ὅτι ῥεῦμα πολὺ τῆς ὀδωδῆς
ἀφίησι· διὸ καὶ τάχιστα μαραίνεται. Ψυκτικὸν δ' ἐστὶ
δυνάμει, τῇ δ' ὄψει πυρωπόν, οὐκ ἀλόγως· λεπτὸν γὰρ
αὐτῷ περιανθεῖ τὸ θερμὸν ἐπιπολῆς ἐξωθούμενον ὑπὸ
τῆς ψυχρότητος. »

ΠΡΟΒΛΗΜΑ Β B

Περὶ τοῦ κιττοῦ πότερον τῇ φύσει θερμὸς ἢ ψυχρός ἐστιν.

1 Ἐπαινεσάντων δ' ἡμῶν τὸν Τρύφωνα, μειδιῶν ὁ Ἀμμώνιος οὐκ ἄξιον ἔφη ποικίλον οὕτω καὶ ἀνθηρὸν λόγον ὥσπερ στέφανον ἀντιλέγοντα διαλακτίζειν· « πλὴν ὅ γε κιττὸς οὐκ οἶδ' ὅπως συγκαταπέπλεκται, ψυχρότητι κατασβεννύναι λεγόμενος τὸν ἄκρατον· ἔστι γὰρ ἔμπυρος καὶ θερμότατος, καὶ ὅ γε καρπὸς αὐτοῦ μιγνύμενος εἰς τὸν οἶνον μεθυστικὸν ποιεῖ καὶ ταρακτικὸν τῷ πυροῦ-

647 F 4 εἰ Basil. : εἰς ‖ 6 ἐγκαταδαρθόντας Steph. : -δαρθέντας ‖ 648 A 1 ἄνθησιν Basil. : αἴσθησιν ‖ 3 ἄλυσσον Xyl. : ἄλυσον ‖ 7 ὀδωδῆς Basil. : ἐδωδῆς ‖ 11 ψυχρότητος ci. Amyot, Xyl. : θερμότητος ‖ B 5 διαλακτίζειν : -λακίζειν Turn. ‖ 6 γε Franke : τε ‖ 7 κατασβεννύναι Hub. : συγκατ. ‖ 8 θερμότατος scripsi : -τερος.

contraire chaud et même brûlant[1] ; son fruit, en tout cas, mélangé au vin, communique à celui-ci une flamme qui le rend plus fort et plus enivrant. Ses sarments se tordent, dit-on, quand on les arrache, comme le bois dans le feu ; la neige, qui persiste souvent longtemps sur les autres plantes, se retire très vite du lierre, ou, plutôt, elle fond et disparaît sur le champ au contact de sa chaleur[2]. Mais le fait le plus remarquable est rapporté par Théophraste[3] : lorsqu'Alexandre ordonna à Harpale[4] de faire planter des arbres de Grèce dans les jardins de Babylone, et surtout de mêler aux essences qui poussaient en ces endroits, vu la chaleur torride qui y régnait, des arbres forestiers, dont l'ample feuillage donne beaucoup d'ombre, le lierre fut le seul à ne pouvoir s'acclimater[5], malgré toutes les tentatives et tous les efforts d'Harpale ; il dépérissait et se desséchait, parce qu'étant brûlant lui-même et s'unissant à une terre brûlante il ne pouvait s'y adapter, et elle le rejetait. Car l'excès détruit les qualités ; aussi celles-ci tendent-elles bien plutôt vers leur contraire : le froid aspire au chaud, et le chaud aspire au froid[6] ; c'est la raison pour laquelle les régions de montagne, exposées au vent et à la neige, produisent les arbres dont on fait les torches, et les résineux, en particulier des pins et des sapins[7]. En outre, mon cher Tryphon, les plantes froides et comme glacées perdent leurs feuilles, car le peu de chaleur qu'elles ont est si faible qu'il se réduit progressivement jusqu'à disparition totale ; tandis que l'olivier, le laurier et le cyprès demeurent toujours verts grâce à leur nature huileuse et chaude, et il en est de même du lierre[8]. Ainsi, notre bien-aimé Dionysos n'a-t-il pas introduit le lierre comme un remède contre l'ivresse ni comme un ennemi du vin, lui qui appela précisément le vin pur « méthu » et qui s'appela lui-même « méthumnaios »[9]. Je crois plutôt qu'il a fait

1. Théophraste, *H.P.* V, 3, 4, *C.P.* II, 7, 3.

2. Ces deux faits avaient été expliqués de la même façon par le vieux physiologue Ménestor, selon Théophraste, *C.P.* I, 21, 6 (Diels-Kranz, *Vorsokr.* 32, 5).

σθαι. Τὸ δὲ κλῆμα λέγουσιν αὐτοῦ σπώμενον ὥσπερ
τἀν πυρὶ ξύλα συνδιαστρέφεσθαι. Χιὼν δὲ πολλάκις C
ἡμέρας συχνὰς ἐπιμένουσα τοῖς ἄλλοις φυτοῖς φεύγει
τάχιστα τὸν κιττόν, μᾶλλον δ' ὅλως εὐθὺς ἀπόλλυται
καὶ περιτήκεται περὶ αὐτὸν ὑπὸ θερμότητος. Ὃ δὲ
μέγιστόν ἐστιν, ὑπὸ Θεοφράστου δ' ἱστόρηται, Ἀλεξάνδρου
κελεύσαντος Ἑλληνικὰ δένδρα τοῖς ἐν Βαβυλῶνι παρα-
δείσοις ἐμβαλεῖν Ἅρπαλον, μάλιστα δέ, τῶν τόπων
ἐμπύρων ὄντων καὶ περιφλεγόντων, τὰ ἀλσώδη καὶ
εὐπέταλα καὶ σκιερὰ καταμῖξαι τοῖς φυτοῖς, μόνον οὐκ
ἐδέξατο τὸν κιττὸν ἡ χώρα, καίτοι πολλὰ τοῦ Ἁρπάλου
πραγματευομένου καὶ προσφιλονεικοῦντος, ἀλλ' ἀπώλλυτο
καὶ κατεξηραίνετο, τῷ πυρώδης μὲν αὐτὸς εἶναι, πρὸς D
πυρώδη δὲ μίγνυσθαι γῆν οὐ λαμβάνων κρᾶσιν, ἀλλ' ἐξι-
στάμενος. Αἱ γὰρ ὑπερβολαὶ φθείρουσι τὰς δυνάμεις·
διὸ τῶν ἐναντίων μᾶλλον ὀρέγονται, καὶ φιλόθερμόν ἐστι
τὸ ψυχρὸν καὶ φιλόψυχρον τὸ θερμόν· ὅθεν οἱ ὄρειοι καὶ
πνευματώδεις καὶ νιφόμενοι τόποι τὰ δᾳδώδη καὶ πισσο-
τρόφα τῶν φυτῶν, μάλιστα πεύκας καὶ στροβίλους,
ἐκφέρουσιν. Ἄνευ δὲ τούτων, ὦ φίλε Τρύφων, τὰ δύσριγα
καὶ ψυχρὰ φυλλορροεῖ, μικρότητι τοῦ θερμοῦ καὶ ἀσθενείᾳ
συστελλομένου καὶ προλείποντος τὸ φυτόν· ἐλαίαν
δὲ καὶ δάφνην καὶ κυπάριττον ἀειθαλῆ διαφυλάσσει τὸ
λιπαρὸν καὶ τὸ θερμόν, ὥσπερ τὸν κιττόν. Ὅθεν ὁ φίλτατος E
Διόνυσος οὐχ ὡς βοηθὸν ἐπὶ τὴν μέθην οὐδ' ὡς πολέμιον
τῷ οἴνῳ τὸν κιττὸν ἐπήγαγεν, ὅς γε τὸν ἄκρατον ἄντικρυς
« μέθυ » καὶ « μεθυμναῖον » αὐτὸς αὐτὸν ὠνόμασεν· ἀλλά

648 B 10 αὐτοῦ Wytt. : αὐτὸ et ras. 1 litt. ‖ C 1 τἀν Doe. : τὰ T τὰ ἐν Duebner ‖ 6 Βαβυλῶνι Amyot, Steph. : βαβυλῶσι ‖ D 6-7 πισσοτρόφα Amyot, Steph. : πισοτρ. ‖ 7 στροβίλους Amyot, Steph. : στροβήλους ‖ 9 φυλλορροεῖ Rei. : φυλλοροεῖ (item 649 C 11, D 5-6) ‖ 10 προλείποντος Steph. : προλιπόντος ‖ E 1 τὸν κιττόν Turn. : ὁ κιττός ‖ 2 ὡς πολέμιον Basil. : εἰς π. ‖ 4 αὐτὸν Basil. : αὑτὸν.

comme les amateurs de vin : lorsque ceux-ci n'ont pas celui de la vigne, ils prennent de la bière ou du cidre, ou fabriquent du vin de palme ; ainsi le dieu, qui réclamait pendant l'hiver sa couronne de pampre, voyant la vigne dépouillée de son feuillage, se contenta de la ressemblance offerte par le lierre[1]. Il est vrai que l'allure de sa tige avec ces tours et ces détours, la souplesse de ses feuilles et la façon désordonnée dont elles poussent, et surtout ces grappillons que l'on prendrait pour du raisin vert aux grains serrés reproduisent parfaitement l'aspect de la vigne. Toutefois, même s'il faut admettre que le lierre peut préserver de l'ivresse, je dirai que c'est à cause de sa chaleur qu'il le fait, parce qu'il dilate les pores ou favorise l'élimination du vin[2] ; ainsi Dionysos gardera, pour te faire plaisir, Tryphon, son titre de médecin.[3] »

2 Comme Tryphon, à ce discours, demeurait silencieux, réfléchissant à ce qu'il allait répondre, Ératon fit appel à chacun d'entre nous, les jeunes, pour nous inviter à venir au secours de Tryphon [ou à déposer nos couronnes][4], et Ammonios déclara que nous n'avions rien à craindre, car il promettait de ne pas contredire nos propos. A ces instances, Tryphon joignit les siennes ; je pris donc la parole et prétendis que c'était en réalité plutôt l'affaire de Tryphon, et non la mienne, de prouver que le lierre était froid, vu qu'il l'employait dans de nombreux cas comme réfrigérant et astringent[5]. « Mais l'affirmation selon laquelle, continuai-je, le lierre enivre si on le mélange au vin est inexacte. L'effet de son absorption ne saurait passer pour de l'ivresse, mais plutôt pour un trouble, un délire, comme en provoquent

1. Confusion entre le couronnement du dieu et celui de ses fidèles. Pour ces derniers la ressemblance entre les deux plantes a bien dû jouer un rôle dans l'établissement de la coutume. Voir aussi *infra*, la note 4 pour la p. 115.

2. Comme aussi les fleurs chaudes (*supra*, 647 D).

3. Voir *supra*, 647 A.

μοι δοκεῖ, καθάπερ οἱ φίλοινοι, μὴ παρόντος ἀμπελίνου, κριθίνῳ χρῶνται πόματι, καὶ μηλίτας τινάς, οἱ δὲ φοινικίνους οἴνους ποιοῦσιν, οὕτω καὶ ὁ ⟨θεὸς⟩ ποθῶν χειμῶνος ὥρᾳ τὸν ἀπὸ τῆς ἀμπέλου στέφανον, ὡς ἐκείνην ἑώρα γυμνὴν καὶ ἄφυλλον, ἀγαπῆσαι τὴν ὁμοιότητα τοῦ κιττοῦ. Καὶ γὰρ τοῦ κλήματος τὸ ἑλικῶδες τοῦτο καὶ σφαλλόμενον ἐν τῇ πορείᾳ καὶ τοῦ πετάλου τὸ ὑγρὸν καὶ περικεχυμένον ἀτάκτως, μάλιστα δ' αὐτὸς ὁ κόρυμβος F
ὄμφακι πυκνῷ καὶ περκάζοντι προσεοικὼς ἐκμεμίμηται τὴν τῆς ἀμπέλου διάθεσιν. Οὐ μὴν ἀλλὰ κἂν βοηθῇ τι πρὸς μέθην ὁ κιττός, θερμότητι τοῦτο ποιεῖν φήσομεν αὐτὸν ἀνοίγοντα τοὺς πόρους ἢ συνεκπέττοντα μᾶλλον τὸν ἄκρατον, ἵνα καὶ μένῃ σὴν χάριν, ὦ Τρύφων, ἰατρὸς ὁ Διόνυσος. »

2 Πρὸς ταῦθ' ὁ μὲν Τρύφων ἄφωνος ἦν, ὅπως ἀντείποι σκεπτόμενος· | ὁ δ' Ἐράτων ἕκαστον ἡμῶν τῶν νέων 649 A
ἀνακαλούμενος ἐκέλευε βοηθεῖν τῷ Τρύφωνι [τῶν στεφάνων ἢ τοὺς στεφάνους ἀποτίθεσθαι], καὶ Ἀμμώνιος ἔφη παρέχειν ἄδειαν, οὐ γὰρ ἀντερεῖν οἷς ἂν ἡμεῖς εἴπωμεν. Οὕτω δὴ καὶ τοῦ Τρύφωνος ἐπικελεύοντος, † εἰπεῖν... τί τὰς μὲν ἀποδείξεις † ψυχρὸν εἶναι τὸν κιττὸν οὐκ ἐμὸν ἦν ἔργον, ἀλλὰ Τρύφωνος· οὗτος γὰρ αὐτῷ ψύχοντι καὶ στύφοντι πολλὰ χρῆται· « τῶν δ' εἰρημένων », ἔφην, « τὸ μὲν μεθύσκειν κιττὸν οἴνῳ μιγνύμενον οὐκ ἀληθές ἐστιν· ὃ γὰρ ἐμποιεῖ τοῖς πιοῦσι πάθος οὐ μέθην ἄν τις εἴποι, ταραχὴν δὲ καὶ παραφροσύνην,

648 E 7 θεὸς add. Pohlenz ‖ 8 χειμῶνος ὥρᾳ Basil. : μιμούμενος ὥρας ‖ 649 A 1 σκεπτόμενος Ald. : σκεπόμ. ‖ 2-3 τῶν — ἀποτίθεσθαι delevi : τῶν στεφάνων del. Hub. cum Anon. ‖ 6 lac. 4 litt. ‖ 7 οὗτος Amyot, Steph. : οὕτως ‖ 10 ὃ ... ἐμποιεῖ Basil. : τὸ ... ἐμποιεῖν ‖ πιοῦσι Basil. : ποιοῦσι.

la jusquiame et une quantité de plantes de ce genre, qui ébranlent l'esprit jusqu'à la folie[1]. La contraction du sarment ne prouve rien ; de pareilles réactions contre nature ne peuvent provenir des propriétés naturelles, bien au contraire : le bois ne se tord que parce que le feu le vide brutalement de la sève[2] en ne lui laissant que des inflexions et des courbures[3] : mais la chaleur interne ne peut que développer et faire grandir. Ne crois-tu pas que l'allure sinueuse et rampante du lierre[4] résulte plutôt d'une espèce de débilité, d'une certaine fraîcheur qui lui est inhérente, et que c'est pour cela qu'il trouve tant d'obstacles et de résistances, tel un voyageur qui s'arrête souvent, à bout de forces, puis se remet en route? C'est pourquoi il lui faut un support autour duquel il puisse s'enlacer[5], car il est incapable de se soulever et de se diriger de lui-même, faute de cette chaleur qui a pour propriété la force ascensionnelle. Quant à la neige, elle se liquéfie et disparaît à cause de l'humidité du feuillage ; sa substance légère se désagrège et s'évanouit au contact de l'eau, parce qu'elle est formée d'une infinité de bulles minuscules[6] ; voilà pourquoi les neiges fondent aussi bien dans les endroits extrêmement froids et humides que dans ceux qui sont exposés au soleil. La verdure permanente dont tu as également parlé, cette « pérennité du feuillage », selon l'expression d'Empédocle[7], ne provient pas de la chaleur ; pas plus que la chute des feuilles ne provient de la fraîcheur ; ainsi le myrte et l'adiante, qui sont des plantes froides, et non pas chaudes[8], sont toujours verts. C'est à l'uniformité de la température que certains[9] attribuent la persistance des feuilles, explication à laquelle Empédocle en ajoute une autre : le fait serait dû, d'après lui, à une certaine symétrie des pores, qui laissent pénétrer la nourriture d'une manière ordonnée et uniforme, de sorte qu'elle afflue en quantité suffisante ; alors qu'il n'en va pas de

1. Cf. *Quaest. Rom.* 291 A : πνεῦμα μανίας ἔχων (scil. ὁ κιττός) ἐγερτικὸν καὶ παρακινητικὸν ἐξίστησι καὶ ταράττει, et Dioscoride II, 179, 1-2. — Sur la jusquiame, voir *infra*, la note 2 pour la p. 35.

οἷον ⟨ὑοσ⟩κύαμος ἐμποιεῖ καὶ πολλὰ τοιαῦτα κινοῦντα B
μανικῶς τὴν διάνοιαν. Ὁ δὲ τοῦ κλήματος σπασμὸς
ἄλογός ἐστιν· τοιαῦτα γὰρ παρὰ φύσιν ἔργα τῶν κατὰ
φύσιν δυνάμεων οὐκ ἔστιν· ἀλλὰ καὶ τὰ ξύλα διαστρέφεται,
τοῦ πυρὸς τὸ ὑγρὸν ἕλκοντος ἐξ αὐτῶν βίᾳ, κυρτότητας
ἴσχοντα καὶ παραβάσεις· τὸ δὲ συγγενὲς θερμὸν αὔξειν
καὶ τρέφειν πέφυκεν. Σκόπει δὲ μὴ μᾶλλον ἀρρωστία
τις καὶ ψυχρότης σώματος τὸ πολυκαμπὲς καὶ χαμαιπετὲς
πέφυκε, ⟨προσκρού⟩σεις πυκνὰς ⟨καὶ⟩ ἀντικοπὰς λαμβά-
νοντος, ὥσπερ ὁδοιπόρου δι' ἀσθένειαν πολλάκις ἀποκα-
θίζοντος, εἶτα πάλιν ἐρχομένου· διὸ καὶ περιπλοκῆς C
δεῖται καὶ στηρίγματος, αὐτὸς ἑαυτὸν ἀνέχειν καὶ ποδηγεῖν
ἀδυνατῶν δι' ἔνδειαν θερμότητος, ἧς τὸ ἀνωφερὲς δύναμίς
ἐστιν. Ἡ δὲ χιὼν ἀπορρεῖ καὶ περιτήκεται δι' ὑγρότητα
τοῦ φύλλου· τὸ γὰρ ὕδωρ σβέννυσιν αὐτῆς καὶ κόπτει
τὴν χαυνότητα διὰ τὸ μικρῶν εἶναι καὶ πυκνῶν ἄθροισμα
πομφολύγων· ὅθεν ⟨οὐχ ἧττον⟩ ἐν τοῖς περιψύκτοις
σφόδρα καὶ νοτεροῖς τόποις ἢ τοῖς προσείλοις αἱ χιόνες
ῥέουσιν. Τὸ δ' ἀειθαλὲς τοῦτο καὶ ὥς φησιν Ἐμπεδοκλῆς
« ἐμπεδόφυλλον » οὐκ ἔστι θερμότητος· οὐδὲ γὰρ ψυχρό-
τητος τὸ φυλλορροεῖν· ἡ γοῦν μυρρίνη καὶ τὸ ἀδίαντον
οὐκ ὄντα τῶν θερμῶν, ἀλλὰ τῶν ψυχρῶν, ἀεὶ τέθηλεν. D
Ἔνιοι μὲν οὖν ὁμαλότητι κράσεως οἴονται παραμένειν τὸ
φύλλον· Ἐμπεδοκλῆς δὲ πρὸς τούτῳ καὶ πόρων τινὰ
συμμετρίαν αἰτιᾶται, τεταγμένως καὶ ὁμαλῶς τὴν τροφὴν
διιέντων, ὥστ' ἀρκούντως ἐπιρρεῖν. Τοῖς δὲ φυλλορ-

649 B 1 ὑοσ[κύαμος suppl. Amyot : lac. 2 litt. ‖ τοιαῦτα Bern. : ταῦτα ‖ 4 δυνάμεων Amyot, Xyl. : δυναμένων ‖ 9 προσκρού[σεις suppl. Bern. : lac. 4-6 litt. ‖ καὶ add. Amyot, Steph. ‖ C 3 ἀνωφερὲς Turn. : ἀνωφελὲς ‖ 6 διὰ τὸ Bern. : ἅτε ‖ 7 οὐχ ἧττον add. Amyot, Xyl. ‖ 11 γοῦν Rei. : οὖν ‖ ἀδίαντον Amyot : ἀδιάλειπτον ‖ D 4 τεταγμένως : τετ et ras. 2 litt. αγμένως (αγ in ras.) ‖ 5 ἀρκούντως Amyot, Xyl. : σαρκούντων.

même pour les arbres qui perdent leurs feuilles, à cause de l'irrégularité de leurs pores : lâches dans la partie supérieure de la plante et étroits dans la partie inférieure, les uns n'envoient pas la nourriture qu'il faudrait, tandis que les autres ne la retiennent pas, mais rejettent d'un coup le peu qu'ils ont reçu, comme lorsque des plates-bandes sont inégalement irriguées ; les arbres, au contraire, qui puisent sans cesse une nourriture suffisante et bien adaptée résistent au vieillissement et gardent toute leur vigueur[1]. Le lierre, enfin, n'aurait pas supporté sa transplantation en Babylonie et il y aurait péri ? Mais je le félicite, ce noble compagnon, de n'avoir pas consenti, lui, le familier et le commensal du dieu béotien[2], à s'établir parmi les barbares, suivant l'exemple d'Alexandre, qui avait adopté les mœurs de ces peuplades[3], mais d'avoir cherché avec acharnement à éviter cette installation en terre étrangère. La raison n'était pas sa chaleur, mais bien plutôt sa fraîcheur, incapable de s'accommoder à une température si opposée. Car l'identité de nature n'est pas un facteur de destruction, elle permet au contraire l'assimilation et favorise la croissance[4], comme nous voyons la terre sèche nourrir le thym, qui est pourtant une plante chaude[5]. Or en Babylonie règne, dit-on, une atmosphère si lourde et si étouffante, que les riches se font souvent remplir d'eau des outres pour dormir dessus au frais[6] ».

Question III

Pourquoi les femmes s'enivrent difficilement et les vieillards si facilement[7].

Florus s'étonnait qu'Aristote, après avoir écrit dans son ouvrage *Sur l'ivresse*[8] que les vieillards succombaient le plus facilement à l'ivresse[9] et les femmes le plus difficilement, n'en eût pas cherché la raison[10], luiqui n'omettait jamais rien de ce genre ; il proposa donc aux convives — c'était un banquet d'amis — d'en discuter ensemble.

ροοῦσιν οὐκ ἔστιν ⟨οὕτω τρέφεσθαι⟩ διὰ μανότητα τῶν
ἄνω καὶ στενότητα τῶν κάτω πόρων, ὅταν οἱ μὲν μὴ
ἐπιπέμπωσιν, οἱ δὲ ⟨μὴ⟩ φυλάττωσιν, ἀλλ' ὀλίγον λαβόντες
ἄθρουν ἐκχέωσιν, ὥσπερ ἐν ἀνδήροις τισὶν οὐχ ὁμαλοῖς·
τὰ δ' ὑδρευόμεν' ἀεὶ τὴν τροφὴν διαρκῆ καὶ σύμμετρον
ἀντέχει καὶ παραμένει ἀγήρῳ καὶ χλοερά. 'Αλλ' ἐν
Βαβυλῶνι φυτευόμενος ἐξίστατο καὶ ἀπηγόρευεν· εὖ
γε ποιῶν ὁ γενναῖος οὗτος, ὅτι Βοιωτίου θεοῦ πελάτης E
καὶ παράσιτος ὢν οὐκ ἐβούλετο μετοικεῖν ἐν βαρβάροις
οὐδ' 'Αλέξανδρον ἐζήλωσεν ἐξοικειούμενον ἐκείνοις τοῖς
ἔθνεσιν, ἀλλ' ἔφευγε καὶ διεμάχετο πρὸς τὴν ἀποξένωσιν.
Αἰτία δ' οὐχ ἡ θερμότης ἦν, ἀλλὰ μᾶλλον ἡ ψυχρότης,
οὐχ ὑποφέρουσα τὴν ἐναντίαν κρᾶσιν· οὐ γὰρ φθείρει
τὸ οἰκεῖον, ἀλλὰ προσίεται καὶ τρέφει, καθάπερ τὸ θύμον
ἡ ξηρὰ γῆ, καίτοι θερμὸν ὄν. Τὴν δὲ Βαβυλωνίαν οὕτω
φασὶν ἀέρα πνιγώδη καὶ βαρὺν περιέχειν, ὥστε πολλοὺς
τῶν εὐπόρων, ὅταν ἐμπλήσωσιν ἀσκοὺς ὕδατος, ἐπὶ
τούτων καθεύδειν ἀναψυχομένους. » | F

ΠΡΟΒΛΗΜΑ Γ 650 A

Διὰ τί γυναῖκες ἥκιστα μεθύσκονται, μάλιστα δ' οἱ γέροντες.

1 'Εθαύμαζε Φλῶρος εἰ γεγραφὼς 'Αριστοτέλης ἐν τῷ Περὶ μέθης ὅτι μάλιστα μὲν οἱ γέροντες, ἥκιστα δ' αἱ γυναῖκες ὑπὸ μέθης ἁλίσκονται τὴν αἰτίαν οὐκ ἐξειργάσατο, μηδὲν εἰωθὼς προΐεσθαι τῶν τοιούτων· εἶτα μέντοι προύβαλεν ἐν μέσῳ σκοπεῖν τοῖς παροῦσιν. Ἦν δὲ τῶν

649 D 6 οὕτω τρέφεσθαι addidi ‖ 8 μὴ add. Amyot, Vulc. ‖ 10 διαρκῆ g γ : διαρκεῖ T ‖ E 3 ἐξοικειούμενον Amyot, Steph. : ἐξοικιούμ. (2 i in ras.) ‖ 7 τρέφει (ut iam Xyl. interpr.) ci. Bern : φθείρει ‖ 650 A 3 μάλιστα Defradas : τάχιστα.

Sylla prétendit que les deux faits s'expliquaient réciproquement, et que si nous trouvions la véritable raison concernant les femmes, il n'y aurait pas à discuter longtemps des vieillards, car leurs natures étaient diamétralement opposées, qu'il s'agît d'humidité et de sécheresse, de douceur et d'âpreté, ou de mollesse et de dureté. « Et ce que je dirai d'abord, poursuivit-il, au sujet des femmes, c'est qu'elles ont une complexion humide, qui rend précisément leur chair plus délicate, leur peau plus brillante et plus lisse, et qui provoque les règles ; or quand le vin tombe sur une humidité abondante, il perd sa force en se diluant et n'agit pas plus[1] que si c'était de l'eau. Mais Aristote lui-même fournit encore un autre argument. Il affirme en effet que ceux qui boivent d'un trait et sans reprendre haleine — ce que les Anciens appelaient « boire à bouche ouverte » — sont le moins sujets à l'ivresse ; car le vin ne demeure pas dans leur organisme, il ne fait que le traverser, chassé par son propre élan[2]. Or c'est ainsi que nous voyons boire les femmes en général. Il est vraisemblable également que, par suite de l'afflux continuel des humeurs, dû au phénomène de la menstruation, vers le bas-ventre, leur corps se trouve criblé de conduits et percé comme par des rigoles[3] et des canaux, dans lesquels le vin pénètre pour s'écouler rapidement, sans s'arrêter dans les organes principaux, dont la perturbation produit l'ivresse. Que le corps des vieillards *(gérontès)*, au contraire, soit dépourvu de toute humidité propre, leur nom, d'abord, me semble l'indiquer ; ils sont appelés ainsi, en effet, non point parce qu'ils coulent vers la terre *(rhéontès eis gèn)*, mais parce qu'ils ont déjà un comportement qui ressemble ou qui appartient à la terre *(géodeis-gèèroi)*[4]. D'autre part, leur raideur, leur dureté, de même que la rugosité de leur peau, montrent également la sécheresse de leur comple-

1. L'insolite ἀναφῆς des manuscrits pourrait se comprendre appliqué à du vin dans une cruche, par exemple, mais non à du vin qui vient se perdre dans un corps.

συνήθων τὸ δεῖπνον. Ἔφη τοίνυν ὁ Σύλλας θατέρῳ θάτερον ἐμφαίνεσθαι· κἂν εἰ περὶ τῶν γυναικῶν ὀρθῶς τὴν αἰτίαν λάβοιμεν, οὐκ ἔτι πολλοῦ λόγου δεήσεσθαι περὶ τῶν γερόντων· ἐναντίας γὰρ εἶναι μάλιστα τὰς φύσεις τῇ θ' ὑγρότητι καὶ ξηρότητι ⟨καὶ λειότητι⟩ καὶ B
τραχύτητι καὶ μαλακότητι καὶ σκληρότητι. «Καὶ τοῦτ'», ἔφη, «λαμβάνω κατὰ τῶν γυναικῶν πρῶτον, ὅτι τὴν κρᾶσιν ὑγρὰν ἔχουσιν, ἣ καὶ τὴν ἁπαλότητα τῆς σαρκὸς ἐμμεμιγμένη παρέχει καὶ τὸ στίλβον ἐπὶ λειότητι καὶ τὰς καθάρσεις· ὅταν οὖν ὁ οἶνος εἰς ὑγρότητα πολλὴν ἐμπέσῃ, κρατούμενος ἀποβάλλει τὴν βαφὴν καὶ γίνεται παντάπασιν ἀδρανὴς καὶ ὑδατώδης. Ἔστι δέ τι καὶ παρ' αὐτοῦ λαβεῖν Ἀριστοτέλους· τοὺς γὰρ ἄθρουν καὶ ἀπνευστὶ πίνοντας, ὅπερ «ἀμυστίζειν» ὠνόμαζον οἱ παλαιοί, φησὶν ἥκιστα περιπίπτειν μέθαις· οὐ γὰρ ἐνδιατρίβειν τὸν ἄκρατον αὐτοῖς, ἀλλ' ἐξωθούμενον ῥύμῃ C
διαπορεύεσθαι διὰ τοῦ σώματος· ἐπιεικῶς δὲ τὰς γυναῖκας ὁρῶμεν οὕτω πινούσας. Εἰκὸς δ' αὐτῶν καὶ τὸ σῶμα διὰ τὸν ἐνδελεχῆ τῶν ὑγρῶν κατασπασμὸν ἐπὶ τὰς ἀπο-⟨καθάρσεις⟩ πολύπορον γεγονέναι καὶ τετμῆσθαι καθάπερ ἀνδήροις καὶ ὀχετοῖς· εἰς οὓς ἐμπίπτοντα τὸν ἄκρατον ὑπάγειν ταχέως καὶ μὴ προσίστασθαι τοῖς κυρίοις μέρεσιν, ὧν διαταραττομένων συμβαίνει τὸ μεθύειν. Οἱ δὲ γέροντες ὅτι μέν εἰσιν ἐνδεεῖς ἰκμάδος οἰκείας, τοὔνομά μοι δοκεῖ φράζειν πρῶτον· οὐ γὰρ ὡς ῥέοντες εἰς γῆν, ἀλλ' ὡς γεώδεις καὶ γεηροί τινες ἤδη γινόμενοι τὴν ἕξιν οὕτω προσαγορεύονται· δηλοῖ δὲ καὶ τὸ δυσκαμπὲς αὐτῶν καὶ σκληρόν, ἔτι δ' ἡ τραχύτης τὴν ξηρότητα τῆς φύσεως· D

650 A 8 Σύλλας Xyl. : σύλας ‖ B 1 καὶ λειότητι add. Steph., Xyl. interpr. ‖ 3 λαμβάνω Méz. : -νει ‖ 5 ἐμμεμιγμένη Wytt. : -νην ‖ 8 ἀδρανὴς scripsi : ἀναφὴς T ἀβαφὴς ci. Amyot, Steph. ‖ C 1 αὐτοῖς Turn. : αὐτὸν ‖ 4-5 ἀπο]καθάρσεις suppl. Amyot, Steph. : lac. 6-8 litt.

xion. Aussi lorsqu'ils boivent, le vin est naturellement absorbé par leur corps, que le dessèchement a rendu spongieux, et il s'y maintient en provoquant des chocs et des lourdeurs[1] ; car, comme les eaux s'écoulent sur les sols durs sans les détremper, mais pénètrent facilement les sols meubles, ainsi le vin demeure plus longtemps dans le corps des vieillards, parce que la sécheresse l'y retient. Enfin, même sans cela, on voit bien que la nature des vieillards porte en elle-même les symptômes de l'ivresse[2] ; car il y a des symptômes manifestes de l'ivresse : tremblement des membres, embarras de la langue, intempérance de paroles, promptitude à l'emportement, absences et dérangement de l'esprit[3]. Puisque ce sont là déjà, pour la plupart, des manifestations normales de la vieillesse, il suffit de la moindre impulsion, du choc le plus léger pour qu'elles se produisent. Si bien qu'on ne peut pas dire que l'ivresse suscite, chez le vieillard, des effets particuliers ; elle ne fait qu'intensifier les symptômes habituels de cet âge. La preuve en est que rien ne ressemble plus à un vieillard qu'un jeune homme ivre. »

Question IV

Si la complexion des femmes est plus froide ou plus chaude que celle des hommes[4].

1 Tel fut le discours de Sylla. Apollonide, l'instructeur de tactique[5], déclara qu'il approuvait les opinions émises au sujet des vieillards ; mais pour ce qui était des femmes, il pensait qu'il aurait fallu parler de leur froideur[6], qui s'oppose à la chaleur du vin et supprime la violence de son feu. Cette observation parut également vraisemblable ; mais Avitus[7], le médecin de Thasos, lança un nouveau sujet de discussion en faisant remar-

1. C'est ce qui arrive aussi à ceux que les efforts physiques ont déshydratés : Aristote, *Probl.* 873 A 18-22.
2. En 652 F, l'équation est renversée.

ὅταν οὖν ἐμπίνωσιν, εἰκὸς ἀναλαμβάνεσθαι τὸν οἶνον, τοῦ σώματος σφογγώδους διὰ τὸν αὐχμὸν ὄντος, εἶτ' ἐμμένοντα πληγὰς καὶ βαρύτητας ἐμποιεῖν· ὡς γὰρ τὰ ῥεύματα τῶν μὲν πυκνῶν ἀποκλύζεται χωρίων καὶ πηλὸν οὐ ποιεῖ, τοῖς δ' ἀραιοῖς ἀναμίγνυται μᾶλλον, οὕτως ὁ οἶνος ἐν τοῖς τῶν γερόντων σώμασιν ἔχει διατριβὴν ἑλκόμενος ὑπὸ τῆς ξηρότητος. Ἄνευ δὲ τούτων, ἰδεῖν ἔστι τὰ συμπτώματα τῆς μέθης τὴν τῶν γερόντων φύσιν ἐξ ἑαυτῆς ἔχουσαν· ἔστι γὰρ συμπτώματα μέθης ἐπιφανέστατα, τρόμοι μὲν ἄρθρων, ψελλισμοὶ δὲ γλώσσης, πλεονασμοὶ E
δὲ λαλιᾶς, ὀξύτητες δ' ὀργῆς, λῆθαί τε καὶ παραφοραὶ διανοίας· ὧν τὰ πολλὰ καὶ περὶ τοὺς ὑγιαίνοντας ὄντα πρεσβύτας ὀλίγης ῥοπῆς δεῖται καὶ σάλου τοῦ τυχόντος· ὥστε μὴ γένεσιν ἰδίων, ἀλλὰ κοινῶν ἐπίτασιν συμπτωμάτων γίνεσθαι τὴν μέθην τῷ γέροντι· τεκμήριον δὲ τούτου τὸ μηθὲν εἶναι γέροντι νέου μεθυσθέντος ὁμοιότερον. »

ΠΡΟΒΛΗΜΑ Δ

Πότερον ψυχρότεραι τῇ κράσει τῶν ἀνδρῶν ἢ θερμότεραί εἰσιν αἱ γυναῖκες.

1 Ὁ μὲν οὖν Σύλλας ταῦτ' εἶπεν. Ὁ δὲ τακτικὸς F
Ἀπολλωνίδης ἔφη τὸν μὲν περὶ τῶν γερόντων ἀποδέχεσθαι λόγον· ἐν δὲ ταῖς γυναιξὶν αὐτῷ δοκεῖν παραλελεῖφθαι τὸ τῆς ψυχρότητος, ᾗ θερμὸν ὄντα τὸν ἄκρατον ἀποσβέννυσθαι καὶ ἀποβάλλειν τὸ πλῆττον καὶ πυρῶδες. Πιθανοῦ δὲ καὶ τούτου δοκοῦντος, | Ἀουῖτος ὁ Θάσιος 651 A
ἰατρός, ἐμβαλών τινα τῇ ζητήσει διατριβήν, εἶναί τινας

650 E6 τὸ Amyot, Steph. : τοῦ ‖ F 1 Σύλλας Xyl. : σύλας ‖ 4 ᾗ Basil. : ἢ ‖ θερμὸν ὄντα τὸν Bern. : θερμότατον T θερμὸν ὄντα Wytt. ‖ 651 A 1 Ἀουῖτος Rei. : Ἀθρύιτος.

quer que certains considéraient la complexion des femmes non pas comme froide, mais comme plus chaude que celle des hommes, tout comme d'autres estimaient que le vin, loin d'être chaud, était au contraire froid.

2 Florus exprima sa surprise. « Je laisse à notre ami, reprit alors Avitus en me désignant, le soin de parler du vin » (en effet, nous avions eu justement une conversation à ce sujet quelques jours auparavant). « Pour ce qui est de la chaleur des femmes, poursuivit-il, elle serait prouvée tout d'abord par l'absence de barbe, la chaleur consumant les résidus de la nourriture, résidus dont l'excédent précisément produit les poils[1]. La seconde preuve serait fournie par la quantité du sang, qui paraît être la source de la chaleur corporelle[2], et qui se trouve chez les femmes en telle abondance qu'elles brûleraient et seraient consumées par ce feu intérieur, s'il ne se produisait de fréquentes et rapides évacuations[3]. Un troisième argument tiré des pratiques funéraires montre bien que le corps féminin est plus chaud que le corps masculin. On dit en effet que ceux qui sont chargés des incinérations entassent les cadavres à raison de dix cadavres d'hommes pour un de femme[4], au moyen duquel ils mettent le feu aux autres : parce qu'elle a quelque chose de gras et qui brûle comme une torche, cette chair détermine la combustion du reste. D'autre part, si la plus grande aptitude à la procréation suppose aussi davantage de chaleur[5], et si les filles ressentent avant les garçons la fièvre des sens et le désir de procréer, nous avons là encore une excellente preuve de la chaleur féminine. Enfin, ce qui est encore plus remarquable et plus convaincant, c'est l'aisance avec laquelle les femmes supportent les rigueurs de l'hiver ; la plupart d'entre elles souffrent moins du froid que les hommes et n'ont besoin que de très peu de vêtements. »

3 « Pour moi, dit Florus, je crois que cette opinion se détruit par les arguments mêmes que tu viens d'énumérer en sa faveur. D'abord, si les femmes résistent

ἔφησεν οἳ τὰς γυναῖκας οὐ ψυχράς, ἀλλὰ θερμοτέρας τῶν ἀνδρῶν ὑπολαμβάνουσιν, ἑτέρους δὲ πάλιν οἳ τὸν οἶνον οὐ θερμόν, ἀλλὰ καὶ ψυχρὸν ἡγοῦνται.

2 Θαυμάσαντος δὲ τοῦ Φλώρου, « Τὸν μὲν περὶ τοῦ οἴνου λόγον », εἶπεν, « ἀφίημι τούτῳ », δείξας ἐμέ · καὶ γὰρ ἐτυγχάνομεν ὀλίγαις ἡμέραις πρότερον εἰς τοῦτο διειλεγμένοι · « τῶν δὲ γυναικῶν », ἔφη, « τὴν θερμότητα πρῶτον ἀπὸ τῆς ψιλότητος οἴονται δεικνύναι, καταναλισκομένου τοῦ περιττώματος ὑπὸ τῆς θερμότητος ὃ πλεονάζον εἰς τρίχας τρέπεται · δεύτερον δὲ τῷ πλήθει
τοῦ αἵματος ὃ πηγὴ μὲν εἶναι δοκεῖ τῆς ἐν τῷ σώματι B
θερμότητος, ἔστι δὲ τοσοῦτον ταῖς γυναιξίν, ὥστ' ⟨ἂν⟩ αὐτὰς καταπιμπράναι καὶ περιφλέγειν, εἰ μὴ πολλαὶ καὶ ταχεῖαι συμβαίνοιεν καθάρσεις. Τρίτον τοῦτο τὸ περὶ τὰς ταφὰς αἱ⟨ρεῖ θερμότε⟩ρα τὰ θήλεα τῶν ἀρρένων εἶναι · λέγεται γὰρ ὑπὸ τῶν σκευωρουμένων † τὰ μὲν † συντίθεσθαι παρὰ δέκα νεκροὺς ἀνδρῶν ἕνα γυναικὸς καὶ συνεξάπτειν, δᾳδῶδές τι καὶ λιπαρὸν αὐτῶν τῆς σαρκὸς ἐχούσης, ὥσθ' ὑπέκκαυμα γίνεσθαι τῶν ἄλλων. Ἔτι δ', εἰ θερμότερον τὸ γονιμώτερον, αἱ δὲ παρθένοι τῶν παίδων ὀργῶσι πρότερον καὶ σαλεύονται πρὸς τὸ γεννᾶν, οὐδ' αὕτη τις ἀσθενὴς ἀπόδειξις ἂν εἴη τῆς θερμότητος.
Ἔτι δὲ μείζων καὶ πιθανωτέρα τὸ πρὸς τὰ κρύη καὶ τοὺς C
χειμῶνας εὐφόρως ἔχειν · ἧττον γὰρ αἱ πλεῖσται ῥιγοῦσι τῶν ἀνδρῶν καὶ παντάπασιν ἱματίων ὀλίγων δέονται. »

3 « Ἀλλ' ἀπ' αὐτῶν οἶμαι τούτων », ὁ Φλῶρος ἔφη, « τῶν ἐπιχειρημάτων ἐλέγχεσθαι τὸ δόγμα. Πρῶτον μὲν

651 A 4 πάλιν Emp. : μᾶλλον ‖ B 2 ἂν add. Amyot ‖ 5 αἱ]ρεῖ θερμότε[ρα suppl. Amyot, Steph. : lac. 6-7 litt. ‖ 6 τὰ μὲν : τάδε Méz. τὰς ἐν μεγάλοις λοιμοῖς πυρκαιὰς Pohlenz ‖ 7 δέκα Amyot : δὲ κὰ et ras. in qua fuit ι ‖ 12 αὕτη Rei. : αὐτὴ.

mieux au froid, c'est parce que le semblable n'est pas sensible à l'action du semblable[1]. Ensuite, il semble bien que leur sperme n'apparaisse pas le premier comme le principe générateur, à cause précisément du refroidissement qu'il subit, mais qu'il fournit simplement matière et nourriture au sperme mâle[2]. D'ailleurs elles cessent d'enfanter bien plus tôt que les hommes d'engendrer. Si leur chair brûle mieux, c'est à cause de la graisse, qui passe pour l'élément le plus froid du corps ; les jeunes gens, en tout cas, et ceux qui font beaucoup d'exercices physiques en ont le moins[3]. Quant aux menstrues, elles ne proviennent pas d'un sang trop abondant, mais d'un sang corrompu et vicié : les éléments inassimilables et résiduels qu'il contient, ne trouvant dans le corps ni stabilité ni consistance, en sont évacués par manque de vitalité, complètement altérés et transformés en une matière impure par suite du manque de chaleur[4]. D'ailleurs au moment des règles les femmes se sentent généralement toutes glacées et saisies de frissons : cela montre que les substances ainsi rejetées du corps sont froides et qu'elles n'ont pas été assimilées. Pour l'absence de barbe enfin, qui peut prétendre que c'est un effet de la chaleur et non pas du froid, quand il voit que les parties les plus chaudes du corps, précisément, sont couvertes de poils ? Tout cela, en effet, ne pousse qu'à cause de la chaleur[5], qui fendille la surface et y provoque des ouvertures, tandis que la douceur de la peau résulte de sa fermeté, sous l'action du froid[6]. Et l'épiderme féminin, mon cher Avitus, est certainement plus serré que celui des hommes ; ceux qui dorment encore[7] auprès de femmes parfumées ou frottées d'huile te le diront : ils s'imprègnent eux-mêmes, pendant leur sommeil, sans même s'approcher d'elles et sans les toucher, de cette odeur, que leur corps aspire à cause de sa chaleur et de sa porosité. »

1. Cf. Aristote, *Probl.* 872 A 11. Une opinion différente est exprimée en 648 D et 649 E.

γὰρ ἀντέχουσι τῷ ψύχει μᾶλλον, ὅτι πολλάκις τὸ ὅμοιον
ὑπὸ τοῦ ὁμοίου δυσπαθέστερόν ἐστιν. Ἔπειτα μέντοι
⟨δοκεῖ⟩ καὶ τὸ σπέρμα μὴ προγεγονέναι τὸ γόνιμον διὰ
κατάψυξιν, ἀλλ' ὕλην μόνον καὶ τροφὴν παρέχειν τῷ ἀπὸ
τοῦ ἄρρενος. Ἔπειτα λήγουσι τίκτουσαι πολὺ πρότερον
ἢ γεννῶντες οἱ ἄνδρες. Καίονται δὲ βέλτιον ὑπὸ πιμελῆς,
ὃ δοκεῖ ψυχρότατον εἶναι τοῦ σώματος· ἥκιστα γοῦν
οἱ νέοι καὶ γυμναστικοὶ πιμελώδεις. Ἡ δ' ἔμμηνος D
κάθαρσις οὐ πλήθους, ἀλλὰ διαφθορᾶς καὶ φαυλότητός
ἐστιν αἵματος· τὸ γὰρ ἄπεπτον αὐτοῦ καὶ περιττωματικὸν
οὐκ ἔχον ἵδρυσιν οὐδὲ σύστασιν ἐν τῷ σώματι δι' ἀσθένειαν
ἐκπίπτει, παντάπασιν ἀμβλὺ καὶ θολερὸν ἀρρωστίᾳ τοῦ
θερμοῦ γινόμενον· δηλοῖ δὲ καὶ τὸ ῥιγοῦν καὶ τὸ ὑπο-
φρίττειν ὡς ἐπὶ πολὺ τὰς καθαιρομένας ὅτι ψυχρόν ἐστι
καὶ ἄπεπτον τὸ κεκινημένον καὶ ἀποχωροῦν ἐκ τοῦ
σώματος. Τὴν δὲ ψιλότητα τίς ἂν εἴποι ⟨ὅτι⟩ θερμότητος,
οὐχὶ μᾶλλον ψυχρότητός ἐστι τὸ πάθος, ὁρῶν τὰ θερμότατα
τοῦ σώματος μέρη δασυνόμενα ; Πάντα γὰρ ἐξωθεῖται E
τὰ τοιαῦτα τῷ θερμῷ, χαράσσοντι καὶ ἀναστομοῦντι τὴν
ἐπιφάνειαν. Ἡ δὲ λειότης πυκνότητι γέγονεν ὑπὸ ψυχρό-
τητος· ὅτι δ' εἰσὶ πυκνότεραι τῶν ἀνδρῶν, ὦ φίλ' Ἀουῖτε,
πυθοῦ παρὰ τῶν ἔτι συναναπαυομένων γυναιξὶν ἢ μύρον
ἀληλιμμέναις ἢ ἔλαιον· ἀναπίμπλανται γὰρ αὐτοὶ τοῦ
χρίσματος ἐν τῷ συγκαθεύδειν, κἂν μὴ θίγωσι μηδὲ
προσάψωνται τῶν γυναικῶν, διὰ θερμότητα καὶ μανότητα
τοῦ σώματος ἕλκοντος. »

651 C 8 δοκεῖ add. Paton ‖ 12 ψυχρότατον Rei. : -τερον ‖ D 1 ἔμμηνος Amyot, Xyl. : ἔμμονος ‖ 9 ὅτι add. Bern. ‖ E 4 Ἀουῖτε Rei. : λούιτε T Ἀθρύιτε Hub. ‖ 6 αὐτοὶ Rei. : αὐτοῦ ‖ 9 ἕλκοντος : -τες Pohlenz ‖ post ἕλκοντος lac. indic. γ.

Question V

Si la puissance du vin est plutôt froide[1].

1 « Il reste, conclut-il, que sur ce chapitre des femmes le point de vue opposé a aussi été virilement défendu[2]. Mais, pour ce qui est du vin, je voudrais bien savoir ce qui vous a donné l'idée qu'il était froid. » — « Tu crois que cette opinion nous appartient? », lui répondis-je. — « Et à qui d'autre? », dit-il. — « Justement, repris-je, je me souviens d'avoir rencontré un jour, il y a de cela pas mal de temps, un passage d'Aristote traitant de la question[3]. Et le *Banquet* d'Épicure contient également une longue discussion que l'on peut résumer, je crois, de la manière suivante : le vin, selon lui, n'est pas absolument chaud, mais il contient des atomes générateurs de chaleur et d'autres, générateurs de froid ; en pénétrant dans le corps, il perdrait les uns, pour en emprunter d'autres au corps, selon le tempérament ou la nature qu'il rencontre en chacun de nous, de sorte que l'ivresse échaufferait les uns et provoquerait chez les autres l'effet contraire[4]. »

2 « Voilà qui nous amène directement à Pyrrhon par l'intermédiaire de Protagoras[5], remarqua Florus. Car il est évident que lorsque le débat portera sur l'huile, sur le lait, sur le miel ou sur n'importe quelle matière, nous éviterons de porter un jugement sur la nature de chacune d'entre elles, si nous disons chaque fois qu'elles résultent d'un mélange et d'une combinaison de leurs éléments constitutifs. Dis-nous sérieusement, toi, comment tu veux prouver que le vin est froid. » — « De

1. *Question* reprise par Macrobe VII, 6, 1-13.

2. Cette phrase se trouve dans les manucrits à la fin de la *Question* précédente ; le transfert, exigé par la corrélation, a été effectué par Wyttenbach.

3. Galien, *De simpl. med.* IV, 13 se réfère à un passage de ce genre (Aristote, frg. 221, Rose) ; mais les **Problèmes* donnent toujours le vin comme chaud : cf. 871 A 28, 40 ; 871 B 22 ; 874 B, 23, etc.

ΠΡΟΒΛΗΜΑ Ε F

Εἰ ψυχρότερος τῇ δυνάμει ὁ οἶνος.

1 « Οὐ μὴν ἀλλὰ τὸ μὲν περὶ τῶν γυναικῶν », ἔφη, « καὶ
πρὸς τοὐναντίον ἀνδρικῶς ἐπικεχείρηται. Τὸν δ' οἶνον
ἐπιθυμῶ μαθεῖν ὁπόθεν ὑπόνοιαν ὑμῖν τοῦ ψυχρὸς εἶναι
παρέσχεν. » « Οἴει γάρ », ἔφην ἐγώ, « τοῦτον | ἡμέτερον 652 A
εἶναι τὸν λόγον ; » « Ἀλλὰ τίνος », εἶπεν, « ἑτέρου ; »
« Μέμνημαι μὲν οὖν », ἔφην ἐγώ, « καὶ Ἀριστοτέλους
ἐντυχὼν οὐ νεωστὶ λόγῳ περὶ τούτου τοῦ προβλήματος,
ἀλλ' ἱκανῶς πάλαι. Διείλεκται δὲ καὶ Ἐπίκουρος ἐν τῷ
Συμποσίῳ πολλοὺς λόγους, ὧν τὸ κεφάλαιόν ἐστιν ὡς
ἐγῷμαι τοιόνδε · φησὶ γὰρ οὐκ εἶναι θερμὸν αὐτοτελῶς
τὸν οἶνον, ἀλλ' ἔχειν τινὰς ἀτόμους ἐν αὐτῷ θερμασίας
ἀποτελεστικάς, ἑτέρας δ' αὖ ψυχρότητος · ὧν τὰς μὲν
ἀποβάλλειν, ὅταν εἰς τὸ σῶμα παραγένηται, τὰς δὲ
προσλαμβάνειν ἐκ τοῦ σώματος, ὡς ἂν ἔχουσι κράσεως
ἡμῖν ἢ φύσεως ὁμιλήσῃ, ὡς τοὺς μὲν ἐκθερμαίνεσθαι, τοὺς
δὲ τοὐναντίον πάσχειν μεθυσκομένους. » B

2 « Ταῦτ' », εἶπεν ὁ Φλῶρος, « ἄντικρυς εἰς τὸν Πύρρωνα διὰ τοῦ Πρωταγόρου φέρει ἡμᾶς · δῆλον γὰρ ὅτι καὶ περὶ ἐλαίου καὶ περὶ γάλακτος μέλιτός τε καὶ ὁμοίως τῶν ἄλλων διεξιόντες ἀποδρασόμεθα τὸ λέγειν περὶ ἑκάστου ὁποῖον τῇ φύσει ἐστίν, μίξεσι ταῖς πρὸς ἄλληλα καὶ κράσεσιν ἕκαστον γίνεσθαι φάσκοντες. Ἀλλὰ σὺ πῶς ἐπιχειρεῖς τὸ ψυχρὸν εἶναι τὸν οἶνον ; » « Οὕτως,

651 F 3-4 vide notam ad loc. ‖ 3 ἔφη Amyot, Xyl. : ἔφην ‖ 5 ὑμῖν τοῦ Xyl. : ἡμῖν τὸ ‖ 652 A 4 λόγῳ Basil. : λόγου ‖ 11 προσλαμβάνειν Basil. : προλαμβ. ‖ ἔχουσι Turn. : ἔχωσι ‖ 12 ἢ Basil. : ἡ ‖ ὁμιλήσῃ Turn. : ὁμιλῆσαι ‖ B 2 εἶπεν Turn. : εἰπών.

la même façon, répondis-je, que je m'en suis tiré naguère, lorsqu'on m'a mis au pied du mur. J'ai d'abord songé à la pratique des médecins : aux personnes que les maladies d'estomac ont affaiblies et qui ont besoin d'un remède tonique, ils ne donnent rien de chaud, mais ils les remontent avec du vin. De même, ils arrêtent les diarrhées et les sueurs trop abondantes[1] au moyen du vin, parce que, tout aussi bien et même mieux que la neige, il rend à l'organisme en débâcle sa force et son équilibre, grâce au rafraîchissement qu'il apporte et à la contraction qu'il provoque ; s'il avait la propriété naturelle d'échauffer, ce serait, je crois, mettre du feu sur de la neige que de donner du vin pur à qui a mal au cœur. D'autre part, le sommeil, dit-on généralement, est l'effet d'un rafraîchissement et la plupart des médicaments somnifères sont rafraîchissants, tels la mandragore et le suc de pavot[2]. Mais ce sont des remèdes violents et brutaux, qui engourdissent et paralysent, tandis que le vin, en rafraîchissant doucement, arrête et calme l'agitation d'une manière agréable : la différence n'est qu'une question d'intensité. En outre, la chaleur favorise la fécondité, car les humeurs deviennent plus fluides et le souffle vital reçoit une tension et une puissance toute bouillonnante sous l'effet de la chaleur[3] ; or ceux qui boivent beaucoup de vin pur montrent peu d'ardeur pour la copulation[4] et n'émettent qu'une substance inconsistante et stérile : tout le commerce qu'ils ont avec les femmes reste sans résultat et sans fruit, parce que leur semence est devenue froide et sans valeur[5]. Enfin, tous les effets du froid glacial sur l'homme, l'ivresse les produit également : tremblements, lourdeurs, pâleur, agitation du principe vital dans les membres, embarras de langue, contraction et engourdissement des nerfs aux extrémités[6] ; elle aboutit chez la plupart à

1. Notamment celles des cardiaques, selon Pline, *H.N.* XXIII, 50 (cf. Athénée 10 D). Cette action du vin est confirmée par le scholiaste de l'*Iliade* XI, 624.

⟨ὡς⟩ », ἔφην, « ὑπέδυν τότε προσηναγκασμένος αὐτο-
σχεδιάσαι. Πρῶτον δ' ἐπῄει μοι τὸ γινόμενον ὑπὸ τῶν
ἰατρῶν · τοῖς γὰρ ἐκλελυμένοις καὶ τόνου τινὸς δεομένοις
κατὰ τὰς ἀρρωστίας στομάχου θερμὸν μὲν οὐδὲν προσφέ-
ρουσιν, οἶνον δὲ διδόντες βοηθοῦσιν. Ὡς δ' αὔτως καὶ
τὰς ῥύσεις καὶ ἐφιδρώσεις οἴνῳ καταπαύουσιν, ὡς οὐδὲν C
ἧττον, ἀλλὰ καὶ μᾶλλον τῆς χιόνος ἱστάντι καὶ κρατύνοντι
τῷ ψύχειν καὶ περιστέλλειν φερομένην τὴν ἕξιν · εἰ δὲ
φύσιν καὶ δύναμιν εἶχεν θερμαντικήν, ὅμοιον ἦν, οἶμαι,
χιόνι πῦρ καὶ καρδιωγμῷ προσφέρειν ἄκρατον. Ἔπειτα
τὸν μὲν ὕπνον οἱ πλεῖστοι περιψύξει γίνεσθαι λέγουσιν
καὶ ψυκτικὰ [καὶ] τὰ πλεῖστα τῶν ὑπνωτικῶν φαρμάκων
ἐστίν, ὡς ὁ μανδραγόρας καὶ τὸ μηκώνιον · ἀλλὰ ταῦτα
μὲν σφόδρα καὶ βίᾳ πολλῇ συνωθεῖ καὶ πήγνυσιν, ὁ
δ' οἶνος ἠρέμα καταψύχων ἵστησι μεθ' ἡδονῆς καὶ
ἀναπαύει τὴν κίνησιν, ἐν τῷ μᾶλλον καὶ ἧττον οὔσης D
πρὸς ἐκεῖνα τῆς διαφορᾶς. Ἔτι δὲ τὸ μὲν θερμὸν γόνιμον ·
εὔροιαν γὰρ ἡ ὑγρότης ἴσχει καὶ τόνον τὸ πνεῦμα καὶ
δύναμιν ὑπὸ τῆς θερμότητος ἐξοργῶσαν · οἱ δὲ πίνοντες
πολὺν ἄκρατον ἀμβλύτεροι πρὸς τὰς συνουσίας εἰσὶν
καὶ σπείρουσιν οὐθὲν εἰς γένεσιν ἰσχυρὸν οὐδὲ κεκρατη-
μένον, ἀλλ' ἐξίτηλοι καὶ ἀτελεῖς εἰσιν αἱ πρὸς τὰς γυναῖκας
ὁμιλίαι αὐτῶν διὰ φαυλότητα καὶ κατάψυξιν τοῦ
σπέρματος. Καὶ μὴν ὅσα πάσχουσιν ἄνθρωποι ὑπὸ
κρύους, πάντα συμβαίνει τοῖς μεθυσκομένοις, τρόμοι,
βαρύτητες, ὠχριάσεις, σάλοι τοῦ περὶ τὰ γυῖα πνεύματος,
ἀσάφεια γλώττης, ἔντασις τῶν περὶ τοῖς ἄκροις νεύρων
καὶ ἀπονάρκησις · τοῖς δὲ πλείστοις εἰς πάρεσιν αἱ μέθαι E

652 B 9 ὡς add. Hub. : post ἔφην add. voluit Wytt. ‖ ὑπέδυν Hub. : ὑπὸ δυεῖν ‖ 10 ἐπῄει μοι Bases : ὑπίειμι T ὑπῄει μοι Amyot, Steph. ‖ 12 στομάχου Ald. : στομάχῳ ‖ C 2 ἱστάντι Ald. : -ντα ‖ 5 καρδιωγμῷ Hub. : καρδίαι οἶνον T καρδιακοῖς ἂν Clement ‖ 7 καὶ del. Xyl. ‖ D 2 ἐκεῖνα Xyl. interpr., Méz. : ἐκεῖνο.

une sorte d'anéantissement, lorsque toute espèce de chaleur a disparu sous l'action du vin pur. Pour remédier aux dommages que l'ivresse et ses lourdeurs provoquent dans le corps de ceux qui y succombent, on commence bien, que je sache, par les couvrir et les étendre, afin de les réchauffer, avant de recourir le lendemain aux bains, aux frictions et à une nourriture qui, sans fatiguer l'organisme, ranime lentement la chaleur que le vin avait dissipée et chassée du corps. En général, poursuivis-je, nous essayons de découvrir dans tout ce que nous avons sous les yeux des qualités et des propriétés cachées : sur la nature de l'ivresse, il ne saurait y avoir d'hésitation. On voit en effet..., les ivrognes, comme nous l'avons dit[1], ressemblent tout à fait aux personnes âgées ; aussi l'abus du vin fait-il vieillir prématurément, il amène le plus souvent des calvities précoces ou fait blanchir les cheveux avant l'âge ; or ce sont là des manifestations que l'homme ne doit apparemment qu'à un manque de chaleur[2]. Je citerai également le vinaigre, qui possède la nature et les propriétés d'une sorte de vin ; il n'a pas son pareil pour éteindre le feu, il arrête les flammes et les étouffe mieux que n'importe quoi, grâce à son excessive froideur[3]. Et même parmi les autres[4] fruits, nous voyons les médecins utiliser de préférence comme réfrigérants ceux qui ont un caractère vineux, telles la grenade et la pomme. Il n'est pas jusqu'au miel dont on ne puisse faire une sorte de vin en le mêlant avec de l'eau de pluie ou avec de la neige, parce que sa douceur se transforme en âpreté[5] lorsque le froid l'emporte, dont elle est parente. Et si les Anciens donnèrent comme attribut et consacrèrent au dieu, parmi les animaux, le serpent, et parmi les plantes, le lierre, n'est-ce pas parce qu'il est le maître d'une puissance froide et glacée[6] ? Enfin, le vin pur neutralise, paraît-il, les effets de la ciguë, quand on en

3. Sur la froideur du vinaigre, cf. Pline, *H.N.* II, 132 ; XXIII, 54 et Aulu-Gelle XVII, 8, 14. Théophraste, frg. 3, 25, 59, le considère au contraire comme chaud et explique donc différemment son extraordinaire capacité d'éteindre le feu.

τελευτῶσιν, ὅταν ἐκπλήξῃ παντάπασιν καὶ κατασβέσῃ
τὸ θερμὸν ὁ ἄκρατος. Ἰῶνταί γε μὴν τὰς περὶ τὸ σῶμα
τῶν μεθυσκομένων καὶ κραιπαλώντων κακώσεις εὐθὺς
μέν, ὡς ἔοικε, περιστολῇ καὶ κατακλίσει συνθάλποντες,
μεθ' ἡμέραν δὲ λουτρῷ καὶ ἀλείμματι καὶ σιτίοις, ὅσα μὴ
ταράττοντα τὸν ὄγκον ἅμα πράως ἀνακαλεῖται τὸ θερμὸν
ὑπὸ τοῦ οἴνου διεσπασμένον καὶ πεφυγαδευμένον ἐκ τοῦ F
σώματος. Ὅλως δ' », εἶπον, « ἐν τοῖς φαινομένοις καὶ ποιό-
τητας ἀδήλους ἐξιχνεύομεν καὶ δυνάμεις. Οὐδὲν δὲ περὶ τῆς
μέθης δεῖ διαπορεῖν ὁποῖόν ποτ' ἐστίν · ὡς γὰρ ἔοικεν
... μάλιστα δ', ὡς εἰρήκαμεν, ἐοίκασι τοῖς πρεσβύταις οἱ
μεθύοντες · διὸ καὶ πρωιαίτατα γηρῶσιν οἱ φίλοινοι · τοὺς
δὲ πολλοὺς αὐτῶν καὶ φαλακρώσεις ἄωροι καὶ πολιαὶ
πρὸ ἡλικίας ἔχουσιν · πάντα δὲ ταῦτα δοκεῖ θερμότητος
ἐνδείᾳ καταλαμβάνειν τὸν ἄνθρωπον. Ἔτι τοίνυν τὸ
ὄξος οἴνου τινός ἐστι φύσις καὶ δύναμις · οὐδὲν δὲ τῶν
σβεστηρίων ὄξους πυρὶ μαχιμώτερον, ἀλλὰ μάλιστα πάν-
των ἐπικρατεῖ καὶ συμπιέζει τὴν φλόγα δι' ὑπερβολὴν
ψυχρότητος. Καὶ τῶν ἄλλων δὲ καρπῶν τοῖς οἰνώδεσι
μᾶλλον ὡς ψυκτικοῖς χρωμένους τοὺς ἰατροὺς ὁρῶμεν,
ὥσπερ ῥόαις καὶ μήλοις. | Αὐτὴν δὲ τὴν τοῦ μέλιτος 653 A
φύσιν οὐχὶ πρὸς ὄμβριον ὕδωρ καὶ χιόνα συμμιγνύοντες
οἰνοποιοῦσι, τοῦ ψυχροῦ τὸ γλυκὺ διὰ συγγένειαν εἰς τὸ
αὐστηρόν, ὅταν κρατήσῃ, φθείροντος ; Οἱ παλαιοὶ δ' οὐχὶ
διὰ τοῦτο τῶν ἑρπετῶν τὸν δράκοντα καὶ τῶν φυτῶν
τὸν κιττὸν ἀνέθεσαν τῷ θεῷ καὶ καθιέρωσαν, ὥς τινος
ψυχρᾶς καὶ κρυώδους ⟨κυρίῳ⟩ δυνάμεως ; Ἐὰν δ', ὅτι
τὸ κώνειον ἐπιπινόμενος ἰᾶσθαι δοκεῖ πολὺς ἄκρατος,

652 E 4 κραιπαλώντων Xyl. : -λούντων ‖ 7 ἅμα Rei. : ἀλλὰ ‖ F 3 Ὅλως scripsi : ὅμως T ὅλως δ' εἰπεῖν ci. Wytt. ‖ ποιότητας Madvig : ὁμοιότητας ‖ 5 post ἔοικεν lac. indic. Hub. ‖ 653 A 5 καὶ τῶν Ald. : καὶ τὸν ‖ 7 κυρίῳ add. Rei.

boit après coup une grande quantité : à qui voudrait voir dans ce fait une preuve de sa chaleur je rétorquerai, à l'inverse, que la ciguë mélangée au vin devient un poison foudroyant, et qui tue sur le champ ; de sorte qu'on ne peut pas plus considérer le vin comme chaud sous prétexte qu'il combat la nocivité de la ciguë que comme froid sous prétexte qu'il la favorise[1], en admettant encore que ce soit bien le froid de la ciguë qui provoque la mort de ceux qui la boivent, et non pas quelque autre caractère ou propriété. »

Question VI

Sur le moment qui convient pour l'amour.

1 Quelques jeunes gens, qui fréquentaient depuis peu les écrits des Anciens, s'en prenaient vivement à Épicure, lui reprochant d'avoir placé dans son *Banquet*[2] un débat aussi indécent qu'inutile sur le moment le plus propice pour l'amour[3] : qu'un homme de cet âge parlât à table des plaisirs de l'amour en présence de jeunes garçons et traitât la question de savoir s'il fallait s'y adonner après ou avant le dîner, c'était de la dernière impudence. En guise de réponse, certains se référèrent à Xénophon, qui fait partir ses convives après le dîner — et non pas à pied, mais à cheval — pour aller retrouver leurs femmes[4]. Le médecin Zopyros au contraire, qui connaissait à fond les ouvrages d'Épicure, dit que ces jeunes gens n'avaient pas lu avec beaucoup d'attention le *Banquet* du philosophe. Il ne s'agissait pas, en effet, d'une discussion poursuivie au sujet d'un problème posé d'une manière absolue, pour ainsi dire, et de propos délibéré par l'auteur, mais d'une conversation tenue avec ses jeunes disciples, qu'il avait fait lever de table après le dîner pour une promenade, en vue de leur instruction morale et d'une mise en garde contre les passions ; il leur enseignait que la volupté risquait toujours de nuire, mais qu'elle était

οἴωνται τοῦτο θερμότητος εἶναι τεκμήριον, ἡμεῖς αὖ
φήσομεν ἀναστρέψαντες ὅτι συγκραθὲν αὐτῷ τοῦτο
φάρμακον ἀνίατόν ἐστιν καὶ καθάπαξ ἀποκτείνει τοὺς
πίνοντας · ὥστε μηδὲν μᾶλλον εἶναι δοκεῖν τῷ ἀντιπράττειν B
θερμὸν ἢ τῷ συνεργεῖν ψυχρόν, εἴ γε δὴ ψυχρότητι τὸ
κώνειον, οὐκ ἄλλῃ τινὶ φύσει καὶ δυνάμει μᾶλλον πιθανόν
ἐστιν ἀναιρεῖν τοὺς πιόντας. »

ΠΡΟΒΛΗΜΑ Ϛ

Περὶ καιροῦ συνουσίας.

1 Νεανίσκοι τινὲς οὐ πάλαι τοῖς παλαιοῖς λόγοις
προσπεφοιτηκότες ἐσπάραττον τὸν Ἐπίκουρον, ὡς οὐ
καλὸν οὐδ' ἀναγκαῖον ἐμβεβληκότα λόγον περὶ καιροῦ
συνουσίας εἰς τὸ Συμπόσιον · μιμνήσκεσθαι γὰρ ἀφροδισίων
ἄνδρα πρεσβύτερον ἐν δείπνῳ, μειρακίων παρόντων, καὶ
διαπορεῖν πότερον μετὰ δεῖπνον ἢ πρὸ δείπνου χρηστέον C
ἐσχάτης ἀκολασίας εἶναι. Πρὸς ταῦθ' οἱ μὲν τὸν Ξενοφῶντα
παρέλαβον ὡς ἀπάγοντα τοὺς συμπότας μετὰ δεῖπνον
οὐχὶ ⟨πεζούς, ἀλλ'⟩ ἐφ' ἵππων ἐπὶ συνουσίας πρὸς τὰς
γυναῖκας. Ζώπυρος δ' ὁ ἰατρός, εὖ μάλα τοῖς Ἐπικούρου
λόγοις ἐνωμιληκώς, οὐκ ἔφη προσέχοντας αὐτοὺς ἀνεγνωκέναι
τὸ Ἐπικούρου Συμπόσιον · οὐ γὰρ ὥσπερ ἐξ
ἀρχῆς τινος καὶ καταστάσεως τοῦτο πρόβλημα ποιησάμενον
εἶτα λόγους ἐπ' αὐτῷ περαίνειν, ἀλλὰ τοὺς νέους
ἀνιστάντα μετὰ δεῖπνον εἰς περίπατον ἐπὶ σωφρονισμῷ
διαλέγεσθαι καὶ ἀνακρούειν ἀπὸ τῶν ἐπιθυμιῶν, ὡς ἀεὶ D
μὲν ἐπισφαλοῦς εἰς βλάβην τοῦ πράγματος ὄντος, κάκιστα

653 A 10 αὐτῷ Turn. : αὐτὸ ‖ B 2 γε δὴ Wytt. : δὲ μὴ ‖ C 4 πεζούς, ἀλλ' suppl. Bern. : lac. 4-5 litt. : πεζῇ ἀλλ' Amyot ‖ D 2 κάκιστα Amyot, Steph. : μάλιστα.

particulièrement préjudiciable à ceux qui s'y adonnaient aux environs des repas. « Et quand bien même, ajouta-t-il, il l'aurait fait avec préméditation, valait-il mieux que le philosophe s'abstînt totalement d'examiner quel est le moment opportun pour l'amour? Ou bien, s'il est plus sage de n'user de ces plaisirs qu'avec discernement et au moment opportun, une discussion sur ce moment, permise en d'autres circonstances, est-elle déplacée à table, au milieu d'un banquet? Pour moi, je pense au contraire qu'on serait en droit de blâmer un philosophe qui traiterait un pareil sujet en plein jour, dans son école, et en présence d'un public nombreux et forcément varié ; mais avec des amis et des familiers réunis devant une coupe, lorsqu'il est profitable de raconter fût-ce une histoire froide et peu captivante au milieu du vin[1], quelle indécence y a-t-il à tenir ou à entendre des propos utiles sur la pratique de l'amour? C'est comme pour Zénon, s'écria-t-il ; moi, par le chien[2], j'aurais préféré qu'il plaçât ses séances de gymnastique amoureuse dans un banquet ou au milieu de quelque joyeuse compagnie, plutôt que de les mêler à un ouvrage aussi sérieux que sa *Politique*[3]. »

2 Mortifiés par ce sermon, les jeunes gens gardèrent le silence, tandis que les autres priaient Zopyros d'exposer les idées d'Épicure sur la question. Zopyros dit qu'il ne se souvenait pas exactement du détail, mais qu'il lui semblait que le philosophe craignait les effets de la copulation à cause de ses mouvements violents, qui jettent dans le corps le trouble et le désordre. Le vin pur suffisait déjà à tirer le corps de son état normal, par la force de son action et le trouble qu'il déclenche ; mais si notre organisme alourdi de cette façon, au lieu de bénéficier du repos et du sommeil, reçoit de nouvelles secousses du fait de la jouissance sexuelle,

δὲ τοὺς περὶ πότον καὶ ἐδωδὴν χρωμένους αὐτῷ διατι-
θέντος. « Εἰ δὲ δὴ καὶ προηγουμένως », εἶπεν, « ἐζητεῖτο
περὶ τούτου, πότερον οὐδ' ὅλως ἐσκέφθαι καλῶς εἶχε
τὸν φιλόσοφον περὶ συνουσίας καιροῦ καὶ ὥρας, ἢ βέλτιον
μὲν ἐν καιρῷ καὶ μετὰ λογισμοῦ τὰ τοιαῦτα πράττειν, τὸν
δὲ καιρὸν ἄλλως μὲν ἐπισκοπεῖν οὐκ ἄωρον, ⟨ἐν⟩ δὲ συμπο-
σίῳ καὶ περὶ τράπεζαν αἰσχρόν ; Ἐμοὶ γὰρ δοκεῖ
τοὐναντίον ἄν τις ἐγκαλέσαι φιλοσόφῳ μεθ' ἡμέραν ἐν
τῇ διατριβῇ, πολλῶν καὶ παντοδαπῶν ἀνθρώπων παρόντων,
περὶ τούτου διαλεγομένῳ, κύλικος δὲ προκειμένης ἐν E
συνήθεσι καὶ φίλοις, ἔνθα καὶ τὸ παραλέξαι μῦθον
ἀμβλὺν ὄντα καὶ ψυχρὸν ἐν οἴνῳ συμφέρει, πῶς αἰσχρὸν
εἰπεῖν τι καὶ ἀκοῦσαι εἰς συνουσίας χρῆσιν ὠφελίμως
λεγόμενον ; Ὡς ἔγωγε, νὴ τὸν κύνα, καὶ τοὺς Ζήνωνος
ἂν ἐβουλόμην », ἔφη, « διαμηρισμοὺς ἐν συμποσίῳ τινὶ
καὶ παιδιᾷ μᾶλλον ἢ σπουδῆς τοσαύτης ἐχομένῳ συγγράμ-
ματι, τῇ Πολιτείᾳ, κατατετάχθαι. »

2 Πρὸς τοῦτο πληγέντες οἱ νεανίσκοι σιωπῇ κατέ-
κειντο · τῶν δ' ἄλλων τὸν Ζώπυρον ἀξιούντων τοὺς περὶ
τούτου λόγους Ἐπικούρου διελθεῖν, ἔφη τῶν μὲν κατὰ
μέρος ⟨οὐκ⟩ ἀκριβῶς μνημονεύειν, οἴεσθαι δὲ τὸν ἄνδρα F
τὰς ἐκ τῆς συνουσίας πληγὰς δεδιέναι διὰ τὸν τῶν σωμά-
των παλμὸν εἰς ταραχὴν καὶ σάλον ἐν τῷ τοιούτῳ
βαδιζόντων. Καθόλου μὲν γὰρ ἐξ ἕδρας τὰ σώματα
μεθιστάναι πλήκτην ὄντα καὶ κινητικὸν ταραχῆς τὸν
ἄκρατον · ἂν δ' οὕτως ἔχοντα τὸν ὄγκον ἡμῶν γαλήνη
⟨μὴ⟩ παραλάβῃ καὶ ὕπνος, ἀλλ' ἕτεραι διὰ τῶν ἀφρο-

653 D 3 ἐδωδὴν Wytt. : ἡδονὴν ‖ 8 ἄωρον Doe. : ἄπορον ‖ ἐν add. Turn. ‖ E 2 παραλέξαι μῦθον : βαρβιτίξαι θυμὸν Wil. : text. corrupt. indic. Hub. ‖ 3 ἀμβλὺν ὄντα Wytt. : ἀμβλύνοντα ‖ ψυχρὸν : ψυχὴν Wil. ‖ 5 τοὺς Rei. : τοῦ ‖ 6 διαμηρισμοὺς Amyot : διαμερισμ. ‖ F 1 οὐκ add. Amyot, Vulc. ‖ 4 βαδιζόντων : βιασθέντων Wytt. ‖ 7 μὴ add. Steph.

les principaux liens qui maintiennent la cohésion du corps cèdent à la pression qu'ils subissent, de sorte que la masse risque de perdre tout équilibre, comme un édifice ébranlé de ses fondations[1] : dans de telles conditions, l'écoulement même du liquide séminal se trouve entravé — parce que la réplétion comprime les canaux — et devient une éjection brutale et irrégulière. C'est pourquoi le philosophe recommande de ne pratiquer la chose que lorsque le corps a retrouvé son calme et que se sont achevées la distribution et la circulation de la nourriture qui le traverse et s'en échappe, et avant que le corps ne réclame de nouveaux aliments[2]. D'ailleurs cette opinion d'Épicure concorde avec l'enseignement des médecins : c'est dans la journée, une fois la digestion arrivée à son terme, que c'est le moment le plus sûr, mais il n'est pas sans danger de vouloir assouvir son désir en sortant de table ; car ce serait tout à fait néfaste, au cas où la nourriture n'aurait pas été assimilée, si une indigestion succédait à la violente excitation provoquée par la copulation, et venait ainsi doubler le mal.

3 Olympichos prit alors la parole. « Moi, dit-il, je suis tout à fait d'accord avec le Pythagoricien Clinias[3], qui répondit, paraît-il, comme on lui demandait quel moment convenait le mieux pour avoir commerce avec une femme : « Lorsqu'on veut absolument se faire du tort. »[4] Les restrictions de Zopyros sont certainement justifiées, mais je vais plus loin : je crois que n'importe quel moment offre, dans cette affaire, ses difficultés et ses inconvénients. Le sage Thalès, que sa mère ne cessait

1. On reconnaît à travers cet argument la théorie atomistique appliquée aux sensations (voir *infra*, 655 B) : cf. *Amat.* 765 C; 766 E, Lucrèce IV, 1041 sqq.

2. Confusion d'arguments : les effets — ou plutôt les méfaits — du vin sont à distinguer de l'assimilation de la nourriture.

3. Philosophe originaire de Tarente, contemporain de Platon, dont nous n'avons à peu près rien conservé. Plusieurs témoignages nous apportent quelques traits de sa personnalité : Diels-Kranz, *Vorsokr.* I, 54. Diodore de Sicile X, 9, 4 et Diogène Laërce VIII, 9 attribuent la réflexion, différemment exprimée, à Pythagore lui-même.

δισίων κινήσεις, ἐκθλιβομένων καὶ μοχλευομένων τῶν
μάλιστα συνδεῖν καὶ κολλᾶν τὸ σῶμα πεφυκότων,
| κίνδυνός ἐστιν ἀνέδραστον γίνεσθαι τὸν ὄγκον, ὥσπερ 654 A
⟨οἶκον⟩ ἐκ θεμελίων κινούμενον· οὐδὲ γὰρ εὖ ῥεῖν
τηνικαῦτα τὴν γονήν, σφηνώσεως διὰ τὴν πλησμονὴν
οὔσης, ἀλλὰ βίᾳ καὶ συμπεφυρμένην ἀποσπᾶσθαι· διὸ
χρῆναί φησιν ὁ ἀνήρ, ὅταν ἡσυχία γένηται περὶ τὸ
σῶμα καὶ λωφήσωσιν αἱ τῆς τροφῆς ἀναδόσεις καὶ τὰ
ῥεύματα διεξιούσης καὶ φευγούσης, τὰ τοιαῦτα πράττειν,
πρὶν ἑτέρας αὖ πάλιν τροφῆς ἐνδεὲς γενέσθαι τὸ σῶμα.
Συμβάλλοιτο δ' ἄν τις ⟨τούτῳ⟩ τῷ Ἐπικούρου καὶ τὸν
ἰατρικὸν λόγον. Ὁ γὰρ μεθ' ἡμέραν καιρός, ἤδη τῆς
πέψεως κρίσιν ἐχούσης, ἀσφαλέστερός ἐστιν· ἡ δὲ μετὰ
τὸ δεῖπνον ὁρμὴ πρὸς τὴν συνουσίαν οὐκ ἀκίνδυνος·
δεινὸν γὰρ εἰ, τῆς τροφῆς μὴ κρατηθείσης, ἀπεψία B
δέξαιτο τὸν ἐκ τῆς συνουσίας ἄραδον καὶ παλμόν, ὥστε
διττὴν τὴν βλάβην γενέσθαι.

3 Ὑπολαβὼν δ' Ὀλύμπιχος « Ἐμοὶ μέν » ἔφη « τὸ τοῦ Πυθαγορικοῦ Κλεινίου λίαν ἀρέσκει· λέγεται γὰρ ἐρωτηθεὶς ὁπηνίκα δεῖ μάλιστα γυναικὶ προσιέναι « Ὅταν » φάναι « μάλιστα τυγχάνῃς βλαβῆναι βουλόμενος. » Καὶ γὰρ ὃ Ζώπυρος εἴρηκε νῦν ἔχει τινὰ λόγον, ⟨ἀλλὰ⟩ καὶ τὸν ἕτερον καιρὸν ἄλλας ἀκαιρίας ἔχοντα πρὸς τὸ πρᾶγμα καὶ δυσχερείας ὁρῶ. Καθάπερ οὖν Θαλῆς ὁ σοφὸς ὑπὸ τῆς μητρὸς ἐνοχλούμενος γῆμαι κελευούσης

654 A 1 ἀνέδραστον Doe. : ἀνάδαστον ‖ ὄγκον Amyot, Steph. : οἶκον ‖ 2 οἶκον add. Rei. ‖ κινούμενον Turn. : γινόμενον ‖ 3 σφηνώσεως Ald. : σφινώσ. ‖ 4 συμπεφυρμένην Amyot : -νον ‖ 8 πρὶν Rei. : ὑφ ‖ 9 τούτῳ suppl. ci. Hub. : lac. 4-5 litt. εἰκότως ci. Pohlenz ‖ Ἐπικούρου Hub. : -κούρῳ ‖ 10 ἰατρικὸν Turn. : πατρικὸν ‖ Ὁ Basil. : οὐ ‖ 11 πέψεως Turn. : ὄψεως ‖ ἀσφαλέστερός Amyot : ἀσθενέστερον ‖ B 1 δεινὸν scripsi : ἄδειλον T ἄδηλον Ald., edd. ‖ ἀπεψία Ald. : -ψίαι ‖ 2 ἄραδον Doe. : ἄραβον ‖ 6 προσιέναι Amyot, Steph. : προσεῖναι ‖ 8 ἀλλὰ add. Castiglioni.

de presser pour qu'il se mariât, sut fort plaisamment se dérober à ses instances en répondant au début : « Il n'est pas encore temps, ma mère », et plus tard : « Il n'est plus temps, ma mère »[1] ; ainsi, à l'égard de l'amour, le mieux sera pour chacun de pouvoir se dire en se couchant : « Il n'est pas encore temps », et en se levant : « Il n'est plus temps ».

4 « Ce sont là des propos pour athlètes[2], Olympichos, s'écria Soclaros, et qui sentent tout juste leur cottabe[3] et leurs quartiers de viande[4], mais qui ne sont pas de mise ici. Car il y a parmi nous des jeunes mariés, qui ont à « accomplir l'œuvre d'amour »[5], et nous-mêmes, loin d'être déjà complètement abandonnés par Aphrodite, nous lui adressons, tu le sais, cette prière dans nos hymnes sacrés :

« Retarde, retarde encore la vieillesse, ô belle Aphrodite »[6].

Examinons donc, veux-tu, si c'est à bon droit et avec raison, ou contre toute justice, qu'Épicure interdit la nuit à Aphrodite, dont Ménandre, ce connaisseur des choses de l'amour, affirme pourtant que, plus qu'aucune autre divinité, elle lui appartient[7], signifiant ainsi avec raison, je pense, qu'il faut couvrir la volupté du voile des ténèbres et ne point bannir de nos yeux la pudeur en livrant nos rapports à la lumière du jour, ni exciter notre passion par des images trop vives,

1. Histoire rapportée également par Diogène Laërce I, 26 et Stobée IV, p. 520, Hense.

2. Ces derniers devaient également s'abstenir de relations sexuelles.

3. Sur ce jeu d'adresse, voir R. Flacelière, *La vie quotidienne en Grèce au siècle de Périclès*, Paris, 1959, p. 222-3. Son évocation, ici, nous laisse perplexes. Pratiqué aux ve et ive siècles, il avait depuis longtemps disparu ; il se caractérisait, d'autre part, précisément par son aspect érotique. Nous ne pouvons songer à une variante apparue tardivement. Je risque donc l'hypothèse d'une corruption du texte, d'autant plus que le vocable κοττάβισις, quoique de formation normale, n'est attesté nulle part ailleurs.

οὐκ ἀηδῶς ὑπεξέφυγε ⟨καὶ⟩ παρήγαγε λέγων πρὸς C
αὐτὴν ἐν ἀρχῇ μέν « Οὔπω καιρός, ὦ μῆτερ », ὕστερον δ' « Οὐκέτι καιρός, ὦ μῆτερ », οὕτως ἄρα καὶ πρὸς ἀφροδίσια κράτιστον ἔσται ἔχειν ἕκαστον ὥστε κατακλινόμενον λέγειν « Οὔπω καιρός », ἀνιστάμενον δ' « Οὐκέτι καιρός ».

4 « Ἀθλητικὰ ταῦτ' », εἶπεν ὁ Σώκλαρος, « ὦ Ὀλύμπιχε, παντάπασιν ἔτι τῆς κοτταβίσεως ὄζοντα καὶ τῶν κρεοφαγιῶν ἐκείνων, οὐκ ἐν δέοντι. Νέοι τε γὰρ πάρεισι γεγαμηκότες ὑφ' ὧν δεῖ « φιλοτήσια ἔργα τελεῖσθαι », καὶ ἡμᾶς οὔπω παντάπασιν ἡ Ἀφροδίτη πέφευγεν, ἀλλὰ καὶ προσευχόμεθα δήπουθεν αὐτῇ λέγοντες ἐν τοῖς τῶν θεῶν ὕμνοις

« Ἀνάβαλλ' ἄνω τὸ γῆρας, D
ὦ καλὰ 'φροδίτα. »

Σκοπῶμεν οὖν, εἰ δοκεῖ, πότερον ἐμμελῶς καὶ προσηκόντως ὁ Ἐπίκουρος ⟨ἢ⟩ παρὰ πᾶν δίκαιον ἀφαιρεῖ τὴν Ἀφροδίτην τῆς νυκτός · ⟨ἧς⟩ καὶ τὸ πλεῖστον αὐτῇ θεῶν μετεῖναί φησιν ἐρωτικὸς ἀνὴρ Μένανδρος · αἰνίττεται γάρ, οἶμαι, καλῶς παρακάλυμμα τῆς ἡδονῆς τὸ σκότος προθεμένους ταῦτα πράσσειν καὶ μὴ διὰ φωτὸς ἐντυγχάνοντας ἐξελαύνειν τῶν ὀμμάτων τὸ αἰδούμενον καὶ τῷ ἀκολάστῳ θάρσος ἐμποιεῖν καὶ μνήμας ἐναργεῖς,

654 C 1 οὐκ ἀηδῶς scripsi : πῶς ‖ καὶ add. Amyot, Steph. ‖ λέγων Amyot : λόγῳ ‖ 2 αὐτὴν Amyot, Vulc. : τὴν ‖ 7-8 Ὀλύμπιχε Duebner : ὀλύμπιε ‖ 12 προσευχόμεθα Amyot, Steph. : προσερχόμ. ‖ D 1 Ἀνάβαλλ' : Ἀνάβαλε Amyot ‖ 2 καλὰ 'φροδίτα Wil. : καλὰ ἀφροδ. ‖ 4 ἢ add. Turn. ‖ 5 ἧς addidi sec. Wytt. ‖ πλεῖστον Wytt. : κράτιστον ‖ 6 αἰνίττεται Doe. : ἐνετέθη ‖ 8 προθεμένους : -νοις (cum ἐνετέθη) Clement ‖ 9 ἐξελαύνειν Basil. : -νων ‖ τὸ Ald. : τὸν ‖ αἰδούμενον Amyot : αἰδόμενον.

dont le souvenir enflammerait bientôt de nouveaux désirs[1]. « De toutes les impressions qui nous viennent par l'intermédiaire du corps, la vision est la plus aiguë », selon Platon[2] ; la proximité des spectacles que nous avons sous les yeux frappe notre esprit et suscite en lui des images voluptueuses[3], qui renouvellent et raniment constamment notre passion. La nuit, au contraire, en dérobant à la vue ce que nos actes peuvent comporter de désir insatiable et d'élan forcené, détourne et endort la nature, et l'empêche de se laisser pousser par le spectacle sur l'écueil de la luxure. Mais, indépendamment de ces considérations, est-il logique qu'un mari qui rentre tout joyeux d'un dîner, le front couronné, si cela se trouve, et le corps parfumé, laisse là sa femme et s'enfonce dans ses couvertures pour dormir, mais qu'ensuite, au milieu des occupations de la journée, il la fasse venir de son appartement pour une telle besogne, ou bien qu'il la prenne au lever de l'aurore comme font les coqs[4] ? Le soir, mon ami, c'est l'arrêt des travaux, le matin en est le commencement. C'est Dionysos Libérateur qui préside au premier, en compagnie de Terpsichore et de Thalie[5], tandis que le second nous fait lever pour le culte d'Athéna l'ouvrière et d'Hermès, le maître des marchés. Aussi le soir est-il plein de chants, de danses, d'hyménée,

« cortèges, festins, concert sonore des flûtes »[6],

et le matin, du choc des marteaux, du grincement des scies, des premiers cris des publicains[7], des appels à comparaître en justice ou à se rendre au service de quelque prince ou magistrat ; à cette heure-là, adieu les plaisirs,

1. Cette théorie de la pudeur représente, selon *Non posse suav. v. sec. Epic.* 1089 A — et peut-être jusqu'au vocabulaire —, l'enseignement des Cyrénaïques, auquel se réfère également brièvement 705 A. Elle serait habituellement mise en pratique, d'après *Sept. sap. conv.* 158 F (cf. encore le frg. 120, Sandbach).

2. *Phaedr.* 250 D, cité également, *Aq. an ign.* 958 E, avec le terme platonicien exact, αἰσθήσεων, au lieu de παθημάτων. L'idée est développée en 681 BC.

αἷς τὸ [μὴ] ἐνδιατρίβειν αὖθις ἐκριπίζει τὰς ἐπιθυμίας.
« Ὄψις γὰρ ἡμῖν ὀξυτάτη τῶν διὰ τοῦ σώματος ἔρχεται »,
κατὰ τὸν Πλάτωνα, « παθημάτων », καὶ σφόδρα ταῖς E
ἐγγὺς φαντασίαις [εἰς] τὴν ψυχὴν ἐγείρουσα πρὸς τὰ
εἴδωλα τῆς ἡδονῆς, καινὴν ἀεὶ ⟨ποιεῖ⟩ καὶ πρόσφατον
⟨τὴν⟩ ἐπιθυμίαν. Ἡ δὲ νὺξ τὰ ἄπληστα καὶ μανιωδέστατα
τῶν ἔργων ἀφαιροῦσα παράγει καὶ κατευνάζει τὴν φύσιν,
οὐκ ἐξοκέλλουσαν ὑπὸ τῆς ὄψεως εἰς ὕβριν. Ἄνευ δὲ
τούτων, τίν' ἔχει λόγον ἀπὸ δείπνου μὲν ἥκοντα γεγανω-
μένον, ἂν οὕτω τύχῃ, στέφανον κομίζοντα καὶ μύρῳ
κεχριμένον, ἀποστραφέντα καὶ συγκαλυψάμενον καθεύδειν,
ἡμέρας δὲ καὶ διὰ μέσου τῶν πράξεων ἐκ τῆς γυναικωνί-
τιδος τὴν γυναῖκα μεταπέμπεσθαι πρός τι τοιοῦτον ἢ
πρωὶ δίκην ἀλεκτρυόνος συμπλέκεσθαι ; Τὴν γὰρ ἑσπέραν, F
ὦ ἑταῖρε, τῶν πόνων ἀνάπαυσιν ... τὸν δ' ὄρθρον ἀρχήν ·
καὶ τὴν μὲν ὁ Λύσιος ἐπισκοπεῖ Διόνυσος μετὰ τῆς
Τερψιχόρης καὶ Θαλείας, ὁ δὲ πρὸς τὴν ἐργάνην Ἀθηνᾶν
καὶ τὸν ἀγοραῖον Ἑρμῆν ἐπανίστησιν. Διὸ τὴν μὲν ᾠδαὶ
κατέχουσι καὶ χορεῖαι καὶ ὑμέναιος

« κῶμοί τ' εἰλαπίναι ⟨τε⟩ καὶ ἠχήεις θρόος αὐλῶν » ·

τὸν δὲ κτύποι ῥαιστήρων καὶ τρισμοὶ πριόνων καὶ τελω-
νικῶν ἐπορθρισμοὶ κεκραγμῶν | καὶ κηρύγματα καλου- 655 A
μένων ἐπὶ δίκας ἢ θεραπείας τινῶν βασιλέων ἢ ἀρχόντων ·
ἐν ᾧ καιρῷ φροῦδα τὰ τῆς ἡδονῆς,

654 D 11 μὴ del. Basil. ‖ ἐκριπίζει Turn. : ἐκριπτεῖ ‖ τὰς Ald. : τῆς ‖ E 2 εἰς del. Xyl. interpr., Wytt. ‖ ἐγείρουσα Amyot, Xyl. : -ουσαι ‖ 3 ποιεῖ add. Doe. ‖ 4 τὴν add. Castiglioni ‖ ἄπληστα Doe. : πλεῖστα ‖ 6 ἐξοκέλλουσαν Benseler : -ουσα ‖ F 2 post ἀνάπαυσιν lac. indic. Rei. : νομιστέον vel ἔχομεν vel ἡμῖν οἱ θεοὶ δεδώκασιν suppl. ‖ 4 θαλείας edd. recent. : θαλίας ‖ 7 τε add. Turn. ‖ 8 τρισμοὶ Turn. : τριμμοὶ.

« Cypris est oubliée, et les joyeux banquets de la jeunesse ; le thyrse calme son délire »[1] ;

car les soucis nous tiennent. Je vous citerai aussi le Poète : aucun de ses héros ne se couche durant la journée ni avec son épouse ni avec sa maîtresse ; s'il a représenté Pâris se réfugiant, après avoir fui la bataille, dans les bras de sa femme, cela signifie que l'intempérance, en plein jour, est le fait, non d'un époux, mais d'un adultère enragé[2]. D'autre part, il n'est pas vrai non plus, comme le croit Épicure[3], que la copulation soit plus nuisible au corps après dîner, à moins que l'on ne soit ivre au moment de s'y mettre, ou repu de nourriture à en éclater ; dans ces cas-là, certes, la chose devient dangereuse et même néfaste. Mais celui qui a su garder la mesure et s'en va retrouver sa femme un peu plus tard, dans un état de douce euphorie, le corps simplement détendu et l'esprit lucide, celui-là ne peut provoquer un grand trouble dans son organisme[4] et ses atomes ne seront pas davantage ébranlés, ni déplacés de leur base, comme le dit Épicure[5] ; après avoir satisfait la nature et calmé son propre désir, il verra, pour réparer ses pertes, un nouvel apport combler les vides. Ce qu'il est plus important d'éviter, c'est de se livrer au plaisir lorsqu'on est sur le point de devoir se consacrer à ses affaires, de peur que l'épreuve ne soit trop rude pour le corps si les préoccupations de l'esprit, les tracas et les fatigues imposées par la vie le trouvent dans un état de surexcitation et de trouble[6], parce que le temps nécessaire n'aurait pas été accordé à la nature pour se reposer. Car tout le monde, mon cher, ne dispose pas de ces loisirs, de cette tranquillité totale et définitive où Épicure voyait l'application des principes de sa philosophie[7] : pour chacun la vie quotidienne est faite de combats, c'est une sorte d'entraînement général,

1. Fragment tragique non identifié (Nauck, *Trag. Gr. Fr.*, *Adesp.* 397).

2. *Il.* III, 428-47. La même justification de cet épisode, qui étonna de nombreux commentateurs au dire du scholiaste (au v. 441), est apportée, *De aud. poet.* 18 F.

« λήγει δὲ Κύπρις θαλίαι τε νέων,
οὐδ' ἔτι θύρσος φίλα βακχεύει » ·

συντείνουσι γὰρ αἱ φροντίδες. Ἔπειτα δὲ καὶ ὁ ποιητὴς
τῶν ἡρώων οὔτε γαμετῇ τινα μεθ' ἡμέραν οὔτε παλλακίδι
συγκατέκλινεν πλὴν ἢ τὸν Πάριν δραπετεύσαντα ποιήσας
καταδυόμενον εἰς τοὺς κόλπους τῆς γυναικός, ὡς οὐκ
ἀνδρός, ἀλλὰ μοιχοῦ λυσσῶντος οὖσαν τὴν μεθημερινὴν
ἀκρασίαν. Καὶ μὴν οὐδὲ τὸ σῶμα βλάπτοιτ' ἂν ὑπὸ τῆς
συνουσίας μᾶλλον, ὡς Ἐπίκουρος οἴεται, μετὰ τὸ δεῖπνον,
ἄν γε μὴ μεθύων τις ἢ ῥηγνύμενος ὑπὸ πλησμονῆς B
ἅπτηται βεβαρημένος · ἀμέλει γὰρ οὕτως ἐπισφαλὲς
τὸ πρᾶγμα καὶ βλαβερόν. Ἂν δ' ἱκανῶς ἔχων τις αὑτοῦ
καὶ μετρίως διακεχυμένος, τοῦ τε σώματος αὐτοῦ μαλακοῦ
γεγονότος καὶ τῆς ψυχῆς παρεστώσης, διὰ χρόνου
ποιῆται τὴν ἔντευξιν, οὔτε ταραχὴν ἀπεργάσεται μεγάλην
κατὰ τὸν ὄγκον, ⟨οὔ⟩τε γενήσεται σφύξις ἢ μετάθεσις
ἐξ ἕδρας ἀτόμων, ᾗ φησιν Ἐπίκουρος · ⟨ἀλλὰ τῇ φύσει
τὸ οἰκεῖον⟩ ἀποδούς, ἑαυτὸν δέ πως ἀπογαλ⟨ηνίσας⟩
ἀναπληρώσει, νέας ἐπιρροῆς τοῖς κενώμασι γινομένης.
Ἐκεῖνο δὲ μᾶλλον ἄξιον εὐλαβείας, τὸ σύνεγγυς ὄντα
τῶν πράξεων ἀφροδισίοις χρῆσθαι, μή τι ἄρα μετέωρον C
τὸ σῶμα καὶ κεκλονημένον αἵ τε τῆς ψυχῆς φροντίδες, αἵ
τε περὶ τὰς χρείας πραγματεῖαι καὶ κόποι παραλαβόντες
εὐθὺς ἐκτραχύνωσιν, οὐχ ἱκανὸν ἐν μέσῳ διάλειμμα τῆς
φύσεως εἰς ἀνάπαυσιν λαβούσης. Οὐ γὰρ πάντες, ὦ ἑταῖρε,
τὴν Ἐπικούρου σχολὴν καὶ ῥᾳστώνην ὑπὸ λόγου καὶ
φιλοσοφίας ἄφθονον εἰς ἀεὶ παρεσκευασμένην ἔχουσιν,

655 A 4 θαλίαι Amyot, Steph. : θάλειαί ‖ 5 φίλα βακχεύει Meinecke (Soph., *O.C.*, p. 149) : φῦλα βακχίου ‖ B 6 ἀπεργάσεται Hub. : -ζεται ‖ 7 κατὰ Pohlenz : διὰ ‖ οὔ[τε γενήσεται suppl. et corr. Defradas : lac. 6-8 litt. ταγένη ‖ σφύξις scripsi, sec. Usener : ψῦξις ‖ 8-9 ἀλλὰ — οἰκεῖον suppl. Wytt. : lac. 5-6 litt. ‖ 9 ἀπογαλ]ηνίσας suppl. Wytt. : lac. 5-7 litt. ‖ C 1 μή τι Turn. : μήτε ‖ 7 ἀεὶ : αἰεὶ apogr.

qu'il n'est ni convenable ni avantageux d'aborder dans de pareilles dispositions, lorsqu'on est épuisé par la frénésie d'un rapport sexuel. Que l'Être éternel et bienheureux reste indifférent aux choses de ce monde[1], nous n'en devons pas moins être fidèles aux lois de la cité ; nous nous garderons toujours de nous rendre aux fêtes des dieux ou de préparer des sacrifices si nous venons, peu auparavant, d'accomplir un tel acte[2]. Il convient donc de mettre entre les deux le sommeil et la nuit, et de laisser passer un intervalle suffisant, afin de nous lever purifiés, comme si rien n'avait été fait, et « méditant pour la journée des pensées nouvelles », selon l'expression de Démocrite[3]. »

Question VII

Pourquoi le vin doux n'enivre guère[4].

1 Les Athéniens offrent les prémices du vin nouveau le onze du mois Anthestérion[5], et ils donnent à cette fête le nom de *Pithoigia*[6] ; il paraît que jadis ils offraient des libations de ce vin, avant d'en boire, et qu'ils demandaient aux dieux de leur en faire un breuvage inoffensif et même salutaire[7]. Chez nous[8] le même mois s'appelle Prostatèrios, et c'est à son sixième jour qu'il est d'usage de sacrifier au Bon Génie[9], puis de goûter le vin, après le passage du zéphyr ; car aucun vent n'altère et ne fait tourner le vin autant que celui-ci, et l'on considère que le vin qui a résisté à son influence se conserve ensuite intact[10]. Un jour donc que mon père avait accompli le sacrifice d'usage, et tandis qu'on vantait, après le dîner, la qualité de son vin, il proposa

1. Comme le prétendent les Épicuriens.
2. Comparer cette clause de la loi de Cyrène, *SEG* IX, 72, § 3 : [ἀπ]ὸ γυναικὸς ἀνὴρ τὰν νύκτα κοιμαθὲς θυσεῖ, ὅ[κ|α κα] δήληται. Τὰν δὲ ἁμέραν κοιμαθὲς λωσάμεν[ος] (« L'homme qui a couché avec sa femme la nuit sacrifiera quand il voudra. S'il a couché le jour [il ne sacrifiera] qu'après s'être lavé »).
3. La même citation, 722 D et *De lat. viv.* 1129 E (Diels-Kranz, *Vorsokr.* II, frg. 158).

πολλοὶ δ' ἕκαστον ἀγῶνες ἐκδέχονται δι' ἡμέρας, γυμνάσια
δ' ὡς ἔπος εἰπεῖν ἅπαντας · οἷς οὔτε καλὸν οὔτε συμφέρον
οὕτω διακείμενον τὸ σῶμα παρέχειν λυσσώσῃ συνουσίᾳ
δια⟨κεχυμένον⟩. Τὸ δὲ μακάριον καὶ ἄφθαρτον ἔστω D
μὲν οἷον αὐτὸ μὴ φροντίζειν τῶν καθ' ἡμᾶς · ἡμῖν δέ που
νόμῳ πόλεως συνεπομένοις ἐξευλαβητέον ἐστὶν εἴς θ' ἑορτὰς
ἐμβαλεῖν καὶ κατάρχεσθαι θυσιῶν, ὀλίγον ἔμπροσθεν
διαπεπραγμένοις τι τοιοῦτον. Ὅθεν εὖ ἔχει τὸ τὴν νύκτα καὶ
τὸν ὕπνον ἐν μέσῳ θεμένους καὶ ποιήσαντας ἱκανὸν
διάλειμμα καὶ διάστημα καθαροὺς αὖθις ὥσπερ ἐξ ὑπαρχῆς
καὶ « νέα ἐφ' ἡμέρῃ φρονέοντας », κατὰ Δημόκριτον,
ἀνίστασθαι. »

ΠΡΟΒΛΗΜΑ Ζ

Διὰ τί τὸ γλεῦκος ἥκιστα μεθύσκει.

1 Τοῦ νέου οἴνου Ἀθήνησι μὲν ἑνδεκάτῃ μηνὸς E
⟨Ἀνθεστηριῶνος⟩ κατάρχονται, Πιθοίγια τὴν ἡμέραν
καλοῦντες · καὶ πάλαι γ', ὡς ἔοικεν, εὔχοντο, τοῦ οἴνου
πρὶν ἢ πιεῖν ἀποσπένδοντες, ἀβλαβῆ καὶ σωτήριον αὐτοῖς
τοῦ φαρμάκου τὴν χρῆσιν γενέσθαι. Παρ' ἡμῖν δ' ὁ μὲν
μὴν καλεῖται Προστατήριος, ἕκτῃ δ' ἱσταμένου νομίζεται
θύσαντας Ἀγαθῷ Δαίμονι γεύεσθαι τοῦ οἴνου μετὰ
ζέφυρον · οὗτος γὰρ μάλιστα τῶν ἀνέμων ἐξίστησιν καὶ
κινεῖ τὸν οἶνον, καὶ ὁ τοῦτον διαφυγὼν ἤδη δοκεῖ παραμένειν βέβαιος. Ἔθυσεν οὖν ὁ πατήρ, ὥσπερ εἰώθει, τὴν
θυσίαν, καὶ μετὰ τὸ δεῖπνον, ἐπαινουμένου τοῦ οἴνου,

655 D 1 δια]κεχυμένον suppl. Doe. : lac. 7-8 litt. ‖ 2 μὲν Amyot, Steph. : μένον ‖ 3 συνεπομένοις Doe. : εὖ ἑπομ. ‖ εἴς θ' ἑορτὰς ci. Pohlenz : εἰς θέρος T εἰς θεοὺς Amyot εἰς θεοῦ Headlam (*JPh* XXIII, 1895, p. 297) ‖ 4 ἐμβαλεῖν : -βάλλειν (γ' ἐμβ. Helmbold) ci. Rei. ‖ 8 νέα Rei. : νέαι ‖ E 2 Ἀνθεστηριῶνος add. Xyl. interpr., Rei. ‖ Πιθοίγια Amyot : πιθοίνια ‖ 11 τὸ δεῖπνον Turn. : τοῦ δείπνου.

aux garçons qui étudiaient la philosophie avec moi de rechercher comment il se pouvait que le vin doux enivrât si peu. La plupart trouvèrent la chose étonnante et même invraisemblable ; Hagias prétendit que tout ce qui est trop sucré écœure et rebute ; qu'il n'était donc guère possible de boire assez de vin doux pour devenir ivre, parce qu'une fois la soif étanchée on n'éprouvait plus que de la répulsion ; que le Poète savait d'ailleurs, lui aussi, faire la distinction entre le *doux* et l'*agréable*, comme en témoigne ce vers :

« de fromage, de miel bien doux et de vin agréable au goût »[1] ;

le vin était, en effet, sucré au début, et ne devenait agréable à boire qu'en vieillissant, lorsque la maturation lui donne un goût plus sec[2].

2 Aristénète de Nicée dit qu'il se souvenait d'avoir lu quelque part que le jus de raisin mélangé au vin dissipait l'ivresse[3] ; et aussi que certains médecins recommandaient à ceux qui avaient trop bu de vomir, puis de manger, au moment d'aller dormir, du pain trempé dans du miel. Si donc les substances sucrées atténuent les effets du vin pur, il est naturel que le vin nouveau n'enivre point, aussi longtemps qu'il conserve sa douceur.

3 Nous louâmes fort la sagacité de ces jeunes, qui, au lieu de s'arrêter aux arguments communs, avaient su en produire de plus personnels. Car les raisons les plus simples et auxquelles on pourrait d'abord songer sont la lourdeur du vin doux, d'après Aristote[4], laquelle accélère son passage à travers l'estomac, et la grande quantité d'air et d'eau qu'il contient ; si le premier de ces éléments s'échappe immédiatement de force[5],

1. *Od.* XX, 69.
2. L'âpreté est en effet la qualité caractéristique du vin (cf. 620 D, 653 A, 672 B, etc.).
3. Aristote, **Probl.* 872 B 32-873 A 4 le prétend et l'explique.
4. Frg. 220, Rose.
5. La traduction de Macrobe est curieuse : « sed flatus quidem, quasi aeque ponderosus, in ima delabitur ».

τοῖς φιλοσοφοῦσι μειρακίοις μεθ' ἡμῶν προύβαλεν ζητεῖν F λόγον, ὡς τὸ γλεῦκος ἥκιστα μεθύσκει. Τοῖς μὲν οὖν πολλοῖς παράδοξον ἐφάνη καὶ ἄπιστον · ὁ δ' Ἁγίας ἔφη τὸ γλυκὺ πανταχοῦ προσίστασθαι καὶ πλήσμιον εἶναι · διὸ καὶ γλεύκους οὐκ ἄν τινα πιεῖν ῥᾳδίως ὅσον εἰς μέθην ἱκανόν ἐστιν · ἀπαγορεύειν γὰρ ἀηδίᾳ τὴν ὄρεξιν ἄχρι τοῦ μὴ διψῆν προελθοῦσαν. Ὅτι δὲ τοῦ γλυκέος διαφέρει τὸ ἡδὺ καὶ τὸν ποιητὴν ἐπιστάμενον λέγειν |

« τυρῷ καὶ μέλιτι γλυκερῷ καὶ ἡδέι οἴνῳ » · 656 A

τὸν γὰρ οἶνον ἐν ἀρχῇ μὲν εἶναι γλυκύν, γίνεσθαι δ' ἡδὺν ὅταν εἰς τὸ αὐστηρὸν τῇ πέψει μεταβάλῃ παλαιούμενος.

2 Ἀρισταίνετος δ' ὁ Νικαεὺς ἔν τισιν ἐνίοις γράμμασιν ἀνεγνωκὼς ἔφη μνημονεύειν ὅτι γλυκὺ μιχθὲν οἴνῳ παύει μέθην · τῶν δ' ἰατρῶν τινας ἐμεῖν τοὺς πλέον πιόντας κελεύειν, εἶθ' ὅταν μέλλωσι καθεύδειν ἄρτον εἰς μέλι καταβάψαντας ἐμφαγεῖν [ἔδοσαν]. Εἴ τι οὖν αἱ γλυκύτητες ἀμβλύνουσιν ἄκρατον, εἰκότως ὁ νέος οἶνος οὐ μεθύσκει, πρὶν ἂν ἡ γλυκύτης μεταβάλῃ.

3 Σφόδρ' οὖν ἀπεδεξάμεθα τὴν εὑρησιλογίαν τῶν νεανίσκων, ὅτι τοῖς ἐμποδὼν οὐκ ἐπιπεσόντες ἰδίων ηὐπόρησαν ἐπιχειρημάτων. Ἐπεὶ τά γε πρόχειρα καὶ B ῥᾴδια λαβεῖν ἥ τε βαρύτης ἐστὶ τοῦ γλεύκους, ὡς Ἀριστοτέλης φησίν, ἡ διακόπτουσα τὴν κοιλίαν, καὶ τὸ πολὺ συμμεμιγμένον πνευματῶδες καὶ ὑδατῶδες · ὧν τὸ μὲν εὐθὺς ἐκπίπτει βιαζόμενον, τὸ δὲ πέφυκε [τὸ ὑδατῶδες]

655 F 5 γλεύκους Rei. : γλεῦκος ‖ 7 προελθοῦσαν Vulc. : προσελθ. ‖ 656 A 5 γλυκὺ (γλυκύ τι Hütten) μιχθὲν Amyot, Steph. : γλυκὺς (prius u in ras.) μιχθεὶς ‖ 6 ἐμεῖν Rei., e Macrob. : λέγει ‖ 7 μέλλωσι Ald. : μέλωσι ‖ 8 ἔδοσαν del. Basil. ‖ τι Ald. : τις ‖ B 2 ἥ τε Amyot, Steph. : ἥ τοι ‖ 4 συμμεμιγμένον Hub., e Macrob. : συμμένειν ‖ 5 τὸ ὑδατῶδες del. Doe.

le second ne peut que rendre le vin moins fort. Avec le temps, cependant, la concentration augmente, à mesure que disparaît cet élément aqueux, de sorte que le vin acquiert en force ce qu'il perd en volume.

Question VIII

Pourquoi les gens complètement ivres ont l'air moins égarés que ceux que l'on dit « éméchés ».[1]

1 « Eh bien, dit mon père, puisque nous avons mis de côté Aristote, essaierons-nous de trouver des choses aussi originales au sujet de ceux que l'on qualifie d'éméchés ? Car le philosophe, malgré sa clairvoyance dans ce genre de questions, ne me paraît pas avoir été très précis dans ses explications. Il affirme, si je ne me trompe, que l'homme, dans son état normal, juge des choses avec une raison saine, que celui qui est par trop ivre perd véritablement toute sensation, et que celui qui est éméché garde la vigueur de son imagination, mais non plus la sûreté de son raisonnement, ce qui fait qu'il continue d'exercer son jugement, mais qu'il l'exerce mal, parce qu'il n'obéit qu'à des illusions[2]. Eh bien ! dit-il, qu'en pensez-vous ? »

2 « Pour mon compte, répondis-je, je me serais contenté de cette explication-là. Mais si tu veux que j'ajoute une opinion personnelle, considère en premier lieu si la différence en question ne tient pas plutôt au physique. Chez ceux qui sont éméchés, seule la faculté de réflexion est troublée, leur corps peut rester au service de la volonté, parce qu'il n'est pas encore noyé[3] ; ce n'est que lorsqu'il sombre sous le poids de l'ivresse qu'il

2. *Probl. 871 A 8-16 et 875 A 29-41, où il n'est pas question, cependant, de cette opposition entre la force de l'imagination et la faiblesse de la raison de l'ἀκροθώραξ.

3. Ce stade intermédiaire de l'ivresse est défini de manière semblable en 657 CD.

ἀμβλύτερον ποιεῖν τὸν οἶνον· παλαίωσις ⟨δ'⟩ ἐπίτα⟨σιν ποιεῖ⟩, ἐκκρινομένου τοῦ ὑδατώδους· καὶ γίνεται μέτρῳ μὲν ἐλάττων ὁ οἶνος, δυνάμει δὲ σφοδρότερος.

ΠΡΟΒΛΗΜΑ Η

Διὰ τί τῶν ἀκροθωράκων λεγομένων οἱ σφόδρα μεθύοντες ἧττον παρακινητικοί εἰσιν.

1 «Οὐκοῦν», εἶπεν ὁ πατήρ, «ἐπεὶ παρακεκινήκαμεν C τὸν Ἀριστοτέλη, καὶ περὶ τῶν ἀκροθωράκων τι καλουμένων ἴδιον ἐπιχειρήσομεν εἰπεῖν ; Οὐ γὰρ ἱκανῶς μοι δοκεῖ, καίπερ ὀξύτατος ὢν ἐν τοῖς τοιούτοις ζητήμασι, διηκριβωκέναι τὴν αἰτίαν. Φησὶ γάρ, οἶμαι, τοῦ μὲν νήφοντος εὖ καὶ ⟨κατὰ⟩ τὰ ὄντα κρίνειν τὸν λογισμόν, τοῦ δ' ἄγαν μεθύοντος ἐκλελυμένην κατέχεσθαι τὴν αἴσθησιν, τοῦ δ' ἀκροθώρακος ἔτι μὲν ἰσχύειν τὸ φανταστικόν, ἤδη δὲ τεταράχθαι τὸ λογιστικόν· διὸ καὶ κρίνειν καὶ κακῶς κρίνειν ἐπακολουθοῦντα ταῖς φαντασίαις. Ἀλλὰ πῶς», D εἶπεν, «ὑμῖν δοκεῖ περὶ τούτων ;»

2 «Ἐμοὶ μέν», ἔφην, «ἐπισκοποῦντι κατ' ἐμαυτὸν ἀποχρῶν οὗτος ἦν πρὸς τὴν αἰτίαν ὁ λόγος· εἰ δὲ κελεύεις ἴδιόν τι κινεῖν, ὅρα πρῶτον εἰ τὴν εἰρημένην διαφορὰν ἐπὶ τὸ σῶμα μετοιστέον ἐστίν. Τῶν γὰρ ἀκροθωράκων ἡ διάνοια μόνον τετάρακται, τὸ δὲ σῶμα ταῖς ὁρμαῖς ἐξυπηρετεῖν δύναται, μήπω βεβαπτισμένον· ὅταν δὲ κατασεισθῇ καὶ πιεσθῇ, προδίδωσι τὰς ὁρμὰς καὶ παρεῖται,

656 B 6 δ' add. Amyot ‖ 6-7 ἐπίτα]σιν ποιεῖ corr. et suppl. Amyot : ἐπὶ τὰ et lac. 5 litt. ‖ 11 εἰσιν apogr. : ησιν ‖ C 3 interrog. voluit Clement ‖ 6 κατὰ add. Doe. ‖ 9 τεταράχθαι Ald. : τετράχθαι ‖ D 1 ἐπακολουθοῦντα Amyot, Xyl. : -ντας.

trahit la volonté et reste sans réaction, incapable du moindre geste. Donc, grâce à cette complicité de leur corps, ils se distinguent non par plus de déraison, mais par plus de vigueur. D'un autre point de vue, rien n'empêche de penser que l'effet du vin est divers, et qu'il varie selon la quantité absorbée, tout comme un feu modéré durcit et solidifie l'argile, tandis qu'un feu trop violent la fait fondre et la liquéfie[1] ; par contre, les fièvres redoublent et deviennent plus brûlantes au début de l'été, mais tombent et disparaissent lorsque la chaleur s'accroît. Qu'est-ce qui empêche la faculté de réflexion, naturellement remuée sous l'action du vin, d'abord troublée et surexcitée par lui, de se détendre et de retrouver son calme lorsque la quantité dépasse la mesure?[2] Regarde l'ellébore : son action dépurative commence par un dérèglement de l'organisme, et s'il est administré en dose insuffisante[3], il dérègle, mais ne purge pas. De même les somnifères : pris en trop petite dose, ils ne font qu'accroître l'agitation, en dose plus importante, ils font dormir. On peut donc croire aussi que ces désordres des gens éméchés s'apaisent après avoir atteint leur plus haut degré, et que le vin contribue à cet apaisement ; car lorsqu'il pénètre en grande quantité dans le corps, son feu consume en même temps et fait disparaître l'égarement de l'esprit. Les chants funèbres et les airs de flûte dans les funérailles nous bouleversent d'abord et font jaillir nos larmes, mais à mesure qu'ils portent notre âme à la pitié, ils endorment insensiblement et font disparaître le chagrin : de la même façon, on peut voir que le vin, après avoir provoqué le trouble et suscité les emportements les plus violents, ramène aussi la détente et apaise l'intellect, qui retrouve le calme en s'enfonçant davantage dans l'ivresse.»

1. Remarque absolument inexacte.

2. Conformément à la loi exprimée, 648 D : αἱ ὑπερβολαὶ φθείρουσι τὰς δυνάμεις.

3. C'est ce que faisaient d'après Pline, *H.N.* XXV, 57-8, les anciens médecins, par crainte, précisément, de provoquer des troubles. Sur cette plante, voir *infra*, la note 4 pour la p. 48.

μέχρι γὰρ ἔργων οὐ πρόεισιν· ἐκεῖνοι δὲ τὸ ⟨σῶμα⟩
συνεξαμαρτάνον ἔχοντες οὐ τῷ μᾶλλον ἀλογιστεῖν, ἀλλὰ
τῷ μᾶλλον ἰσχύειν ἐλέγχονται. Ἀπ' ἄλλης δ' », εἶπον,
« ἀρχῆς σκοποῦντι τοῦ οἴνου τὴν δύναμιν οὐδὲν κωλύει E
ποικίλην εἶναι καὶ τῇ ποσότητι συμμεταβάλλουσαν·
ὥσπερ τὸ πῦρ τὸν κέραμον, ἂν μὲν ᾖ μέτριον, συγκρατύνει
καὶ πήγνυσιν, ἂν δ' ὑπερβολῇ πλήξῃ, συνέτηξε καὶ ῥεῖν
ἐποίησεν· ἀνάπαλιν δ' ἡ ὥρα τοὺς πυρετοὺς ἀρχομένη
μὲν ἀνακινεῖ καὶ ἐκκαίει, προιούσης δὲ μᾶλλον καθί-
στανται καὶ ἀπολήγουσιν. Τί οὖν κωλύει καὶ τὴν διάνοιαν
ὑπὸ τοῦ οἴνου φυσικῶς κινουμένην, ὅταν ταραχθῇ καὶ
παροξυνθῇ, πάλιν ἀνίεσθαι καὶ καθίστασθαι πλεονάζοντος ;
Ὁ γοῦν ἐλλέβορος ἀρχὴν τοῦ καθαίρειν ἔχει τὸ ταράττειν
τὸν ὄγκον· ἂν οὖν ἐλάττων τοῦ μετρίου δοθῇ, ταράττει F
μέν, οὐδὲν δὲ καθαίρει. Καὶ τῶν ὑπνωτικῶν ἔνιοι λαβόντες
ἐνδοτέρω τοῦ μετρίου θορυβωδέστερον διατίθενται, πλέον
δὲ λαβόντες [ἔνιοι] καθεύδουσιν. Εἰκὸς δέ που καὶ
ταύτην τὴν περὶ τὸν ἀκροθώρακα ταραχήν, ὅταν ἀκμὴν
λάβῃ, μαραίνεσθαι, καὶ πρὸς τοῦτο συνεργεῖν τὸν οἶνον·
πολὺς γὰρ εἰσελθὼν τὸ σῶμα συνεξέκαυσε | καὶ κατα- 657 A
νάλωσε τὸ μανιῶδες τῆς ψυχῆς. Ὡς γὰρ ἡ θρηνῳδία καὶ
ὁ ἐπικήδειος αὐλὸς ἐν ἀρχῇ πάθος κινεῖ καὶ δάκρυον
ἐκβάλλει, προάγων δὲ τὴν ψυχὴν εἰς οἶκτον οὕτω κατὰ
μικρὸν ἐξαιρεῖ καὶ ἀναλίσκει τὸ λυπητικόν, ὁμοίως ἴδοις
ἂν καὶ τὸν οἶνον, ὅταν σφόδρα ταράξῃ ⟨καὶ⟩ παροξύνῃ τὸ
ἀκμαῖον καὶ θυμοειδές, αὖθις καταλύοντα καὶ καθιστάντα
τὴν διάνοιαν, ὡς πορρωτέρω μέθης προιοῦσαν ἡσυχάζειν. »

656 D 10 σῶμα add. Amyot || 12 τῷ Basil. : τὸ || E 2 τῇ Amyot, Steph. : τὴν || 6-7 καθίστανται Basil. : -αται || F 1 ἂν οὖν Hub. : αλοῦν (λ erasum) T ἀλλ' ἦν Ald. || 4 ἔνιοι del. Rei. || 657 A 2 Ὡς γὰρ Wytt. : ὥσπερ || 3 ἐπικήδειος Ald. : -κήδιος || 6 καὶ add. Amyot, Xyl. || παροξύνῃ Amyot, Xyl. : -νει || 7 καταλύοντα Bywater, ap. Hub. : καταδύονται T -δύοντα Rei. || καθιστάντα Rei. : -νται.

Question IX

Au sujet de la règle: « Boire en cinq, ou en trois, mais non pas en quatre ».

1 Lorsque j'eus fini mon discours, Aristion intervint avec sa fougue habituelle : « Voilà donc décrété, s'écria-t-il, le retour aux banquets de la plus juste et de la plus démocratique des mesures, qu'une espèce de tyran — je ne sais quelle prétention à la sobriété — en avait bannie depuis longtemps. Car, de même que ceux qui connaissent les accords de la lyre et leurs règles affirment que le rapport de trois à deux produit la quinte, celui de deux à un l'octave, et que la quarte, qui est l'accord le moins pur, repose sur le rapport de quatre à trois, de même les spécialistes de l'harmonie dionysiaque ont reconnu trois accords pour le mélange du vin et de l'eau : la quinte, la tierce et la quarte, puisqu'ils déclarent et chantent :

« Boire en cinq, ou en trois, mais non pas en quatre »[1].

Cinq, en effet, est fondé sur le rapport de trois à deux, lorsque trois parts d'eau sont mélangées à deux parts de vin ; trois, sur le rapport de deux à un, lorsqu'il y a deux parts d'eau pour une part de vin. Quatre, cela représente le rapport de quatre à trois, lorsqu'on ajoute trois parts d'eau à une part de vin[2] : proportion faible et inoffensive, tout juste bonne pour de sages magistrats, au Prytanée[3], ou pour des dialecticiens qui froncent le sourcil[4], lorsqu'ils examinent les retournements d'arguments. Des deux autres mélanges, celui de deux pour un amène ce stade de l'ivresse, si plein d'agitation, des gens éméchés, cette tension qui

« fait vibrer dans l'âme des cordes qui ne devraient point vibrer »[5] ;

1. Trimètre de comédie (Kock, *Com. Att. Fr.*, *Adesp.* 604), cité, expliqué et commenté de la même façon, *Comment. ad Hes.*, frg. 81, Sandbach). C'était devenu un proverbe courant d'après Athénée 426 D, qui interprète d'ailleurs différemment les chiffres.

ΠΡΟΒΛΗΜΑ Θ

Περὶ τοῦ «ἢ πέντε πίνειν ἢ τρί' ἢ μὴ τέσσαρα».

1 Ἐμοῦ δὲ ταῦτ' εἰπόντος, Ἀριστίων ἀναβοήσας, B
ὥσπερ εἰώθει, « Πέφανται » εἶπεν « εἰς τὰ συμπόσια τῷ
δικαιοτάτῳ καὶ δημοκρατικωτάτῳ τῶν μέτρων κάθοδος,
ὑπὸ δή τινος καιροῦ νήφοντος ὥσπερ τυράννου πεφυγα-
δευμένῳ πολὺν χρόνον. Καθάπερ γὰρ οἱ περὶ λύραν
κανονικοὶ τῶν λόγων φασὶ τὸν μὲν ἡμιόλιον τὴν διὰ πέντε
συμφωνίαν παρασχεῖν, τὸν δὲ διπλάσιον τὴν διὰ πασῶν,
τὴν δὲ διὰ τεσσάρων ἀμυδροτάτην οὖσαν ἐν ἐπιτρίτῳ
συνίστασθαι, οὕτως οἱ περὶ τὸν Διόνυσον ἁρμονικοὶ τρεῖς
κατεῖδον οἴνου συμφωνίας πρὸς ὕδωρ, διὰ πέντε καὶ διὰ
τριῶν καὶ διὰ τεσσάρων, οὕτω μὲν λέγοντες καὶ ᾄδοντες C

« ⟨ἢ⟩ πέντε πίνειν ἢ τρί' ἢ μὴ τέσσαρα. »

Πέντε γάρ ⟨ἐστιν⟩ ἐν ἡμιολίῳ λόγῳ, ⟨τρι⟩ῶν ὕδατος κεραννυμένων [οὐ] πρὸς δύ' οἴνου · τρία δ' ἐν διπλασίῳ, πρὸς ⟨ἕνα⟩ μιγνυμένων δυεῖν · τέσσαρα δ', εἰς ἕνα τριῶν ὕδατος ἐπιχεομένων, οὗτός ἐστιν ἐπίτριτος λόγος, ἀρχόντων τινῶν ἐν πρυτανείῳ νοῦν ἐχόντων ἢ διαλεκτικῶν τὰς ὀφρῦς ἀνεσπακότων, ὅταν τὰς μεταπτώσεις τῶν λόγων ἀνασκοπῶσι, νηφάλιος καὶ ἀδρανὴς κρᾶσις. Ἐκείνων δὲ τῶν ἄλλων ἡ μὲν δυεῖν πρὸς ἕνα τὸν ταρακτικὸν τοῦτον καὶ ἀκροθώρακα τῆς μέθης ἐπάγει τόνον

« κινοῦντα χορδὰς τὰς ἀκινήτους φρενῶν » · D

657 B 3 μέτρων Amyot, Giannotti : μετρίων ‖ C 2 ἢ add. Vulc. ‖ 3 ἐστιν suppl. Wytt. : lac. 1-2 litt. T εἶναι Amyot ‖ τρι[ῶν suppl. Basil. : lac. 4-5 litt. ‖ 4 κεραννυμένων Turn. : -νύμενον ‖ οὐ del. Turn. ‖ τρία Turn. : τα ‖ 5 ἕνα add. Amyot ἓν add. voluit Turn. ‖ 7 τινῶν Turn. : τριῶν ‖ 9 ἀνασκοπῶσι Wytt. : ἀνασπῶσι ‖ κρᾶσις Turn. : φασις.

il enlève à l'homme sa lucidité, mais ne le plonge pas absolument sans conscience dans le vin. Quant à celui de deux pour trois, c'est le plus harmonieux ; il ne peut qu'apporter le sommeil, apaiser les soucis et, telle cette « bienfaitrice » dont parle Hésiode, « qui écarte les maléfices et sèche les pleurs des enfants »[1], faire régner profondément dans notre âme, à la place des passions brutales et désordonnées, la sérénité et la tranquillité. »

2 Aristion ne trouva pas de contradicteurs, parce qu'on voyait bien qu'il plaisantait. Pour moi, je lui proposai de prendre en mains une coupe en guise de lyre et de nous régler ce mélange harmonieux qu'il vantait si fort. L'esclave s'avançait déjà pour verser le vin pur, mais lui se récusa et dit en riant qu'il n'était qu'un théoricien de la musique et non un instrumentiste. Là-dessus, mon père ajouta, pour sa part, qu'il s'en rapportait aux Anciens, qui avaient donné à Zeus deux nourrices, Ida et Adrastéia, une seule à Héra, Eubéa, et deux également à Apollon, Alètheia et Korythaleia[2], mais plusieurs à Dionysos, parce qu'il est nécessaire de dompter ce dieu et de l'éduquer au milieu de plusieurs ... mesures d'eau, pour le rendre plus doux et plus traitable[3].

Question X

Pourquoi la viande se gâte davantage au clair de lune qu'au soleil.[4]

1 Lors d'un repas qu'il nous offrait, Euthydème de Sounion fit servir un sanglier de belle taille, qui provoqua l'admiration des convives ; il dit alors qu'un autre, bien

3. Ce sont les nymphes du mystérieux pays appelé Nysa qui élevèrent, sur l'ordre de Zeus, le petit Dionysos, afin de le soustraire à la jalousie d'Hèra. Le jeu de mots est fondé sur le double sens que prennent couramment les noms Διόνυσος et νύμφη (cf. Platon, *Leg.* 773 CD).

4. *Question* reprise par Macrobe VII, 16, 15-34.

οὔτε γὰρ ἐᾷ νήφειν οὔτε καταδύει παντάπασι τὸν ἀνόητον εἰς τὸν ἄκρατον · ἡ δὲ δυεῖν πρὸς τρία μουσικωτάτη, πᾶσ' ὑπνοφόρος καὶ λαθικηδὴς καί, κατὰ τὴν Ἡσιόδειον ἐκείνην « ἀλεξιάρην παίδων εὐκηλήτειραν », τῶν ἐν ἡμῖν ἀγερώχων καὶ ἀκόσμων παθῶν διὰ βάθους ποιοῦσα γαλήνην καὶ ἡσυχίαν. »

2 Πρὸς ταῦτα τῷ Ἀριστίωνι ἀντεῖπε μὲν οὐθείς · δῆλος γὰρ ἦν παίζων · ἐγὼ δ' ἐκέλευσα λαβόντα ποτήριον ὥσπερ λύραν ἐντείνεσθαι τὴν ἐπαινουμένην κρᾶσιν καὶ ἁρμονίαν, καὶ προσελθὼν ὁ παῖς ὑπέχει τὸν ἄκρατον · ὁ δ' ἀνεδύετο, λέγων ἅμα γέλωτι τῶν λογικῶν εἶναι περὶ E
μουσικήν, οὐ τῶν ὀργανικῶν. Ὁ μέντοι πατὴρ τοσοῦτον ἐπεῖπε τοῖς εἰρημένοις ὅτι δοκοῦσιν αὐτῷ καὶ οἱ παλαιοὶ τοῦ μὲν Διὸς δύο ποιεῖν τιθήνας, τὴν Ἴδην καὶ τὴν Ἀδράστειαν, τῆς δ' Ἥρας μίαν, τὴν Εὔβοιαν · ἀμέλει δὲ καὶ τοῦ Ἀπόλλωνος δύο, τὴν Ἀλήθειαν καὶ τὴν Κορυθάλειαν · τοῦ δὲ Διονύσου πλείονας, ὅτι δεῖ τὸν θεὸν τοῦτον ἐν πλείοσι μέτροις νυμφῶν τιθασευόμενον καὶ παιδευόμενον ἡμερώτερον ποιεῖν καὶ φρονιμώτερον.

ΠΡΟΒΛΗΜΑ Ι

Διὰ τί τὰ κρέα σήπεται μᾶλλον ὑπὸ τὴν σελήνην ἢ τὸν ἥλιον.

1 Εὐθύδημος ὁ Σουνιεὺς ἑστιῶν ἡμᾶς σῦν ἄγριον F
εὐμεγέθη παρέθηκεν · ἐπιθαυμασάντων δὲ τῶν παρόντων,

657 D 2 καταδύει Hub. : -δύειν ‖ 3 μουσικωτάτη Turn. : -κώτατα ‖ 4 πᾶσ' : κρᾶσις Amyot ‖ 6 ἡμῖν Xyl. interpr., Steph. : ὑμῖν ‖ 8 Ἀριστίωνι Hub. : ἀρίστωνι ‖ 11 τὸν Bases : τὴν ‖ E 3 ὅτι Amyot, Steph. : ὁ ‖ 4 Ἴδην Xyl., ex Apollod., *Bibl.* I, 16 : ἴτην ‖ 9 ἡμερώτερον Ald. : -ρότερον.

plus gros, s'était avarié durant son transport par clair de lune[1], et qu'il se demandait vraiment quelle pouvait en être la raison ; car il était inconcevable que le soleil, avec une chaleur plus grande que celle de la lune, ne pourrît pas la viande davantage. « Ce n'est pas ce qu'il y a de plus étonnant, remarqua Satyros ; le plus étonnant, c'est la pratique des chasseurs : lorsqu'ils ont abattu un sanglier ou un cerf et qu'ils veulent l'expédier à la ville depuis l'endroit où ils se trouvent, ils enfoncent dans la chair un clou en bronze, pour l'empêcher de se gâter. »

2 Après le dîner, Euthydème revint à la question qu'il avait soulevée. Le médecin Moschion dit que la putréfaction était une dissolution, une sorte de liquéfaction de la chair due à la corruption, et qu'en général ce qui pourrissait devenait liquide ; que, d'autre part, une chaleur douce et modérée agissait sur les éléments humides et en accroissait la masse[2], mais qu'une chaleur excessive desséchait au contraire les chairs. Dès lors le phénomène en question s'expliquait aisément : en tiédissant à peine les corps, la lune les amenait à se liquéfier, tandis que l'ardeur du soleil leur enlevait bien plutôt l'humidité qu'ils contiennent[3]. Aussi Archiloque s'était-il montré bon observateur de la nature en écrivant :

« J'espère que Sirius, en dardant ses rayons, fera d'un grand nombre d'entre eux des corps desséchés »[4],

et Homère avait été plus explicite encore, en disant, au sujet du cadavre d'Hector, qu'Apollon recouvrit d'une nuée sombre :

« de peur que l'ardeur du soleil ne lui desséchât trop vite la peau autour des tendons et des membres »[5],

tandis que les rayons de la lune avaient moins de vigueur ;

2. Cf. Pline, *H.N.* II, 223 : « solvere umorem et trahere » (Macrobe : « nutrit umores »). Le phénomène est précisé *infra*, 659 B : τοῦ συνεκτικοῦ πνεύματος μεταβάλλοντος εἰς ὑγρόν.

ἄλλον ἔφη πολὺ μείζονα κομιζόμενον ὑπὸ τῆς σελήνης διαφθαρῆναι καὶ σφόδρα γε περὶ τῆς αἰτίας διαπορεῖν· οὐ γὰρ εἰκὸς εἶναι μὴ τὸν ἥλιον μᾶλλον τὰ κρέα σήπειν, θερμότερον ὄντα τῆς σελήνης. | Ὁ δὲ Σάτυρος « Οὐ 658 A
τοῦτ' » ἔφη « μάλιστα θαυμάσειεν ἄν τις, ἀλλὰ μᾶλλον τὸ ὑπὸ τῶν κυνηγῶν γινόμενον· ὅταν γὰρ ἢ σῦν ἢ ἔλαφον καταβαλόντες πόρρωθεν εἰς πόλιν ἀποστέλλωσι, χαλκοῦν ἐμπηγνύουσιν ἧλον ὡς βοηθοῦντα πρὸς τὴν σῆψιν. »

2 Ὡς οὖν ἐπαυσάμεθα δειπνοῦντες καὶ πάλιν ὁ Εὐθύδημος ἐπεμνήσθη τοῦ διαπορηθέντος, Μοσχίων ἔφησεν ὁ ἰατρὸς τὴν σῆψιν τῆξιν ⟨εἶναι⟩ καὶ ῥύσιν σαρκὸς εἰς ὑγρὸν φθορᾷ μεταβαλούσης, καὶ ὅλως ὑγραίνεσθαι τὰ σηπόμενα· θερμασίαν δὲ πᾶσαν, ἂν μὲν ᾖ μαλακὴ καὶ πραεῖα, κινεῖν τὰ ὑγρὰ καὶ ἐκκαλεῖν, ἂν δ' ᾖ πυρώδης, τοὐναντίον ἀπισχναίνειν τὰς σάρκας. Ἐκ δὲ τούτων B
φανερὸν εἶναι τὸ ζητούμενον· τὴν γὰρ σελήνην ἠρέμα χλιαίνουσαν ἀνυγραίνειν τὰ σώματα, τὸν δ' ἥλιον ἀναρπάζειν μᾶλλον ἐκ τῶν σωμάτων τὸ νοτερὸν διὰ τὴν πύρωσιν· πρὸς ὃ καὶ τὸν Ἀρχίλοχον εἰρηκέναι φυσικῶς

« Ἔλπομαι, πολλοὺς μὲν αὐτῶν Σείριος καθαυανεῖ
ὀξὺς ἐλλάμπων »·

ἔτι δὲ σαφέστερον Ὅμηρον ἐπὶ τοῦ Ἕκτορος, ᾧ κειμένῳ νεφέλην τινὰ σκιερὰν ὁ Ἀπόλλων ἐπήγαγεν,

« μὴ πρὶν μένος ἠελίοιο
σκήλῃ ἀμφὶ περὶ χρόα ἴνεσιν ἠδὲ μέλεσσιν »·

τὴν δὲ σελήνην ἀδρανεστέρας ἀφιέναι τὰς αὐγάς·

658 A 7 ἐπεμνήσθη Amyot (qui -μνήθη scripsit), Steph. : ἐπιμνησθεὶς || ἔφησεν Basil. : ἔφη || 8 εἶναι add. Rei. || 9 φθορᾷ Amyot (qui φθορᾶ scripsit) : -ρᾶς || 11 ἐκκαλεῖν Pohlenz : κωλύειν (κω eras.) T καταλύειν (vel ἀναλύειν) Amyot μωλύειν ci. Bern. τὴν ξηρότητα κωλύειν Clement || B 1 ἀπισχναίνειν Amyot, Xyl. : -ισχαίνειν.

« ils ne font mûrir, ni ne noircissent le raisin », selon le poète Ion[1].

3 Je pris à mon tour la parole : « Tout cela, dis-je, est parfaitement exact, sauf qu'on ne peut, à mon avis, expliquer en dernier lieu le phénomène par la quantité de la chaleur et par son degré plus ou moins grand d'intensité. Car nous voyons également que le soleil chauffe moins en hiver et qu'il pourrit pourtant davantage les cadavres en été. Or ce devrait être le contraire, si la putréfaction provenait d'un échauffement modéré ; loin de là : c'est précisément lorsque les rayons sont le plus brûlants qu'ils corrompent la viande le plus vite. Ce n'est donc pas non plus par un manque de chaleur et à cause de la faiblesse de ses rayons que la lune provoque la décomposition des cadavres ; nous devons plutôt attribuer cette action au caractère particulier du fluide qu'elle émet. Les observations les plus courantes montrent en effet que la chaleur n'est pas un phénomène uniforme, doté d'une seule qualité qui ne présenterait que des différences de degré, mais que le feu a au contraire un grand nombre de propriétés sans rien de commun entre elles[2]. Ainsi les orfèvres fondent l'or au feu de paille[3], tandis que les médecins mijotent leurs potions de préférence sur un feu de sarments[4] ; pour amollir et façonner le verre, c'est le bois de tamaris qui passe pour le plus indiqué[5] ; celui de l'olivier est bon pour le corps, dans les bains de vapeur, mais il nuit aux installations, dont il endommage les planches et les fondations[6], en brûlant dessous ; c'est pourquoi les édiles[7] prudents interdisent aux gérants de ces établissements d'employer du bois d'olivier, comme aussi de mêler à leur combustible[8] de l'ivraie, dont les émanations donnent aux baigneurs des maux de tête et des vertiges. Il n'est donc pas

1. Ion de Chios, le tragique du ve siècle : Nauck, *Trag. Gr. Fr.*, p. 744, n° 57. Le vers est également cité, avec le même contexte, mais sous une forme abrégée, *De facie* 929 A. — On remarquera d'ailleurs l'incohérence, dans l'expression comme dans les idées, de tout ce passage.

« μέλας γὰρ αὐταῖς οὐ πεπαίνεται βότρυς », C
κατὰ τὸν Ἴωνα.

3 Λεχθέντων δὲ τούτων, ἐγώ « Τἆλλα μέν » ἔφην
« εἴρηται καλῶς · τῇ δὲ ποσότητι καὶ τῷ μᾶλλον καὶ
ἧττον τῆς θερμασίας κρίνειν τὸ σύμπαν οὐ δεῖ · ⟨τὸν⟩
γὰρ ἥλιον ὁρῶμεν ἧττον ⟨ἐν⟩ τῷ χειμῶνι θάλποντα καὶ
μᾶλλον ἐν τῷ θέρει σήποντα τὰ σώματα · τοὐναντίον
δ' ὤφειλε ποιεῖν, εἰ μαλακότητι τῆς θερμασίας αἱ σήψεις
ἐγίνοντο · νυνὶ δ', ὅτε μᾶλλον ἐντείνει τὸ καῦμα, θᾶσσον
διαφθείρει τὰς σάρκας. Οὐκοῦν οὐδ' ἡ σελήνη δι' ἔνδειαν
ἀλέας καὶ ἀσθένειαν εἰς σῆψιν ἄγει τὰ νεκρὰ τῶν σωμάτων,
ἀλλ' ἰδιότητα μᾶλλον αἰτιατέον τοῦ φερομένου ῥεύματος
ἀπ' αὐτῆς. Ὅτι γὰρ οὐ μίαν ἔχει ποιότητα πᾶν τὸ θερμόν, D
αὐτῷ μόνῳ τῷ μᾶλλον καὶ ἧττον διαφέρουσαν, ἀλλ' εἰσὶ
πάμπολλαι τοῦ πυρὸς δυνάμεις οὐθὲν ἀλλήλαις ἐοικυῖαι,
δῆλον ἀπὸ τῶν προχειροτάτων. Οἱ μὲν γὰρ χρυσοχόοι διὰ
τῆς ἀχυρίνης φλογὸς ἐργάζονται τὸν χρυσόν, οἱ δ' ἰατροὶ
μάλιστα τῇ κληματίνῃ τὰ συνεψόμενα τῶν φαρμάκων
ὑποχλιαίνουσιν · πρὸς δὲ τὴν τοῦ ὑέλου μάλαξιν καὶ
τύπωσιν εὐάρμοστον εἶναι δοκεῖ τὸ μυρίκινον · τὸ δ' ἀπὸ
τῆς ἐλαίας τὰ μὲν σώματα ταῖς πυρίαις εὖ διατίθησι,
τοῖς δὲ βαλανείοις πολέμιόν ἐστιν καὶ λυμαίνεται τὴν
πινάκωσιν αὐτῶν καὶ τοὺς θεμελίους ὑποκαιόμενον · ὅθεν E
οἱ χαρίεντες ἀγορανόμοι τοὺς ἐργολαβοῦντας οὐκ ἐῶσιν
ἐλαίνοις ξύλοις χρῆσθαι, καθάπερ οὐδ' αἴρας ἐμβαλεῖν
εἰς τὴν ὑπόκαυσιν · αἱ γὰρ ἀπὸ τούτων ἀναθυμιάσεις
καρηβαρίας καὶ σκοτώματα τοῖς λουομένοις ἐμποιοῦσιν.

658 C 4 τῷ Turn. : τὸ ‖ 4-5 καὶ ἧττον Wytt. : κατὰ τὸν ‖ 5 κρίνειν Wytt. : καιρὸν ‖ σύμπαν : συμβὰν ci. Madvig ‖ τὸν add. Defradas ‖ 6 ἧττον Xyl. : ἧττω ‖ ἐν add. Hirschig ‖ 9 ἐγίνοντο suprascr. man. post. in T : ἐγένοντο ‖ 10 διαφθείρει Hirschig : ἐνδιαφθ. ‖ D 5 φλογὸς Basil. : ὡς λόγος ‖ 6 κληματίνῃ Ald. : κλιματ. ‖ E 3 αἴρας Basil. : ἀρᾶς ‖ 4 ἀπὸ Eγ : ὑπὸ T.

étonnant que l'action de la lune diffère de celle du soleil, celui-ci émettant des rayonnements qui détruisent, celle-là en émettant qui libèrent et qui mettent en mouvement l'humidité contenue dans les corps[1]. C'est la raison pour laquelle les nourrices prennent soin de ne jamais exposer les tout petits au soleil : leur corps, plein d'humidité, comme est le bois vert, s'y contracte et s'y déforme[2]. Nous voyons aussi que ceux qui s'endorment au clair de lune ont ensuite beaucoup de peine à se relever, comme si leurs sens étaient engourdis et paralysés ; car leur corps est alourdi par l'humidité que la lune y répand. On dit aussi que celle-ci facilite les accouchements, quand elle est dans son plein, parce qu'en relâchant les humeurs elle rend les douleurs plus supportables[3]. C'est, à mon avis, la raison pour laquelle Artémis, qui n'est autre que la lune, a été appelée Locheia et Eileithyia[4]. Timothée dit sans détour :

« par la voûte sombre où se meuvent les astres ainsi que la lune, la prompte accoucheuse »[5].

Même sur les corps inanimés, le pouvoir de la lune est visible. Ainsi les menuisiers refusent le bois que l'on coupe au moment de la pleine lune parce qu'il est trop tendre et qu'il moisit rapidement à cause de son humidité[6], et les paysans se hâtent d'enlever à la fin du mois[7] leur blé de l'aire[8], afin qu'il soit d'autant plus sec et plus dur, et se conserve plus longtemps ; si on le rentre lorsque la lune est à son plein, il se gâte facilement parce que l'humidité le ramollit[9]. On prétend aussi que le levain fermente mieux aux époques de pleine lune ; car la fermentation n'est qu'une espèce de putréfaction,

6. Cf. Théophraste, *H.P.* V, 1, 3 et Athénée 276 DE.
7. Donc avant que la lune ne réapparaisse.
8. C'est évidemment le grain fourni par le battage.
9. L'explication du phénomène est toute différente chez Théophraste, *C.P.* III, 22, 2 et IV, 14, 3 : la corruption serait due à la conjugaison de l'humidité extérieure et de la chaleur de la lune. — Pline, *H.N.* XVI, 190 ; XVIII, 308 et 321-2, cite de nombreux autres travaux de la campagne dépendant des phases de la lune.

Οὐδὲν οὖν θαυμαστόν ἐστιν καὶ τὴν σελήνην τοῦ ἡλίου
διαφέρειν, τοῦ μὲν ξηραντικά, τῆς δὲ χαλαστικὰ καὶ
κινητικὰ τῶν ἐν τοῖς σώμασιν ὑγρῶν ἀφιείσης ῥεύματα.
Διὸ τὰ μὲν νήπια παντάπασιν αἱ τίτθαι δεικνύναι ⟨πρὸς⟩
τὸν ἥλιον φυλάττονται· πλήρη γὰρ ὑγρότητος ὄντα,
καθάπερ τὰ χλωρὰ τῶν ξύλων, σπᾶται καὶ διαστρέφεται.
Τοὺς δὲ κατακοιμηθέντας ἐν αὐγῇ σελήνης μόλις ἐξανι- F
σταμένους οἷον ἐμπλήκτους ταῖς αἰσθήσεσι καὶ ναρκώδεις
ὁρῶμεν· ἡ γὰρ ὑγρότης ὑπὸ τῆς σελήνης διαχεομένη
βαρύνει τὰ σώματα. Λέγεται δὲ καὶ πρὸς εὐτοκίαν συνερ-
γεῖν, ὅταν ᾖ διχόμηνος, ἀνέσει τῶν ὑγρῶν μαλακωτέρας
παρέχουσα τὰς ὠδῖνας. Ὅθεν οἶμαι καὶ τὴν Ἄρτεμιν
| Λοχείαν καὶ Εἰλείθυιαν, οὐκ οὖσαν ἑτέραν ἢ τὴν σελήνην, 659 A
ὠνομάσθαι. Τιμόθεος δ' ἄντικρύς φησιν

> « διὰ κυάνεον πόλον ἄστρων,
> διά τ' ὠκυτόκοιο σελάνας. »

Γίνεται δὲ καὶ περὶ τὰ ἄψυχα τῶν σωμάτων ἐπίδηλος ἡ
τῆς σελήνης δύναμις· τῶν τε γὰρ ξύλων τὰ τεμνόμενα
ταῖς πανσελήνοις ἀποβάλλουσιν οἱ τέκτονες ὡς ἁπαλὰ
καὶ μυδῶντα ταχέως δι' ὑγρότητα, τούς τε πυροὺς οἱ
γεωργοῦντες σπεύδουσι φθίνοντος τοῦ μηνὸς ἐκ τῆς ἅλω
συναίρειν, ἵνα παγέντες τῇ ξηρότητι μᾶλλον πρὸς ⟨τὸν
χρό⟩νον ἀντέχωσιν· οἱ δ' ἀκμῇ τῆς σελήνης διακομιζό-
μενοι κόπτονται μάλιστα διὰ τὴν ὑγρότητα μαλακώτεροι
γινόμενοι, λέγουσι δὲ καὶ τἄλευρον ἐν ταῖς πανσελήνοις B
ζυμοῦσθαι βέλτιον· ἡ γὰρ ζύμωσις ὀλίγον ἀποδεῖ σῆψις

658 E 8 τῶν ἐν τοῖς Rei. : τοῖς ἐνίοις ‖ 9 πρὸς add. Basil. ‖ 10 τὸν ἥλιον scripsi : τὴν σελήνην T τῇ σελήνῃ ci. Turn. ‖ 659 A 8 τε Ziegler, ap. Hub. : δὲ ‖ 9 γεωργοῦντες Ald. : -ντας ‖ 10 παγέντες Amyot : πάντες ‖ 10-11 τὸν χρό[νον suppl. Wytt. : lac. 2-3 litt. T χρό[νον Turn. ‖ 12 μάλιστα : τάχιστα ci. Wytt. ‖ B 2 ἀποδεῖ (τοῦ add.) σῆψις Rei. : ἀποδεῆς.

et, pour peu qu'elle dépasse le degré voulu, elle corrompt la pâte de la même façon, en la rendant toute claire et toute liquide[1]. Et une chair qui pourrit, c'est précisément une chair qui se liquéfie et qui perd sa consistance, lorsque le souffle qui la maintient[2] se transforme en humidité. Il n'est pas jusqu'à l'air pour lequel nous ne voyions se produire la même chose : c'est aux périodes de pleine lune surtout qu'il se fond en rosée[3] ; c'est ce que le poète lyrique Alcman veut sans doute faire entendre lorsqu'il dit que la rosée est la fille de l'air et de la lune :

« ce que nourrit la Rosée, fille de Zeus et de Sélènè la divine »[4].

Ainsi, tout atteste que la lumière de la lune a une propriété liquéfiante et amollissante[5].

Quant au clou en bronze qui traverse la chair et la préserve de la pourriture, à ce qu'on dit, il doit avoir en lui une amertume qui a un pouvoir astringent ; les médecins emploient en effet le vert-de-gris pour les médicaments de cette nature[6], et l'on rapporte que le séjour dans les mines de cuivre est sain pour les yeux et fait repousser les cils chez ceux qui les ont perdus[7] : en se déposant imperceptiblement sur les paupières, la poussière que donne ce minerai arrête les épanchements et sèche les larmes ; ce serait la raison pour laquelle le Poète appelle le bronze « attribut des guerriers » et « soutien du regard »[8]. Aristote dit aussi que les pointes de lance et les épées en bronze font des blessures moins douloureuses et plus faciles à guérir que les armes en fer, parce que le bronze porte en lui-

1. Ces affirmations se retrouvent, *Quaest. Rom.* 289 F.
2. Application stoïcienne (cf. K. Praechter, *Hierokles der Stoiker*, p. 116) de la théorie générale du πνεῦμα.
3. Lieu commun (cf. Housman, sur Manilius IV, 501) répété, *De facie* 940 A, mais dont l'explication est fort différente en *Quaest. nat.* 917 F - 918 A.

εἶναι · κἂν ἀποβάλῃ τὸ μέτρον, ἐπὶ τὴν αὐτὴν φθορὰν ἀραιοῦσα καὶ λεπτύνουσα τὸ φύραμα προήγαγεν. Αἱ δὲ σηπόμεναι σάρκες οὐδὲν ἄλλο πάσχουσιν ἤ, τοῦ συνεκτικοῦ πνεύματος μεταβάλλοντος εἰς ὑγρόν, ἐξαραιοῦνται καὶ ῥέουσιν. Ταὐτὸ δὲ καὶ τὸν ἀέρα πάσχοντα θεωροῦμεν · δροσοβολεῖ γὰρ ταῖς πανσελήνοις μάλιστα διατηκόμενος, ὥς που καὶ Ἀλκμὰν ὁ μελοποιὸς αἰνιττόμενος τὴν δρόσον ἀέρος θυγατέρα καὶ σελήνης

« οἷά » φησι « Διὸς θυγάτηρ Ἔρσα τρέφει καὶ
δίας Σελάνας. »

Οὕτω πανταχόθεν μαρτυρεῖται τὸ τῆς σελήνης φῶς C
ἀνυγραντικὴν ⟨ἔχον⟩ καὶ μαλακτικὴν δύναμιν. Ὁ δὲ χαλκοῦς ἧλος, εἴ γε διελαυνόμενος, ὥς φασιν, ἀσηπτότερα διατηρεῖ τὰ κρέα, φαίνεταί τι πικρὸν ἔχων καὶ στυπτικὸν ἐν αὑτῷ · τῷ γὰρ ἰῷ πρὸς τὰ τοιαῦτα χρῶνται τῶν φαρμάκων ἰατροί, καὶ τούς γε διατρίβοντας ἐν τοῖς χαλκωρυχείοις ἱστοροῦσιν ὠφελεῖσθαι τὰ ὄμματα καὶ βλεφαρίδας ἐκφύειν τοὺς ἀποβεβληκότας · ἡ γὰρ ἀπιοῦσα τῆς χαλκίτιδος ἄχνη προσπίπτουσα τοῖς βλεφάροις ἀδήλως ἀναστέλλει τὰ ῥεύματα καὶ περιστύφει τὸ δάκρυον · διὸ καί φασιν « εὐήνορα » καὶ « νώροπα » χαλκὸν ὑπὸ τοῦ ποιητοῦ προσαγορεύεσθαι. Ἀριστοτέλης
δὲ καὶ τὰ τραύματά φησιν τὰ ἀπὸ τῶν χαλκῶν ἐπιδορατίδων D
καὶ μαχαιρῶν ἧττον εἶναι δυσαλγῆ καὶ ῥᾷον' ἰᾶσθαι τῶν ἀπὸ τοῦ σιδήρου διὰ τὸ φαρμακῶδες ἔχειν τι τὸν χαλκὸν

659 B 3 ἀποβάλῃ : ὑπερβ. ci. Bern. ‖ 6 ἐξαραιοῦνται Basil. : ἐξαιροῦνται ‖ 7 ταὐτὸ Hub. : τοῦτο ‖ 11 Ἔρσα Amyot, Xyl. (cf. 918 A) : μέγα ‖ 11-12 δίας Σελάνας Bern. (e 918 a) : ἀσελάνας T Σελάνας Sandbach ‖ C 2 ἀνυγραντικὴν] ἔχον corr. et suppl. Amyot, Vulc. : ἀνυγροντι et lac. 2 litt. κὴν T ἀνυγραντικὴν ἔχειν Ziegler, ap. Hub. ‖ 4 φαίνεταί τι πικρὸν ci. Hub. : φαίνεται μὲν T φαίνεταί τι θεραπευτικὸν Clement ‖ 7 χαλκωρυχείοις Bern. : -χίοις ‖ 9 προσπίπτουσα scripsi : καὶ πίπτουσα T καὶ προσπίπτ. vel καὶ ἐμπίπτ. Rei. ‖ D 2 ῥᾴον' Bases : ῥᾷον.

même son remède, qu'il laisse aussitôt dans la plaie[1]. Or il est bien évident que la force de l'astringence s'oppose à celle de la putréfaction tout comme la force de la guérison s'oppose à celle de la destruction. A moins que l'on ne prétende que le clou, en traversant la chair, attire à lui l'humidité qui s'y trouve, vu que toute lésion provoque un afflux de ce genre ; c'est en tout cas pourquoi il apparaît, d'après ce qu'on dit, précisément autour de l'endroit où le clou a été enfoncé, comme une tache ou une meurtrissure ; on peut donc admettre que le reste de la chair puisse se conserver intact, du moment que l'infection se concentre en ce point unique ».

1. **Probl.* 863 A 25-31.

ἐν ἑαυτῷ καὶ τοῦτο ταῖς πληγαῖς εὐθὺς ἐναπολείπειν. Ὅτι ⟨δὲ⟩ καὶ τῷ σήποντι τὸ στῦφον καὶ τὸ θεραπεῦον τῷ φθείροντι τὴν ἐναντίαν ἔχει δύναμιν, οὐκ ἄδηλον. Εἰ μή τις ἄρα τῇ διελάσει φαίη τὸν ἧλον ἐφ' ἑαυτὸν τὰ ὑγρὰ συνάγειν, ἐπιφορᾶς ἀεὶ γινομένης πρὸς τὸ πάσχον · διὸ καὶ περὶ αὐτὸν ἐκεῖνον τὸν τόπον οἷόν τινα μώλωπα καὶ σπῖλον ὁρᾶσθαί φασιν, καὶ λόγον ἔχει τὴν ἄλλην σάρκα διαμένειν ἀπαθῆ, τῆς φθορᾶς ἐκεῖ συντρεχούσης. »

659 D 5 δὲ add. Amyot, Xyl. || στῦφον Amyot (qui σύφον scripsit), Xyl. : ἄτυφον || 6 ἄδηλον g : -λος T || 9 τινα Ald. : τι || 10 ἔχει Rei. : ἔχειν.

NOTES COMPLÉMENTAIRES

P. 14.

2. Parce qu'ils ne cessent de pousser à la consommation.

3. C'est d'un auteur sicilien ou spécialiste des choses de la Sicile que doit provenir cette bizarre interprétation, dont le sens n'est d'ailleurs pas certain. Il est impossible de prendre, comme on l'a fait généralement, le terme ἐπίσταθμος pour un synonyme de συμποσίαρχος (C. G. Cobet, De nonnul. loc. in Plut. Moral., *Mnemosyne*, N. S. VI, 1878, p. 25 sqq., H. Bolkestein, *op. c.*, p. 47-8). Le sens auquel je me rallie pour l'essentiel a été donné par B. A. van Groningen (*Mnemosyne* XII, 1959, p. 136-7). (Mais Amyot avait déjà traduit τοὺς ἐπιστάθμους par « les hostelliers ».) L'auteur chez lequel Plutarque a trouvé cette explication, ajoute B. A. van Groningen, « ne connaissait l'expression qu'à titre de proverbe. S'il avait su qu'elle était empruntée à un poème lyrique, il n'aurait pas inventé une théorie si fantaisiste ».

4. Telle est en effet la signification courante du dicton (cf. Leutsch, *Paroem. Gr.* II, 533, Lucien, *l. c.*, Antipater, *Anth. Pal.* 11, 31, 4, Martial I, 27, 7).

5. Ce commentaire ne se trouve que chez Plutarque (voir aussi le frg. 128, Sandbach). Il est curieux d'y trouver mêlées les deux valeurs du νάρθηξ (d'une part, roseau consacré à Dionysos, d'autre part, bâton et insigne du maître d'école), qui n'avaient en réalité rien de commun. Peut-être faut-il mettre en rapport cette confusion avec ce que nous lisons en 714 E : Dionysos passait pour avoir donné à ses fidèles le νάρθηξ pour que, dans les vapeurs du vin, ils ne pussent se blesser avec cette arme inoffensive (cf. encore *De coh. ira* 462 B : ὁ τοῦ θεοῦ νάρθηξ ἱκανὸς κολαστὴς τοῦ μεθύοντος, ἂν μὴ προσγενόμενος ὁ θυμὸς...). Quant aux rapports entre Dionysos et l'Oubli, ils sont confirmés par des découvertes épigraphiques (*Inscr. anc. Brit. Mus.* III, 600 : un titre associant Lèthè aux Dionysies) et aussi par d'autres passages de Plutarque : 705 B (« les Anciens appelaient Dionysos le fils de l'Oubli ») et *De sera* 565 F (le passage emprunté par Dionysos pour remonter de l'Hadès et par où, plus tard, il ramena sa mère Sémélè était appelé « lieu de l'Oubli »). Comme nous les connaissons peu, il est malaisé de rendre avec sûreté les termes οἱ πάτριοι λόγοι ; *Cons. ad ux.* 611 D montre que Plutarque

se réfère à une tradition apprise des mystères bachiques, auxquels il était initié. Cf. encore H. Bolkestein, *op. c.*, p. 49-50, Z. Abramowiczówna, *Kom.*, p. 13-4 = p. 230.

6. *Or.*, 213 : ὦ πότνια λήθη τῶν κακῶν ὡς εἶ σοφή, où il s'agit en fait du sommeil.

7. Le but des banquets est de provoquer et d'accroître l'amitié entre convives : cf. 618 E, 621 C, 660 B, *Sept. sap. conv.* 156 C. Même le sévère Caton l'Ancien partageait cette conception (cf. *Cat. Ma.* 25, 2).

8. Des *Banquets* de ces philosophes, nous ne connaissons bien, outre, naturellement, ceux des deux grands modèles, Platon et Xénophon, que celui d'Épicure : quoique non conservé, il est fréquemment cité, parfois longuement, par les auteurs anciens et par Plutarque lui-même (652 A, 653 B, *Adv. Col.* 1109 E). De celui d'Aristote nous possédons un fragment cité par Athénée 674 F-675 A, auquel se rapporte une scholie de Théocrite (III, 21.122, 16, Wendel) (voir *supra*, p. XIII). Hiéronymos de Rhodes écrivit au IIIe siècle un Περὶ μέθης. Nous n'avons aucune autre allusion certaine aux *Banquets* de Speusippe, le successeur de Platon à la tête de l'Académie (son Περίδειπνον que mentionne Diogène Laërce III,2, 1 n'a aucun rapport avec les Συμπόσια), de Prytanis le Péripatéticien (IIIe s.) et de Dion d'Alexandrie (Ier s. ; celui-ci avait remarqué, selon Athénée 34 B, le goût des Égyptiens pour la boisson).

P. 15.

2. Ce sont là les deux moments du banquet : le repas, quand les tables n'ont pas été retirées, la beuverie, quand il ne reste plus que les coupes qui circulent.

3. A propos du verbe φιλολογηθέντων, d'ailleurs rare, Z. Abramowiczówna fait remarquer (*Kom.*, p. 15 = p. 230) qu'étant aussi le dernier mot du recueil, il caractérise bien l'esprit de ces « Propos ». Aussi bien est-ce le même sens à peu près — le sens large de : se comporter d'une manière qui convient à un philosophe — qu'il faut donner au verbe φιλοσοφεῖν de la première *Question*, ce que confirment la définition que Plutarque y donne de la philosophie (« un art de vivre », 613 B), le nom dont il y qualifie les « philosophes » (φιλολόγους, 613 D), et l'attitude qu'il leur assigne (613 F).

4. *Question* reprise par Macrobe VII, 1.

5. D'après *De tu. san.* 133 C, les maîtres de gymnastique proscrivent de la table les conversations sérieuses au nom de la santé : elles corrompraient la nourriture et provoqueraient des maux de tête (action que Plutarque, en cet endroit, admet pour la dialectique).

6. On sait que les femmes honnêtes étaient exclues des banquets également chez les Grecs (voir *Sept. sap. conv.*, où Mélissa et

Eumètis sont présentes, à titre exceptionnel, au début, mais se retirent quand la conversation devient plus libre). Aussi Plutarque approuve-t-il cet usage des Perses en *Conj. praec.* 140 B. On ne peut prétendre, en effet, en se référant à Hérodote V, 18, que les Perses associaient au contraire à leurs orgies même leurs épouses légitimes (voir à cet égard la note de Ph.-E. Legrand, p. 27).

7. Anecdote inconnue par ailleurs. — La musique et la comédie, surtout la Nouvelle, étaient en effet des divertissements courants aux banquets (cf. VII, 8).

P. 16.

1. Définition stoïcienne de la philosophie, particulièrement des Stoïciens postérieurs (Ier s. ap. J.-C.) (cf. P. Wendland, *Quaest. Musonianae*, Berlin, 1886, p. 12 et C. A. Brolèn, *De philosophia Senecae*, Upsala, 1880, p. 31). Son corollaire : ἔργῳ βεβαιοῦν [τὴν φιλοσοφίαν] ἃ διδάσκει λόγῳ (613 C) était une idée courante : *De Alex. Mag. fort.* 328 B, *Dio* 11, Platon, *Ép.* VII, 328 C.

2. Il s'agit de ceux qui, à Athènes, eurent pitié du meurtrier de Clytemnestre et le reçurent sous leur toit ; mais ils lui servirent les mets et les boissons sur une table à part, et le repas fut silencieux de part et d'autre (Euripide, *I. T.*, 940 sqq.). Phanodème (F. Jacoby, *F. Gr. Hist.* III B, 325, 11 = Athénée 474 C) et Apollodore (*id.* II B, 244, 133), qui citent, comme hôtes d'Oreste, le premier, Démophon, le second, Pandion, paraissent avoir suivi Euripide, puisqu'ils rattachent, comme lui, la fête des Conges à cet épisode. En 643 AB, Plutarque lui-même donne, d'après une bonne source, semble-t-il, les Démophontides comme les hôtes d'Oreste, et insiste, comme ici, sur le silence que s'imposèrent les convives. Mais alors, pourquoi ici le Thesmothéteion, ce bâtiment où se réunissaient à l'époque classique, pour leurs délibérations et leurs repas, les thesmothètes et, avec eux, dans certains cas, les autres archontes ? Plutarque a sans doute confondu le Thesmothéteion avec le local public qui a précédé le Prytanée de la démocratie. Il n'est pas impossible, cependant, qu'il faille placer la virgule après ἑστιῶντες et joindre ἐν τῷ Θεσμοθετείῳ ἀ σιωπῇ τρώγειν καὶ πίνειν, car les thesmothètes pouvaient encore exister, au moins nominalement, du temps de Plutarque ; il s'agirait alors d'une plaisanterie, peut-être devenue courante, sur la gravité légendaire de ces personnages anachroniques (voir encore en 657 C la remarque sur la sobriété des magistrats du Prytanée).

3. Car ce serait faire preuve, en admettant que nous soyons des ignorants, d'une nouvelle forme de sagesse, comme l'affirmaient Simonide et Héraclite (cf. 644 F). L'idée se retrouve, à peu près, en 716 D.

4. Dionysos était honoré sous le nom de Λύσιος à Thèbes, où la légende locale le mettait en rapport avec le souvenir d'une délivrance des Thébains, retenus prisonniers par les Thraces

(Pausanias IX, 16, 6), et aussi à Corinthe et à Sicyone (Pausanias II, 7, 6). Quant au surnom Λυαῖος, il est mentionné également, 680 B, *De ad. et am.* 68 D, et chez Athénée, 363 B. Les deux épithètes désignent un dieu qui délivre de l'égarement orgiastique (cf. 716 B, 654 F, *Sept. sap. conv.* 150 C), des soucis et des inquiétudes ; ces acceptions précises sont ici dépassées. — Les idées exprimées dans ce passage se retrouvent, 644 F, 707 E, 716 B, *De ad. et am.* 68 D, *Quaest. Rom.* 288 F (le vin fait parler) ; 716 DE (il faut inviter la philosophie à table).

P. 17.

1. Idée et expression familières à Plutarque : cf. 634 A, Platon, *Gorg.* 458 B.
2. Il est à peine besoin de dire qu'il s'agit ici des *Banquets* de Platon et de Xénophon.
3. La valeur mythologique s'est effacée dans ces expressions devenues courantes : Μοῦσαι désigne l'activité intellectuelle, comme Νύμφαι désigne l'eau et Dionysos le vin (cf. *Sept. sap. conv.* 147 F). L'idée que les hommes cultivés n'ont besoin d'aucun autre divertissement à table que leur conversation se retrouve en 660 B, 710 B, 713 D, *De cup. div.* 527 B ; elle avait déjà été formulée par Platon (*Prot.* 347 CD, *Conv.* 176 E).
4. Meilichios était le surnom de Dionysos à Naxos (Athénée 78 C). Χαριδότης est insolite pour ce dieu, mais se trouve déjà en variante chez Homère : χάρμα βροτοῖσιν (*Il.* XIV, 325) ; c'est le cri d'acclamation des Éphésiens pour Antoine-Dionysos faisant son entrée dans leur ville (*Ant.* 24, 3) (cf. encore Julien, *Cés.* 308 D). L'adverbe ὄντως prouve en tout cas que Plutarque sent les deux mots comme des épithètes cultuelles.
5. En grec, « consonne » se dit « muette », « voyelle » se dit « parlante ».
6. On apprenait à chanter et à parler à certains oiseaux, en vue de la distraction des convives. L'expression dédaigneuse νεῦρον καὶ ξύλον pour la cithare, dont on retrouverait l'équivalent en *Sept. sap. conv.* 150 E, provient sans doute de Zénon (H. Bolkestein, *op. c.*, p. 57), mais l'expression seulement, puisque Zénon admire les possibilités harmonieuses de cette matière inerte. Il ne faudrait pas croire, d'après ce passage, que Plutarque méprisait la musique en soi (cf. VII, 7 et 8) ; il pensait simplement qu'elle ne saurait se comparer à la philosophie.
7. Cette histoire ne nous est pas connue par ailleurs ; il semble qu'il faille la ranger dans la catégorie des apophtegmes inventés postérieurement et attribués à Pisistrate, dont nous avons d'autres exemples chez Plutarque (*De frat. am.* 480 DE, **Reg. et imp. apopht.* 189 B-D). Elle pourrait, dans ce cas, être due à l'étymologie : πεῖσαι-Πεισίστρατος (cf. Z. Abramowiczówna, *Kom.*, p. 28).
8. La même idée, en 710 DE.
9. C'est ce que montre notamment l'exemple de Socrate : *An seni resp. ger.* 796 D.

10. Cette affirmation de Platon, *Rsp.* 361 A, est devenue un des thèmes favoris de la philosophie de vulgarisation ; Plutarque la cite — tout aussi librement — deux autres fois : en *De ad. et am.* 50 E et en *De Herod. mal.* 854 E (où la phrase se poursuit par le même mouvement : ... ἀλλὰ καὶ κακοηθείας ἄκρας ...) ; sans doute l'emploi du génitif ἀδικίας ἐσχάτης, à la place du nominatif de Platon, lui a-t-il permis d'éviter un double hiatus (H. Bolkestein, *op. c.*, p. 57). Cf. encore Cicéron, *De off.* I, 41.

11. La même idée, en 713 BC. Cf. encore 620 D, 686 D, *Sept. sap. conv.* 156 D. Selon A. Hug (*RE*, s.v. Symposion-Literatur, col. 1276), cet aspect σπουδογέλοιον caractérise l'école cynique. Z. Abramowiczówna a fait remarquer (*Kom.*, p. 59) que dans les *Propos de Table* la σπουδή ne consiste guère en remarques morales, comme chez les Cyniques, mais généralement en simples φιλολογούμενα, et qu'elle y tient d'ailleurs une place bien plus grande que la παιδιά ou le γελοῖον.

P. 18.

2. Car ils ne nécessitent pas un grand effort de réflexion, et, par suite, favorisent la digestion : *De tu. san.* 133 E.

3. Il empêchera que le banquet ne dégénère en beuverie, voire en orgie de la plus basse espèce, comme il arrivait souvent. Sur ces mœurs fâcheuses, voir L. Robin, *Platon, le Banquet* (Coll. Univ. de France), *Notice*, p. XII-XVII.

4. Dioscoride IV, 60 ; 127 et Pline, *H.N.* XXV, 81 ; 107 citent cette propriété de la buglosse et de la verveine. D'après la description que Dioscoride fait de la première de ces plantes (ses feuilles touchent terre, elles sont piquantes, noirâtres et petites) et son nom, il est permis de l'identifier avec l'Anchusa Italica des botanistes, inconnue en France (J. Murr, *Die Planzenwelt in der Mythologie*, Innsbruck, 1890, p. 213). Mais nulle part il n'est question, dans le même sens, de l'adiante, dont notre « capillaire de Montpellier » est une variété (toutefois, dans un texte orphique (915, Abel), elle est citée presque en même temps que la verveine).

5. *Od.* IV, 220-64 : Hélène jette dans le vin des convives une drogue calmante, que lui avait offerte Polydamna d'Égypte, puis elle fait le long récit d'une aventure troyenne d'Ulysse. Cf., à ce propos, V. Bérard, *Od.*, p. 85, n. 220 : « l'Égypte fut la première patrie des médicaments sans nombre qui, par les Grecs et les Romains ou par les Arabes, sont entrés dans notre pharmacopée des simples », et le commentaire de G. Maspéro, rappelé également par V. Bérard, concernant le texte d'Hérodote II, 84 (*Histoire Ancienne* I, p. 216-20), sur le nombre et le savoir des médecins de la vieille Égypte : « ils avaient une certaine « pierre memphite » qui anesthésiait les chairs sur lesquelles elle était appliquée — tel le népenthès dont Hélène ici a le secret. » Plutarque interprète à sa façon (contrairement à *De aud. poet.* 19 E) ce passage homérique, en considérant que le népenthès n'est qu'une fiction symbo-

lisant le pouvoir calmant des mythes ou récits. L'expression ἐκπεριελθὼν ἀπ' Αἰγύπτου μακρὰν ὁδὸν εἰς λόγους... ἐτελεύτησεν paraît bien montrer qu'il s'agit d'une plaisanterie, qui sera pourtant prise au sérieux par Athénée (190 F) et par Eustathe (*Comment. ad Od.* 1493, 3-15).

6. *Od.* IV, 242 et 244 (Trad. V. Bérard).

P. 19.

2. En dehors des divertissements chorégraphiques ou autres, offerts par l'hôte et présentés par des gens de métier, les banquets comportaient souvent des danses exécutées par les buveurs eux-mêmes (Athénée 629 E, Lucien, *Salt.* 34).

4. La citation de Démocrite se trouve tout aussi brève chez Clément d'Alexandrie, *Strom.* I, 22. Le sens du vocable ἱμαντελικτέων — littéralement « enrouleurs de lanières » (« Riemendreher », Diels-Kranz, *Vorsokr.*, frg. 150) — nous est précisé par un passage du *De prof. in virt.* (80 B), où est exprimée la même idée que dans le présent passage, à peu près dans les mêmes termes, et qui ne peut être qu'un développement de ces expressions de Démocrite : des interlocuteurs s'y battent à coups de langue, comme des pugilistes se frappent de leurs poings gantés du ceste (ἱμάντες).

5. Idée qui revient fréquemment dans les *Propos de Table*: 643 B, 644 D, 660 B, 679 A, 697 D, 708 D, etc.

6. Les manuscrits dissimulent ici une lacune assez importante qu'une main postérieure a tenté de combler en ajoutant dans la marge de T, sans égard pour l'hiatus : οὐκ εὐωχουμένην ἔδειξεν. Les autres restitutions qui ont été proposées sont semblables.

7. L'expression est une sorte de jeu de mots : συμβολαί désignant la contribution d'un convive à l'approvisionnement d'un repas, celle du renard consista dans l'occasion qu'il fournit à la grue de se venger. Il s'agit évidemment de la fable, inattestée ailleurs en grec, qui devint « Le renard et la cigogne » de La Fontaine.

P. 20.

1. Une autre forme de ce dicton célèbre est : « Οὐδὲν πρὸς Διόνυσον ». Les explications que les Anciens en ont données sont toutes liées au problème des premiers développements de la tragédie (Zénobios V, 40 (Leutsch-Schneidewin, *Paroem. gr.* I, 137), la Souda, Photius (Leutsch, *Paroem. gr.* II, 584 : Apostolios XIII, 42)). Dans notre passage, il est mis en rapport avec le profond changement que Phrynichos et Eschyle firent subir à cette dernière dans le sens de la solennité — σεμνόν — et dont parle Aristote, *Poét.* 1449A 1-30 (la reprise du mot d'Aristote προαγόντων est significative) : les spectateurs, habitués à un théâtre beaucoup plus comique, rejetèrent comme indignes de Dionysos ces nouvelles formes de l'inspiration. Cf. Pickard - Cambridge,

Dithyramb, Tragedy and Comedy, Oxford, 1927, p. 117 ; 166-8 ; M. Pohlenz, Das Satyrspiel (*Nachr. der Gött. Gel. Ges.* 1927), p. 298-303.

2. Le plus fameux des sophismes de l'Antiquité, formulé par l'adroit raisonneur de l'école de Mégare qu'était Diodore Cronos, et rendu célèbre par les controverses qui mirent aux prises, à son sujet, les Stoïciens et les Académiciens, surtout Carnéade. Il a pour but de démontrer, contre la théorie aristotélicienne de l'ambiguïté de la puissance, la thèse de la détermination absolue, selon le schéma suivant : « Si quelque chose était possible qui n'est ni ne sera, un impossible résulterait d'un possible. Or un impossible ne peut résulter d'un possible. Donc rien n'est possible qui n'est ni ne sera. » Cf. P.-M. Schuhl, *Le Dominateur et les Possibles*, Paris, 1960. Il n'est pas étonnant que Plutarque ait cité une telle discussion comme le type des subtilités à proscrire de la table ; elle pourrait même, affirme-t-il en *De tu. san.* 133 BC, gâter le repas et donner la migraine.

3. La distribution des couronnes marquait le début de la deuxième partie du banquet (cf. 645 D, *Sept. sap. conv.* 159 D). Elles étaient faites du lierre consacré à Dionysos, parce que cette plante passait pour délivrer des vapeurs de l'ivresse (cf. 647 A). Sur les fonctions libératrices de Dionysos en général, voir *supra*, la note 4 pour la p. 16.

4. Bien que le scolie se caractérisât précisément par une grande liberté, on voit mal ce que Plutarque se représentait exactement par cette expression. La phrase nie, en substance, le caractère hermétique de la chanson en question pour n'en retenir, au contraire, que la difficulté technique.

5. Sur cette triple pratique de la παροίνιος ᾠδή des temps anciens, cf. F. Wehrli, *Die Schule des Aristoteles* I, Bâle, 1944, frg. 88 et p. 71. Au sujet du péan — pourtant d'habitude adressé à Apollon (cf. 743 C) et à Zeus — on se reportera à Platon, *Conv.* 176 A et à Xénophon, *Conv.* B I, et au sujet de l'exécution individuelle avec le rameau de myrte — auquel Plutarque est seul, avant Hésychius s.v., à donner son nom d'αἴσακος, apportant ainsi, semble-t-il, sa contribution personnelle au chapitre étymologique —, à Aristophane, *Nub.* 1364. A propos du scolion proprement dit, je rappellerai la remarque de Cicéron, *Tusc.* I, 4 : « Themistocles... cum in epulis recusaret lyram habitus est indoctior. » Le scolie avait en tout cas depuis longtemps disparu, au moins depuis l'époque de la Comédie Nouvelle d'après un fragment d'Antiphane (Kock, *Com. Att. Fr.* 85) ; la coutume paraissait même déjà surannée à la jeunesse blasée de l'époque de la sophistique (Aristophane, *Nub.* 1355-8).

6. Toutes les explications anciennes du nom de cette chanson de table sont fondées sur ce double sens de l'adjectif σκολιός et remontent à des théories péripatéticiennes ; la seconde que donne Plutarque correspond au fragment 125 (F. Wehrli, *op. c.* II, 1945) d'Aristoxène (cf. Z. Abramowiczówna, *Kom.*, p. 32-7 = p. 232-3,

où se trouvent résumées les principales conclusions des études consacrées à ce problème, et F. Wehrli, *op. c.* I, p. 69-70). W. Schmid leur substitue une suggestion bien hasardeuse (Schm.-Stählin, *Gesch. d. gr. Lit.* I.1, p. 348-50) : il faudrait partir de σχολή en admettant un changement phonétique attesté en ionien et en éolien ; le σκόλιον serait un « chant de loisir ». — Un parallèle en partie textuel du passage de Plutarque se trouve chez Clément d'Alexandrie, *Paed.* II, 44, 3.

P. 21.

1. Rien ne prouve qu'il faille voir dans ce récit la reprise d'une scène de comédie, comme le suggère Kock, *Com. Att. Fr.* III, p. 428, sous prétexte que Pollux VII, 46 nomme le costume de la Comédie Nouvelle εὐπάρυφος, et que l'on peut y découvrir des éléments de vers. C'est plutôt à un passage de *Sept. sap. conv.* (148 E-149 B) qu'il faut penser : on y voit Alexidèmos de Milet jouer, au banquet de Périandre, exactement le rôle que joue ici l'étranger vaniteux. Platon, d'autre part, avait déjà décrit en *Conv.* 212 D un convive introduit en somptueux atours, accompagné de nombreux esclaves ; de même Pétrone, *Cena Trimalc.* 65, 3. Il s'agit donc d'un lieu commun utilisé par les auteurs de *Banquets*. Voir aussi J. Martin, *Symp.*, p. 96-102, et *supra*, p. XVI-XVII.

2. C'est le dernier vers d'un groupe de quatre, fragment du *Cresphonte* d'Euripide, assez fréquemment cité par les auteurs anciens (cf. Nauck, *Trag. Graec. Fr.* 449), vers que les convives ivres galvaudent d'ailleurs ici : chez Euripide il s'agit en effet d'un mort qu'il faut enterrer sans pleurs, parce qu'il a trouvé la fin de ses maux.

3. Homère, *Il.* II, 554 : citation particulièrement artificielle.

P. 22.

1. Le même apophtegme du vainqueur de Persée, *Aem.* 28, 5 (cf. aussi **Reg. et imp. apopht.* 198 B).

2. *Il.* I, 16, 375 ; III, 236, etc.

3. « Vous », c'est-à-dire les Platoniciens. Cette cosmologie est en effet celle du *Timée*, notamment en 30 AB, dont l'expression même est toute semblable (sur le sens de l'appellation τὸν μέγαν θεόν, voir D. Babut, *Plutarque et le Stoïcisme*, p. 450). Cependant on peut admettre que Plutarque avait développé les mêmes idées dans le traité perdu Περὶ τοῦ γεγονέναι κατὰ Πλάτωνα τὸν κόσμον, qui porte le n° 66 du Catalogue de Lamprias ; l'adverbe που tendrait à le prouver (voir aussi 719 CD).

4. Les convives se parfumaient et se couronnaient après le δεῖπνον, quand les tables étaient desservies en vue du joyeux συμπόσιον. La joueuse de harpe était introduite plus tard, et son numéro faisait partie des divertissements variés auxquels on se livrait (voir *supra*, la note 2 pour la p. 19).

5. Souvenir, peut-être, de l'« État de pourceaux » dont parle Platon, *Rsp.* 372 D.

6. La προεδρία est souvent mentionnée dans les décrets honorifiques (voir l'index de *Syllogè*[3]). Quant à la seconde de ces priorités, Z. Abramowiczówna pense (*Kom.*, p. 40) qu'elle existait dans les chœurs, d'après Hésychius et par référence à 678 D, où précisément le banquet est comparé à un chœur. En réalité, il y a simplement jeu de mots de la part de Plutarque : voulant opposer la place couchée à table à la proédrie, il ajoute la positiondebout, comme une pratique courante.

7. Ce proverbe, fréquemment cité par les auteurs de basse époque (cf. Leutsch-Schneidewin, *Paroem. gr.* I, 122, 445) n'était déjà pas clair aux Anciens, du moins en ce qui concerne son origine. Strabon X, 487, voit celle-ci dans la légende, née peut-être à cause des tremblements de terre et des rochers gigantesques de l'île, d'après laquelle les derniers géants tués par Héraklès y seraient ensevelis. Lucien, *D. mort.* I, 3, y voit une allusion à la calvitie proverbiale de ses habitants. Z. Abramowiczówna pense au nom même de l'île, lequel a aussi la forme ἡ Μύκων (Tzetzes, ad Lycophr. 402), terme qu'Hésychius définit : σωρός, θημών (*Kom.*, p. 42 = p. 233). Le proverbe avait un sens péjoratif, en rapport avec les railleries que les Myconiens subissaient de la part des Athéniens, qui regardaient avec dédain les petites îles et s'en moquaient dans leurs comédies.

P. 23.

1. Bias de Priène, dont le nom figure toujours dans la liste des sept Sages, passait pour le type du juge équitable et perspicace. Plutarque fait ici allusion à un de ses apophtegmes les plus célèbres, qui nous est conservé notamment par Diogène Laërce I, 5, 87 et le *Gnomologium Vaticanum*, 150 (cf. L. Sternbach, De Gnomol. Vatic. ined. (*Wien. Stud.* X, 1887), p. 33) : « Il est plus difficile d'arbitrer un différend entre deux de ses amis qu'entre deux de ses ennemis, car dans le premier cas on se fait un ennemi, dans le deuxième, un ami. »

2. Le sens exact et le contexte du vers de l'*Iliade* II, 408 sont altérés dans la mémoire de Plutarque. Car, si ce vers d'Homère fut bien à l'origine d'un proverbe de ce genre, celui-ci n'avait nullement le sens péjoratif que lui prête ici Plutarque. Il semble que ce soit le souvenir d'un passage de Platon (*Conv.* 174 C) qui ait contribué à déformer ainsi le texte homérique dans l'esprit de Plutarque et que nous soyons en présence d'une de ces superpositions de réminiscences si fréquentes chez lui. S'il n'a point commis cette méprise en 706 F, où il cite le même vers, c'est qu'il a dû relire entre temps le passage homérique. Cf. F. Fuhrmann, A propos d'un passage des Moralia (*REG* LXVI, 1953, p. 89).

3. Particulièrement le troisième *Livre*, qui traite de l'argumentation comparative. La forme du titre employée fournit d'ailleurs un jeu de mots.

4. Cet ouvrage du rhéteur Thrasymaque de Chalcédoine est inconnu par ailleurs ; le sens général du passage de Plutarque (Diels-Kranz, *Vorsokr.* II, p. 325) permet de l'imaginer comme un recueil de τόποι, d'exemples de comparaisons rhétoriques, pouvant servir à prouver la supériorité d'une personne ou d'une chose.

P. 24.

4. Le διαιτητής est un arbitre librement choisi ou — quand il s'agit d'une fonction officielle — désigné par le sort ; il doit mettre d'accord, par des arrangements à l'amiable, deux adversaires. Le κριτής doit apporter une décision, déterminer laquelle des deux parties a tort, laquelle a raison. En réalité, l'affirmation de Plutarque — l'interlocuteur — est inexacte : c'est justement sa *décision* (κριτήν σε πεποιήμεθα, 615 E) que voulaient les deux antagonistes. Lamprias, lui, appellera son frère simplement : ληροῦντα δικαστήν (617 F).

5. Image d'allure proverbiale (cf. 645 E, *De def. orac.* 413 EF). Φιλοσοφοῦντες, qui a paru à certains difficilement acceptable, a été défendu par Pohlenz comme étant en rapport avec le mot ἀδιαφορίας, terme précisément de la langue stoïcienne : Plutarque aurait plaisamment qualifié un hôte indifférent au placement de ses invités (la phrase suivante prouve que le fait était rare) de philosophe (stoïcien, naturellement !). Je l'ai conservé pour une autre raison : le groupe μετὰ πολλῆς ἀδιαφορίας constitue un véritable pléonasme, donnant d'ailleurs, de par sa place insolite, une nette impression d'ajout ; et je crois en effet qu'il s'agit d'une glose insérée dans le texte. Le glossateur aura voulu expliquer le sens du terme φιλοσοφοῦντες, assez inattendu, il faut l'avouer, donnant ainsi une preuve de son authenticité.

6. Ces mots sont en réalité d'Hector (Homère, *Il.* VIII, 162) et de Sarpédon, le roi des Lyciens (*id.* XII, 311). Sans doute Plutarque avait-il dans la mémoire des vers semblables prononcés par Agamemnon (*id.* IV, 345 sqq.). Pour ce genre de confusion, voir 630 E (note 3, p. 65), 741 F et 742 C. La citation est, au reste, fort mal adaptée au contexte.

P. 25.

1. Homère, *Od.* VII, 169-70. Nouvelle inadvertance : chez Homère, ce jeune homme s'appelle Laodamas.

2. Homère, *Il.* XX, 15.

3. *Id.* XXIV, 100.

4. Fragment d'un groupe isolé ("ΑΔΗΛΑ IV, 28, Puech ; 146, Snell) cité par Aristide II, 305, 21, Keil, dont le participe final représente une adaptation libre. Il est curieux qu'il soit reproduit par le scholiaste précisément à propos du vers de l'*Iliade* que Plutarque vient lui-même de citer.

P. 26.

3. Le texte des manuscrits présente, outre l'inattendu verbe simple ἦ et le moyen ἀράμενος, jamais attesté comme tel dans le sens de « grandir, exalter, élever », une extraordinaire rupture de construction. Aussi me semble-t-il étonnant que personne n'ait pensé à y apporter des corrections, sauf peut-être ce lecteur ancien qui transforma, dans le manuscrit T, ἀράμενος en ἀραμένοις *(sic)*.

4. *Il.* XXIII, 534 sqq. En réalité, Achille donne à titre de consolation le second prix à Eumèlos, avant la dispute entre Ménélas et Antiloque.

5. L'expression θέαν κατανέμειν paraît avoir été officielle pour l'attribution des places d'honneur au théâtre, à en juger par Démosthène, *Cor.* 28 et Eschine, *Amb.* 55.

P. 27.

2. Si le pin était l'arbre prédominant parmi la médiocre végétation de l'isthme de Corinthe (Strabon VIII, 6, 22), on ne voit nulle part qu'une valeur spéciale lui ait été attachée. Sans doute faut-il penser ici à V, 3, où Plutarque nous apprend que les vainqueurs des jeux isthmiques étaient couronnés de branches de pin. C'était l'arbre qui servait par excellence à la construction des navires. A côté de lui, était employé parfois le cyprès. Couvrant les pentes de l'Ida, il participait en quelque sorte à la gloire de la montagne qui avait vu naître Zeus.

3. Dans un fragment d'origine incertaine cité par Dion de Pruse, *Or.* XII, 81, 2, peut-être d'un péan pour le Zeus de Dodone (frg. 57, Snell; frg. 13, Puech). Plutarque cite cette épithète trois autres fois : *De sera num.* 550 A, *Praec. ger. reip.* 807 C et *De com. not.* 1065 E. -Ἡμῶν ὁ Πίνδαρος : Pindare était Béotien, comme la famille de Lamprias. D'après le catalogue dit « de Lamprias », Plutarque avait écrit une *Vie* du poète.

4. Diels-Kranz, *Vorsokr.* I, frg. 76.

5. La même idée de la juste répartition des éléments dans le monde, avec plus de détails et avec la citation des mêmes vers d'Empédocle (Diels-Kranz, *Vorsokr.*, frg. B 76), inconnus par ailleurs, se trouve en *De facie* 927 F. De la confrontation des deux textes il résulte que le « feu » doit représenter pour Plutarque la température de l'organisme (cf. Z. Abramowiczówna, *Kom.*, p. 48-9).

6. On sait qu'Épaminondas inventa la λοξὴ φάλαγξ, la ligne oblique. Ses capacités de tacticien servent aussi de terme de comparaison en 680 B, à propos du confort des places à table.

P. 28.

1. Pamménès est un des plus illustres Thébains, ami et partisan d'Épaminondas, et, après la mort de ce dernier, principal chef de guerre de Thèbes. Plutarque a rapporté deux autres fois (*Pél.* 18, 2 et *Amat.* 761 B) cette critique de Pamménès concernant la tactique

de Nestor (*Il.* II, 362-3). De fait, la disposition du combattant préconisée ici par Pamménès était, au dire de certains, celle du « bataillon sacré » (voir à ce propos tout le chapitre 18 de *Pél.* et Winckelmann, édition de l'*Amatorius*, à propos de 761 B).

2. Ce qui paraît si évident à Lamprias le serait beaucoup moins en réalité ; Florus soutient d'ailleurs le contraire en 709 AB (cf. encore 679 C) ; et Aristote, discutant de la nature de l'amitié (*Nic.* VIII, 1155), rapporte, sans prendre parti, les deux opinions : les opposés s'attirent (Euripide, Héraclite) — les semblables se recherchent (Empédocle). D'ailleurs, Lamprias reconnaît lui-même que certaines catégories d'êtres ont le tempérament grégaire. En fait, tout ce passage ne constitue, comme le fait remarquer Z. Abramowiczówna, *Kom.*, p. 51 = p. 234, qu'une jonglerie littéraire : des oppositions schématiques de types dépourvus de toute réalité (voir en particulier φίλῳ φίλον !).

3. Il est impossible de rendre en français le premier préverbe ὑπο-, qui indique chaque fois une sorte de supériorité — celle de la parole, qu'elle soit bonne ou mauvaise — du personnage premier nommé.

4. Cette image provient sans doute du *Banquet* de Platon, 175 D, où Socrate l'emploie, avec plus de pittoresque précision, à propos de la sagesse, que les hommes devraient pouvoir se communiquer.

5. Hésiode, *O.* 26.

6. Pour l'établissement de ce texte corrompu (l'expression ἔπος παρ' ἔπος est quasi certaine, d'après le vers 1375 des *Nuées* d'Aristophane), je me suis rallié à la conjecture de Bernardakis, en me fondant sur le caractère de Lamprias : gai, aimant l'ironie plaisante, celui-ci a très bien pu désigner à ses interlocuteurs, en disant ces mots, les deux hommes qui faisaient bande à part et se livraient à une discussion animée. — Ou alors fallait-il, d'une manière toute différente, conserver au moins le mot ζωπυρίων des manuscrits, en le considérant comme le nom d'un autre personnage, à savoir la « grammatiste » qui assiste à la fête des Muses, racontée dans le neuvième *Livre* (738 F-739 B) ? — Sur Sosiclès de Coronée, voir *supra*, p. 56-7. Avec Modestus, il pourrait s'agir du grammairien latin Aufidius Modestus, cité dans un manuscrit des *Géorgiques* de Virgile et dont Plutarque rapporte une répartie en 632 A.

P. 29.

1. « Le geai perche à côté du geai » était un proverbe, cité en **De plac. philos.* 902 D et par Aristote, *Rhét.* 1371 B 17 ; *Nic.* 1155 A 34. — 709 AB présente un développement semblable à propos des rapports entre les invités et l'hôte.

2. Fragment cité encore en *De prof. in virt.* 77 C (Nauck, *Trag. Gr. Fr.* 757), autrement inconnu. C'est d'après ce passage-là, où Walckenaer a justement corrigé παιδικῶν en παιδικοῦ — et qui

concerne d'ailleurs l'amour naissant de... la philosophie — qu'il faut introduire ici παιδικοῦ.

3. C'est-à-dire la première du premier lit. On peut inférer de ce passage que les lits de table des Grecs étaient également disposés en fer à cheval, ce que confirment d'ailleurs d'autres témoignages. De plus, chez les Grecs, comme chez les Romains, la place voisine de celle du maître de maison était aussi particulièrement prisée (cf. Platon, *Conv.* 222 E, Théophraste, *Char.* 21). Toutefois, la *Question* précédente a montré (cf. encore Platon, *Conv.* 175 A) que chez eux l'usage d'assigner les places n'était pas rigoureux ; c'est précisément sous l'influence des Romains qu'il s'est répandu.

4. A Rome, l'usage du triclinium à angles droits avait, dès la fin de la république, fait place à celui du canapé rond, le « sigma ». D'ailleurs la disposition décrite ici, assez fréquemment reproduite aussi par les peintures et mosaïques, n'est pas tout à fait celle que l'on rencontre le plus souvent à Pompéï, par exemple, où les « lecti » ne laissent pas d'angle libre et où la première place de chaque lit est la plus proche de la table. Cf. H. Blümner, *Römische Privataltertümer*, Munich, 1911, p. 387-9.

P. 30.

1. C'est en 379 que fut tué par Pélopidas et ses amis démocrates le polémarque pro-lacédémonien Archias, après avoir refusé de prendre connaissance de l'importante communication qu'on lui faisait, et qui n'était autre que la dénonciation des conspirateurs. Pour ce traître, Plutarque, d'ailleurs admirateur des Romains, ne pouvait avoir que du mépris. Il rapporte encore l'anecdote en *De gen. Socr.* 596 F et en *Pél.* 10 ; de même Cornélius Népos, en *Vie de Pél.* 3. La réflexion d'Archias était devenue proverbiale. Quant à la coupe dite θηρίκλειος, d'après le céramiste Thériclès de Corinthe, contemporain d'Aristophane (cf. Athénée 470 E), elle reste pour nous de forme inconnue.

P. 31.

1. Il ne peut s'agir de la simple couronne du banquet, puisque tous les convives la portaient. Sans doute est-ce une référence à ce qui était l'attribut principal ou même l'insigne des fonctions officielles de Plutarque : archonte éponyme à Chéronée (où paraît devoir être situé ce banquet) et, comme tel, préposé aux sacrifices (cf. 642 EF et 693 EF) — et prêtre à Delphes (cf. *An seni resp.* 792 F).

2. La coutume de la présidence aux banquets était pourtant bien vivante au temps de Plutarque en Grèce et à Rome, qui l'avait copiée des Grecs (cf. Lucien, *Salt.* 4, Varron (Nonius 142, 8), Horace, *Od.* I, 4, 18 ; II, 7, 25). Il faut croire que la Béotie s'était singularisée à cet égard.

3. Comme Alcibiade, dans le *Banquet* de Platon : en général, c'était au moyen des dés ou des osselets que l'on tirait au sort.

4. *Rsp.* 412 C : ἐπειδὴ φυλάκων αὐτούς (= τούς ἄρχοντας) ἀρίστους δεῖ εἶναι, ἄρ'οὐ φυλακικωτάτους πόλεως ; La citation est inexacte.

P. 32.

1. En 645 A et 715 D est expliquée la différence entre la saine gaîté du buveur raisonnable et les excès de l'ivrogne.

2. Le même propos est rapporté en *Artax.* 6 et en **Reg. et imp. apopht.* 173 E. La résistance à la boisson devait être, en effet, spécialement prisée des Perses, puisqu'elle était même représentée sur le tombeau de Darius.

3. Le même apophtegme se trouve en *Praec. ger. reip.* 813 E et en **Reg. et imp. apopht.* 186 C.

4. Le vin contribue à adoucir les caractères : 712 B, dans un contexte semblable, et *Sept. sap. conv.* 156 D ; cf. Platon, *Leg.* 666 B. Juste avant cette affirmation, l'image du vin de qualité est assez mal venue. Le terme ἀστεῖον, pour ce dernier, est d'ailleurs insolite : il désigne d'habitude simplement le vin ordinaire par opposition au vin « jeune » (cf. 656 A).

5. Plutarque rapporte encore en *De ad. et am.* 69 A ce trait du spartiate Cléarque, principal officier de l'armée de Cyrus (Xénophon, *An.* II, 6, 11).

6. Bien que la pratique ordinaire ait dû être différente — ce qui explique peut-être la surprenante épithète βασιλικοὶ et poussa certains philologues, qui comprenaient en outre d'une manière erronée le parallélisme formel des deux termes du diptique de la phrase, à modifier le texte dans ce sens (voir l'apparat critique) —, il s'agit bien ici de l'accommodation du vin aux différentes sortes d'eau. H. Bolkestein a justifié cette interprétation, *op. c.*, p. 72-4, et, en complément, je rappellerai, pour ma part, la théorie hippocratique des qualités des eaux (*Aër.* VII-IX).

P. 33.

2. La même idée, 643 C et *De tu. san.* 132 B.

3. Les deux dernières constatations (cf. 714 E : pour des buveurs, la position couchée est préférable parce qu'elle maintient le corps dans l'immobilité) sont commentées par Aristote, **Probl.* 873 A ; il semble cependant, d'après 677 F, que certains physiologues enseignaient le contraire. L'explication de la première, qui paraît avoir été couramment admise dans l'Antiquité (cf. *Geoponica* VII, 34, 2), est donnée en III, 3 : c'est la sécheresse du corps des vieillards.

4. Image empruntée presque mot-à-mot à Platon, *Leg.* 746 A, courante d'ailleurs (cf. Cicéron, *De or.* 2, 123 et *Or.* 7 ; Platon, *Rsp.* 361 D, 540 C, 588 D).

P. 34.

1. Plutarque déteste les réunions où l'on se livre à des joutes oratoires comme dans les assemblées publiques : 713 F.

2. Plutarque méprisait le jeu de dés : cf. τὰ αἰσχρά, *De vit. pud.* 530 F.

3. Le terme μίμοις peut difficilement désigner tous les comédiens, car dans la huitième *Question* du septième *Livre*, consacrée précisément aux divertissements de table, les représentations de Ménandre sont recommandées, si la tragédie et la Comédie Ancienne sont rejetées. Quoi qu'il en soit, les bouffons et les danseurs représentent respectivement la « scène » (σκηνήν) et l'« orchestre » (θυμέλην), évoquées dans la phrase précédente selon la distinction ancienne — mais fréquemment disparue dans les textes tardifs par suite de l'évolution matérielle du théâtre — entre la partie réservée à l'art dramatique proprement dit et celle qui est réservée à la démonstration chorégraphique, musicale, oratoire ou poétique (cf. F. Robert, *Thymélè*, Paris, 1939, p. 289-92). Peut-être Plutarque songe-t-il aux intermèdes du *Banquet* de Xénophon.

4. Sur l'orthographe de ce nom, voir H. Bolkestein, *op. c.*, p. 76.

5. Chacun connaît cette histoire célèbre. En *Alcib.* 19, 1, Plutarque nous dit que « Théodoros jouait le rôle du héraut (κῆρυξ), Poulytion, celui du dadouque, Alcibiade, celui du hiérophante », rôles qui représentaient trois degrés de la hiérarchie supérieure d'Éleusis. Théodoros est également cité par Andocide, *Myst.* I, 35 parmi ceux qui furent dénoncés par Teucros au procès des Hermocopides.

6. Tel doit être le souci du symposiarque, selon Platon, *Leg.* 640 CD.

7. L'image, pour ne pas dire le jeu de mots, qui est déjà dans ἄκρατον, est appropriée au sens du passage, un peu trop facilement à notre gré.

8. La comparaison reflète la crainte antique devant l'éloignement du littoral : cf. Cicéron, *Att.* XIV, 13, 1 ; Pline, *Lettres* I, 96 ; Rutil. Namatianus, *De reditu suo*.

P. 35.

1. Ce distique élégiaque (Diehl, *Anth. Lyr. Gr.* I, p. 136) est encore cité en *De aud.* 44 E, *De frat. am.* 485 A, et par Athénée, 97 D. — La quarantaine est une variété de giroflée (Théophraste, *H.P.* VI, 8, 1, Dioscoride III, 123).

2. L'absorption de cette plante passait pour provoquer la déraison (Dioscoride IV, 68, 2).

3. « L'*ascoliasmos* était un concours entre les jeunes gens qui rivalisaient à qui tiendrait le plus longtemps en équilibre sur une outre pleine de vin, et préalablement huilée ; l'outre et son contenu appartenaient au vainqueur. Ce jeu était pratiqué notamment lors de certaines fêtes rustiques en l'honneur de Dionysos. » (R. Flacelière, *La vie quot. en Grèce au s. de Périclès*,

Paris, 1959, p. 225). Cf. encore H. Jeanmaire, *Dionysos*, Paris, 1951, p. 42 ; W. Deonna, Un divertissement de table (*Latomus* XL, 1959, p. 31).

4. Il ne peut guère s'agir que du philosophe cité dans l'*Index* de Philodème (cf. Jacoby, *Fr. Gr. Hist.* II B, p. 1033), et dont la mort paraît se situer en 168-7 av. J.-C.

5. Cette citation de l'*Antiope* d'Euripide (Nauck, *Trag. Gr. Fr.*, 183) est répétée en 630 B, *De garrul.* 514 A et, librement adaptée, en *De aud.* 43 B, chaque fois avec ce même contexte ou du moins avec un contexte très voisin. Plutarque s'est approprié la tournure αὐτὸς αὑτοῦ + superlatif et l'utilise volontiers comme atticisme (cf., ci-dessous, 622 E ; B. Weissenberger, *Die Sprache Plut.*, Straubing, 1896, p. 8). La leçon τυγχάνῃ pour τυγχάνει que présentent certains manuscrits de 514 A a été justifiée par C. Hubert, et, plus longuement, par H. Bolkestein, *op. c.*, p. 80.

6. Tous les auteurs qui mentionnent ce fait le rapportent aux rois perses (Théophraste, frg. 125, Wimmer, la source probable de Plutarque (ou Sosibios : Athénée 144 E) ; Cléarque, frg. 51 A, 51 D, F. Wehrli, *Die Schule des Aristoteles* III (1969) ; Aristoxène, frg. 50, *id.* II), et nommément à Darius (Cléarque, frg. 50, *l. c.*) ou à Xerxès (Cicéron, *Tusc.* 5, 20 ; Valère-Maxime 9, 1). Une autre trace de confusion entre l'Assyrie et la Perse se trouve en *De facie* 935 B.

P. 36.

2. Philoxène de Cythère, le poète dithyrambique mort en 380. Ce vers de son Κύκλωψ ἢ Γαλατεία (Page, *Poet. Mel. Gr.*, p. 427) est appliqué en *Amat.* 762 F à ... Sappho.

3. *Conv.* 203 D et *Tim.* 69 D. Les idées développées dans ces lignes sont exprimées également, parfois dans les mêmes termes, *Amat.* 760 ED, 762 BC (cf. encore Platon, *Conv.* 179 A). On trouvera le même éloge de l'amour, avec une exagération toute rhétorique, chez Maxime de Tyr XX, 2, Hobein.

P. 37.

2. Aristote, **Probl.* 953 B 30, met en rapport ivresse et excitation aphrodisiaque, en leur attribuant les mêmes effets physiologiques fondés sur l'échauffement.

3. Les mêmes idées sont pareillement illustrées en 715 DE ; cf. aussi *De def. orac.* 432 E et le frg. 130, Sandbach. L'affirmation concernant Eschyle provient de Chamailéon (Athénée 22 A, 428 F-429 A).

4. Hérodote I, 8 sqq.

5. L'équitation et les combats de coqs étaient, avec les combats de cailles, parmi les sports favoris de la jeunesse grecque. De nombreuses scènes peintes sur des vases confirment que ces présents étaient généralement en rapport avec la pédérastie. Cf. K. Schneider, *RE*, s. v. Hahnenkämpfe, col. *2214-5*.

6. L'ouvrage de Théophraste sur la musique nous est inconnu par ailleurs. — Cette théorie (frg. 90, Wimmer) est peut-être sous-jacente en *De Pyth. orac.* 405 E.

P. 38.

2. *Dithyrambes*, frg. 2, Puech; II, 13, Snell : « Ce mouvement est un de ceux que l'art antique reproduit souvent dans les scènes dionysiaques » (Puech, *l. c.*). Vers cité également en 706 E et en *De def. orac.* 417 C. Son transfert à l'intérieur de notre passage et la correction ὀρίνεται (voir l'apparat critique) sont justifiés par Z. Abramowiczówna, *Kom.*, p. 75-6 = p. 236.

P. 39.

2. Thèse paradoxale, reprise par Plutarque, admirateur d'Alexandre, en *Alex.* 23, 1. L'ivrognerie du roi des Macédoniens était en effet proverbiale : Plutarque lui-même le confirme en *Alex.* 4, 4.

3. Il s'agit du journal rédigé par les compagnons du roi de Macédoine, Eumène de Cardie et Diodote d'Érythrée. Athénée 434 B s'y réfère dans le même sens, de même qu'Élien, *V. H.* III, 23, qui rapporte de façon détaillée certaines beuveries d'Alexandre.

4. Que le vin réfrène les ardeurs aphrodisiaques est répété en 652 D et, probablement d'après la même source, par Athénée 434 F - 435 A. Les explications du phénomène étaient diverses. Ici paraît être admise celle que nous lisons chez Aristote, **Probl.* 872 B 15, 875 B 39, **Probl. ined.* II, 7 : le vin, en réchauffant tout le corps, rend impossible l'échauffement local nécessaire ; ou bien : l'échauffement provoqué par le vin monte, laissant plus froide la partie inférieure du corps. Selon 652 D, le vin aurait au contraire par nature une action réfrigérante. (Remarquons d'ailleurs que dans un autre *problème* du corpus aristotélien (953 B 30) est professée l'opinion opposée, à savoir que le vin favorise le désir sexuel.) — Sur la froideur en amour d'Alexandre, ou du moins sur son abstinence, comparer *De Alex. Mag. fort.* 338 D et *Alex.* 4, 22.

5. Voir *supra*, p. XII.

6. La question des plantes odoriférantes, en rapport avec la coction des liquides, est traitée par Théophraste en *C. P.* VI, 16-8 ; la cannelle et l'encens y sont nommés plusieurs fois. Cf. encore Aristote, **Probl.* 906 B 12 sqq.

P. 40.

1. Callisthène d'Olynthe, neveu et disciple d'Aristote, historien de profession et philosophe, suivit Alexandre, mais se signala bientôt par son attitude d'opposition. Selon *Alex.* 53, 2, il détestait surtout la flatterie qui régnait aux repas du roi. Cette anecdote de

la coupe se retrouve, *De coh. ira* 454 E. Athénée 434 D en nomme les sources : Lynkeus de Samos (c'est-à-dire les 'Ἀπομνημονεύματα de celui-ci) et les deux historiographes d'Alexandre, Aristobule et Charès. Callisthène finit par passer pour un conspirateur et fut exécuté, après avoir commencé d'écrire une *Histoire d'Alexandre*.

2. Le fait a été rapporté par Nicolas de Damas, dans son *Histoire Universelle* (Athénée, 415 E). — Sur les compétitions de ce genre, voir O. Reisch, *RE*, s. v. Agones, col. 837.

3. Mithridate a été appelé « le nouveau Dionysos » par Posidonios d'Apamée (Athénée, 212 D), et le surnom est confirmé par Appien, *Mithr.* 10, Dion de Pruse XXXVII, 6, Cicéron, *Pro Flacco* 60.

4. Dionysos fut épargné dans le sein de sa mère Sémélè, qui tomba foudroyée devant Zeus. — En 665 B, un des interlocuteurs rapporte un événement personnel semblable et provoque la discussion sur ce thème : ce serait un fait général et reconnu que les personnes endormies sont épargnées par la foudre ; il s'expliquerait par la lâcheté des tissus du corps, pendant le sommeil (665 E-666 D).

5. Personnage inconnu par ailleurs, si ce n'est qu'Élien le cite également parmi les grands buveurs (*V. H.* XII, 26), peut-être le fils de celui dont parle Pausanias V, 21, 13. Pour ce qui est de la forme Ἡρακλοῦν, l'inscription de Syma *IG* XII, 3, 21 de même que certains papyri prouvent qu'il s'agit d'un nom féminin (cf. H. Bolkestein, *op. c.*, p. 90).

P. 41.

1. L'histoire de ce médecin (rapportée également par Athénée 52 D) avait sans doute été inventée ou divulguée pour illustrer l'enseignement des physiologues sur l'amande amère, enseignement dont la suite du texte va nous apporter un échantillon.

P. 42.

2. La première de ces explications sur l'action des amandes amères est donnée par Dioscoride I, 33, 2 ; 123, 2 et par Pline, *H.N.* XXIII, 145, qui d'ailleurs citent également l'exemple des renards. Plutarque se rallie à la seconde explication parce qu'il la pense appuyée sur l'autorité de Platon ; car, si le passage du *Timée*, 65 C-66 C, auquel il se réfère, traite une question sensiblement différente, il est possible tout de même d'en tirer à peu près l'idée retenue par Plutarque (cf. A. E. Taylor, *A commentary on Plat. Tim.*, Oxford, 1928, p. 465-7, ainsi que 688 B, où il est affirmé que les aliments de saveur agréable ou piquante désobstruent et nettoient les pores). Cette action des amandes amères devait être souvent citée comme un exemple d'antipathie naturelle (Th. Weidlich, *Die Sympathie in der antiken Literatur*, p. 53-8).

4. Argument donné par Aristote, **Probl. ined.* II, 36, et qui correspond d'ailleurs à son enseignement sur la chaleur du vin et le refroidissement dû à la vieillesse (**Probl.* 953 B 30. Ce problème a précisément été utilisé par Plutarque pour un passage de la *Vie de Lysandre* : J. Croissant, *Aristote et les Mystères*, p. 76-7). Il sera répété par Clément d'Alexandrie, *Paed.* II, 22, 3, Eustathe 640, 54 et par le scholiaste pour *Il.* VII, 265.

P. 43.

1. Cf. 666 AB, sur l'affaiblissement du souffle vital pendant le sommeil, et aussi 642 C. — Quant à l'image de la trempe, elle pourrait être due à une réminiscence stoïcienne : *De pr. frig.* 946 C : οἱ δὲ Στωικοὶ καὶ τὸ πνεῦμα λέγουσιν ἐν τοῖς σώμασι τῶν βρεφῶν τῇ περιψύξει στομοῦσθαι...

P. 45.

1. Le péripatéticien de Rhodes, qui vécut à Athènes au IIIe siècle, et que Plutarque cite dans le Prologue parmi les auteurs de *Banquets* ; on ne peut savoir s'il écrivit un livre spécial sur la vision ou s'il traita ce problème dans son Περὶ ἐποχῆς. Lamprias, le disciple d'Aristote, se réfère donc naturellement à lui ; mais c'est pour exposer la théorie... atomiste des Épicuriens. Aussi la suggestion de Z. Abramowiczówna, *Kom.*, p. 97 = p. 238, pourrait-elle bien être valable : la mutilation du texte serait très importante et la théorie épicurienne serait exposée par un autre personnage, en réponse à l'intervention de Lamprias.

3. *Tim.* 45 C. Des allusions à la même théorie se trouvent en *Rsp.* 507 DE, 508 D, *Men.* 76 D, *Theaet.* 156 D et, chez Plutarque, en *De E ap. Delph.* 390 B, *De def. orac.* 433 D, 436 CD, *De facie* 921 DE.

P. 46.

1. Après l'imprécision du vocabulaire (ἓν σῶμα = μίαν δύναμιν), voici maintenant l'obscurité dans la pensée même : car Plutarque paraît confondre deux des trois éléments nécessaires, selon Platon, au phénomène de la vision : la lumière ambiante et celle qui émane des objets. Comment, en effet, l'éloignement de ces derniers pourrait-il affaiblir la première ? Et si pourtant c'était vrai, les vieillards ne devraient-ils pas, tout comme les animaux nocturnes, mieux voir la nuit ?

2. Ce problème est traité, avec une autre solution d'ailleurs, par Ps.-Alexandre d'Aphrodise (C. Ideler, *Phys. et med. gr. min.* I, 1, 68).

3. Sur les quatre théories de la vision évoquées ou développées dans cette *Question*, voir *supra*, p. 11-2. Les savants de l'Antiquité en avaient imaginé d'autres : la compilation **De plac. philos.*, que Plutarque devait avoir dans sa bibliothèque, résume en outre,

en 901 B, celles d'Empédocle et d'Hipparque, l'astronome nicéen du IIe siècle (chez ce dernier se trouve notamment la comparaison des rayons avec les mains : voir 626 A). Pour les Stoïciens c'était une affaire de tension de l'air intermédiaire.

4. *Question* reprise par Macrobe VII, 13, 18-27.

P. 47.

3. Frg. 217, Rose. Cf. *Quaest. phys.* 911 D, et Aristote, *Météor.* 359 A 5, **Probl.* 933 A 9-17.

4. Ce sont les deux principaux ingrédients utilisés par les Anciens pour la lessive. Νίτρον désigne, non pas le nitre ou salpêtre, « substance presque inconnue dans l'antiquité, et qui apparaît seulement à partir du VIe siècle à Constantinople » (M. Berthelot, *Introduction à l'étude de la chimie des Anciens et du Moyen Age*, Paris, 1889, p. 263), mais les sels alcalins, comme le carbonate de soude, dont le meilleur venait de Calastra sur le golfe Thermaïque et dont une variété courante était produite en abondance en Égypte (Pline, *H.N.* XXXI, 106, Strabon XVII, 803), et le carbonate de potasse ; cependant, Plutarque ignore tout de leur action chimique.

5. Ce mélange ne donne que de la boue : faudrait-il traduire par « sable » ?

6. D'après Macrobe VII, 13,22, il est possible de restituer à peu près le sens du passage mutilé : « Donc l'épaisseur de l'eau de mer n'empêcherait nullement qu'on s'en serve pour le nettoyage ; et cela d'autant moins qu'elle s'accompagne de causticité. » — Sur la vertu détersive du sel, cf. Théophraste, frg. IV, 50, Wimmer. La cendre du figuier a la même propriété pour la même raison (ὑπὸ δριμύτητος) : 684 C.

P. 48.

3. S'il est vrai que l'humidité fait apparaître le linge plus sombre (cf. *De pr. frig.* 950 A), la rapidité du séchage ne joue aucun rôle. La source d'une telle affirmation me reste inconnue. Aussi bien ne voyons-nous nul autre auteur attribuer à l'eau de mer la propriété de la τραχύτης ; il est significatif que Plutarque l'ajoute de son propre chef, lorsqu'il reproduit en *Quaest. phys.* 911 E le passage d'Aristote, **Probl.* 932 B 25, auquel va se référer ici Théon dans sa réponse. Il semble, d'après ce qui précède, que Plutarque ait plus ou moins confondu τραχύτης et παχυμερές.

4. Une des plantes de la pharmacopée antique. Elle se présente sous deux variétés, la blanche et la noire, dont les qualités étaient particulièrement prisées à Antikyra de Phocide. Elle s'absorbait généralement comme purgatif, voire comme vomitif, contre toutes sortes de maladies. Son usage pour les cas de maladies mentales a donné naissance à des plaisanteries populaires (cf. Aristophane, *Vesp.* 1489).

5. *Od.* VI, 137 (trad. V. Bérard).
6. *Od.* VI, 218 *(id.)*.

P. 49.

2. Le vocabulaire de ce passage paraît influencé par une expression de Platon, *Phaedr.* 243 D, plusieurs fois citée par Plutarque (706 D, 711 D, *De esu carn.* 997 F-998 A) : ποτίμῳ λόγῳ οἷον ἁλμυρὰν ἀκοὴν ἀποκλύσασθαι.

3. Il semble bien, en effet, d'après la fin de la *Question*, qu'il s'agit du classement et non de l'ordre de présentation devant le jury. Cf. Z. Abramowiczówna, *Kom.*, p. 112-3 = p. 240.

4. Sur cet écrivain, ami de Plutarque, auquel est dédié le *De E apud Delphos*, voir R. Flacelière, Introduction à son éd. du *De Pythiae oraculis*, p. 22-4 ; Le poète stoïcien Sarapion d'Athènes, ami de Plut. (*REG* LXIV, 1951, p. 323-7), K. Ziegler, *op. c.*, col. 47-8, P. A. Clement, éd. des Συμπ., p. 94, D. Babut, *Plut. et le Stoïcisme*, p. 246-8. Le *De Pythiae oraculis*, dans lequel il tient un rôle important, nous apprend notamment qu'« il composait surtout des poèmes philosophiques à tendances morales » (R. Flacelière). Puisqu'il ne peut s'agir ici que d'un concours dithyrambique, comme la générosité d'un Philopappos devait en faire célébrer à cette époque tardive avec leurs fastes d'antan — pour ce qui est de la participation chorale des tribus, on peut même parler d'une véritable renaissance (cf. O. Reisch, *RE*, s.v. Χορικοὶ ἀγῶνες) —, il est possible que Sarapion ait été lui-même l'auteur du dithyrambe pour le chœur duquel il a fait office d'instructeur.

5. On peut penser avec K. Ziegler, *op. c.*, col. 17, que Plutarque a composé en remerciement sa déclamation *De gloria Atheniensium*, ou, avec Z. Abramowiczówna, *Kom.*, p. 110 = p. 239, qu'il doit au contraire son inscription parmi les citoyens membres de la tribu à la publication de ce panégyrique. Ce qui est fort probable en tout cas, c'est qu'il obtint cette distinction, dont nous ne saurions rien, d'ailleurs, sans cette seule et toute fortuite allusion, sur l'intervention de son ami Sarapion (R. Flacelière, Le poète stoïcien Sar., p. 325).

6. Cf. Jacoby, *Fr. Gr. Hist.* II, A, p. 193. Néanthès est un historien du IIIe s., très peu connu (cf. *id.* II, C, p. 144-5). L'ouvrage dont parle ici Plutarque était-il consacré aux légendes d'Athènes, ou à celles de toutes les villes, à tour de rôle, ou même à celles de Cyzique ? D'après ce passage, son crédit paraît avoir été médiocre.

7. Tel paraît avoir été le sens de ce passage mutilé.

P. 50.

2. Le mot me paraît suspect. D'une part, nous sommes contraints d'en forcer le sens (cf. Wyttenbach, *Animadv.* I, p. 319 : non « enecasti », sed potius « emunxisti, de spe dejecisti »), d'autre part, nous attendrions ensuite une opposition, et non pas

une liaison par καὶ. Aussi, je me demande si Plutarque n'a pas plutôt écrit « Ἀποκναίσας, εἶπεν, [καὶ] οὐδὲν ἧττον... » = « Je vais le gratter, et je ne m'attacherai pas moins... »).

3. Cette anecdote, inconnue par ailleurs (Diels-Kranz, *Vorsokr.* II, p. 87), pourrait servir de parodie à la méthode étiologique de Démocrite, dont se moque également Théophraste, *C.P.* VI, 2, 1. On dirait une version réaliste du célèbre conte de la Dent d'or.

4. La partie principale de la tribu Aiantis se trouvait dans le nord de l'Attique, autour des dèmes de Marathon et d'Aphidna. Cette tribu prit, en 200 av. J.-C., le nom de Ptolémaïs et, à la fin du Ier siècle ap. J.-C., celui d'Hadrianis ; aussi bien, s'agit-il ici d'« antiquités ».

5. Le tyrannoctone. Je crois percevoir dans cette phrase un écho des discussions tenues dans l'Antiquité sur l'origine d'Harmodios. D'après Hérodote V, 57-61, il était, de même qu'Aristogiton, du clan des Géphyréens, venus d'Eubée et immigrés en Béotie, puis en Attique. Si donc les meurtriers d'Hipparque étaient des Aiantides d'Aphidna (cf. Dittenberger, *Syll.* 44, 17 et Töpffer, *Att. Geneal.*, Berlin, 1889, p. 293 sqq.), force nous est d'admettre que c'est dans ce dème, déjà important avant Clisthène, que s'étaient établis les Géphyréens. Ce n'est que bien plus tard, quand de nouveaux dèmes se sont créés, que des descendants de ce clan ont dû se séparer d'Aphidna pour fonder un dème nouveau, cité par l'*Etymologicon Magnum*, sous le nom de Γεφυρεῖς, et pour lequel l'absence de toute autre mention s'explique précisément par sa fondation tardive. Il est tout naturel que, d'après le texte d'Hérodote, on ait prétendu faire de ce nouveau dème — étranger à la tribu Aiantis — la patrie des deux héros.

6. Eschyle composa, on le sait, une épigramme à la gloire des Marathonomaques, mais aussi des élégies (cf. Théophraste, *H.P.* IX, 15) ; une confusion à propos de ces souvenirs pourrait être à l'origine de l'altération du texte telle que je la conçois (voir l'apparat critique). — L'aile droite était la place d'honneur dans les lignes athéniennes (Hérodote nous l'apprend (IX, 28) à propos de la bataille de Platées), sans doute parce qu'elle était la plus dangereuse, comme l'explique Thucydide V, 71. Pour les causes de cette position de la tribu Aiantis, on a pensé précisément au lieu de la bataille (sur le territoire de cette tribu), à la prytanie dont parle Plutarque un peu plus bas, et, plus naturellement (E. Curtius, *Gr. Gesch.*, Berlin, 1880-2[5], II, p. 824, 13, et A. Bauer, *Themistokles*, Mersebourg, 1881, p. 2), au poste à l'extrémité droite, comme c'était alors la règle chez les Athéniens (cf. Hérodote VI, 111), du polémarque, aiantide lui-même.

7. Fait fréquemment rapporté, notamment par l'épitaphe du poète.

P. 51.

1. Callimaque était d'Aphidna, selon l'inscription à son offrande *IG.*I[2], 609 (Hiller v. Gaertringen, *Hist. Griech. Epigr.*,

10 = M. N. Tod, *A selection of greek histor. inscriptions*, 13) et selon Hérodote VI, 109-10. C'est ce passage de l'historien, avec sa suite (VI, 114), qui est à l'origine des affirmations présentes sur le rôle de Callimaque avant et pendant la bataille. La brillante conduite de celui-ci et sa mort héroïque sont également rapportées en *Arist. et Cat.* 2, *De glor. Ath.* 347 D, et par Diogène Laërce I, 56. Pour ce qui est de la décision du combat, Plutarque répète une erreur commune : il ressort en effet du texte d'Hérodote que Callimaque ne fut pas un onzième votant, mais qu'il eut seul à se prononcer entre les deux partis en présence, conformément aux attributions qui faisaient encore à cette époque du polémarque le « commandant de toute l'armée » (Aristote, *Ath.* XXII, 2).

2. Le fameux décret — qu'il ne faut donc pas confondre, comme on l'a fait parfois, avec le vote à Marathon —, cité aussi par Démosthène XIX, 303 et Aristote, *Rhét.* 1411 a, et dont il est curieux qu'Hérodote ne dise rien. Nous ne connaissons pas l'origine de cette précision de Plutarque. La Souda affirme de son côté, s. v. Hippias, que Callimaque avait déjà soutenu le décret.

3. L'atthidographe Cléidèmos avait prétendu que tous les morts athéniens de Platées, au nombre de cinquante-deux, appartenaient à la tribu Aiantis, ce qui prouverait l'héroïsme de cette dernière (*Arist.* 19, 4). Cet héroïsme était sans doute aussi admis par Hérodote, qui mentionne également, en IX, 70, sans les nommer d'une façon plus précise, les cinquante-deux morts athéniens : seule la stèle funéraire de cette tribu devait être encore visible à l'époque d'Hérodote, et à plus forte raison à celle de Cleidèmos. Il est évident que les pertes athéniennes à Platées furent bien plus importantes (d'ailleurs le chiffre total de 1360 tués parmi les Grecs, que donne Plutarque en *Arist.* 19, le prouve) et que, par suite, on ne peut reconnaître à la tribu Aiantis un mérite particulier. Cependant il n'y a pas de raison de mettre en doute le fait que cette tribu ait eu depuis 479, avec Platées, les rapports cultuels dont parle Plutarque ici et en *Arist.* (cf. Jacoby, *Fr. Gr. Hist.* 3 B, suppl. I, p. 82-3). Au onzième chapitre de cette *Vie*, est rapporté en détail l'oracle de la Pythie, consultée par Aristide. Nous y apprenons quelles étaient ces Nymphes : leur grotte se trouvait sur une hauteur du Cithéron, face à l'ouest, autrefois siège d'un oracle ; aussi beaucoup d'habitants du pays étaient-ils possédés du pouvoir prophétique : νυμφόληπτοι. Pausanias IX, 3, 9 en parle également (cf. M. P. Nilsson, *Gesch. d. Gr. Rel.*, Munich, 1941-50, I, p. 232, 234). Quant au nom Σφραγίτιδες, il serait à mettre en rapport avec σφάραγος (« le murmure des sources »), d'après A. Lobeck, *Paralipomena*, Leipzig, 1837, p. 51, 59.

4. Selon Hérodote V, 66, Ajax est le seul héros étranger dont le nom ait été donné à l'une des dix tribus : Clisthène honorait en lui le voisin et l'allié d'Athènes. — L'épisode de la colère d'Ajax, se tuant parce qu'on lui avait préféré Ulysse lors de l'attribution

des armes d'Achille (Homère, *Od.* XI, 543 sqq.), constitue le thème de nombreux développements de poètes postérieurs, dont le plus célèbre est sans doute l'*Ajax* de Sophocle, et qui transforment généralement le ressentiment inexorable du héros en une véritable folie destructrice.

P. 62.

2. Cf. VII, 8 : dans quelle mesure il faut accepter ces divertissements à table.

3. Xénophon, *Conv.* I, 11-16. L'exemple est mal choisi, puisque Philippe, cité encore en 709 E, s'invite lui-même à la table de Callias et ne saurait donc passer pour παρασκευαζόμενος. Il est vrai qu'il se proclame amuseur attitré des banquets en général.

4. Il s'agit de l'aspect social de la μετριότης, auquel Plutarque était également très sensible (cf. 623 B et 630 C).

5. Plutarque marque en effet de l'hostilité ou du moins de la réticence à l'égard de la musique comme divertissement de table (cf. 613 E, 712 F - 713 F). — Le vocable βάρϐιτος ne se rencontre nulle part ailleurs chez lui.

6. I, 1 et I, 2.

7. I, 5 et I, 10.

P. 64.

1. Cf. *supra*, 622 A et la note 5, pour la p. 35.

2. Une des classes les plus incultes de la société antique, et pour laquelle Plutarque avait peu d'estime (cf. *De aud. poet.* 27 B).

P. 66.

1. Vers de l'*Andromède* (Nauck, *Trag. Gr. Fr.*, 133), qui nous est conservé intégralement par Macrobe (chap. 9). La phrase devait se poursuivre de la manière suivante : « Pour ceux qui y ont échappé, certes, mais non pour ceux qui sont encore errants », ou bien : « Mais peut-être pas pour tous, et certainement pas pour ceux qui sont encore errants » (cf. Z. Abramowiczówna, *Kom.*, p. 123 = p. 242).

P. 67.

2. La plupart des idées exprimées dans les chap. 2 et 3 se retrouvent, souvent avec les mêmes termes, dans les chap. 21 et 22 du *De garrul.* (514 A présente même la citation d'Euripide de 630 B) et aussi, en partie, dans le chap. 19 du *De laude ips.*

3. C'est là une nécessité reconnue également par Cicéron (*De or.* II, 221-9) et par Quintilien (*Inst. or.* VI, 3, 28).

4. Tel pourrait être le sens de ce passage gravement corrompu, pour lequel Macrobe ne nous est d'aucun secours. Seul l'adverbe

κομιδῇ, restitué par H. Bolkestein (*op. c.*, p. 108), me paraît à peu près sûr.

5. Par référence aux mains toujours souillées des marchands de salaisons (cf. Eustathe, *Ad Il.* 723, 9). Sarcasme devenu classique (mais avec application au père d'une personne et non, comme ici, à la personne elle-même (cf. *Rhet. à Her.* IV, 54)), depuis la réponse de Bion le Borysthénite à Antigone, rapportée par Diogène Laërce IV, 46.

P. 68.

1. Selon la coutume africaine (Macrobe VII, 3, 6) et asiatique (Xénophon, *An.* III, 1, 31, Juvénal I, 102-5). Mais n'y aurait-il pas confusion entre le Libyen de Plutarque — et de Macrobe — et le Lydien de Xénophon ? Quoi qu'il en soit, le trait signalait en Grèce l'esclave, et trahit ici l'ancien esclave. C'est au tribunal que furent tenus ces propos, d'après *Cic.* 26, 4, où ils sont également rapportés, comme ils le sont en **Rom. apopht.* 205 B (dans ces deux passages, le participe τετρυπημένον est remplacé par la formule οὐκ ἀτρύπητον).

2. Mélanthios, fils du poète tragique Philoclès et petit-neveu d'Eschyle, était le frère et le collaborateur du poète tragique Morsimos, dans la *Médée* duquel il avait joué le principal rôle, car il était en fait surtout acteur. Aristophane l'a vilipendé, en même temps que son frère, notamment pour sa goinfrerie et sa débauche (*Pax* 803-17), la médiocrité de son talent (*id.* 1009), la gale qui le rongeait (*Av.* 151) ; Eupolis l'a pris à partie dans ses *Flatteurs* (cf. la *Souda*, s. v.). On voit d'ailleurs mal ce que cette réplique aurait de spirituel ou de mordant s'il s'agissait, comme on l'a toujours présentée, d'une affirmation. Mélanthios ne fait que renvoyer la balle au poète, en prétendant l'avoir ridiculisé le premier (cf. Z. Abramowiczówna, *Kom.*, p. 126-7). En réalité, Mélanthios ne paraît pas avoir été dénué d'esprit, à en juger par les deux autres railleries que Plutarque lui attribue : *infra*, 633 D et *Conj. praec.* 144 BC.

3. Tel doit être, d'après la phrase suivante, le sens de ce passage corrompu.

4. Voir *supra*, p. 59-60.

5. Cet adversaire politique de Théopompe, originaire de Chios et mort sans doute à l'extrême fin du IVe siècle, nous est connu surtout pour l'ironie mordante dont il poursuivait ses contemporains, et non les moindres, en utilisant notamment ce genre alors en vogue qu'était l'épigramme. C'est ainsi qu'il s'en prit à Aristote, à l'orateur Anaximène, à Alexandre même (cf. *F.H.G.* II, 87). *Infra* (633 C), Plutarque nous rapportera le mot qui lui fut fatal.

6. Cf. *Lyc.* 12 et *De aud.* 46 D. A remarquer l'expression τῇ καλῇ Λακεδαίμονι : cette idéalisation de la patrie d'un Agésilas et d'un

Lycurgue est conforme aux tendances générales du caractère de Plutarque (cf. F. Ollier, *Le mirage spartiate*, Paris, 1933, VI).

7. *Cyr.* II, 2, 28 : la plaisanterie, lancée par Cyrus, s'adresse en fait à Sambaule lui-même, à propos de son hideux voisin de table ; le lochage répond qu'en installant le bonhomme près de lui, il a voulu récompenser le dévouement sans bornes que celui-ci témoignait à sa personne. La plaisanterie, on le voit, pouvait amuser Sambaule, mais n'était guère délicate à l'égard de son voisin.

P. 69.

1. Il s'agit apparemment de T. Avidius Quietus, auquel sont adressés le *De sera num. vind.* et, en association avec son frère Nigrinus, le *De frat. am.* Or on connait deux hauts fonctionnaires de ce nom, sans doute le père et le fils. L'un fut sénateur et proconsul d'Achaïe, et mourut, semble-t-il, d'après une lettre de Pline le Jeune (VI, 29, 1), avant 103 : le souvenir rapporté ici par Plutarque ne paraît pas aussi ancien. L'autre fut consul en 111 et proconsul d'Asie, mais seulement en 125/126 : avait-il déjà été proconsul auparavant ? L'identification exacte du personnage reste douteuse (cf. P. H. de Lacy-B. Einarson, *Plut. Mor.* VII *(Loeb Cl. Libr.)*, p. 171-3, avec une bibliographie complémentaire). — Quant à Aufidius Modestus, il est sans doute identique au convive de la deuxième *Question* du premier *Livre* (voir 618 F et la note 6, pour la p. 28).

2. Le jeu de mots sur Avidius (Quietus) et « avidus », impliqué dans la plaisanterie, nous oblige à admettre que les Romains disaient, peut-être proverbialement, d'un homme qui s'était rendu coupable de vols et de rapines qu'il avait « les mains chaudes ». La réflexion de Modestus donne une idée fâcheuse de la moralité de certains hauts fonctionnaires de l'Empire.

3. Critobule est le garçon qui dans le *Banquet* de Xénophon se vante de sa beauté. C'est tout naturellement pour répondre à son outrecuidance naïvement impertinente que Socrate, dont on connaît la laideur, lui propose cette plaisante comparaison (IV, 18-19). L'exemple est donc assez mal choisi.

4. Est-il plus heureux, cet exemple d'une « moquerie » proférée par un homme ivre ? Il s'agit en réalité d'une scène — de jalousie, cette fois : n'y a-t-il pas quelque confusion dans l'esprit de Plutarque ? — qu'Alcibiade fait à Socrate, en pénétrant, pris de boisson, dans la salle du festin : Socrate aurait fait des pieds et des mains pour être installé auprès d'Agathon, le plus beau des convives (Platon, *Conv.* 213 C). On peut penser aussi à un autre passage de la fin du Dialogue (223 A), où se reproduisent les récriminations d'Alcibiade à l'égard de Socrate.

5. Le pronom de seconde personne doit être tonique, et la boutade consiste à supposer l'interversion des rôles du roi et du bouffon. Elle est plus claire chez Athénée, 248 E, qui nous en

donne la source (les 'Ἀπομνημονεύματα de Lynkeus de Samos) et, d'après Satyros le Péripatéticien dans sa biographie de Philippe, le nom du parasite : Cleisophos d'Athènes : aux railleries du roi de Macédoine, applaudies par l'assistance, le parasite répondit : « Εἶτ' οὐκ ἐγὼ σὲ θρέψω ; ». Chez Athénée cette anecdote se trouve au milieu de plusieurs autres se rapportant au même personnage, extraites du recueil de Lynkeus et aussi des 'Ὑπομνήματα d'Hégésandros de Delphes. Il est certain qu'Athénée reproduit, directement ou indirectement, sa source, tandis que Plutarque, comme d'habitude, cite de mémoire. — Les parasites étaient nombreux à la cour de Philippe et y menaient une vie peu édifiante (Athénée 260 D-261 A).

6. Pour ce sens de λαμβάνειν, cf. Stobée, *Flor.* III, 79. 'Ἐν ἀγορᾷ fait difficulté ; selon Z. Abramowiczówna (*Kom.*, p. 130 = p. 243), Plutarque songeait peut-être à quelque anecdote authentique de la vie romaine, dans laquelle il aurait été question du « forum ». — Quelques-unes de ces lignes se retrouvent presque textuellement chez Clément d'Alexandrie, *Paed.* II, 57, 2.

7. Xénophon, *Cyr.* I, 4, 4. Le fait est encore rapporté, *De garrul.* 514 B (voir *supra*, la note 2, pour la p. 67), mais bien plus pertinemment qu'ici : car en quoi concerne-t-il la raillerie ? Faut-il penser, comme le suggère Z. Abramowiczówna (*Kom.*, p. 130-1 = p. 243), à l'introduction dans le texte de quelque adjonction marginale ?

P. 70.

1. Pas plus que l'exemple précédent, cette anecdote, inconnue par ailleurs, n'a de rapport avec le sujet. Isménias était un flûtiste thébain, célèbre pour son talent et sa richesse, dont Plutarque parle à différentes autres reprises (*De tranq. an.* 472 D, *Dem.* I, 6, *Pér.* I, 5), nous apprenant notamment qu'il avait été fait prisonnier un jour par le roi de Scythie Atéas (*De Alex. Mag. fort.* 334 B, *Non posse suav. vivi sec. Epic.* 1095 EF). C'est sa susceptibilité d'artiste qui lui aura inspiré cette réplique aussi spirituelle que méchante.

2. *O.R.* 385. Il semble bien, comme le pense H. Bolkestein, *op. c.*, p. 111, que Plutarque ait reproduit intégralement ce vers isolé d'après ses notes, sans se souvenir du contexte : chez Sophocle, en effet, Œdipe parle, à la première personne, de son propre ennemi, le traître Créon, tandis que le pronom ταύτης n'est que le rappel expressif d'un substantif circonstanciel précédent.

3. Xénophon, *Conv.* IV, 61-4. Parmi les personnages du Dialogue, Antisthène est cet ardent disciple de Socrate qui sera le fondateur spirituel de l'école cynique (voir *infra*, la réflexion de Diogène à son propos). L'ironie, avec ses innombrables nuances (cf. O. Navarre, *Comment. exég. et crit. aux Caractères de Théophraste*, Paris, 1924, p. 12 sqq.), était en effet, on le sait, un des traits principaux de la dialectique de Socrate.

4. Cratès de Thèbes, le disciple de Diogène, fut au IVe siècle le colporteur, volontairement pauvre, mais passionné, du cynisme. Sur le sens de son surnom nous pouvons en croire Plutarque, qui avait écrit, selon le *Catalogue de Lamprias*, une *Vie* de ce compatriote, même si la Souda et Diogène Laërce VI, 86, qui confirment le surnom, ne parlent nullement de cette déférence des hôtes occasionnels du philosophe.

6. Nouvel exemple de citation directe syntactiquement non intégrée. L'anecdote est inconnue par ailleurs. Sans doute se place-t-elle dans un établissement de bains de vapeur (le καπνιστήριον dont parlent certaines inscriptions), pour lequel le gymnasiarque devait, entre autres, fournir le bois de chauffage. Et il devait arriver fréquemment, surtout dans l'inconfortable Sparte, que ce bois fût incomplètement sec.

P. 71.

1. L'insomnie du « financier » était déjà un lieu commun dans l'Antiquité : cf. Stobée, *Flor.* 93, 25 (Anacréon) ; 97, 13 (Ménandre), etc.

2. A la rupture des constructions correspond le passage de citations précises et concernant des individus à des plaisanteries courantes, et finalement à une plaisanterie possible imaginée par Plutarque. Cette tragédie des *Cabires* nous est connue par quelques infimes fragments ; celui-ci porte le n° 97, chez Nauck, *Trag. Gr. Fr.* « Rendre le vinaigre rare » équivaut à « rendre le vin abondant », selon le frg. 96, et c'est aux Argonautes que les Cabires adressaient cette menace redoutable (cf. A. Lobeck, *Aglaophamus*, Koenigsberg, 1829, p. 1207 sqq.).

3. Il est vrai, comme le remarque Z. Abramowiczówna, *Kom.*, p. 134, que l'on attendrait plutôt μᾶλλον εὐφραίνειν, mais le terme vague ταῦτα représente, en même temps que ces éloges indirects, les reproches apparents et les railleries proprement dites, auxquelles la pensée de Plutarque se trouve déjà ramenée en vue du prochain point de son développement.

4. Ce personnage nous est totalement inconnu par ailleurs. La forme Μιτυληναῖος pour Μυτιληναῖος n'apparaît dans les inscriptions qu'à partir du IIIe siècle ; elle est habituelle chez Plutarque.

5. Athénée, qui rapporte cette histoire dans des termes à peu près identiques (246 E), — mais en se défiant plus que Plutarque de la perspicacité du lecteur, puisqu'il ajoute : ἦν δ' ὁ Λυσίμαχος μικρολογώτατος — l'attribue à un certain Aristodème, que nous connaissons comme l'auteur — mais à quelle date ? — d'un recueil de Γελοῖα ἀπομνημονεύματα, et nous donne, de plus, le nom du parasite : Bithys, cité d'ailleurs également par Phylarque comme un des principaux favoris du diadoque (Athénée 614 F). A propos de cette prétendue avarice de Lysimaque, songeons en effet à la rigueur de sa politique financière, à ses efforts pour

amasser des trésors et au sobriquet γαζοφύλαξ que lui aurait donné Démétrios (Phylarque, d'après Athénée 261 B (*Demetr.* 25, 4)).

6. On songe à l'éloge humoristique de sa propre σιμότης, fait par Socrate dans le *Banquet* de Xénophon (V, 6).

7. Les narines d'un camard peuvent en effet se comparer aux orifices de la double flûte (Oppien appelle d'ailleurs δίαυλοι les conduits des narines, *Cynég.* 2, 181). La source de cette anecdote concernant un autre diadoque est vraisemblablement la même que celle de l'anecdote précédente.

8. Xénophon, *Cyr.* VIII, 4, 21, où pourtant le conseil de Cyrus n'a guère l'aspect d'une raillerie.

9. Selon Martial XII, 85, c'était — mais peut-être à Rome seulement — un signe d'habitudes obscènes.

P. 72.

3. Traduction fondée sur le texte, d'ailleurs plus détaillé, de Macrobe (voir aussi l'apparat critique de C. Hubert). — Sur la personnage de Théocrite, voir *supra*, la note 5, pour la p. 68. — L'anecdote présente pourrait aussi provenir du recueil d'Aristodème. En *De lib. educ.* 11 BC, Plutarque raconte différemment les circonstances de l'exécution de Théocrite — Θεόκριτος ὁ σοφιστής — : Antigone l'aurait fait exécuter pour avoir répondu à son cuisinier qui lui disait d'avoir à se présenter devant le roi : « Je vois que tu veux me servir tout cru au Cyclope ».

4. Adversaire résolu de Philippe de Macédoine et âme de la résistance de sa patrie lors du siège qu'elle subit ; désigné comme σοφιστής, il mourut avant l'avènement d'Alexandre.

5. Ce Pasiadès était un compatriote de Léon (*De Alex. Mag. fort.* 338 A). En *De cap. ex inim. util.* 88 F, l'anecdote est racontée d'une manière un peu différente : Pasiadès — non nommé cependant — se serait moqué de Léon pour la faiblesse de sa vue, et c'est lui-même, non son fils, qui aurait été bossu. Selon Mittelhaus *(l. c.)*, cette anecdote viendrait de Théophraste. — L'ophtalmie passait pour la maladie la plus contagieuse (681 D).

6. J'ai essayé de rendre tant bien que mal le jeu de mots, fondé sur la valeur concrète du verbe προεστάναι, par opposition à celle du verbe προκεκυφέναι (« être penché en avant »). — Le démagogue Archippos nous est inconnu par ailleurs. Sur Mélanthios, voir *supra*, la note 2, pour la p. 68.

7. Anecdote inconnue par ailleurs.

8. L'anecdote suivante, qui se rapporte à Épaminondas, vient brutalement interrompre, sans la moindre justification, la suite des idées, de sorte qu'il est impossible de la conserver, malgré les efforts de H. Bolkestein (*op. c.*, p. 113-4). Il ne peut s'agir que de l'introduction dans le texte d'une adjonction provenant, comme le pense C. Hubert — mais selon quelle voie ? — de quelque recueil de Ὑπομνήματα, dont est probablement issu également l'allusion aux Cabires de 633 A.

9. Plutarque désigne du même terme la boisson dont se désaltérait Caton l'Ancien quand il était en campagne, c'est-à-dire sans doute la posca — un mélange d'eau et de vinaigre — que buvaient habituellement les esclaves et les soldats romains : *Cato ma.* I, 10, et la note de R. Flacelière dans son édition (p. 219).

10. En fait, il n'a guère été question d'agrément dans cette partie de l'exposé.

P. 73.

1. Il ne s'agit que de plaisanteries ayant l'amour pour objet, donc l'adverbe ἥδιστα porte sur la proposition participiale παρόντων τῶν ἐρωμένων, non sur le groupe circonstanciel εἰς αὐτὸ τὸ ἐρᾶν, εἰς ἄλλο δ'οὐδέν. La distinction que met en lumière ce groupe est illogique ; je pense donc que quelques mots du texte primitif, contenant une objection restrictive, ont dû se perdre.

2. Ce problème du contact des corps était familier aux mathématiciens : cf. Sextus Empiricus, *Adv. Mathem.* III, 79. Il paraît ici soumis par quelqu'un de ses disciples au maître de la Moyenne Académie, connu pour ses répliques spirituelles. Dans celle-ci, Arcésilas joue également sur le mot ἅπτεσθαι, en lui donnant le sens fort qu'il a dans la langue érotique.

3. Comme Socrate et surtout les Cyniques.

P. 74.

1. Xénophon, *Cyr.* III, 1, 43 : Cyrus s'amuse de l'enthousiasme de Tigrane, le fils du roi d'Arménie, qui prétend le suivre dans son expédition, fût-ce à titre de valet, et Tigrane de renchérir en annonçant que, loin d'obliger son épouse à se contenter d'on-dit, il l'emmènera avec lui, afin qu'elle puisse le voir à l'œuvre. Une fois de plus, on le voit, l'anecdote s'adapte fort mal au contexte.

2. Arideikès est sans doute le Rhodien, disciple d'Arcésilas, que nous connaissons par divers témoignages (H. Bolkestein, *op. c.*, p. 114-5). L'anecdote — qu'il nous est impossible de situer — peut provenir de la même source que celle que nous venons de lire sur Arcésilas lui-même. La réplique du philosophe est évidemment une allusion cinglante à la condition servile récente du personnage (le nouveau riche, d'ailleurs, était unanimement méprisé (cf. Aristote, *Rhét.* 1391 A 14 sqq. et *infra*, 708 C), et était devenu un type de comédie). Le sens de la question posée par ce dernier est moins clair ; sous le voile de l'allégorie, nous devons comprendre qu'il veut insulter à la médiocrité générale des convives, sous leurs apparences diverses ; car, dans son sens propre, la question ne saurait paraître une dérision aux yeux de ces « philosophes », les Συμποσιακά le prouvent assez, comme le fait remarquer Z. Abramowiczówna.

3. Encore un personnage inconnu. Ἡγεμών peut désigner, chez Plutarque, diverses fonctions, le plus souvent celles de préfet

de province. La remarque trouve son sel dans le jeu de mots κηπουρός-σπερμάτων.

4. Cette anecdote se rapportant à Philippe de Macédoine se retrouve dans le recueil de dits célèbres (**Reg. et imper. apopht.* 179 B), publié faussement sous le nom de Plutarque. Celui-ci la rapporte deux autres fois, *De adul. et am.* 67 F et *De Alex. Mag. fort.* 334 C.

5. Aristophane était chauve, en effet (cf. *Eq.* 550), et Plutarque se réfère ici à *Pax* 765-74. L'exemple est cependant mal choisi, puisque la calvitie serait précisément une disgrâce sur laquelle on accepte volontiers les moqueries (voir 633 C).

6. *Pytinè* ou *La Bouteille* est la comédie qui valut à Cratinos son dernier succès, aux Dionysies de 423 ; il y persiflait ses propres faiblesses et notamment son penchant pour le vin. Cette comédie était en fait un acte de défense contre les affirmations d'Aristophane, qui déplorait l'avilissement du vieil ivrogne, jadis grand poète : cette ivrognerie, proclame Cratinos, loin d'étouffer le génie, ne fait que le stimuler. On voit que cette espèce d'autocritique sur le mode railleur procède d'un tout autre esprit que celui auquel songe Plutarque. La comédie était en tout cas assez connue pour qu'il n'y eût aucun besoin de préciser la nature des railleries qu'elle contenait.

P. 75.

1. Le *Banquet* de Lucien, même s'il s'agit d'une charge, tend à prouver le contraire.

2. Plus que dans l'ironie, l'inconvenance réside ici dans la transformation burlesque, à la manière des Cyniques et conformément à la technique décrite par Quintilien VI, 3, 55, de ce vers tragique (Nauck, *Trag. Gr. Fr., Adesp.* 395), qui serait extrait de l'*Antiope* d'Euripide, selon R. Porson (*Méd.* 139 sqq.), τήνδε μοῦσαν devenant τήνδ' ἐμοῦσαν. Athénée 616 C l'attribue à un certain Télesphore, vraisemblablement le général d'Antigone dont parle Diodore 19, 74 (cf. H. Bolkestein, *op. c.*, p. 116), en la prétendant commise à l'égard de Lysimaque, et il décrit le châtiment cruel dont elle fut punie. Plutarque lui-même rapporte, *De exil.* 606 B, cette torture de Télesphore, sans toutefois en indiquer la cause. Pour expliquer la variante de notre passage sur le nom du héros, W. B. Stanford développe une théorie invraisemblable (*Ambiguity in Greek Liter.*, Oxford, 1939, p. 52 sqq.), et Z. Abramowiczówna suppose une lacune importante. Pourquoi ne pas admettre une simple confusion, d'autant plus que le passage entier apparaît assez négligé (voir le pronom οὗτοι) ? Plutarque aurait confondu, sous diverses influences, le nom du personnage en question avec celui de sa source directe ou indirecte ; car Timagène d'Alexandrie, qui vécut comme captif à Rome après 55 av. J.-C., avait effectivement composé une histoire des diadoques (cf. H. Bolkestein, *ibid.*).

3. Où est ici l'insolence ? La conjecture de Bernardakis (ἔκγον'

ἀφιλοστοργία) est trop faible ; selon H. Bolkestein (*op. c.*, p. 117), l'on aurait prêté ironiquement le désir de récuser même une vérité naturelle à Athénodore Kordylion de Tarse, le fameux Stoïcien réviseur des doctrines de ses prédécesseurs. Plus vraisemblable est la supposition d'Amyot, selon laquelle Athénodore devait être soupçonné d'abuser de sa fille, en vertu de quoi on lui aurait lancé cette allusion à l'enseignement des anciens Stoïciens (cf. H. v. Arnim, *St.V.F.* III, 731).

4. Confusion de deux réminiscences : *Leg.* 717 D et 935 A. L'expression se retrouve en *De cap. ex inim. util.* 90 C, *De coh. ira* 456 D et *De garrul.* 505 C.

5. Peut-être Plutarque songe-t-il au passage des *Lois* 654 B, où il est dit que l'homme bien élevé (ὁ καλῶς πεπαιδευμένος) possède la science du rythme et de l'harmonie (ἐμμελῶς). — Appliquées à la politique, certaines des idées exprimées dans ces chapitres se retrouvent en *Praec. ger. reip.* 803 B-E.

6. Fin septembre.

P. 76.

1. Pour la voracité des Béotiens, voir *De esu carn.* 995 E et Athénée 417 B-F, qui cite, à côté de plusieurs comiques, Ératosthène et Polybe. D'après ce dernier, les Thessaliens avaient la même réputation.

2. Comme le proclamait précisément Épicure : *Sententiae sel.* 3 (Usener, p. 72 et 395) (cf. encore Diogène Laërce X, 128 et 130). Plutarque reprochait d'ailleurs, en outre, à Épicure une impropriété de terme, l'emploi de τοῦ ἀλγοῦντος au lieu de τοῦ ἀλγεινοῦ (frg. 124, Sandbach).

3. La philosophie d'Épicure d'une part, celle d'Aristote de l'autre. Chez Plutarque, le vocable περίπατος, contrairement à l'incertitude qui régnait dans l'Antiquité sur sa signification, est toujours l'équivalent de celui de Λύκειον ; leur juxtaposition constitue une simple tautologie. Le verbe poétique κυδαίνοντι, mis en valeur encore par l'allitération, souligne le ton humoristique de ce passage.

4. Nulle trace de cette affirmation (frg. 231, Rose) dans les œuvres subsistantes d'Aristote. La pensée, d'autre part, ou du moins le vocabulaire, manquent de rigueur : pourquoi ce fait prétendu général ne se vérifie-t-il que chez le seul Lamprias, et précisément à une époque assez sensiblement différente ?

5. Le début de la phrase suivante résout l'apparente contradiction entre cette remarque et la circonstance annoncée initialement : πεπαυμένων δὲ δειπνεῖν τῶν ἄλλων. L'enlèvement des tables marquait en effet la fin du repas et le début du συμπόσιον proprement dit (cf. *Sept. sap. conv.* 150 D, Xénophon, *Conv.* II, 1, Platon, *Conv.* 176 A).

6. La deuxième question du *Livre* VI traite le problème de la stimulation de l'appétit par les aliments de saveur forte et âpre,

dont les fruits ne sont ici qu'un surprenant exemple : le phénomène serait dû à l'action tour à tour astringente et relâchante de l'acidité sur les parois de l'estomac. La même constatation s'y retrouve, concernant les malades frappés d'anorexie (687 D).

7. Cette théorie se retrouve, 686 EF, moins détaillée, mais illustrée par des exemples et des comparaisons. Elle est appliquée à la digestion des aliments durant l'hiver, *Comment. ad Hes.* (*O.* 559), frg. 76, Sandbach, et provient des *Problèmes* attribués à Aristote (*Ined.* II, 27, *Probl.* 888 A 1-14) (cf. encore Aristote, *Resp.* 480 A 18). L'idée de la concentration de la chaleur à l'intérieur du corps par suite du refroidissement de la surface est donnée comme admise, *De tu. san. praec.* 123 A (cf. encore 642 C et 694 D). *De def. orac.* 411 C présente un vocabulaire identique ou semblable pour l'exposé de la théorie de la contraction du feu en hiver et de son affaiblissement en été.

P. 77.

3. Voilà enfin l'argument le plus simple et le plus raisonnable, qui sera répété, 663 C, étendu d'ailleurs à la boisson. Après la théorie précédente, cette extension eût été, de toutes façons, impossible ici.

4. *Question* reprise par Macrobe, *Sat.* VII, 16, 1-14.

5. C'est-à-dire de champ d'expérience, les Cariens, qui fournissaient de nombreux esclaves, étant considérés comme des êtres particulièrement méprisables : Leutsch-Schneidewin, *Paroem. gr.* I, 70, Leutsch, *id.* II, 404 (cf. Kock, *Com. Att. Fr.* I, p. 17 (Cratinos)). Cette expression proverbiale se trouve également chez Platon, *Euthyd.* 285 C et *Lach.* 187 B. Mais son application à un objet insignifiant tel que l'œuf est surprenante.

6. VIII, 10 ainsi que certains passages des *Vies* prouvent que Plutarque croyait à la signification des rêves.

7. Pour ceux-là, le cœur et le cerveau devaient représenter les principes (ἀρχαί) de l'individu, lui-même image du macrocosme (cf. Aristote, *P.A.* 666 A 7, Alexandre d'Aphrodise, *De an.* 140, V, 20, *Theol. arithm.* 22, p. 20, Ritter-Preller (ἐγκέφαλος δὲ <σαμαίνει> τὰν ἀνθρώπω ἀρχάν, καρδία δὲ τὰν ζῴου)), le cerveau passant, de plus, pour le siège de la quasi-totalité des sensations (Athénée 65 F). Selon une autre tradition qui remonte à la plus haute antiquité, la cervelle inspirait tout simplement de la répulsion (cf. 733 E). — Sur l'œuf, considéré comme principe de la création dans les théogonies orphiques, et sur l'interdit jeté par les Orphiques sur sa consommation, cf. E. Abel, *Orphica*, p. 158 sqq. et *infra*, 636 E. A consulter encore : P. Boyancé, Une allusion à l'œuf orphique (*Mél. Arch. et Hist. Ec. Fr. Rome* LII, 1935, p. 95-112) ; R. Turcan, L'œuf orphique et les quatre éléments (*Rev. Hist. Rel.* CLX, 1961, p. 11-23).

8. Cet étrange précepte, auquel se rapporte un fragment d'Empédocle (Diels-Kranz, *Vorsokr.* I, p. 368, n° 141) et un autre de Callimaque (Pfeiffer 553), a été diversement interprété, et

souvent raillé, par les auteurs qui le citent, plus ou moins littéralement (cf. O. Kern, *Orphicorum fr.*, n° 291). Il est partiellement évoqué, *Quaest. Rom.* 286 DE : Διὰ τί νενόμισται τοὺς ἁγνεύοντας ὀσπρίων ἀπέχεσθαι. En 729 A, cette abstinence des fèves, prônée par les Pythagoriciens, est attribuée à l'influence des Égyptiens, chez lesquels Pythagore aurait longtemps séjourné (cf. encore A. Delatte, *Ét. sur la littér. pythag.* (Bibl. Éc. H. Ét., sc. philol., 217), Paris, 1915, p. 11,23,35 sqq., 292). Ici, le calembour de notre Épicurien se fonde d'une part sur la définition d'Aristote, *G.A.* 731 A 5 : τὸ γὰρ ᾠὸν κύημά ἐστιν, avec, peut-être, une influence du symbolisme pythagoricien, qui confère au vocable κύαμος un sens anatomique (κύαμοι = αἴτιοι τοῦ κυεῖν = testiculi, Aulu-Gelle IV, 11, 10), d'autre part sur le rapport étymologique des termes τοκήων et τίκτουσι.

P. 78.

1. Le problème de l'œuf et de la poule — ou de l'oiseau — était en tout cas, au dire de Censorinus, *De die nat.* IV, 3, le symbole fameux utilisé par les philosophes grecs, y compris les plus grands, pour illustrer la notion du cycle universel des générations.

2. Idée — avec application au germe et à ce qu'il produit — répétée en *De com. not.* 1077 A. Στοιχεῖον et ἀρχή, synonymes chez certains philosophes, notamment Anaximandre (cf. Diels-Kranz, *Vorsokr.* I, 89, 11 et Index, s.v. στοιχεῖον) sont distingués par Aristote, *Mét.* 1070 B 22.

3. Cf. Aristote, *Cael.* 286 B 16 : πρότερον τῇ φύσει ἐν ἑκάστῳ γένει τὸ ἓν τῶν πολλῶν καὶ τὸ ἁπλοῦν τῶν συνθέτων, et R. Turcan, *op. cit.*, p. 21. Épicure et ses atomes (voir *supra*) sont déjà oubliés.

4. Cf. *Ad princ. ind.* 780 D : ὁ αἰθὴρ καθίησιν ἀρχὰς σπερμάτων προσηκόντων. L'affirmation provient d'Aristote : *M.m.* 1187 A 33 : τὸ δένδρον ἐκ τοῦ σπέρματος · αὕτη γάρ τις ἀρχή, et *P.A.* 653 B 17 : (τὸ σπέρμα) ἀρχὴ γενέσεως (τῶν ζῴων) ἐστίν.

5. C'est μεῖον que nous attendrions.

6. Cf. Aristote, *P.A.* 681 A 12 sqq., *H.A.* 588 B 4 sqq., *G.A.* 737 B 9. — La phrase suivante du texte des manuscrits interrompt la suite des idées ; comme, d'autre part, elle présente plusieurs anomalies (l'analogie soulignée se révèle à la réflexion fort peu logique et la théorie sur la formation des vaisseaux sanguins est contraire à l'enseignement d'Aristote), je me suis rangé à la conclusion de Z. Abramowiczówna, *Kom.*, p. 158-9 = p. 246, et je considère la phrase comme une interpolation.

7. L'image se trouve chez Aristote, *P.A.* 654 B 29 sqq. et *Nat. ausc.* 191 A 8 sqq.

P. 79.

1. C'est-à-dire : quand on en arrive à travailler la glaise à l'ongle, au moment de l'ultime polissage. L'expression de

Polyclète, citée aussi, *De prof. in virt.* 86 A (ἂν εἰς ὄνυχα ὁ π. ἀφίκηται, cf. Diels-Kranz, *Vorsokr.* I, p. 392, frg. 1), est empruntée aux marbriers, qui ne considèrent les jointures de leurs œuvres comme parfaites que lorsque l'ongle peut y passer sans accroc : cf. Hésychius, s.v. ὀνυχίζειν (= ἐπιμελῶς ἐξετάζειν), Athénée 97 D et les scholiastes latins Servius, pour Virgile, *Géorg.* II, 227, et Porphyre, pour Horace, *Sat.* I, 5, 32 (cf. encore *Art poét.* 294 et Perse, *Sat.* I, 65).

2. Cf. Aristote, *H.A.* 551 A 13 sqq. Au fait, Aristote ne s'est pas avisé que la chenille, elle aussi, naît d'un œuf (cf. *G.A.* 733 B 13 sqq.).

3. Cf. Aristote, *Phys.* 225 A 1.

4. Le σκνίψ ou κνίψ se trouve surtout sous l'écorce du chêne et du figuier (Théophraste, *H.P.* IV, 14, 10), le τερηδών ne s'attaque qu'au bois qui séjourne dans la mer (*id.* V, 4, 4, Pline, *H.N.* XVI, 220). — Les vocables σῆψις et πέψις, dont le sens est d'ailleurs assez peu défini, paraissent ici à peu près synonymes. S'il est vrai que Théophraste met en rapport la naissance des insectes en question avec l'humidité, il ne parle pas, cependant, à ce propos, de putréfaction ou de fermentation, mais, au contraire, de douceur (γλυκύτης) : la confusion de Plutarque résulte sans doute de l'affirmation de Théophraste selon laquelle les vers dévorent surtout le bois pourrissant (σηπόμενα) dans l'eau.

5. Adaptation de deux passages du *Timée* : 51 A τὴν τοῦ γεγονότος ὁρατοῦ καὶ πάντως αἰσθητοῦ μητέρα) et 52 D (τὴν δὲ δὴ γενέσεως τιθήνην).

6. Définition aristotélicienne : *Gen. et corr.* 320 A 2, *Meteor.* 1032 A 17.

7. Citation orphique (O. Kern, *Orphic. fr.*, 334), répétée de la même manière, *De E ap. Delph.* 391 D.

8. Voir *supra*, la note 7, pour la p. 77, *in fine*, et, pour l'expression bien connue ἱερὸς λόγος, O. Kern, *Orphic. fr.*, p. 140 sqq.

9. II, 171, à propos des Thesmophories et des mystères égyptiens de Saïs. La citation est utilisée dans le même sens, *De def. orac.* 417 C et *De exil.* 607 C. Sur le silence mystique chez les Grecs, voir O. Casel, De philos. graec. silentio mystico (*Rel. Gesch. Vers. u. Vorarb.* XVI, 1, Giessen, 1916, p. 86 sqq.) et G. Soury, *La démonologie de Plutarque*, Paris, 1942, *passim*.

10. Cette fin d'énumération paraît empruntée, d'une manière puérile (Z. Abramowiczówna, *Kom.*, p. 164 = p. 247) au chapitre d'Aristote consacré aux moyens de déplacement des animaux (*De inc. an.* 704 A 12).

P. 80.

1. Plutarque était initié aux mystères de Dionysos (cf. *Cons. ad ux.* 611 D). Sur ce symbolisme de l'œuf dans les rites orgiaques, voir M. Nilsson, *The Dionysiac Mysteries of the Hellenistic and Roman age*, Lund, 1957, p. 140 et R. Turcan, *op. cit.*

2. Le proverbe, déformé, semble-t-il, par Hésychius, s.v. Λυδός et Zénobios (Leutsch-Schneidewin, *Paroem. gr.* I, 144), est cité d'une façon plus claire en *Adv. Col.* 1108 D : ἐμοὶ δὲ δοκεῖ καθάπερ ὁ Λυδὸς ἐφ' ἑαυτὸν ἀνοίγειν οὐ θύραν μίαν, ἀλλὰ ταῖς πλείσταις τῶν ἀποριῶν καὶ μεγίσταις περιβάλλειν τὸν Ἐπίκουρον. Le Lydien en question est Candaule : la même porte permit à Gygès de voir la reine à la dérobée, sur l'ordre de son maître, puis de venir assassiner celui-ci sur l'ordre de la reine (Hérodote, I, 9, 2 ; 12, 1).

3. Cf. Aristote, *Phys.* 265 A 23, *Cael.* 269 A 19, *G.A.* 733 A 1, *Meteor.* 1072 B 35 (où est cité, comme chez Plutarque, l'exemple de l'homme et du sperme).

4. Cf. Aristote, *Pol.* 1253 A 20.

5. Réminiscence possible des idées d'Aristote sur la perpétuation instinctive des races (cf. *An.* 415 A 26 sqq., *G.A.* 735 A 18, *Pol.* 1252 A 30), mais rappel certain de sa conception du rôle du sperme (cf. **De plac. philos.* 905 A), conception partagée d'ailleurs par les Stoïciens, selon Diogène Laërce VII, 158 (voir H. v. Arnim, *St.V.F.* II, 741).

6. L'effet de ce principe, c'est-à-dire la génération, et naturellement l'être engendré ne sauraient donc que préexister au sperme. L'expession σπερματικὸς λόγος est stoïcienne et se rapporte tant à la nature qu'aux organismes vivants (cf. Diogène Laërce VII, 136 ; 148, H. v. Arnim, *St.V.F.* II, 717 ; 739, L. Robin, *La pensée grecque*, Paris, 1963, p. 417), mais la définition qu'en donne ici Plutarque est insolite.

7. Il s'agit de l'œuf qui donna naissance à Hélène. C'est en fait de la lune que serait tombé cet œuf, selon Néoklès de Crotone (Athénée 57 F) et Eustathe (*Ad Od.*, p. 1686, 42) ; conception plus rationaliste que celle qui prévaut dans les légendes habituelles de Léda, l'épouse de Tyndare, et de Némésis.

P. 81.

1. Ce principe et cette force seront définis en 637 E. Aristote donne d'autres précisions sur ces cas de génération spontanée : *H.A.* 551 A 1 sqq., *G.A.* 761 B 24, 762 A 8-B 28, 763 A 25-30. L'exemple des rats en Égypte, et plus spécialement en Thébaïde, a pu être fourni à Plutarque par Diodore de Sicile I, 10, 2. Il est cependant curieux de remarquer que ces animaux engendrés spontanément, sans le secours d'aucun élément générateur préalable, étaient, au dire de Diodore et des autres auteurs qui ont parlé du phénomène (Élien, *N.A.* II, 56 et VI, 41, qui l'impute à la grêle et à la pluie, Ovide, *Métam.* I, 422-6, Pline, *H.N.* IX, 179), d'étranges créatures dont la partie antérieure était seule formée, tout l'arrière-train gardant l'aspect de la glèbe dont elles étaient issues.

2. En 136 av. J.-C. ; cf. Diodore XXXIV-XXXV, 2 ; Tite-Live, *Périoch.* 56 ; 58 ; 59. La source de cette affirmation m'est inconnue.

3. Cette fonction subsidiaire de la nourriture (cf. 637 D, 641 A,

Quaest. phys. 917 B, 919 C), déjà reconnue par Pythagore (**De plac. philos.* 905 A), est définie par Aristote, *De long. et brev. vit.* 466 B 8, *G.A.* 724 B 34 sqq., 725 A 3 sqq., 766 B 8.

4. Théorie formulée par le disciple d'Anaxagore, Archélaos d'Athènes (H. Diels, *Doxogr. gr.*, p. 564, l. 2-6).

5. Certains n'apparaissent en effet que plus tard, telles les dents.

6. Cf. Aristote, *G.A.* 716 A 23 sqq. : δεῖται δὲ πρὸς πᾶσαν ἐργασίαν ὀργάνων, ὄργανα δὲ ταῖς δυνάμεσι τὰ μέρη τοῦ σώματος et *Sens.* 449 A 1 : οὔτε γὰρ ἡ ἐνέργεια ἄνευ τῆς καθ' αὑτὴν ἔσται δυνάμεως. Plutarque reproduit le vocabulaire aristotélicien, avec la variante ἐπιτέλεσμα pour τέλος.

7. L'argumentation de tout ce passage est confuse : à la théorie qui fait du sperme et de l'œuf l'aboutissement d'un processus physiologique se superpose celle qui en fait la conséquence d'une digestion, la phrase charnière (σκόπει δὲ μὴ-οὐδὲ σπέρμα) servant aussi bien de conclusion à la première que d'introduction à la seconde.

P. 82.

1. Allusion, semble-t-il, au mélange des semences d'où résulte un enfant selon la physiologie antique. On sait du reste quel rôle jouait dans la médecine ou la physique en général la notion de κρᾶσις.

2. Le raisonnement rebondit cette fois d'une façon d'autant plus fâcheuse que l'argument a déjà été développé une première fois (637 AB).

3. Toutes ces affirmations sur la génération spontanée, dans le limon, de certains animaux et notamment des anguilles sont à peu près fidèlement reproduites d'après Aristote, *H.A.* 569 A 6 sqq., 570 A 3 sqq., *G.A.* 762 B et Théophraste, *Pisc.* 9. Cf. encore Aristote, *G.A.* 763 A, sur la formation des huîtres. D'autres théories avaient d'ailleurs été imaginées sur la naissance des anguilles (cf. Athénée 298 C, Appien, *Hal.* I, 513-521, Pline, *H.N.* IX, 161).

4. Puisque l'œuf et l'enfant sont la cause de la confection du nid et des langes.

5. *Ménex.* 238 A : la citation est introduite d'une façon bien artificielle.

6. Les premiers hommes étaient sortis directement, sans aucune entremise divine ou naturelle, du sein de la divinité primordiale, la Terre, puisque la femme, en particulier, n'avait pas encore vu le jour.

P. 83.

3. Cf. 704 D, *De soll. anim.* 973 E, Eupolis, frg. 2, 472, Théopompe le Comique, frg. 2, 811, Lucien, *Harmon.* 1. Le transfert sémantique est-il une preuve suffisante pour la chronologie de l'apparition des deux instruments ?

4. L'argile pour le sol, le sable et l'onguent (fait d'huile et de cire) comme accessoires (voir *supra*, p. 19, la note 1 ; le sable devait également sécher la sueur). La traduction exacte de κονίστρα serait d'ailleurs : « réserve de sable » (sur le sens du vocable, voir J. Delorme, *Gymnasion*, Paris, 1960, p. 276-9).

5. La lutte et le pancrace debout — ὀρθοστάδην — devaient également se pratiquer ailleurs. C'est en effet cette limitation de son usage qui distinguait la palestre du gymnase, seul doté de toutes les installations, y compris celles qui réclamaient de vastes espaces (cf. J. Delorme, *op. c.*, p. 253-71). Mais il est vrai aussi que les termes de « gymnase » et de « palestre » étaient devenus à peu près interchangeables *(ibid.)*, sans doute parce que le secteur du gymnase réservé aux lutteurs et pancratiastes s'appelait également palestre — à moins que ce ne soit tout de même en raison de l'argument chronologique réfuté par Plutarque.

P. 84.

5. Il est impossible de savoir exactement quelles sont les techniques désignées par ces termes. Les deux premiers font songer aux batailles navales (cf. Polybe XXI, 7, 4 : ἐμβολὰς καὶ παρεμβολάς) (certains ont traduit au contraire παρεμβολή par « croc-en-jambe »). Σύστασις évoque le corps à corps proprement dit (cf. Platon, *Leg.* 833 A : ἡ ἐν ταῖς συμπλοκαῖς μάχη καὶ σύστασις). Pour la παράθεσις n'existe aucune autre attestation.

6. Cette fois, nous sommes en pleine fantaisie. Il est à remarquer que, depuis le début de la *Question*, la discussion a complètement dévié : le problème de l'ancienneté de la lutte a fait place à celui de l'étymologie du terme, laquelle d'ailleurs nous demeure incertaine ; il est étonnant, comme le fait remarquer Z. Abramowiczówna, *Kom.*, p. 177, que Plutarque n'ait pas songé avant tout à la dérivation de παλαιός. — Sur l'apparition des différentes disciplines à Olympie, voir H. A. Harris, *op. c.*, p. 24, W. Jaeger, *Paideia*, Paris, 1964, I, p. 250 sqq. et, pour une bibliographie complémentaire, p. 464, n. 71.

P. 85.

1. Le texte des manuscrits est inadmissible ; un passage relativement important a dû se perdre, au cours duquel intervenait un nouveau personnage, sans doute Timon, à en juger d'après la suite. Παρ' ἡμῖν peut dans sa bouche fort bien désigner les Jeux Pythiques, d'autant plus que la scène se passe à Delphes. A Olympie, le stade avait été effectivement — Plutarque lui-même le confirme, 675 C — la plus ancienne des épreuves. A la suggestion de Lysimaque, Timon devait opposer qu'il était impossible de généraliser en pareille matière, en montrant combien l'organisation même des différents Jeux était variable. L'adverbe ἐκεῖ (639 A 10) ne peut désigner les Jeux Olympiques, mais doit renvoyer à d'au-

tres Jeux, Isthmiques ou Néméens, auxquels Timon se serait référé plus haut (cf. C. Robert, Die Ordnung der Ol. Spiele, *Hermes* xxxv, 1900, p. 150-2).

2. *Il.* XXIII, 262-897. Il est concevable que Plutarque ne tienne pas compte de la course de chars, qui se déroule pourtant la première, mais il est plus étonnant de le voir faire complète abstraction des épreuves qui terminent ces jeux.

3. *Id.* 620-3 (trad. Mazon). D'une façon plus significative encore (voir la note précédente), Plutarque ne se soucie pas de la présence, au milieu de cette énumération, de l'épreuve du javelot.

P. 86.

5. Pour les Jeux Olympiques, au moins, le fait est confirmé notamment par Pausanias III, 143 et Artémidore, *Onir.* I, 63. Presque toutes les traditions mettent effectivement cette course en rapport avec un souvenir, ou la présentent comme un symbole d'ordre guerrier.

6. Le terme εἰσελαύνειν est consacré pour désigner la rentrée triomphale des athlètes dans leur patrie, et à l'époque romaine les Jeux qui valaient cet honneur aux vainqueurs s'appelaient « iselastica certamina » (Pline le J., *Lettres à Traj.* X, 118 et 119). Ce privilège étonnant est confirmé par Dion Cassius LXIII, 20 et Suétone, *Nér.* 25.

P. 87.

1. Ou jeux « sacrés » ; ce sont les grands Jeux, par opposition aux θεματικοὶ ἀγῶνες de réputation locale ou offerts par un particulier, dont le prix était une somme d'argent ou un objet de valeur.

2. Cf. *Lyc.* 22, 4. Il semble que ce privilège ne durait que pendant l'année en cours.

3. Le cheval pouvait être déclaré vainqueur, même s'il avait perdu son cavalier pendant la course (cf. Pausanias VI, 13, 9). En fait, il exista aussi, à un certain moment, des courses de chars attelés de mules (cf. 675 C, Pindare, *Ol.* V, VI).

4. Plutarque parle ici en Béotien.

5. On peut s'étonner dans ces conditions que les Spartiates aient effectivement méprisé l'aspect technique de la lutte (**Lac. apophi.* 233 E et 236 E). Épaminondas, pour sa part, avait ordonné aux jeunes Thébains de s'entraîner, dans les palestres, à terrasser les Lacédémoniens qu'ils pouvaient y rencontrer, mais c'est au moral de ses futures troupes qu'il songeait (*Pél.* 7). Selon le chap. 23 de la même *Vie*, ce ne serait d'ailleurs pas l'adresse individuelle des Thébains, mais une manœuvre de leur chef qui aurait décidé de la victoire.

6. Début d'un pentamètre (Diehl, *Anthol. Lyr. Gr.* I, p. 79) cité entièrement, *De Alex. Mag. fort.* 334 D et, sans nom d'au-

teur, *De fort. Rom.* 317 E, *Compar. Cic. et Dém.* 2, et aussi par Eustathe, *Ad Il.*, p. 513, 33. Ce pourrait être un fragment de l'épigramme composée en l'honneur des morts de Marathon (voir Th. Preger, *Inscr. gr. metr. ex scriptor. coll.*, Leipzig, 1891, p. 37 et F. G. Welcker, *Syllogè*², 105). Pour la thèse de Plutarque, cependant, le vocable ne prouve rien, car πάλη avait déjà pris au ve siècle une acception très générale (cf. ἀντίπαλος).

7. Fragment isolé (Nauck, *Trag. Gr. Fr.* 775), dont il convient d'exclure, pour des raisons métriques, la particule δὲ (voir en 630 C comment Plutarque introduit le mot φησὶ dans un vers de l'*Odyssée*). — Les Troyens n'étaient pas les seuls à posséder des boucliers à clochettes, destinés à effrayer l'ennemi : cf. Eschyle, *Sept.* 385, à propos de Tydée :

... ὑπ' ἀσπίδος δὲ τῷ
χαλκήλατοι κλᾴζουσι κώδωνες φόβον.

8. La correction de C. Hubert (voir l'apparat critique) me paraît judicieuse, bien que le verbe προεισάγειν ne soit attesté qu'une fois intransitivement, et même dans un sens légèrement différent (Aristote, *Pol.* 1336 B 29).

9. Systématisation artificielle du combat, pour la préparation duquel, d'ailleurs, il serait bien plus indiqué d'admettre le lancement du javelot ou du moins la course en armes (cf. Pausanias V, 8, 10 : τῶν δ' ὁπλιτῶν ὁ δρόμος ... μελέτης ἐμοὶ δοκεῖν τῆς ἐς τὰ πολεμικά). Au reste, le même ordre n'était observé, nous l'avons vu (cf. 639 A et la note), ni à Delphes, ni à Olympie.

10. La discordance et l'imprécision des textes où ils se trouvent rend l'interprétation de ces deux termes douteuse.

P. 88.

2. Malgré les résultats étonnants obtenus par certains botanistes modernes, on peut affirmer que la plupart de ces greffes sont impossibles. L'Antiquité s'intéressait vivement au procédé (cf. Théophraste, *C.P.* I, 6, Aristote, *Plant.* 820 B 35, *Geopon.* X, 76, Columelle, *Lib. de arbor.* XXVI-XXVII, Palladius, *Agric.* XIV, *De insitione,...*) et se faisait en général sur lui les illusions les plus extravagantes (cf. H. O. Lenz, *Botanik der Gr. u. Römer*, Gotha, 1859, *passim*).

3. La même observation, *Quaest. phys.* 911 E. Théophraste la présente en des termes semblables, *H.P.* IV, 16, 5 et l'explique, *C.P.* V, 17, 6 (cf. encore Pline, *H.N.* XVII, 234 et Platon, *Prot.* 334 B).

4. Cet étrange phénomène concernant les abeilles, si familières aux Grecs, est signalé brièvement — et d'ailleurs rapporté à tous les insectes — par Aristote, *H.A.* 605 B 20 (cf. Clément d'Alexandrie, *Paed.* II, 66, 2).

5. Cf. Théophraste, *H.P.* IX, 1, 3.

6. Sur la technique de cette récolte, cf. Théophraste, *H.P.* IX, 2, 1 et Pline, *H.N.* XVI, 57. — Je crois, avec Duebner, que le texte

des manuscrits peut être conservé sans qu'il faille forcer le sens de l'adverbe οἴκοθεν (cf. H. Bolkestein, *op. c.*, p. 129-30).

7. Et pourtant le lentisque, sur lequel Plutarque vient de prétendre avoir vu greffées des branches d'olivier, est aussi un résineux, dont la résine serait même l'une des meilleures selon Pline, *H.N.* XIV, 122. D'autre part, le cerisier et le prunier — rares, il est vrai, en Grèce —, qui se laissent greffer, donnent une espèce de gomme semblable à la résine.

8. Le fait est expliqué, 696 B et 702 B.

9. Tel pourrait être le sens de ce passage corrompu, mais conforme à l'enseignement de Théophraste, *C.P.* I, 6, 4, et de Pline, *H.N.* XVII, 104, sur l'importance de la nature de l'écorce pour la greffe.

P. 89.

3. Voir *supra*, la note 3, pour la p. 81 et Aristote, *G.A.* 725 B 29 - 726 A 6. L'application de cette théorie aux arbres improductifs (cf. également *Quaest. phys.* 919 C) se trouve chez Théophraste, *C.P.* III, 8, 4. Elle est expliquée au moyen de la même comparaison avec la stérilité humaine par Aristote, *G.A.* 795 B, Théophraste, *C.P.* II, 10, 1 et, pour le palmier, par Plutarque lui-même, 724 E.

4. Cf. Théophraste, *C.P.* I, 18, 6 et V, 17, 6.

P. 90.

1. Petit poisson (sa longueur maximum est de 0,70 m) de la famille des échénéides, muni d'un disque adhésif composé de lames cartilagineuses, qui lui permet de s'attacher aux objets ou à de gros poissons. Sa forme curieuse a été décrite par Aristote, *H.A.* 505 B 18 et, d'une façon détaillée, par Élien, *N.A.* II, 17. Dans l'Antiquité, on lui attribuait des propriétés étranges, dont la principale était celle qui fait l'objet de cette *question* et qui lui donne son nom (Aristote, *ibid.*, Pline, *H.N.* IX, 79 et XXXII, 2 sqq.). Voir encore L. J. D. Richardson, The fish remora (*Hermathena* LX, 1942), p. 79-80.

2. En Carie.

3. C'est la partie occidentale de la mer ionienne (Pline, *H.N.* IV, 51, Strabon II, 123).

4. Officier en second qui se tenait à l'avant du navire.

5. Le rémora en était en effet un exemple fameux (cf., outre les témoignages cités dans la note 1, Manuel Philes 117, Ovide, *Hal.* 99, Oppien, *Hal.* 1, 212).

6. Comme faisait précisément Chérémonianos à propos du rémora. Pour le sens du verbe παθόντων, j'ai suivi H. Bolkestein, *op. c.*, p. 131-2, tandis que la majorité des commentateurs et éditeurs jugent le texte corrompu.

7. Et craignent le cri des porcelets, ajoute *Geopon.* XV, 1, 1-4, qui reproduit tout le passage de Plutarque (cf. Élien, *N.A.* I, 38).

8. Fait répété, 696 F. Pline, *H.N.* XXIII, 130 en présente une variante.

9. L'ocimum des botanistes, aux feuilles aromatiques, fréquemment cité par Théophraste et Pline.

10. Aussi bien ne s'agit-il pas, dans les deux exemples précédents, du phénomène magnétique, dont les philosophes anciens ont donné diverses explications, reprises, en partie, par Plutarque lui-même (*Plat. Quaest.* 1005 B-D), mais bien d'étonnantes exceptions à cette loi de l'attraction. De ces antipathies, ou sympathies naturelles, Plutarque donne — sans parler des deux *questions* suivantes, qui s'y rapportent également — de nombreux autres exemples, assortis parfois, cependant, d'explications plus ou moins rationnelles : 647 A - 648 A, 658 A - 659 D, 664 C, 680 C - 682 A, *Quaest. Phys.* 918 C sqq., *De facie* 940 A, *De prim. frig.* 952 D (voir en outre *supra*, p. XXII et la note 2 pour la p. 42.

10. Qui n'avait pas été posée !

P. 91.

2. Fragment tragique (Nauck, *Trag. Gr. Fr.*, *Adesp.* 396) ou iambique (Diehl, *Anthol. Lyr. Gr.* III, p. 74), attribué à Archiloque ou à Anacréon par O. Crusius, *Gött. Gel. Anz.*, 1890, n° 17, p. 700.

3. Ces champignons étaient reconnus comme signe de pluie ou de vent : cf. Théophraste, *Sign.* 34, Aristophane, *Vesp.* 262-3, Aratos 976, Virgile, *Géorg.* IV, 392.

4. Ce symptôme est indiqué par Hippocrate, *Prognost.* 17.

5. Soit la chaleur solaire, l'humidité de l'atmosphère et la faiblesse de l'organisme.

6. Il y avait en Italie du Sud une race de chevaux portant ce nom étrange, formé à l'aide d'un suffixe tiré du verbe σπᾶν (« tirer ») : cf. Élien, *N.A.* XVI, 24, Eustathe, *Ad Il.* 1052, 6, Hesychius et Photius, *Lex.*, s.v.

P. 92.

2. Cf. *Geopon.* XV, 1, 5.

3. Cf. l'explication de Chéréboscos, *Theodos.* I, 287 (ἀποσπασθεῖσαν ἀπὸ λύκου). Plusieurs autres témoignages en font un synonyme de λυκόβρωτος : Élien, *N.A.* I, 38 (λυκοσπάδα οἶν), Nonnos, *Dionys.* XLVI, 341 (κυνοσπάδα), Nicandre, *Ther.* 742 sqq.

4. Au lieu de ce raisonnement fondé sur le bon sens, nous trouvons une étrangeté chez Pline, *H.N.* XXVIII, 257 : les dents de loup auraient une valeur magique ; c'est attachées au cou des chevaux qu'elles rendraient ces derniers plus aptes à la course.

5. Les deux affirmations se retrouvent dans *Geopon.* XV, 1, 5. Aristote, *H.A.* 596 B 8 étend la seconde aux vêtements faits de cette laine, et Pline, *H.N.* XI, 115 ne parle que de ces derniers.

P. 93.

1. La chaleur, qui, selon la théorie péripatéticienne, caractérise le πνεῦμα (cf. 652 D, 663 A, 689 D), opère en effet le métabolisme (cf. *De esu carn.* 995 A, *De tu. san. praec.* 133 D, 134 A) et permet même, dans certains cas, la digestion des pierres et des coquillages (*De cap. ex inim.* 87 B). Il est possible cependant, puisque la chair en question n'a pas été avalée, mais seulement touchée par le loup, que le πνεῦμα soit devenu ici simplement, et par confusion, l'haleine de la bête, semblable aux effluves du figuier (cf. 696 E, 697 B), et dont l'action pourrait alors s'expliquer par la théorie empédocléenne des ἀποφοραί ou ἀπόρροιαι transmise par Platon (*Mén.* 76 C sqq.) et exposée, *Quaest. nat.* 916 D. — On trouvera une bibliographie à peu près complète sur la nature et le rôle du πνεῦμα et ses rapports avec la chaleur interne dans H. Bolkestein, *op. c.*, p. 134 et Z. Abramowiczówna, *Kom.*, p. 202-5.

4. Le premier membre du groupe d'opposition (τοὺς δ' ἀποκτείνοντας μὲν οὐ βράδιον ἐκείνων) ne constitue qu'une répétition dans cette seconde partie de la phrase ; d'autre part, la logique appelle, au lieu de la locution adverbiale d'égalité οὐ βράδιον portant sur le participe ἀποκτείνοντας, un adverbe exprimant une différence. La corruption du texte paraît évidente.

5. *Il.* III, 375.

6. Aussi est-ce dans ce cuir-là que doivent être taillées les chaussures, répète Plutarque, *Com. ad Hes.* 541-2 (frg. 74, Sandbach). Le scholiaste d'Homère explique, pour le vers en question, que la maladie — ou la vieillesse, devons-nous ajouter — est précisément la cause organique de la dégénérescence de la peau des animaux. Contrairement à ce que paraît croire Plutarque, l'expression homérique ἶφι κταμένοιο ne comporte donc aucune référence à la manière dont le bœuf est tué.

P. 94.

1. Voir *supra*, la note 1 pour la p. 31.

2. Ce sens précis, fondé sur l'étymologie (cf. 664 A et Athénée 12 C ; E), du terme δαίς (un repas πρὸς μερίδας) n'est pas toujours respecté, notamment chez Homère. Il s'agit vraisemblablement ici de repas publics.

3. C'est-à-dire immédiatement après le sacrifice proprement dit, pour lequel on se ceignait généralement d'une couronne (cf. Xénophon, *An.* VII, 1, 40, Eschine III, 77).

4. On ne saurait plus nettement méconnaître la valeur quasi-sacramentelle de la κρεωδαισία. Aussi bien cette diatribe ne concerne-t-elle plus que les repas « profanes ».

5. Voir *supra*, la note 2 pour la p. 16.

6. Voir *supra*, la note 5 pour la p. 19. En *De garrul.* 503 F, la différence du contexte amène Plutarque à se montrer partisan du silence à table.

7. Distraction innocente et parfaitement respectable, selon VII, 7.

P. 95.

3. Une remarque semblable est adressée au médecin Cléodoros, *Sept. sap. conv.* 157 C.

4. Cf. 620 F.

5. Cette idée de l'injustice de l'égalité mécanique, traduite par l'opposition entre le nombre et la proportion, est particulièrement chère à Plutarque. Sous-jacente à certains développements sur les places à table (cf. I, 2), elle explique l'admiration du philosophe pour la constitution oligarchique (γεωμετρικὴ ἀναλογία) imposée à Sparte par Lycurque (719 A) et son aversion pour les principes démocratiques de Solon (ἀριθμητικὴν καὶ δημοκρατικὴν ἐπεισάγων ἀναλογίαν ἀντὶ τῆς καλῆς γεωμετρικῆς : *De frat. am.* 484 B). Elle se retrouve nettement formulée, 719 C (ἣν γὰρ οἱ πολλοὶ διώκουσιν ἰσότητα πασῶν ἀδικιῶν οὖσαν μεγίστην ὁ θεὸς ἐξαιρῶν... τὸ κατ' ἀξίαν διαφυλάττει γεωμετρικῶς τῷ κατὰ λόγον τὸ κατὰ νόμον ὁριζόμενος), dans la *Question* VIII, 2, précisément consacrée à la géométrie divine selon Platon. C'est donc à celui-ci qu'elle remonte : voir *Rsp.* 558 C, *Gorg.* 508 A (passage pour lequel le scholiaste évoque à cet égard la justice même de Zeus), *Leg.* 757 B. (Aristote, cependant, emploie, lui aussi, à propos de la proportion géométrique, les termes κατ' ἀξίαν et δίκαιον : *Nic.* 1131 B 12).

6. Mesure de trois cotyles de blé — un peu plus d'un litre —, représentant la ration quotidienne pour la nourriture d'un homme. Le terme — un hapax — ὁμοχοίνικας est donc à peu près synonyme de ὁμοσίτους.

7. Véritable paradoxe, particulièrement surprenant chez Plutarque, que d'opposer ainsi les « Anciens » (qui sont précisément en général les contemporains d'Homère et d'Hésiode : cf. *Sept. sap. conv.* 153 E) à Homère, dont les conceptions sur le rôle sacré joué par le partage de la même nourriture sont bien connues (cf. *e.g.* *Il.* XXI, 75, *Od.* XXI, 35, Athénée 12 C).

8. Exagération évidente, conforme au tour plaisant de tout ce passage.

9. Réminiscence assez confuse qui paraît se rapporter à *Il.* 345-6 (avec la scholie, Erbse, p. 510) et surtout 261-3 (Agamemnon à Idoménée : εἴπερ γάρ τ' ἄλλοι ... 'Αχαιοὶ δαιτρὸν πίνωσιν, σὸν δὲ πλεῖον δέπας αἰεὶ ἕστηχ'), influencée peut-être par la remarque de Théophraste sur le μικρολόγος (*Char.* X, 3) : συσσιτῶν ἀριθμεῖ τὰς κύλικας, πόσας ἕκαστος πέπωκεν. Elle est illogique en tout cas, puisqu'elle se rapporte à des banquets où se pratiquait précisément le rationnement. L'allusion surprenante à la mauvaise réputation des cabaretiers d'Italie s'éclaire peut-être par la première phrase du recueil (612 C, avec les notes).

10. Frg. 187, Snell = frg. 65 "ΑΔ., Puech, rattaché par Boeckh au premier hymne.

11. Rien, dans la citation, ne montre l'absence de rationnement dans ces banquets : le contexte était peut-être plus explicite à cet égard.

P. 96.

1. Pour rendre le texte intelligible, la plupart des éditeurs ont introduit comme complément le pronom singulier de la première personne (παρώξυνάν με), ce qui les a contraints de changer ensuite également la personne des verbes ἔλεγεν et ἔφη, et d'introduire un nouveau verbe (εἶπεν par exemple) pour attribuer à Hagias la brève réflexion καὶ γὰρ αὐτὸς εἶναι τῶν ἀδηφαγίας χαιρόντων. En mettant tout le discours dans la bouche de Lamprias, j'ai suivi C. Hubert, qui fonde sa conjecture sur 635 A, où il est question précisément de l'ἀδηφαγία de Lamprias. Je l'ai suivi d'autant plus volontiers que la plaisanterie sur l'embonpoint d'Hagias convient bien mieux au caractère de Lamprias qu'à celui de son frère.

2. Car on prend la chair et on laisse les arêtes. Diels-Kranz, *Vorsokr.* II, p. 172, n° 151.

3. C'est-à-dire que la part que nous nous adjugeons dépasse ce qui nous revient selon l'équité : adaptation probable de quelque fragment tragique ou lyrique, suscitée par le double sens du terme μοῖρα, « portion » et « lot, sort ».

4. Jocaste à Étéocle, *Ph.* 537 ; vers cité également, *De frat. am.* 481 A. Sur l'interversion par Plutarque des mots συμμάχοις-συμμάχους, voir H. Bolkestein, *op. c.*, p. 137-8.

5. Suite de la même citation d'Euripide (v. 539). Le vers est à peu près intégralement reproduit, *De frat. am.* 484 C : τῷ πλείονι πολέμιον καθίστανται τοὔλασσον.

6. Un raisonnement semblable (voir encore 644 C) est appliqué à la question de la distribution des places à table en 617 C.

7. On songe au *Banquet* de Lucien. Cf. 680 F : ἡμᾶς ... συμπεφορημένους ὑπὸ λιμοῦ κυνηδόν, *De tu. san. praec.* 133 B : ἅνπερ ἄλλως μὴ δύνωνται τὸ κυνικὸν καὶ τὸ θηριῶδες τῶν ὀρέξεων κατέχειν παρακειμένης τραπέζης (et Clément d'Alexandrie, *Paed.* II, 11, 3-4). Plutarque a dû être plus d'une fois révolté par certains spectacles de repas publics.

8. Le jeu de mots — de nature étymologique — sur μοῖρα, que nous avons déjà rencontré plus haut, et que nous retrouverons à la fin de la *Question*, s'étend ici à Lachésis (cf. λαγχάνω) et nous vaut une association singulière du point de vue de la mythologie, où Lachésis est précisément une des trois Moirai ou Destinées.

9. Δατεῖσθαι, au lieu de διανέμειν, dans le même sens, selon Athénée 12 C. Cf. G. Thomson, *Stud. in Ancient Greek Society*, Londres, 1961, p. 330.

P. 97.

1. Cf. *Lys.* 23, *Ages.* 8, 1 ; il s'agit de la campagne de 396-4. Pollux, *Onomast.* VI, 34, confirme l'existence de cette fonctionà Sparte.

2. Quoique gros mangeur (cf. 635 A et 643 E), Lamprias exprime ici un lieu commun de la prédication philosophique :

l'hostilité aux mets trop recherchés (cf. 664 A, *De tu. san. praec.* 125 F, Musonius XVIII B, p. 101, Hense). — Le κάνδυλος ou κάνδαυλος est un plat lydien, dont il existe des descriptions diverses. — La καρυκεία, dérivée de la καρύκη, viendrait également de Lydie, selon Athénée 516 C. — Ὑπότριμμα désigne une sauce très forte.

3. En effet, ceux qui les offraient (et il s'agissait le plus souvent d'une liturgie : cf. Démosthène XXXIX, 7) devaient s'efforcer de limiter les dépenses ; et d'autre part, la distribution des portions ne pouvait que prévenir d'éventuels incidents.

4. Ce devoir de l'hôte, si normal pour Lamprias (cf. 618A-F), ne l'était pas pour tout le monde (cf. 615 E, 615 C-617 A).

5. Maxime pythagoricienne selon Diogène Laërce VIII, 10, devenue proverbiale (cf. Leutsch, *Paroem. gr.* II, 76, Aristote, *Nic.* 1159 B 31, Platon, *Lys.* 207 C), et qui se retrouve, 743 E et *Amat.* 767 D.

6. Dans le Περὶ φύσεως. L'expression est citée aussi, 679 A (cf. Diels-Kranz, *Vorsokr.* II, p. 32, Kirk-Raven, *The Presocratic Philos.*, Cambridge, 1957, p. 368-9).

7. Sur ce jeu de mots, voir *supra*, la note 3 pour la p. 96.

8. Nauck, *Trag. Gr. Fr.* 989, non situé. Le vers est cité *in extenso, De soll. an.* 965 E : ὁ τῆς τύχης παῖς κλῆρος ἐπὶ τούτῳ ταγείς.

P. 110.

2. Ce mot (cf. Diels-Kranz, *Vorsokr.* I, 95), ainsi délimité par Wilamowitz, est cité également, *De aud.* 43 D, *An virt. doc. pos.* 439 D et dans un fragment (129, Sandbach) qui est comme un raccourci de cette page. Quant à l'idée, elle se retrouve, 613 B et 716 D.

3. Homère, *Od.* XIV, 464-6.

4. De cette distinction, notée surtout par les Stoïciens (cf. H. v. Arnim, *St. V. Fr.* III, 644 et 712), il est également question en 715 D et *De garrul.* 503 EF. Mais elle n'apparaît guère, en vérité, dans les vers cités de l'*Odyssée*.

5. *Leg.* 649 D-650 A, cité également dans le frg. 129. Idée reprise, 715 F.

6. *Od.* XXI, 35-6, à propos d'Iphitos et d'Ulysse, cité également dans le frg. 129.

7. Cf. *Conj. praec.* 142 D : ἐνορᾶται γὰρ αὐτῇ (scil. τῇ φωνῇ) καὶ πάθος καὶ ἦθος καὶ διάθεσις λαλούσης.

P. 111.

2. Image de la nourriture intellectuelle : cf. *De garrul.* 514 B, et, plus précisément, souvenir platonicien (*Phaedr.* 248 B : ἥ τε δὴ προσήκουσα ψυχῆς τῷ ἀρίστῳ νομὴ ἐκ τοῦ ἐκεῖ λειμῶνος τυγχάνει οὖσα), qu'il est exagéré de prendre, comme le fait

G. Soury, Les Questions de Table de Plutarque (*REG* LXII, 1949, p. 326), pour une allusion délibérée à la théorie de la réminiscence. Elle correspond également à la représentation familière, depuis l'époque hellénistique, du printemps éternel qui accueillera dans l'au-delà les poètes, les artistes et les philosophes, parmi les prairies émaillées de fleurs et rafraîchies d'eaux courantes.

3. La plante attendue dans la maison d'un fidèle d'Apollon. Le laurier, toutefois, était aussi un attribut secondaire de Dionysos (cf. *Hymne Hom. à Bacch.* 9 : κισσῷ καὶ δάφνῃ πεπυκασμένος).

P. 112.

1. Cette pièce, dont nous ne savons rien par ailleurs, pourrait être identique au *Télèphe*, également cité parmi les tragédies du poète, ou faire partie avec lui d'une trilogie. L'innovation dont il est ici question — Agathon en a mis plusieurs autres à son actif —, et qui représente le dernier stade du développement de la musique grecque, après l'enharmonie de la période classique et la diatonie primitive, prouve l'influence sur Agathon de l'exubérance musicale du dithyrambe attique. Elle a dû se traduire par une sorte de virtuosité, mais aussi de mollesse, qui offensait les représentants d'un goût plus sévère (cf. le nom donné par Aristophane, *Th.* 100, aux détours capricieux de cette musique : μύρμηκος ἀτραπούς (« les sentiers de fourmi »). Voir à cet égard P. Lévêque, *Agathon*, Paris, 1955, p. 145-51 ; J. Defradas, Le chant des grenouilles : Aristophane critique musical (*R.E.A.* LXXI, 1969, p. 23-37). — Sur la beauté d'Agathon, cf. Platon, *Prot.* 315 DE, *Conv.*, *passim.*

2. La même image, plus développée, ou du moins une image équivalente, illustre une idée semblable, 705 E. Voir aussi, cependant, 617 A et *supra*, la note 5 pour la p. 24.

3. Cette métaphore, précisée par l'adjectif σπουδαιοτέραν et fort naturelle dans ce contexte, rappelle — ou peut-être annonce — l'expression bien connue (et vulgarisée en Français : « l'odeur de sainteté ») des textes chrétiens sacrés : cf. Saint-Paul, *Éphés.* 5, 2 θυσίαν τῷ θεῷ εἰς ὀσμὴν εὐωδίας.

4. Principe stoïcien (cf. *De esu carn.* 999 AB, Wendland, *Quaest. Musonianae*, p. 4).

P. 113.

1. Ce vers, reconnu par Xylander, a été habilement complété par Wilamowitz d'après Clément d'Alexandrie, *Paed.* II, 70, 2.

3. Ératon s'adresse à Plutarque et aux philosophes en général. Ce finalisme est en effet professé par Aristote (*P.A.* 658 A 8, 661 B 23, 691 B 4, 694 A 15, etc. ; liste complète des références, chez A. Mansion, *Introd. à la phys. arist.*, 2e éd., Paris-Louvain, 1946, p. 234, n. 26), Théophraste (*C.P.* I, 1, 1, etc.) et Platon, au moins à propos des organes corporels (cf. 698 B). Voir encore *De soll. an.* 960 E.

4. Cf. Aristote, *Phys.* 199 A 23-30.

P. 114.

1. Diels-Kranz, *Vorsokr.* I, p. 368 ; il est possible d'ailleurs que l'image précédente fasse partie de la citation : cf. *id.*, p. 297 (70).
2. Ainsi, peut-être, aux Χρυσάνθεινα de Sardes.

P. 115.

1. D'autres, sans doute, eurent cette réputation et reçurent à ce titre, dans leur pays, un culte héroïque ou divin (ainsi Hippocrate à Cos). Agénoride — remarquons la forme patronymique du vocable — était sans doute un descendant d'Agénor, le roi légendaire de Syrie, fils de Poseidon et père, notamment, d'Europe et de Cadmos. Quant à Chiron, c'est le sage Centaure de Magnésie, qui avait enseigné la médecine à Achille (Homère, *Il.* XI, 832) et à Asclèpios (Pindare, *N.* III, 55) (cf. G. Dumézil, *Le problème des Centaures*, Paris, 1929, p. 187 ; E. et L. Edelstein, *Asclépios*, Baltimore, 1945, II, T. 1, p. 32-6 ; T. 2, p. 96).
3. Opinion courante (cf. *De tu. san. praec.* 132 B).
4. Selon le médecin Philonidès (Athénée 675 CD), le lierre fut utilisé primitivement comme remède contre l'ivresse pour une tout autre raison, bien que sa froideur (voir sur ce thème la *Question* suivante) fût trouvée agréable, et ce n'est que plus tard que cette plante — froide comme le vin, selon 653 A, ou ressemblant à la vigne, d'après 648 E — aurait été consacrée à Dionysos. D'autres traditions existent d'ailleurs au sujet de cette attribution, mais il s'agit en fait d'une conception primitive en rapport avec la nature originelle de Dionysos, dieu de la végétation.
5. Erreur ; l'étymologie du mot reste d'ailleurs incertaine. Cf. Pline, *H.N.* XXIII, 147.
6. Étymologie donnée également par Pline, *H.N.* XXI, 128 et par Eustathe, *Ad Il.* 87, 25, peut-être exacte.
7. *O.C.* 683 (où le complément est au duel). Parce que cette fleur enivrante avait permis l'enlèvement de Perséphone par Hadès, elle fut étroitement associée au culte de cette déesse et de sa mère Dèmèter.
8. Confirmation par Pline, *H.N.* XX, 143 et, plus nettement, par le scholiaste de Nicandre (*Alexiph.* 410), lequel ajoute d'ailleurs une variante pour cette étymologie. Diversement utilisée, la rue provoque, en effet, selon certains, l'avortement (Th. Priscien, *Gyn.* 24 ; *Géopon.* 12, 25, 6 ; Ps. Th. Priscien 338, 16) ou même la mort de la femme enceinte (A. Héraud, *Dict. des plantes médicin.*, Paris, 1909, p. 541). Toutefois, les opinions des Anciens étaient mal assurées à cet égard.
9. Pour la pierre en question, l'étymologie fondée sur μέθη (« l'ivresse ») est soutenue par les « Mages », selon Pline, *H.N.* XXXVII, 124. L'herbe « améthyste » nous demeure, faute d'autre mention, impossible à identifier. L'explication inattendue du vocable par référence à la couleur se trouve également, mais un peu différente, semble-t-il, chez Pline, *id.*, 121 ; cf. encore Théophraste, *Lap.* 31 : τὸ δὲ ἀμέθυστον οἰνωπὸν τῇ χρόᾳ.

P. 116.

6. Pour le cyprus (*Lausonia inermis*, de la famille des lythracées), répandu surtout dans le Sud-Est méditerranéen (Égypte, Syrie, Chypre), et dont les feuilles séchées fournissent le henné, cf. Pline, *H.N.* XXIII, 91 : odor floris... somnum facit ; pour le safran, *id.* XXI, 138 : coronae ex eo mulcent ebrietatem ; somnum facit, caput leniter movet ; pour la sauge, Dioscoride III, 44 : ἔστι δὲ καὶ ὑπνοποιὸς ἡ ὀσμή.

7. Or l'apport massif du vin laisse un dépôt qui obstrue les canaux et empêche la circulation des humeurs : Théophraste, *Vert.* 11.

8. Théorie d'origine aristotélicienne, d'après *De Is. et Osir.* 383 D : εὐώδεις ἀποπνοίας... ψυχρὸν ὄντα φύσει καὶ παγετώδη τὸν ἐγκέφαλον (cf. encore *G.A.* 783 B 28, sur cette froideur de cerveau) ἠρέμα τῇ θερμότητι καὶ λειότητι διαχεούσας.

9. Cf. Athénée 688 C, 674 C (où sont cités, à l'appui, des vers d'Alcée, de Sappho et d'Anacréon) et 678 D (où l'usage est localisé en Éolie et en Ionie).

10. Diehl, *Anthol. Lyr. Gr.* I, frg. 86. Les vers originaux se trouvent dans le fragment 32 (2-7) de Papyr. Oxyrh. 1233 (Page, *Lyr. Gr. Sel.*, frg. 115), du IIe siècle av. J.-C :
κὰτ τὰς *(sic)* πόλλα π[αθοίσας κεφάλας <παῖ> χέε μοι μύρον
καὶ κὰτ τὼ πολ[ίω στήθεος.

11. Étymologie qui paraît conforme à Athénée 674 C, mais également réfutée en 688 C.

P. 117.

3. Cf. Dioscoride III, 91 ; l'alysse est une herbe à fleurs jaunes ou bleues, de la famille des crucifères.

4. D'après Élien, *N.A.* IX, 31, c'est également du hoquet que ces animaux seraient soulagés. Il semble bien que nous ayons affaire ici à une confusion d'étymologies : ce n'est pas avec λυγμός, λύζειν qu'il convient de mettre en rapport le terme ἄλυσσον, mais avec λύσσα (« la rage ») (cf. Dioscoride, *l. c.* : δοκεῖ δὲ καὶ λύσσαν κυνὸς ἰᾶσθαι).

5. Étymologie évidemment fantaisiste.

6. Voir *supra*, 647 D et Dioscoride I, 99.

7. Selon certains, le nom de la fleur serait en rapport avec l'arabe *waruda* (« être rouge ») : H. Frisk, *Gr. Etym. Wörterb.*, s.v. ῥόδον.

8. De nombreux passages de cette *Question* se retrouvent chez Clément d'Alexandrie, *Paed.* II, chap. 8.

9. Que l'on garde la leçon διαλακτίζειν des manuscrits (« déchiqueter à coups de talon »), ou que l'on préfère le διαλακίζειν (« déchirer ») proposé par Turnèbe, l'image ne représente qu'un jeu de mots alourdi par une comparaison artificielle.

10. Voir 647 A.

P. 118.

3. *H.P.* IV, 4, 1, repris par Pline, *H.N.* XVI, 144. Plutarque répète le fait, avec la même explication, *Alex.* 35.

4. L'intendant malhonnête qui devait corrompre Démosthène.

5. Bien que le lierre puisse devenir arborescent, sa présence dans cette histoire nous étonne.

6. Cf. Aristote, **Probl.* 880 A 19 ; 909 A 15, Théophraste, *C.P.* I, 21, 5, et, précisément avec l'exemple du lierre, II, 3, 3 (où pourtant cette loi n'est pas donnée comme générale : ἔνια γὰρ δὴ (scil. τῶν δένδρων) ταῖς ὑπερβολαῖς χαίρει).

7. Cf. Théophraste, *H.P.* I, 3, 6, Ménestor-Théophraste, *l. c.* Mais en 676 AB, Plutarque se réfère au même Théophraste pour affirmer à peu près le contraire.

8. Idées reprises, mais avec davantage d'insistance sur le rôle de l'humidité, 735 EF ; cf. Ménestor-Théophraste, *C.P.* I, 21, 7, Théophraste, *C.P.* I, 10, 7, Aristote, *G.A.* 783 B 18 sqq.

9. C'est-à-dire, respectivement, « la boisson qui enivre » et « le dieu de l'ivresse ». Selon Athénée 363 B, ce seraient au contraire les joyeux participants à certaines fêtes religieuses qui auraient appelé le vin « méthu », à cause de la liberté qu'il leur apportait (εἰς εὐφροσύνην καὶ ἄνεσιν αὑτοὺς μεθιέντες), et μεθυμναῖος le dieu dispensateur de ce bienfait.

P. 119.

4. Cette injonction sans fondement, d'autant plus illogique que les jeunes gens appelés à la rescousse portaient des couronnes de fleurs, comme le montre la *Question* précédente, me paraît due à l'inadvertance d'un copiste, influencé par le mouvement tout à fait semblable du texte en 646 AB. Quant au groupe τῶν στεφάνων, absolument injustifiable, il résulte, semble-t-il, d'une tentative de glossateur pour supprimer cette anomalie.

5. Le lierre était abondamment utilisé par la médecine antique, notamment pour son astringence (cf. Dioscoride II, 210), que Plutarque paraît ici considérer comme la conséquence de sa froideur.

P. 120.

2. Car c'est de l'élément humide, et de lui seul, que le feu se nourrit : 696 B. Cf. encore 687 A.

3. Identique est l'effet du soleil sur le corps, plein d'humidité, des nourrissons : 658 E.

4. Cet aspect de la plante et la contractilité du sarment sont donc ici mis sur le même plan.

5. Cf. *Quaest. Rom.* 290 F : τὸν κιττὸν ... δι' ἀσθένειαν ἑτέρων ὀχούντων δεόμενον.

6. Allusion vraisemblable à la théorie du πνεῦμα, dans son application à la neige, théorie à laquelle se réfère d'une façon

plus précise 691 F - 692 A. Cf. Théophraste, *C.P.* V, 13, 7 : (ἡ χιὼν) ἐκ νέφους καὶ οἷον ἀφρός τις ἐμπεριειληφυῖα πνεῦμα.

7. Diels-Kranz, *Vorsokr.* frg. 77.

8. Pour le myrte, cf. Théophraste, *C.P.* V, 13, 4 ; en 735 E, c'est surtout à l'humidité de la plante qu'est attribuée la persistance de ses feuilles (de même, d'ailleurs, que celle des feuilles du lierre ; voir aussi *supra*, la note 8 pour la p. 118). Sur l'adiante, voir *supra*, la note 4 pour la p. 18.

9. Seraient-ce les Pythagoriciens ?

P. 121.

1. Cette argumentation, admise également, en partie, par Théophraste, *C.P.* I, 11, 6 ; II, 17, 2, et d'ailleurs peu claire, puisqu'elle ne rend pas compte du caractère saisonnier de la chute des feuilles, est trop complémentaire pour ne pas devoir être entièrement attribuée à Empédocle (voir, par contre, Diels-Kranz, *l. c.*). L'emploi du verbe ὑδρευόμενα, 688 A, où Plutarque se réfère au même passage du philosophe, peut en être tenu pour une preuve supplémentaire.

2. C'est ainsi que le lierre était quelquefois personnifié (cf. Nonnos, *Dion.* XII, 97). — On sait les liens fondamentaux de Dionysos avec Thèbes et la Béotie en général.

3. Reproche que ses adversaires adressaient déjà à Alexandre.

4. A moins qu'elle ne supprime toute possibilité d'action réciproque, comme il est affirmé en 651 C.

5. Le fait est répété, *De facie* 939 DE.

6. Le fait est rapporté également, *Alex.* 35.

7. *Question* reprise par Macrobe VII, 6, 14-21.

8. Frg. 108, Rose ; sur cet ouvrage, voir *supra*, p. XIII.

9. Voir *supra*, 621 A.

10. Athénée 429 CD cite pourtant une explication donnée par Aristote (frg. 107, Rose).

P. 122.

2. La même idée est exprimée à peu près dans les mêmes termes, 698 D. Il paraît peu probable que cette référence à Aristote se rapporte, comme le croit V. Rose, *Arist. Pseudepigr.*, p. 119, à **Probl.* 874 A 22-28 plutôt qu'au Περὶ μέθης.

3. Le terme ἄνδηρον n'a pas ici son sens courant (voir dans la *Question* précédente, 649 D).

4. En 625 C, ce sont les sens des vieillards qui sont dits « terreux ». — Cette étymologie étonnante provient d'Aristote, *G.A.* 783 B 7.

P. 123.

3. Pour les besoins de la cause, la liste des signes de l'ivresse est légèrement différente en 652 D. La propension à la colère est également notée comme telle, *De ad. et am.* 68 D.

4. *Question* reprise par Macrobe VII, 7, 1-12.
5. Pour le sens de τακτικός, voir *supra*, p. 104.
6. Voir Aristote, **Probl.* 879 A 33 ; 880 A 13.
7. Nom rétabli par Reiske d'après sa lecture 'Αουῖτε pour *λούιτε à la fin de la *Question* (651 E). C. Hubert a adopté la forme Athryitos, en se fondant sur l'existence d'une rivière Athrys (Hérodote IV, 49), affluent, dans la Thrace voisine, de l'Istros. M. Louis Robert a bien voulu nous dire que, à son avis, cet argument est sans valeur : aucun nom de personne, à sa connaissance, n'est dérivé de cette manière d'un nom de fleuve. La prosopographie thasienne, au contraire, ajoute M. L. R., contient beaucoup de noms d'origine romaine.

P. 124.

1. C'est ainsi qu'Aristote explique le pelage des animaux : *G.A.* 783 A 27, 786 B 4, etc.
2. En 736 A, le sang est simplement donné comme chaud.
3. Théorie rejetée par Aristote, *G.A.* 765 B 19-25, et qui remonterait à Parménide, d'après *P.A.* 648 A 29-31 (ce qui ne paraît pas tout à fait exact : cf. H. Cherniss, *Aristotle's Criticism of Presocratic Philosophy*, Baltimore, 1935, p. 268, n. 197).
4. Texte corrompu. Le groupe τὰ μὲν doit recouvrir une expression circonstancielle relativement importante, puisqu'il ne peut s'agir que d'incinérations extraordinaires et collectives, provoquées par quelque calamité, comme le suppose M. Pohlenz (voir l'apparat critique). Mais l'altération pourrait être plus grave, car on est surpris du sens à donner au verbe σκευωρεῖσθαι et surtout de la précision (« δέκα », après rature !) du nombre des cadavres.
5. Équation inversée en 652 D ; cf. Aristote, *G.A.* 736 B 34 ; 737 A 3-5.

P. 125.

2. Cette théorie (cf. *De Is. et Osir.* 374 F) représente l'enseignement d'Aristote (*G.A.* 727 A 26-728 B 32; 766 B 14, etc.) et de Zénon, selon **De plac. philos.* 905 BC, où sont rapportées les conceptions de plusieurs autres philosophes sur le « sperme » féminin, dont l'existence était également professée par les médecins de Cnide (cf. *Gén.* 232-3, *Nat. de l'enf.* XII, 1 (t. VII de l'éd. hippocr. de Littré)) et par les hippocratiques (cf. *Rég.* VI, 2 ; XXVIII).
3. Aristote, **Probl.* 887 B 25, affirme au contraire que la graisse est chaude. Aussi bien distingue-t-on mal la qualité de la chair dont il est ici question de celle qui a été mise en avant par Avitus et à laquelle celle-ci prétend se substituer (voir *supra*, 651 B : δᾳδῶδές τι καὶ λιπαρὸν αὐτῶν τῆς σαρκὸς ἐχούσης).
4. Cf. Aristote, *G.A.* 726 B 31-727 A 2; 738 A 33-6; 739 A 8 et 14; 765 B 17-28, etc.
5. Cf. Aristote, **Probl.* 880 A 37; 893 B 11, **Probl. ined.* II, 4, Clément d'Alexandrie, *Paed.* III, 19, 2.
6. On trouvera plus de précisions encore sur ce thème chez Ps.

Alexandre d'Aphrodise, 1, 6 (C. Ideler, *Phys. et Med. gr. min.* I). Remarquons toutefois que le rapport entre système pileux et épiderme lâche avait déjà été établi par les médecins de l'école de Cnide : cf. *Nature de l'enfant* XXI (t. VII de l'éd. hippocr. de Littré).

7. Ce mot peut cacher une pointe que nous ne saisissons pas.

P. 126.

4. Usener, *Epicurea*, frg. 60. Cette discussion, tenue avec Polyainos, nous est rapportée en *Adv. Col.* 1109 E - 1110 B (frg. 58 et 59) ; il s'agissait pour Épicure de prouver que « nulle chose n'est plutôt ceci que cela » : μὴ μᾶλλον εἶναι τοῖον ἢ τοῖον ἕκαστον.

5. Protagoras, en tant qu'auteur de la célèbre théorie de la subjectivité de la connaissance (Platon, *Crat.* 385 EF), fondement du scepticisme intégral. Sur l'attitude de Pyrrhon devant la nature de la chaleur ou du feu, voir Diogène Laërce IX, 104 sqq.

P. 127.

2. Aristote, *Somn.* 457 B 1-27, explique le mécanisme du rafraîchissement qui produit le sommeil ; pourtant l'auteur des **Problèmes* considère comme chaud le vin (voir *supra*, p. 126, la note 3 et cf. Pline, *H.N.* XXIII, 38), ainsi que d'autres substances somnifères. Parmi ces dernières, Aristote cite également la mandragore (cf. encore Théophraste, *H.P.* IX, 9, 1, Pline *H.N.* XXV, 150) et le pavot (*op. c.* 456 B 30).

3. Voir 651 B et *supra*, la note 5 pour la p. 124. Ainsi s'expliquerait précisément la vertu aphrodisiaque du sel (685 A). — Sur le rapport entre la chaleur et le πνεῦμα, voir *supra*, la note 1 pour la p. 93.

4. Ainsi Alexandre (cf. 623 E et *supra*, la note 4 pour la p. 39).

5. Aristote, **Probl.* 871 A 23-6, donne une autre explication du phénomène.

6. La liste est légèrement différente, pour les besoins de la cause, en 650 E. Le tremblement des ivrognes est expliqué autrement par Aristote, **Probl.* 871 A 27 sqq. et 874 B 22 sqq., où le vin est considéré comme chaud (voir *supra*, la note 2 et la note 3 pour la p. 126).

P. 128.

1. En 650 E.

2. Selon *Quaest. nat.* 919 C, la calvitie des ivrognes serait due, au contraire, à un dessèchement provoqué par la chaleur du vin. Chacune des deux théories reflète partiellement l'enseignement d'Aristote, qui attribue la décoloration naturelle des cheveux à un manque de chaleur (*G.A.* 784 A 30-2) et la calvitie naturelle à un manque d'humidité chaude (*id.* 783 B 17-8).

4. En dehors du raisin.

5. Pourtant l'hydromel se prépare en ajoutant le miel à l'eau

chaude et en faisant bouillir le tout avant de le laisser refroidir. — Sur les rapports de nature entre le miel et le vin, voir 672 B.

6. Voir d'autres opinions sur l'attribution du lierre à Dionysos, 647 A, et *supra*, la note 4 pour la p. 115. Quant à celle du serpent au même dieu, elle est en fait la conséquence du caractère mystique du culte dionysiaque.

P. 129.

1. Ces deux effets opposés du vin sont confirmés, *De ad. et am.* 61 BC et par Pline, *H.N.* XXV, 152, le premier également, *De garrul.* 509 DE et par Dioscoride IV, 78, 1. Cependant, dans tous ces passages, y compris ceux de Plutarque lui-même, il n'est question que de la chaleur du vin.

2. Voir *supra*, la note 8 pour la p. 14.

3. Cette *Question* fournit le frg. 61 des *Epicurea* d'Usener (p. 117-8).

4. *Conv.* 9, 7 ; le fait paraissait tout naturel à Plutarque, d'après 712 C.

P. 130.

1. Wilamowitz, *Pindaros*, Berlin, 1922, p. 142-3, a prétendu reconnaître et rétablir ici après confrontation avec un passage de Philodème, *De Mus.* IV, 12, une citation de Pindare (voir l'apparat critique ; frg. 124 D, Snell) : il s'agirait du frg. 6 du scolie pour Hiéron, notamment d'après la similitude de la structure métrique. J. Irigoin, B. A. v. Groningen, Pindare au banquet (*Gnomon* XXXIII, 1961, p. 265), est du même avis et signale, en outre, une similitude dans la structure verbale et même dans la structure accentuelle. Selon A. J. Neubecker, Zu Pindar Fr. 127 D Snell (*Philologus* XCVIII, 1954, p. 155-8), le fragment, toutefois, pourrait aussi bien provenir d'un autre poète du lyrisme choral. Je pense, pour ma part, qu'il n'y a pas de raison majeure de torturer de cette manière un texte qui n'a rien d'incompréhensible, et, avec P. A. Clement, je m'en tiens à la leçon des manuscrits.

2. C'est là le juron bien connu de Socrate.

3. Cette œuvre de jeunesse du fondateur du Portique (voir M. Pohlenz, *Die Stoa*, Göttingen, 1948-9, p. 137-9 et II, p. 75) était l'objet de fréquentes attaques de la part des Épicuriens et ce trait de cynisme en particulier (H. v. Arnim, *St. V. F.* I, 252), « largement connu, même du grand public », était « volontiers exploité par les ennemis du Stoïcisme » (D. Babut, *Plutarque et le Stoïcisme*, p. 224, avec d'intéressantes remarques sur la portée de cette référence à Zénon du point de vue de la culture de Plutarque).

P. 131.

4. Sur la continence sexuelle imposée par les Pythagoriciens, voir Aristoxène, frg. 39, Wehrli (*Die Schule des Aristoteles* II).

P. 132.

4. Le mets qui donne des forces, au détriment du sperme : cf. 724 E. Les athlètes avaient en effet depuis longtemps abandonné la nourriture végétarienne, à laquelle ils s'étaient astreints autrefois, au profit de la viande, spécialement de celle de bœuf, de porc et de chevreau ; les lutteurs, pugilistes et pancratiastes professionnels en consommaient, pour s'alourdir, d'énormes quantités.

5. Homère, *Od.* XI, 246.

6. Page, *Poet. Mel. Gr.*, p. 462 (chants popul.). Diehl, *Anth. Lyr. Gr.* II, p. 29, attribue le fragment à Alcman.

7. Kock, *Com. Att. Fr.* III, 739 (= Menander II, frg. 789, Körte) : ὦ Νύξ, σὺ γὰρ δὴ πλεῖστον Ἀφροδίτης μέρος | μετέχεις θεῶν, évoqué également, *De fort. Rom.* 318 D.

P. 133.

3. Nouvelle correspondance avec *Non posse suav. v. sec. Epic.* 1089 A (voir *supra*, p. 133, la note 1).

4. La comparaison se retrouve, dans un contexte semblable, chez Clément d'Alexandrie, *Paed.* II, 96, 2.

5. Sur Dionysos Lysios, voir *supra*, la note 4 pour la p. 16. Les noms de Terpsichore (danse et poésie légère) et de Thalie (comédie) peuvent évoquer les représentations chorégraphiques et dramatiques plus ou moins improvisées qui agrémentaient fréquemment les banquets, après le repas du soir. Cependant, nous devons songer plutôt au rôle éducateur que Plutarque assigne à ces Muses, 746 E - 747 A : Thalie apporte aux banquets le charme et la distinction, tandis que Terpsichore maintient dans la décence les spectacles destinés à réjouir les yeux.

6. R. Pfeiffer n'a pas admis parmi les fragments de Callimaque, dans son édition de 1949, ce vers que Schneider avait attribué au poète alexandrin (*Callimachea* II, p. 786, n° 377).

7. Percepteurs de divers impôts et taxes.

P. 134.

3. Voir *supra*, 653 F-654 A.

4. Cf. *De tu. san. praec.* 126 C : οὐ γὰρ « ἐν πλησμοναῖς Κύπρις », ἀλλὰ μᾶλλον ἐν εὐδίᾳ σαρκὸς καὶ γαλήνῃ Κύπρις εἰς ἡδονὴν τελευτᾷ...

5. Voir *supra*, 653 F - 654 A.

6. « De lassitude », dit, dans le même contexte, *De tu. san. praec.* 136 B.

7. Usener, *Epicurea*, frg. 426. On connaît la conception du « plaisir stabilisé », ainsi que le précepte « Vivez cachés » du philosophe du jardin.

P. 135.

4. *Question* reprise par Macrobe VII, 7, 14-20.
5. Janvier-février.
6. C'est-à-dire : « ouverture des tonneaux ». C'est la première journée des Anthestéries ; à cette date, la fermentation du vin nouveau était suffisamment avancée. En 735 DE, Plutarque met curieusement cette fermentation qui précède la première consommation du vin de l'année en rapport avec les songes.
7. Aux époques primitives, le vin n'était qu'un breuvage mystérieux, dont les forces avaient quelque chose de démoniaque (cf. L. Deubner, *Att. Fest.*, Berlin, 1956, p. 94).
8. En Béotie.
9. Conformément sans doute à la même conception primitive (voir *supra*, la note 7). A Athènes, on prenait du vin pur pour ce qu'on appelait le coup du Bon Génie, à la fin du repas. Le Bon Génie est une divinité assez indéterminée, souvent mise en rapport avec Ἀγαθὴ Τύχη.
10. C'est donc pour se rendre compte de l'état de ce vin qu'on le goûtait après le passage du zéphyr, ce vent d'ordinaire violent ou pluvieux qui souffle de l'Ouest-Nord-Ouest. — Sur l'action néfaste de l'air sur le vin, voir 702 A.

P. 137.

1. Ce terme s'explique par référence au sens secondaire du verbe θωρήσσω : « désaltérer, enivrer ». L'idée de « début » exprimée ici par le préfixe ἀκρο- se retrouve dans quelques autres mots de même formation (cf. ἀκρόνυχος, « au commencement de la nuit »).

P. 139.

2. Ce rapprochement entre les rapports des fréquences des sons de trois intervalles musicaux usuels et les trois rapports dans lesquels on mélangeait l'eau et le vin manque évidemment de toute rigueur mathématique. Le proverbe cité associe à chaque rapport eau/vin la somme des nombres qui y figurent, obtenant ainsi les nombres cinq, trois et quatre, auxquels correspondent en musique les intervalles quinte, tierce et quarte. Il se trouve que dans la quinte le rapport des fréquences est bien 3/2 ; 2/1, au contraire, n'est plus le rapport de la tierce, mais de l'octave (d'où le premier défaut dans la comparaison) ; quant au rapport eau/vin dans 3/1, il est remplacé tacitement, pour les besoins de la cause, par le rapport mélange/eau, c'est-à-dire 4/3, qui est le rapport de la quarte.
3. Il ne peut guère s'agir du bâtiment officiel où Athènes traitait, pour les honorer, des étrangers et des citoyens méritants, dont certains pouvaient évidemment être investis de fonctions publiques. Sans doute Plutarque songe-t-il — la confusion a été faite plus d'une fois — à la Tholos des prytanes ; le ton du passage

lui aura inspiré le terme plus vague — et impropre — ἀρχόντων (τινῶν !). (Sur une confusion du même ordre, voir *supra*, la note 2 pour la p. 16. Remarquons toutefois qu'il existait un Prytanée à Delphes (cf. *De E* 391 D) et peut-être aussi à Chéronée.

4. Littéralement : « qui relèvent les sourcils ».

5. Vers d'une tragédie inconnue (Nauck, *Trag. Gr. Fr.*, *Adesp.* 361), cité encore, *De aud.* 43 D, *De coh. ira* 456 C, *Anim. an corp.* 501 A, *De garrul.* 502 D, respectivement à propos du désir, de la colère, de la fièvre et de la tendance au bavardage.

P. 140.

1. *O.* 464.

2. Mythologie surprenante, que la plaisanterie n'explique pas. Si pour Zeus la tradition est à peu près respectée (la légende crétoise cite en effet le plus souvent seules les deux filles de Mélissée comme nourrices du dieu), il n'en va pas de même pour Hèra, ni surtout pour Apollon. D'après un passage fort détaillé de Pausanias (II, 17, 1-2), les trois filles du fleuve Astérion — Eubéa, Prosymna et Akraia — étaient également honorées à l'ombre de l'Héraion d'Argos et avaient joué le même rôle auprès de la déesse. Quant à Apollon, il ne semble pourvu dans aucun texte de ces nourrices-là. Remarquons qu'à Sparte Artémis était honorée sous le nom de Korythaleia comme protectrice des petits enfants, et que la Vérité, quant à elle, se distingue du groupe par sa nature.

P. 141.

1. Selon Pline, *H.N.* II, 223, les cadavres des bêtes sauvages abattues pourrissent toujours lorsqu'ils sont exposés aux rayons de la lune. L'affirmation se retrouve, plus générale, chez Athénée, 276 DE, et avec une explication plus approfondie chez Ps. Alexandre d'Aphrodise (C. Ideler, *Phys. et med. gr. min.* I, 66).

3. Cf. *De Is. et Osir.* 367 D (τὴν μὲν γὰρ σελήνην... τὸ φῶς... ὑγροποιὸν ἔχουσαν... τὸν δ' ἥλιον ἀκράτῳ πυρὶ καὶ σκληρῷ καταθάλπειν τε καὶ καταυαίνειν τὰ φυόμενα), Pline, *H.N.* II, 45, Philon, *De Prov.* II, 77, et, pour l'action de la lune, Aristote, **Probl.* 937 B 3-5.

4. Sirius, c'est-à-dire, ici, le Soleil caniculaire : frg. 85, Lasserre-Bonnard (Diehl, *Anth. Lyr. gr.* III, frg. 63) ; voir aussi la note d'A. Bonnard sur l'erreur possible de Plutarque à propos de Σείριος.

5. *Il.* XXIII, 190-1.

P. 142.

2. Théophraste, *C.P.* IV, 16, 3, distingue notamment la chaleur corruptrice de la chaleur productrice.

3. Cf. Strabon III, 2, 8, chap. 146 : cette préférence serait bien

pourtant, une simple question de degré, car l'or, métal mou, réclame une flamme douce.

4. Ce combustible est recommandé pour certaines fumigations par le traité cnidien sur les *Maladies des femmes*, 195 (t. VIII de l'éd. hippocr. de Littré, 378).

5. D'autres disent le papyrus : Cassius Félix, *De med.* 20, Olympiodore, *Comment.* sur la *Météor.* d'Aristote II, 228.

6. Je ne connais aucune autre attestation de cette double propriété du bois d'olivier.

7. Le corps des agoranomes grecs ne constituait qu'une police des marchés ; Plutarque songe ici à ces fonctionnaires romains à qui incombait entre autres la surveillance des bains publics.

8. Le nom ὑπόκαυσις, ainsi que le verbe précédent ὑποκαίειν, sont en fait des termes techniques apparus vers le Ier s. après J.-C., avec l'invention de l'hypocauste, qui remplaça le simple chauffage des chaudières pour l'eau : cf. R. Ginouvès, *Balaneutikè*, Paris, 1962, p. 204-9.

P. 143.

1. Cf. Pline, *H.N.* XX, 1 : « aquas sole devorante, luna pariente », et aussi II, 223, *De Is. et Osir.* 367 D (voir *supra*, la note 3 pour la p. 141). Cette théorie n'explique nullement la putréfaction due au soleil d'été, évoquée pourtant un peu plus haut par Plutarque lui-même.

2. La comparaison avec 648 BC et 649 B prouve qu'il s'agit bien ici du dessèchement du corps, donc de l'action du soleil, et non de celle de la lune, comme le veut le texte des manuscrits ; il est significatif d'ailleurs que ces derniers présentent ici une erreur d'une autre nature (voir l'apparat critique).

3. Cf. *De Is. et Osir.* 367 D, à propos d'une autre opposition lune-soleil : τὴν μὲν γὰρ σελήνην γόνιμον τὸ φῶς καὶ ὑγροποιὸν ἔχουσαν εὐμενῆ καὶ γοναῖς ζῴων... εἶναι, et *Quaest. Rom.* 282 CD. Le fait est également signalé par Chrysippe (schol. à *Il.* XXI, 483 = H. v. Arnim, *St.V.F.* II, 748), Cicéron, *De nat. deor.* II, 119 et Sénèque, *De benef.* IV, 23, 1.

4. C'est-à-dire : accoucheuse. On sait l'importance du culte d'Artémis lunaire dans la religion grecque (cf. *Etym. Magn.* s.v. : Ἄρτεμις... ἡ αὐτὴ γάρ ἐστιν τῇ σελήνῃ). Et c'est en effet la constatation de l'influence des phases de la lune sur les divers phénomènes de la fécondation et de l'accouchement, comme d'ailleurs celle de la corrélation qui existe entre ces phases et la menstruation, qui a amené la conception d'une Artémis aide et protectrice des femmes en mal d'enfant, bien que les Grecs aient imaginé des explications mythiques de ce rôle de la déesse, auquel se rapportent de nombreuses autres épithètes. L'étymologie d'Εἰλείθυια est obscure (voir à cet égard M. Nilsson, *Gesch. der gr. Rel.* I, p. 290-1) ; c'était d'ailleurs primitivement le nom d'une divinité spéciale, voire d'un groupe de divinités connues sous ce générique. Artémis Eileithyia était précisément honorée en Béotie.

5. Ce vers du poète milésien qui vécut de 450 à 360 environ, auteur principalement de nomes et de dithyrambes, est cité dans le même contexte, *Quaest. Rom.* 282 CD (Diehl, *Anthol. Lyr. Gr.* II, p. 152, Page, *Poet. Mel. Gr.*, p. 418).

P. 144.

4. Diehl, *Anthol. Lyr. Gr.* II, p. 23, Page, *Poet. Mel. Gr.*, p. 51 ; ce vers est également cité dans les deux passages auxquels renvoie la note 3 de la p. 144. C'est en tant que dieu du ciel lumineux, de la région qui s'étend au-dessus de l'atmosphère terrestre, des nuages et des tempêtes, que Zeus est identifié avec l'air.

5. En *De facie* 939 F sont également cités, entre autres exemples des effets de la lune, σήψεις κρεῶν, μαλακότητες ξύλων, εὐτοκίαι γυναικῶν.

6. Cf. Dioscoride V, 79, 9, Pline *H.N.* XXV, 42 ; XXXIV, 115, etc.

7. Cf. Aristote, **Mir. ausc.* 834 B 28-31. En *De prim. frig.* 954 D, Plutarque affirme d'une façon plus générale : πολλὰ τῶν μεταλλευομένων καταριθμοῦσι στυπτικὴν... παρέχοντα καὶ σχετικὴν εἰς τὰς φαρμακείας δύναμιν, et Pline, *H.N.* XXXIV, 100 : metalla aeris multis modis instruunt medicinam.

8. Εὐήνωρ : *Od.* XIII, 19. Νώροψ : *Il.* II, 578, *Od.* XXIV, 467 ; 500. Les deux épithètes sont citées également, 692 F. La justification fantaisiste qu'en donne ici Plutarque ne saurait nous éclairer sur l'étymologie ni sur le sens de νώροψ.

TABLE DES MATIÈRES

Ce volume,
de la Collection des Universités de France,
publié aux Éditions Les Belles Lettres,
a été achevé d'imprimer
en janvier 2003
sur presse rotative numérique
de Jouve
11, bd de Sébastopol, 75001 Paris

N° d'édition : 4826
Dépôt légal : janvier 2003

Imprimé en France